MW01487249

Botho Strauß gehört seit vielen Jahren zu den bedeutendsten und meistbeachteten Dramatikern deutscher Sprache. Mit dem dritten Band seiner sämtlichen Theaterstücke liegt jetzt sein Schaffen von 1993 bis 1999 in einer Ausgabe vor, in der die außerordentliche Spannweite der Werke dieser Periode deutlich sichtbar wird. Im Mittelpunkt steht das antiken Motiven verpflichtete ›Ithaka‹, das vor dem Hintergrund einer der Schlüsselszenen der europäischen Einbildungskraft die Tragödie von Fremdheit und Heimkehr in dramatische Bilder setzt. Die Gegenpole dazu bilden jene Gegenwartsstücke, wie man sie von Botho Strauß seit langem kennt: die Gesellschaftskomödie ›Das Gleichgewicht‹ von 1993 und die beiden Stücke von 1998, mit denen Strauß nach ›Ithaka‹ in unsere Tage zurückkehrte: ›Die Ähnlichen‹ und ›Der Kuß des Vergessens‹. Gerade im Nebeneinander wird deutlich, was auch in unterschiedlichen Stücken die Einheit des Straußschen Theaterschaffens ausmacht: die Analyse und Darstellung dessen, was in den Tiefenschichten einer Gesellschaft geschieht. Der vorliegende Band versammelt Theaterstücke zwischen 1993 und 1999.

Botho Strauß, am 2. Dezember 1944 in Naumburg/Saale geboren, war Redakteur, Theaterkritiker und später dramaturgischer Mitarbeiter an der Schaubühne am Halleschen Ufer. Lebt in Berlin.

Botho Strauß
Theaterstücke
III

Deutscher Taschenbuch Verlag

Ungekürzte Ausgabe
Dezember 2000
Deutscher Taschenbuch Verlag GmbH & Co. KG,
München
www.dtv.de
© 1999 Carl Hanser Verlag, München · Wien
Umschlagkonzept: Balk & Brumshagen
Umschlagbild: © Ruth Walz, Berlin
Satz: Satz für Satz. Barbara Reischmann, Leutkirch
Druck und Bindung: Friedrich Pustet, Regensburg
Printed in Germany · ISBN 3-423-12853-4

Inhalt

Das Gleichgewicht

Stück in drei Akten

Personen

CHRISTOPH GROTH
LILLY GROTH
MARKUS GROTH
GREGOR NEUHAUS
MARIANNE ABEL
JACQUES LE CŒUR
DER MANN VOM GRÜNSTREIFEN
sowie eine Reihe episodischer Figuren

Berlin. Sommer bis Herbst 1992

In einem Kasten mit Haltegriffen oder Stangen wie in der S-Bahn steht eine dichtgedrängte Menschengruppe. Unter ihnen, zunächst verdeckt, Lilly Groth, eine Frau gegen Ende dreißig in jugendlicher Verkleidung: Jeansjacke, bestückt mit kleinen Kristall- und Mineralbrocken, farbige Leggins, Stiefeletten. Sie trägt eine Perücke mit kurzem schwarzen Haar im Pagenschnitt. Wie unter Drogeneinfluß ruft sie in kurzen Abständen: »Schön ist die Welt schön ist die Welt« in einem raschen punktierten Rhythmus, mit Akzent auf »schön«, ein monotoner, abgerissener Tanz-Wirbel. Dazu klopft sie den Takt mit dem Fuß oder klatscht in die Hände. Ein Mann brüllt: »Halt die Klappe! Dämliche Schlunze.« Ein Moment Stille. Dann wieder aus dem Hintergrund Lilly Groth: »Nieder mit dem Schleier! Nieder mit dem Schleier! Laßt euch von den Mullahs nicht verscheißern!« Ein Hund bellt. Lilly Groth: »Schön ist die Welt schön ist die Welt.« Verstärktes Hundegebell. Lilly Groth bellt lachend zurück. Eine Frau: »Hören Sie auf mit dem Gehopse! Wir stehen wie die Heringe, und Sie hopsen herum.« Eine andere: »Gesindel!« Lilly Groth: »Ich komm nach vorn. Da vorn ist's bunter.« Sie drängelt sich durch den Haufen, schwenkt den Colabecher. Jemand schlägt ihr mit Wucht die zusammengerollte Zeitung ins Gesicht. Nach einer Sekunde der Schrecklähmung ruft sie sehr laut: »Schön ist die Welt schön ist die Welt.« Jemand stößt ihr das Knie in den Rücken. Sie wird geschlagen und zu Boden geworfen. Lilly Groth: »Nieder mit dem Schleier ... nieder mit dem – schön ist die –« Sie wird getreten, sie windet sich in einer Colalache.

I

I

Am frühen Morgen. Bahnhofsebene zwischen S- und Fernbahn. Im Vordergrund zwei Entwertungsautomaten. Daneben Lilly Groths Zeitungsstand: ein kleiner Hocker, ein Tisch, Stapel mit zum Teil noch verschnürten Zeitungen und Zeitschriften. An den benachbarten Stehtischen einige abgerissene und verhüllte Gestalten. Im Mittelgrund der Bühne hängen ein Bahnsteiglautsprecher und eine Videokontrollkamera. Die Szene ist in leichten Frühnebel getaucht.
An einem der Entwertungsautomaten steht Lilly Groth und ißt von einer kleinen Pappschale Pommes frites mit Ketchup. Auf den anderen Automaten hat sie einen Becher mit heißem Kaffee abgestellt.

DER LAUTSPRECHER Achtung, eine Durchsage. Wegen dringender Gleisarbeiten wird der Verkehr der S3 auf der Strecke Erkner–Wannsee auf unbestimmte Zeit eingestellt. Umsteigeempfehlung: S5, S6, S8 bis Ostkreuz, Straßenbahnlinie 82 bis S-Bahnhof Köpenick.

LILLY GROTH Unbestimmte Zeit ... der letzte Schamott, eure S3. Das reißt ja nicht ab. Immer irgendwas. Schamott. Jedesmal wenn sich einer auf die Schienen wirft oder beim Surfen abprallt, heißt es: auf unbestimmte Zeit, Gleisarbeiten. Na, gibt 'ne Menge Fetzen abzukratzen. Knochen, Blut, Schleim. 'ne Menge Fitzelkram nach so einem Krach-Bums-Rums-Quietsch. *Ein Mädchen mit Trapperfellmütze und in gelben Lurexhosen tritt aus dem Nebel zu Lilly Groth.*

MÄDCHEN MIT TRAPPERFELLMÜTZE Hast du was Brauchbares gegen Angriffe? Ich hab diese dicken Sohlen mit den Stahlspikes hier. Soll mal einer ...! Aber damit bin ich nicht schnell genug.

LILLY GROTH *gibt ihre Nagelfeile* Da. Nimm die. Das ist totsicher.

MÄDCHEN MIT TRAPPERFELLMÜTZE Aber das ist doch gar nichts. 'ne Nagelfeile.

LILLY GROTH Doch. Die nimmst du so – ganz unauffällig – und stößt ihm die Spitze ins Auge.

MÄDCHEN MIT TRAPPERFELLMÜTZE In Moskau gegenwärtig kannst du für zweihundert Dollar auf dem Puschkin Prospekt einen jungen Polizisten kaufen, der dir jeden, den du ihm nennst, umlegt. Da gibt's Dutzende von ehemaligen KGB-Leuten, die kannst du alle kaufen.

LILLY GROTH Mach dir nicht zu'n einfaches Bild von Moskau gegenwärtig.

MÄDCHEN MIT TRAPPERFELLMÜTZE Ich geh heut den ganzen Tag auf den Basar. Nur damit du Bescheid weißt. Und für alle Fälle. *Sie geht ab. Lilly Groth holt aus einem Plastikbeutel einen kahlen weißen Hartschaumkopf mit Kopfhörern. Sie setzt ihn vor sich auf einen Zeitungsstapel.*

LILLY GROTH Guten Morgen, mein liebes Dummy. Guten Morgen, mein Bleichgesicht …

DER LAUTSPRECHER Lilly, nimm den Pappteller vom Entwerter. Räum deinen Müll weg. Wisch den Ketchup von dem Kasten.

LILLY GROTH *stellt sich unter den Lautsprecher.* Guten Morgen, mein süßer Verlautbarer, guten Morgen! Warum kommst du nicht ein paar Minuten rüber? Mach 'ne Pause und laß dich blicken.

DER LAUTSPRECHER Räum das Zeug weg, sag ich.

LILLY GROTH Oh thunder voice, my holy thunder voice, blowing from the skies, reaching down to poor little Lilly … Nieder mit dem Schleier! Laßt euch von den Bärtigen nicht verscheißern! *Markus Groth, ihr Stiefsohn, erscheint an dem Stehtisch, unter dem sie ihren Abfall in einen Behälter wirft. Er ist etwa achtundzwanzig Jahre alt, von gedrungenem Körperbau. Er trägt einen dunklen Anzug, darunter einen weißen Pulli.*

MARKUS GROTH Du haßt die Bärtigen. Ich hasse die ganz und gar entschleierten Frauen. *Lilly Groth weicht zurück, geht zu ihrem Zeitungsstand, öffnet die kleine Kasse, prüft das Wechselgeld.*

MARKUS GROTH Willst du nicht mit nach Hause kommen, Mutter? Es gäbe dort noch eine Menge zu tun. Morgen früh um diese Stunde läuft Vaters Zug hier ein – soweit ich sehe, ist zu seinem Empfang nichts vorbereitet. Unser Haus, mit Verlaub, ist gegenwärtig kaum begehbar, eine vollgestopfte Rumpelkammer.

LILLY GROTH Ich habe mich inzwischen direkt hinter den Entwertern aufgebaut. Das ist günstiger, weißt du. Der Kiosk unten macht neuerdings schon um sechs Uhr dreißig auf. Hier greifen die Leute schnell noch mal zu, bevor sie ihren Fahrschein in die Börse stecken.

MARKUS GROTH Wie siehst du aus? Du blutest über dem Auge.

LILLY GROTH Hat mir einer in der S-Bahn 'nen Heiratsantrag gemacht.

MARKUS GROTH Morgen um diese Zeit – du hast es nicht vergessen? Lilly Groth: dein Mann kommt morgen mit dem Frühzug aus Brüssel.

Lilly Groth wendet den Dummy-Kopf zu Markus.

Wirst du ihn abholen?

LILLY GROTH Ich war die ganze Nacht auf den Beinen. Jacques Le Cœur hatte sein erstes Konzert seit fünf Jahren. In 'nem alten U-Bahn-Bunker drüben in Mitte. Es war fast wie in alten Zeiten. Er war fast schon wieder auf der Höhe.

MARKUS GROTH Jacques Le Cœur! Wo ist der abgeblieben? In der Erwachsenenbildung? Hält er nicht Vorträge in der Volkshochschule über Rock-Musik?

LILLY GROTH Du bist nicht gut genug, um seinen Namen auch nur auszusprechen, du ausgeschabtes Senfglas!

Auf mittlerer Höhe der halbrunden Bühnenrückwand wird ein erleuchtetes Fenster sichtbar und dahinter die Silhouette eines Mannes mit Kopfhörern, der mit nacktem Rücken an der Jalousie lehnt. Unter dem Fenster eine doppelflächige schmiedeeiserne Bank. Auf der einen Seite schläft jemand unter einer Decke neben seiner Gitarre, auf der anderen sitzt ein Junge mit bandagierten Armstümpfen vor einer Schlagzeugbatterie.

MARKUS GROTH Jacques Le Cœur! Wo sind deine heiseren Töne geblieben? Die Stimme des Aufruhrs, der Blasphemie, der satanischen Selbstbefreiung? Die schwarzen Messen der Anarchie, die trostlosen Hostienschändungen, zum Teufel mit deiner Band, zum Teufel mit den »Vathek The Palace of Eblis«! Hörst du? Es drumt noch einer lautlos hinterdrein … lautlos, lautlos spielt die Band, geraubter Klang, 'ne alberne Pantomime am Rand des erloschenen Kraters! So dick liegt der Taubenmist auf deiner Musik, Jacques Le Cœur, so dick! New Kids on the Block, Jacques Le Cœur!

2

Vor dem Laden auf der Straße. Marianne Abel, eine Frau in den Vierzigern, sitzt auf einem Stuhl vor ihrem Geschäft an einem warmen Frühsommerabend. Eine Inschrift in geschwungener königsblauer Leuchtschrift über dem Schaufenster: »*Glas- und Porzellanwaren. Inh. Marianne Abel.*«
Die Bühne zeigt das Halbrund einer Hauswand, in der Mitte ein Torbogen-Durchgang, der auf eine belebte Verkehrsader führt, so daß die eigentliche Bühnenfläche den Ausschnitt einer Seitenstraße vorstellt. Links, aus seiner Mineralienhandlung, dem »*Steinlädchen*«, *tritt Gregor Neuhaus vor die Tür. Lilly Groth, jetzt in ihrem bürgerlichen Erscheinen, mit gelöstem, dunkelblonden Haar, in einem leichten Sommerkleid, steht unentschlossen neben einem zweiten leeren Stuhl, wippt mit den Händen auf dem Steiß gegen die Hauswand.*

GREGOR NEUHAUS Was denn? Ihr sprecht wieder miteinander?
MARIANNE ABEL Ja. Nach einer längeren Pause.
LILLY GROTH Dich habe ich lange vermißt.
MARIANNE ABEL D u b i s t m i r ausgewichen.
LILLY GROTH Du hast mich nie wieder zur Aushilfe gerufen. Freitags und dienstags hätte ich immer gekonnt. Wie früher.
MARIANNE ABEL Wir werden schließen, Lilly. Weißt du das? Noch habe ich die Erhöhung nicht. Aber sie kann jeden Tag eintreffen. Nächsten Monat beginne ich mit dem Ausverkauf. Die Preise für alles, Geschirr und Glas, auch die neuesten Dekors, um 60% herabgesetzt. Wie man das eben so macht.
GREGOR NEUHAUS Die meisten geben auf in der Straße. Katharina, von der italienischen Strickmode, weißt du, was sie für ihre Streichholzschachtel an der Ecke bezahlen soll: sechstau-

send Mark. Dreihundertprozentige Erhöhung. Letzten Monat. Gibt auch auf. Sie gehen alle fort. Die Tierhandlung, Blumen-Richter ...

MARIANNE ABEL Hat schon zugemacht. Erst war's der Edeka-Laden, der sich nicht halten konnte wegen der Billigmärkte in der Gegend. Jetzt gibt es keinen Fleischer, keinen Bäcker, keinen Gemüseladen mehr weit und breit. Die Straße stirbt aus. Notare kommen. Haardesigner. Die ziehen sogar ins Souterrain. Notare, Psychotherapeuten, Anlageberater. Hat alles keinen Zweck mehr. Gesundheitsshop, Luxusfraß: ja. Edelboutique: ja. Spielhalle, Video: ja. Oh, ein trostloses Pflaster wird unsere Veltener Straße.

GREGOR NEUHAUS Nebenan ist beinah jedes Stockwerk teilgewerblich umgewandelt. Delirierende Niederländer taumeln durch das Treppenhaus: »Büros Büros Büros«, als hätten sie ein Ölfeld angebohrt. Die Lage die Lage und nochmals die Lage! rufen die Makler und schlagen tausend Mark pro Quadratmeter auf.

MARIANNE ABEL Am Türken-Imbiß stand noch vorige Woche: »Wir eröffnen demnächst mit erweitertem Angebot.« Seit gestern klebt der rote Wucherstreifen auf der Scheibe: »Ladenfläche zu vermieten. Erweitertes Angebot!« Tja. Das ist alles ganz furchtbar.

Sie gießt sich aus der Flasche, die neben dem Stuhl steht, Wein ins Glas. Gregor Neuhaus geht in seinen Laden und schließt die Tür. Lilly Groth setzt sich auf den zweiten Stuhl.

LILLY GROTH Der Gregor vom Steinlädchen? Nicht dein Ernst? Dein Nachbar, Laden zur rechten, seit fünfzehn Jahren stellt ihr eure Stühlchen im Sommer vor die Tür und plaudert bis spät in den Abend. Oder geht über Mittag zu den Antiquitätenhändlern und plaudert dort, hängt eure Schildchen an die Ladentür »Bin gleich zurück« ... Ihr beide habt euch doch längst alles gesagt, was sich zwei Menschen in e i n e m Leben sagen können.

MARIANNE ABEL Noch nicht alles, Lilly, nicht alles.

LILLY GROTH Du verliebst dich in jemanden, den du schon seit fünfzehn Jahren kennst, bloß wegen Geschäftsaufgabe, weil ihr beide nicht mehr könnt in der Veltener Straße.

MARIANNE ABEL Man kann nicht mehr wohnen, man kann seinen Laden nicht halten, man kann keine schönen Sachen mehr verkaufen, nichts. Hast du gesehen, im Schaufenster? Das Neue von Wedgwood, gerade erst hereingekommen. Ist es nicht hinreißend? Kommt auch in den Ramsch. Das ist alles ganz furchtbar. Nächstes Jahr sitzen wir alle in unserer kleinen Koje draußen im Megaeinkaufsmarkt, nördlich von Weißensee, draußen vor der Stadt. Da verschwinden wir alle in einer riesigen Containerhalle. Die Blumenkoje, die Uhrenkoje, 'ne Bank, die Fotokoje, die Strumpfkoje, noch 'ne Bank, die Porzellankoje (ich), die Confiserie, noch 'ne Bank ... alles gleich nebenan. Furchtbar!

Eine Koje, weißt du, was das heißt? Drei mal vier Meter, wenn's hochkommt. Ohne Toilette, ohne Kaffeeküche. Die Koje hat nichts mehr mit einem menschlichen Laden zu tun. Was kannst du schon im Angebot halten? Zwei, drei Firmen haben dich fest im Griff. Ich hab's ja gesehen, in Frankreich überall, Carroussel, Carrefour, Pompadour, wie sie alle heißen. Megamärkte. Nur aus Containern erbaut. Lagerhallen, Sporthallen, Gärtnereien, Reiseagenturen, Psychologen, Sekten, Logopäden, Kindergärten, alles auf einem Haufen, auf ein und demselben öden Fleck. Draußen vor der Stadt.

LILLY GROTH Ja, das ist wirklich eine häßliche Aussicht.

MARIANNE ABEL Häßlich, ja. Aber wir machen es uns gemütlich.

LILLY GROTH Wer geht schon raus nach Weißensee?

MARIANNE ABEL Aber die gehen ja alle hin! Ein paar von uns haben draußen schon angemietet.

Der Mann vom Grünstreifen erscheint im Torbogen.

DER MANN VOM GRÜNSTREIFEN Die öffentliche Ordnung – entschuldigen Sie, wenn ich mich vorübergehend schwerhörig stelle – wie bitte?! Dieselbe öffentliche Ordnung, die Jahr um Jahr neue Herden von Verbrennungsmotoren in den Pferch der Straße treibt, beschuldigt mich, der ich lediglich auf dem Grünstreifen biwakiere, für sie ein Ärgernis zu sein? Eine Ordnung, die nachweislich Chaos bedeutet, nimmt Anstoß an einem Mann, der mit seiner Plane, worunter all sein Hab und Gut, säuberlich auf dem Grünstreifen übernachtet? Sie, die öffentliche, die sich vor meiner mich umgebenden Ordnung in Sack und Asche hüllen sollte, macht mir mein Niemandsland streitig?

Nun, ich grolle nicht. Ich, Staatsfreund, grolle nicht. Ich sage lediglich: denk an den nächsten Strich durch die Rechnung, mein Freundchen. Demnächst, wenn der große Treck vom Osten kommt, steht bei mir 'ne Beduinenstadt auf dem Grünstreifen. Wohl dem, der vor den Fremden da war, und sich sein Plätzchen reservierte. Mögen sie nur hereinziehen, zu Tausenden, zu Hunderttausenden, Völker, Völkerstämme, Heerscharen, Gog und Magog mögen kommen – meinetwegen, aber neben mir, bitte sehr, ich war schon da, bin eingerichtet, ich, dein bestürzter Diener, mein lieber Staat!

Er geht zum Steinlädchen, hält Zahnbürste und Klopapier vor die Scheibe, Gregor Neuhaus öffnet ihm.

MARIANNE ABEL Ich warte jeden Tag auf mein Aus. Wahrscheinlich kommt die Erhöhung drei Tage vor den großen Ferien. Ich zittre jeden Morgen vor der Post.

LILLY GROTH Warum hast du überhaupt eingewilligt?

MARIANNE ABEL Was heißt »eingewilligt«?

LILLY GROTH Bei einem Menschen, mit dem du schon so gut wie gelebt hast. Fünfzehn Jahre lang. Ohne daß je etwas Verzwicktes vorgefallen wäre.

MARIANNE ABEL Der Vorhang über einem Menschen geht manchmal sehr plötzlich auf. Oder, bitte sehr, du siehst, wie ein Mann, den du schon lange kennst, mit den Jahren immer mehr Kontur gewinnt, bis er dir eines Morgens unglaublich gut gefällt.

Du bist übrigens die einzige, die ich kenne, aber wirklich die einzige, die Liebesgeschichten noch genauso wichtig nimmt wie vor zwanzig Jahren. In deinem Alter –

LILLY GROTH Ich bin erst achtunddreißig.

MARIANNE ABEL Achtunddreißig, na.

Nein. Du täuschst dich. Wir haben großes Glück miteinander. Von außen mag es scheinen wie ein schwaches Ineinandersinken, wir selbst erleben eine Blütezeit ... Wie weit seid ihr dann auseinander, der Ökonom und du?

LILLY GROTH Christoph hat unterwegs seinen zweiundsechzigsten Geburtstag gefeiert. Oder war es schon der dreiundsechzigste?

MARIANNE ABEL Mir unvorstellbar heute, daß ich mich einmal rein aus sexuellen Gründen auf wildfremde Menschen verließ, bloß weil sie Männer waren.

LILLY GROTH Ich höre schon: die traurige Bereitschaft einer Frau, für den Rest ihres Lebens eine zweckmäßige Entscheidung zu treffen. Und Andreas? Hast du von Andreas wieder mal gehört?

MARIANNE ABEL Keinen Kontakt mehr. Aus den Augen verloren.

LILLY GROTH Andreas war einer der letzten heutzutage, die noch nach Mann aussahen. Eine ruhige, männliche Erscheinung. Veilchenblauer Maßanzug, runder Schädel, große Hände, ernster, kräftiger, eleganter Mensch. Kein Künstler, kein gebrochener Charakter, kein Bücherwurm. Energische Falten, interessante Tränensäcke … Seine rechte Hand schiebt die Manschette zurück, er blickt auf seine Uhr, der schöne Zeigefinger fährt einmal rund ums Armbandinnere, er dreht das Handgelenk gelassen hin und her, ein durchgeformter, fester Mensch.

MARIANNE ABEL Ein Bastler war er, handwerklich geschickt. Eine Gutmütigkeit besaß er, die jede Frau zum Schikanieren reizte.

Gregor, tut mir leid, ist einfach etwas intelligenter als dieser Bambusimporteur.

LILLY GROTH Intelligenz macht nicht den Mann.

MARIANNE ABEL Oh doch!

LILLY GROTH Intelligenz, wie der Wortklang schon sagt: Schlangenzungenlispeln.

MARIANNE ABEL Gregor besitzt echte schöpferische Kraft. Er macht mir unbekannte Dinge schnell vertraut und zu bekannte wiederum wie nie gesehen. Wohin er greift, er formt aus jeder Lebensmaterie ein nützliches, verständliches Gebilde. Ein Mann muß viel erblicken, gut erklären können. Er soll sehr wachsam sein und jede Gefahr im frühesten Verzug wittern, darauf will man sich verlassen können.

LILLY GROTH Ich kann mir gar nicht denken, daß wir von ein und demselben Menschen sprechen. Der Gregor, den ich kenne, den kleinen Kommunisten, der er immer war, früh verbittert, leicht erregbar, der soll auf einmal schöpferische Kraft besitzen? Was siehst du bloß in ihn hinein?

MARIANNE ABEL Umgekehrt möchte ich dich fragen: was hast du alles nie bemerkt an ihm?

LILLY GROTH Tja. Das ist eben das Zwiefache an ihm, siehst du. Überall lauert das Zwiefache. Zwie, zwie, zwie. Das Zwiefache in jedem Ding. So auch in dir und mir.

Die Türglocke im Steinlädchen ertönt. Der Mann vom Grünstreifen tritt heraus.

MARIANNE ABEL Kommt er?

LILLY GROTH Nein.

MARIANNE ABEL Du siehst übermüdet aus.

LILLY GROTH Ja. Schlimm. Ich finde nicht ins Bett.

MARIANNE ABEL Wo?

DER MANN VOM GRÜNSTREIFEN *setzt sich auf einen Poller neben dem Torbogen.* Heulen wirklich um fünf Uhr früh, in den Daunen des Morgens, die ersten Motoren? H e u l e n sie wie Wölfe, wie Kranke oder verirrte Kinder? S p r i n g e n sie an wie das Fohlen auf der Weide? Brummen sie gar wie die Fliege am Fenster? Von uns erhielten die leblosen Dinge allzu liebliche Namen.

Da hockt man nun, Geschöpf einer tiefsitzenden Pause, vor Bataillonen von freien Stunden, hockt mit gebeugtem Oberkörper wie auf einem Feldherrnstuhl, die Arme ruhen auf den Oberschenkeln und der Blick auf den leise malmenden Handballen. Man betrachtet dieses Relikt eines tatendurstigen Händereibens und bemerkt, etwas weiter oben, ein stetes, fleißiges Kopfnicken, das offenbar dazu dient, Sekunde für Sekunde die ungetrübte Einsicht in die eigene Lage zu bestätigen. Gleichzeitig weiß man, daß man im tiefsten seines Wesens schläft. Ruhig und fest. Und nur dieser Mund da oben, dieser unermüdliche Quell froher Laune, sprudelt weiter vor sich hin wie ein sarazenischer Brunnen in einer lauen Sommernacht.

LILLY GROTH Christoph kommt morgen früh zurück. Morgen in aller Herrgottsfrühe. Von Brüssel mit der Bahn. Ein Jahr Australien hat er hinter sich, als Fellow in Canberra. Ein Wechsel, den er für nötig hielt, um seine Forschung wiederaufzunehmen. Du weißt vielleicht nicht, was es heißt: ein Jahr ohne Mann. Ein ganzes, ohne alles. Kein Besuch und keine Stippvisite. Wir wollten uns entbehren, es war ein Pakt. Wir wollten wissen, wie es wirkt, wohin es uns bringt, ein Jahr getrennt, solange man noch nicht geduldig ist und eigentlich keine

Nacht allein sein kann. Jetzt weiß ich, wie es wirkt. Es kostet mich beinahe übermenschliche Beherrschung, um nicht ausfällig zu werden vor Sehnsucht.

MARIANNE ABEL Du hast nichts getan? Das ganze Jahr über nichts? Nicht einen kleinsten Schritt vom Weg? Das ist auch nicht gesund.

LILLY GROTH Für das eine Leben kann es nur den einen geben –

MARIANNE ABEL Und für ein anderes?

LILLY GROTH *scheinbar nicht begreifend* Für ein anderes? Wie meinst du?

MARIANNE ABEL Man müßte, man sollte, man könnte ... Ja, Liebchen, aber wir sitzen fest wie zwei alt gewordene Schülerinnen, zwei ewig Sitzengebliebene, die nicht aufhören, miteinander zu tuscheln. Was tun wir? Wir kriegen den Hintern nicht mehr los vom Stuhl!

LILLY GROTH Oh ja, man müßte – man muß ein zweites Leben führen. Nicht ein zweites nach dem ersten, sondern ein zweites neben dem ersten. Damit etwas mehr dabei herausspringt in der Kürze der Zeit.

MARIANNE ABEL Das würde nur doppelt anstrengend.

LILLY GROTH Aber nein! *Abgeschwächt* Wer weiß ...?

MARIANNE ABEL Ach?

LILLY GROTH So. Ist gut. Du weißt es. Ich weiß es. Laß uns weiterreden.

MARIANNE ABEL Ich hätte hellhörig werden müssen, als du sagtest –
Ich hätte stutzig werden müssen in dem Moment –
Die Ladenglocke im Steinlädchen ertönt.
Kommt er?

LILLY GROTH Nein.

Eine junge Fensterputzerin hat die Ladentür bei Gregor Neuhaus geöffnet, um ihren Dienst anzukündigen. Sie stellt die Leiter vor dem Schaufenster auf. Sie hält ihr gelocktes Haar mit einem beschirmten Band aus der Stirn, trägt T-Shirt und Shorts, und aus der hinteren Tasche wippen die roten Gummihandschuhe hervor.

LILLY GROTH Eine scharfe kleine Fensterputzerin hält er sich da.

MARIANNE ABEL Ziege.

Sie putzt bei uns im Abonnement. Alle drei Monate macht sie die Straße durch. Unansprechbar dumm ist sie leider.

LILLY GROTH Und doch lehnt sie an der Leiter, raucht und blickt genauso schön wie ein tiefsinniger Vamp!

MARIANNE ABEL Wenn sie den Mund aufmacht, klingt es wie ein röhrender Hirsch am Tresen. Ein Rudel Lkw-Fahrer kann nicht lauter aufschneiden als sie mit ihren pausenlosen Ulksprüchen aus den Fernsehserien.

LILLY GROTH Aber wie sie schaut! Mit ihren Bucheckernaugen ...

MARIANNE ABEL Entkerntes Geschöpf. Vollkommen fühllos.

LILLY GROTH Aber eben: vollkommen ... Der nackte kluge Hals, die sprechenden Hände, die verträumte Taille ... Welch ein Monstrum an Fühllosigkeit und schönem Wuchs! Jede Bewegung ihres Körpers beleidigte mich. Und noch ihr Niederknien. Und dieses Kußhandwerfen auf der Treppe, als sie ging. Ihre Nacktheit war wie ein umgestülpter Handschuh, nur die hellere Innenseite eines unabstreifbaren Gewands. Nichts Unangezogenes sah ich an ihrem ganzen bloßen Leib!

MARIANNE ABEL Sprichst du von dir, oder malst du dir etwas aus?

LILLY GROTH Ich spreche von mir und von mir gerade wiederum nicht.

MARIANNE ABEL Eben hieß es noch, du hättest treu wie Penelope ein Jahr lang deinen Mann erwartet –

LILLY GROTH *steht auf, beunruhigt.* Ich muß noch aufräumen, Marianne. Zu Haus steht der Müll bis an die Decke. Zeitungstürme, Verpackungsberge, Post, Geschenke. Ich habe soviel neue Sachen eingekauft, alles vollgestellt, er kommt nicht durch bis in sein Arbeitszimmer.

Sie faßt an ihren Kopf. Was ist das nur? Was kann das bloß sein? Es kommt und geht. Es schwankt, es tobt ... *Sie läßt sich zurück auf den Stuhl gleiten.* Mich schwindelt vor der nahen Ankunft. Ich fürchte mich vor diesen ersten Schritten wieder aufeinander zu ... Ich überblicke die ganze Partie des Wiedersehens ... Ist es nicht meine böse Hand, die verdirbt, was sie berührt? Die das Nächste, Greifbare zerstört und nur das Ferne liebkosen kann?

Hilf mir, bitte, ihn abzuholen. Komm mit mir! Ich weiß

nicht, wie ich die Nacht verbringen soll bis sechs Uhr morgen früh!

MARIANNE ABEL Lilly: sechs Uhr morgens, du wirst von niemandem verlangen, auch nicht von deiner besten Freundin, daß sie um sechs Uhr morgens mit zum Bahnhof kommt. Wir sitzen hier gerade erst am frühen Abend, Gregor und ich wollen später noch ins Restaurant, nein, ich kann dich wirklich nicht begleiten. Trink deinen Wein, und leg dich früh aufs Ohr. Laß dich um fünf Uhr wecken.

LILLY GROTH Ich kann nicht schlafen.

Du riskierst, daß ich untertauche, wenn du nicht auf mich aufpaßt.

MARIANNE ABEL Ich? Warum fragst du deinen Stiefsohn nicht? Soll dich Markus doch begleiten.

LILLY GROTH Nein. Soll er nicht. Weil ich mit meinem Stiefsohn nicht auf den Bahnhof gehe, um m e i n e n Mann abzuholen. Dabei würde er mich stören ... Wie träg du geworden bist. Wie plump und schwerfällig.

MARIANNE ABEL Fängst du wieder an? Mit deinen minderwertigen Aufrichtigkeiten. Vom letzten Säureattentat hatte ich mich gerade halbwegs erholt.

LILLY GROTH Ist gut. Ich bin ja still. Muß ich mir die Nacht allein um die Ohren schlagen. Treib ich mich eben irgendwo herum.

Sie trinkt.

Es gab Tage, da glaubte ich, ihn nie wieder empfangen zu können. Es gab Tage, da ich nicht mehr seine Frau war. Ich hatte alle Erwartung bereits genossen, alle Entbehrung ausgekostet, bis mich ekelte. Da geschah es, daß ich aus meiner Abtötung auffuhr, erschrocken, empört, unbändig, süchtig nach Schmiere, nach Dreckklumpen, nach Kot und Schleim. Ich war bereit, mich durch ein Schlaraffenland von Schmutz hindurchzufressen.

Ich weiß nicht, was aus mir wird, wenn er plötzlich vor mir steht. Jede Sekunde auf dem Bahnsteig mach ich jetzt schon durch, jeden Schritt von seiner Heimkehr höre ich heranhallen, näher und näher. Und wie die Ankunft ihren Rachen weiter und weiter öffnet ... Ich weiß nicht, wie ich die Meute der letzten Stunden bändigen soll!

Lichtwechsel. Marianne Abel und die Fensterputzerin ab.
Markus Groth sitzt im offenen Fenster der oberen Hauswand.

MARKUS GROTH Arme Mama. Da giepert sie nach ihm und fürchtet sich. Stirbt in Vorgefühlen, kribbelig und gieprig und zittrig am ganzen Leib. Kein Funken stiller Freude? Kein heiteres Herzklopfen? Du hast an meinen Vater seit langem nicht mehr froh gedacht.

LILLY GROTH Ich habe ein Jahr lang mit allem, was ich sagte, an ihn gedacht. Noch in der verirrtesten Silbe, im schlampigsten Wörtchen klang verborgen etwas von seinem Namen. Dies ist die Geschichte einer Zugehörigkeit. Und dir, mein Sohn, soll sie gewidmet sein.

MARKUS GROTH Hier habe ich den Schlüssel, um hinter uns die Tür zu schließen, das Haus seiner Abwesenheit zu verriegeln, in dem wir zahllose Versuche unternahmen, von Zimmer zu Zimmer, den richtigen, den wohltuenden Abstand voneinander zu finden.

LILLY GROTH Wir haben gut aufeinander aufgepaßt. Bis zum Schluß.

MARKUS GROTH Wir haben eine Menge Fleiß, Gewalt und Tücke darauf verwendet, uns gegenseitig aufzuhalten auf dem Weg zueinander.

LILLY GROTH Wie ginge das wohl?

MARKUS GROTH Indem wir ein künstliches Hindernis nach dem anderen zwischen uns aufrichteten. In der Hoffnung, sie könnten uns davor bewahren.

LILLY GROTH Wovor?

MARKUS GROTH Davor, einander zu ergreifen, einander in die Arme zu sinken.

LILLY GROTH Bist du närrisch geworden?
Jetzt so etwas im Hirn! Acht Stunden vor seiner Ankunft!

MARKUS GROTH Sagen wir doch: wir fanden eine Spielart der Umarmung, bei der der wohltuende Abstand eingehalten wurde.

LILLY GROTH Nun, du schlichst im engen Kreis um mich, gingst in trauriger Anziehung nach meinem Gang. Bekamst mich aber nicht, mein Hirnchen. So nah ich auch wohnte mit dir. Und einer fehlte, um dir in den Weg zu treten. Wenn ich dir auch nicht alles verwehrte, und manches Geheime geschah so, daß du es sahst.

Markus Groth Nun? Wir schließen die Zimmer für alle Zeit hinter uns ab? Wer behält den Schlüssel?

Lilly Groth Wirf ihn auf die Straße, in den Gulli. Nein. Warte. Später …

Lichtwechsel. Das Fenster mit Markus Groth verschwindet. Gregor Neuhaus tritt aus seinem Laden.

Lilly Groth Ah, Gregor, komm, servier uns was!

Gregor Neuhaus Ich selbst habe nichts im Laden. Marianne – *Er setzt sich.*

Lilly Groth Immer Marianne. Immer die spendierfreudige, die großzügige Marianne. Wie hast du's bloß fertiggebracht, dir ein solches Juwel in die Krone zu setzen?

Gregor Neuhaus *der seine Sätze oft mit einer kurzen, nervös-empörten Irritation beginnt.* Was denn? Ich wollte gar nicht so unbedingt. Marianne wollte. Es war an einem trüben, warmen Weihnachtstag. Ich kochte. Ich bereitete bei ihr zu Hause ein Festtagsessen. Und das Essen streifte die Frage, ob man nicht besser angesichts von allem, was so gewesen ist, für immer beisammen bleiben sollte. Manchmal, nicht wahr, geht der Vorhang über einem Menschen –

Lilly Groth ganz unverhofft in die Höhe, ich weiß. Warum eigentlich nicht? dachte der kleine Kommunist am nächsten Morgen und leckte sich den Frühstückshonig vom Finger.

Gregor Neuhaus Was denn? Das höre ich von dir, seitdem wir uns kennen. Bloß weil ich nie ein hemdsärmliger Antikommunist war? Für dich und deinen Ökonomen ist jeder gleich verdächtig, der sich nicht alles Heil der Erde von der freien Marktwirtschaft verspricht. Wartet nur. Ihr werdet's schon sehen. Kein Stein bleibt auf dem anderen. Kein Stein. Es kracht. Es kracht an allen Ecken und Kanten.

Lilly Groth Hauptsache, man hält an seinen Überzeugungen fest. Bis sie zu Kalk erstarren.

Gregor Neuhaus Ich weiß, daß du mich für einen bedeutungslosen Menschen hältst. Was denn? Natürlich. Akademische Totgeburt. Meinetwegen. Dreizehn Schelling-Seminare abgehalten, vor zwanzig Jahren, das war's denn auch im wesentlichen. Auf meine Stelle kam Frau Gebhard-Prel, die Carnap-Schlampe. Ein Schelling-Kenner, den es unter die Mineralienhändler verschlug, der's außerdem nicht lassen kann und nebenbei noch immer seine Schelling-Briefe transkribiert, der ist für euch natürlich ein armseliger Schöps. Und dennoch, ich liebe meine Steine, ich wähle sie im Einkauf mit Sorgfalt, ich schleife sie mit einigem Geschick, die Turmaline und das Tigerauge, Onyx, Jaspis, Lapizlazuli. Sie dienen mir, das wißt ihr nicht, als stilles Argument, wenn ich dem Schelling widerspreche. Denn das Schöne, was denn, ist vom Ursprung irdisch-materiell, ist bloß geläuterte, verfeinerte Materie. Das Schöne, mit Engels zu sprechen, bekommen Sie bei mir ganz ohne Metaphysik!

LILLY GROTH Wie klein und unentfaltet bist du doch geblieben. Wie bloß gestrichelt und gestandpunktet stehst du da. Nie ein Ausbund gewesen, nie ein Ausbund von – von irgend etwas! Irgendein Ausbund! Lebenslänglich von Schelling zum Narren gehalten. Von Schelling aus der Bahn geworfen. Zurück zu Schelling, über Schelling hinaus, unter Schelling hinweg, quer zu Schelling, mitten durch ihn hindurch. *Sie trinkt, beugt sich zu ihm und spricht in sein Vertrauen.* Da irgendwo hinter den vielen albernen Worten, hinter unserer quälenden Unruhe muß noch etwas vom tragischen Leben verborgen sein, für das wir nur nicht den richtigen Ausdruck besitzen. Verstehst du? Es kommt durch uns nicht zum Vorschein. Wir schneiden Grimassen, wir huschen aneinander vorbei und spüren es doch, da hinter uns rührt sich etwas Großes, Gewaltiges, für das wir nicht das richtige Gesicht, nicht die richtigen Hände, nicht das passende Gefäß zur Verfügung stellen, damit es ganz zum Ausdruck kommt.

GREGOR NEUHAUS Sicherlich, ein Kappungsproblem, sicherlich. Das moderne Leben, was denn, das durch und durch beredete Leben kappt die Höhen und Tiefen, die Daseinsextreme zugunsten eines relativen allgemeinen Wohlergehens –

LILLY GROTH Wieviel Unerlebtes erträgt der Mensch?! Lange bevor wir unseren ersten großen Schritt getan haben, sterben wir schon – wir gehen ein an unseren ungeforderten Kräften. Was ist am Wohlergehen, verdammt noch mal, so schön? Die Sucht zu leben, ist die Sucht, alle Leidenschaft verbraucht zu haben, restlos, bevor es vorbei ist. Ich fürchte mich vor einem:

dem Kollaps meines Zorns, meines Gelächters, meiner Entbehrung. Meiner Schande.

GREGOR NEUHAUS Menschen wie du, Elisabeth, erinnern mich an Käfer, die man in eine Streichholzschachtel sperrt. Im Dunkeln übertreiben sie jedes Gefühl. Flattern mit Todesängsten gegen die Pappwände, anstatt die Schachtel mit dem Kopf am richtigen Ende aufzustoßen.

LILLY GROTH Dann sag mir: was ist Schande? Was würdest du so nennen? Wenn man sich erniedrigt, wenn man um Geld und Mittel betteln muß, wenn man sich jemandem nachwirft, der es nicht verdient? Sich anspeien läßt, im Kot kniet? Nein. Das ist wahrscheinlich keine Schande. Nur der verkehrte Stolz, mit seinen Gefühlen zu geizen, das ist Schande ... Mich berauscht allein das Wort. Ich brauch das Wort, es ist ein Aufputschmittel.

GREGOR NEUHAUS Aber ist es nicht so? Du reist wie in einer Raumkapsel, in der man künstlich Hochgefühle stimuliert, in einer Pathosbox reist du durch unser ganz normales, mieses, dummes Leben. Die geringsten Anlässe versetzen dich in immer höhere Erregung.

LILLY GROTH Du bist und bleibst ein furchtbarer Erklärer. Ein Erkundiger mußt du sein. Kein Erklärer. Erkundige dich mal – bei mir!

GREGOR NEUHAUS Was denn, Elisabeth, wozu die Backen immer noch so mächtig aufgeblasen? Niemand kann sich aus der Geschichte der Ernüchterungen davonstehlen. Keiner kann so tun, als lebte er in einem Geheimnisreservat außerhalb der modernen Einsichten der Wissenschaft.

LILLY GROTH Sie sind mir nichts wert, diese Einsichten. In meiner alten Seele gibt es nichts, das mit ihnen übereinstimmt. Maß aller Dinge bleibt das Vermissen.

Marianne Abel kommt aus ihrem Laden mit einer Flasche Wein, einem weiteren Stuhl und einem drahtlosen Telefon. Sie setzt sich. Gregor Neuhaus und Marianne Abel legen auf Lillys Stuhllehne ihre Arme übereinander.

MARIANNE ABEL Hast du gesehen, Lilly, das rührende Schild, das der alte Bruno Zenke in seine Ladentür gehängt hat? »Seit zweiundvierzig Jahren existiert unser Geschäft. Seitdem führen wir stets fabrikneue Möbel. Sie finden bei uns alles, was Sie für Heim und Garten benötigen.« Benötigen ... wer benötigt noch etwas aus dem braven Laden?

GREGOR NEUHAUS Seit zweiundvierzig Jahren. Aber das dreiundvierzigste wird er nicht überstehen. Seine treuen Kunden, sagt er, er lebt von seinen treuen Kunden. Wann war der letzte im Laden? Die treuen Kunden sitzen mit ihren alten Möbeln im Altersheim. Er soll sich doch nichts vormachen. Er spart schon am Licht. Nicht mal die Schaufensterbeleuchtung wird noch eingeschaltet. Er sitzt hinten in seiner Bürokammer und blättert in alten Auftragsbüchern. So sieht das aus. Bruno Zenke, der einmal Radrennfahrer war. Sein Sohn ist Versicherungsinspektor. Der holt seine Möbel bei Ikea ab.

MARIANNE ABEL Warum wird alles so häßlich, so unmenschlich rings um uns? Früher kamen auch neue Zeiten auf die Leute zu, aber es wurde doch nicht gleich so unmenschlich, so kalt und steril ... Aber so ist es eben. Das Alte muß weg. Dabei sind die größten Kulturen der Menschheit diejenigen gewesen, in denen das Alte geachtet wurde. China, Japan, Indianer. Wenn das einmal wiederkäme, kaum zu glauben! Aber wer weiß, wie sich die Welt noch ändern wird. Wir haben sogar den Kommunismus hinter uns gebracht, das hätte auch niemand geglaubt vor zehn Jahren. Vielleicht kriegen wir eines Tages auch das ständige Neuern und Verjüngen weg von der Erde.

GREGOR NEUHAUS *der ihr seine Hand entzog.* Man kann eine Zigarette auch zwischen zwei Fingern zerbröseln, anstatt sie zu rauchen.

MARIANNE ABEL *unsicher* Du meinst: um sich das Rauchen abzugewöhnen?

GREGOR NEUHAUS Nein. Das meine ich durchaus nicht!

MARIANNE ABEL *blickt über Lilly Groths Schulter in deren Telefonbüchlein.* Nur die paar Namen, so wenig Namen, kaum Namen in deinem Adreßbüchlein?

LILLY GROTH Anfang des Jahres habe ich gründlich aufgeräumt. Nicht viel übriggeblieben leider.

Sie nimmt das Telefon und wählt eine Nummer. Gregor Neuhaus reißt hinter Lilly Groths Rücken an Mariannes Arm, so daß diese aufschreit.

GREGOR NEUHAUS Hörst du mir zu?

Du nimmst dir mitunter die herablassenden Manieren einer schönen Frau heraus, obwohl du es durchaus nicht bist.

Lilly Groth Nicht da. *Sie wählt eine andere Nummer.*

Gregor Neuhaus Du benimmst dich so zickig, als könntest du's dir leisten. Oder, andersherum: du versuchst mit einer Art angewöhnter Verwöhntheit etwas von der Haltung einer schönen Person auf dich herabzubeschwören. Oder, andersherum, du versuchst mit stolzem Gehabe davon abzulenken, daß du keine Schönheit bist ...

Marianne Abel Siehst du, wie er scheibelt! Süß! Er stückelt seine Sätze mit der Handkante, er reiht alles ein. Das konnte schon seine Frau nicht ausstehen an ihm ... Auch ich, Lieber, habe nicht von frühster Jugend an von deinen teufelshörnigen Nasenwurzelfalten geträumt, von einem linken Augenlid, das einzeln nachklappt wie bei einem Reptil!

Lilly Groth Fünfzehn Jahre habt ihr voreinander den Anstand bewahrt. Jetzt habt ihr euch verliebt und kennt keine Gnade mehr. Mir scheint, ihr habt euch überhaupt nur verliebt, um euch ein paar längst fällige Gemeinheiten zu sagen.

Gregor Neuhaus *analysiert und scheibelt.* Nein. Sieh. Es ist doch so: sie kennt mich zu gut. Folglich versuche ich, mich untypisch zu verhalten. Da gibt es diese Vernetzung zwischen uns: sofort Bescheid wissen, was gleich kommt, sofort Bescheid wissen, was die andere Seite vorhat. Ich versuche nur, dies Netzwerk lahmzulegen.

Marianne Abel Ja. Genau! Das Schlimmste ist, daß man viel zu früh weiß, was der andere gleich sagen wird.

Gregor Neuhaus Ich verletze, ja, aber ich verletze nicht etwa, weil ich selbst daran glaubte, was ich da hervorzische, ich verletze das System, die Wechselwirkung zwischen ihr und mir.

Marianne Abel Ja. Das ist sehr gut beobachtet. Was mir fehlt, ist: ein dunkler und wilder Mensch zu sein. Unüberblickbar. Immer neu zu entdecken.

Gregor Neuhaus Das Unbehagen, das physische, plötzlich, voreinander, der nackte Widerwille dann und wann, ich glaube, damit kämen wir noch zurecht?

Marianne Abel Sicher.

Gregor Neuhaus Aber Bekanntheit, Ausgesprochenheit von allem und jeden, das ist eine Höllenstrafe.

LILLY GROTH Wenn du mit einem geliebten Menschen zuviel gesprochen hast, fühlst du dich hinterher so elend wie nach einer Nacht, die du mit einem ungeliebten verbracht hast. Meinst du es so, Gregor? Dasselbe Gefühl von ... von Scham?

GREGOR NEUHAUS Was denn? Wenn ich mich schämen soll, schon wieder, wofür denn noch? Das sagt sich so leicht, nur weil, von heute aus gesehen, die Jahre des hellsten Bewußtseins, von heute aus, Jahre des Irrtums waren? Du lieber Gott: wieviel Klugheit hat die Welt umsonst hervorgebracht! ... Neulich, zuhaus, im Dorf stand jemand in einer politischen Versammlung auf und sagte: »Ich bin nur ein kleiner Tierarzt, nicht sehr klug und nicht weit in der Welt herumgekommen. Aber i c h hatte recht, als es damals um Prag-Angola-Gulag ging, und Jean-Paul Sartre hatte unrecht. Die Intellektuellen sind ein Unglück für das Volk. Sie sind nur füreinander geschaffen. Sie sind bestechlicher als der korrupteste Lokalpolitiker. Und zwar weniger durch Macht und Geld als vielmehr durch ihren Drang zur Negation, durch ihren unwiderstehlichen Drang, über kurz oder lang von sich selber abzufallen, sich innerlich wollüstig mit dem Gegner zu identifizieren, bis nichts mehr von ihnen übrigbleibt. Sie irren sich überhaupt nur mit solch blinder Leidenschaft, um irgendwann die Offenbarung ihres Irrtums, diese große, feierliche Enttäuschung zu erleben ...«

Trotzdem! sage ich. Ich sage: alledem zum Trotz! Und: jetzt erst recht! Die Sache muß noch einmal von einem anderen Ende her aufgezäumt werden!

Er steht auf.

MARIANNE ABEL Bleib, bitte!

GREGOR NEUHAUS Nein. Schon gut. Ich weiß ja, was ihr denkt ...

MARIANNE ABEL Ich habe nichts gesagt!

Er geht in seinen Laden.

LILLY GROTH *telefoniert.* Jaaa: ich! ... Wieso? Nein. Ich wollte d i c h sprechen, natürlich. Hast du heute nacht Zeit für mich? Ja. Nein. Ich muß um sechs Uhr früh am Bahnhof sein. Ich lade dich ein, ich kenne was Neues drüben in Mitte ... Ja. Um sechs am Bahnhof ... jemanden abholen ... Wie? ... Hör mal, du riskierst, daß ich untertauche ... Also – hm. *Pause* Also – ... Ich habe dich – ... Ich habe dich ... Moment! Ich habe dich eine verrückt gewordene Hausfrau genannt, weil ich weiß, daß du nicht das geringste Talent fürs Geschäftliche besitzt! *Sie hält den Hörer zu.* Die Hammerschmidt will mit fünfundvierzig Jahren auf einmal Hotelkauffrau lernen! *Sie spricht wieder in den Hörer.* Nein. Das ist aufrichtig gewesen. Gut gemeint war's ... Wie du willst. Von mir aus. Dann also: Schluß! Aus. Nie wieder. Wenn dir dabei wohler ist, von mir aus gerne: Nie wieder!

Sie legt den Hörer auf den Boden, setzt den Fuß darauf.

So. Noch ein Strich. Noch ein Kopf ab hier in meinem Büchlein. Wär doch gelacht, wenn ich's bis Jahresende nicht leer bekäme ... War der eigentlich immer so schnell beleidigt?

MARIANNE ABEL Ich kriege ihn, er ist schief, aber auch lieb.

LILLY GROTH Das hast du nun von deiner Restpostenliebe.

MARIANNE ABEL Nimmst du das zurück oder –

LILLY GROTH Schon geschehen. Hab's schon wieder bei mir.

MARIANNE ABEL Ist das nicht Markus dort? Mit einem Regenschirm spaziert er durch den schönen Sommerabend?

Markus Groth kommt aus dem Torbogen, grüßt die beiden Frauen.

LILLY GROTH Das ist kein Regenschirm. Eine Makhila, ein Spazierstock aus dem Baskenland.

Sie hebt ihr Haar von der Schulter. Markus Groth küßt sie in den Nacken.

Das ist, zwischen uns, erlaubt ...

Zeig den Stock, Markus.

Markus Groth schraubt die Stockspitze auf.

MARIANNE ABEL Ein Bajonett!

LILLY GROTH Fast, ja.

MARIANNE ABEL Was fängst du damit an?

MARKUS GROTH Einem Köter, der mir lästig wird, stech ich die Klinge in die Brust. Auch läßt sich damit trefflich zwischen Baum und Borke blicken. Um etwa die Gesundheit eines Gehölzes zu erforschen.

LILLY GROTH »Zwischen Baum und Borke« – schön, nicht?

MARKUS GROTH Schließlich erweist er sich von Nutzen auch in der Stadt, an unsicherem Ort zu gewissen Stunden. Nicht wahr, Elisabeth?

LILLY GROTH Ich weiß es nicht. Ich habe keine Waffe.

MARIANNE ABEL Beschäftigst du dich außer mit Fragen der Selbstverteidigung noch mit anderen aufregenden Dingen, Markus? Das letzte Mal, als wir uns trafen, hattest du gerade ein wichtiges Examen verpatzt.

MARKUS GROTH Nach wie vor bin ich Student. Wenn auch bereits, wie Vater sagen würde, ein betagtes Semester. Zwischenzeitlich war ich tätig in der Jugendpflege. Ich begann, wie vielleicht erinnerlich, mich außerakademisch umzutun. Erkannte meine Grenzen und kehrte zurück in die Fakultät. Von dort bin ich dann geradewegs ins Grübeln gekommen, aus welchem ich, Gott sei's geklagt, bis auf den heutigen Tag nicht wieder herausfand.

LILLY GROTH »Ins Grübeln gekommen« – schön, nicht? Ja. Er studiert immer noch Jura. Aber die Wahrheit ist, daß er bis ein Uhr mittags zu Haus am BTX gesessen hat, um seine Börsensachen abzuwickeln. Und abends, wenn New York eröffnete, saß er wieder da und konnte keine Seminare besuchen. Einerseits gab es dieses Geld, diese ständige, eintönige Geldvermehrung, nichts sehr Spirituelles, möchte ich meinen?

MARKUS GROTH Ja nun. Es ging um's liebe Geld. Spirituell? Nein. Vielleicht doch? Kürzlich verlor ich einen großen Batzen. Das hat man dann auch geistig auszugleichen.

LILLY GROTH Andererseits, mir unvergeßlich, ich seh dich noch mit deinem Stapel Bücher im Lederriemen über den Strand staksen, damals, acht Jahre her, vor dem Hotel in der Bretagne, als ich noch die heimliche Geliebte deines Vaters war und mit Familie Groth, immer nebenan, die Urlaubszeit verbrachte. Und du wußtest es, wußtest es genau, wer ich nur sein konnte, was es mit mir auf sich hatte. Ein kleiner altkluger Stutzer mit dicken militärhistorischen Schinken unter dem Arm, der artig die Hand aus der Hosentasche nahm, wenn er einer Dame begegnete auf dem Flur oder im Aufzug, ein hübscher Sonderling, dem man gern ein wenig das Haar verwirbelt hätte, den man gern einmal, ganz kurz, ins Bockshorn der Liebe gejagt hätte … ach, wie frei, wie furchtlos ich daherrede über dich, du wohlerzogener Wächter, hier im Schutze einer dritten Person, hör doch, wie ich es genieße, daß du vor ihr nur mit bockigem Mund zu sprechen wagst, nicht wagst, deine Sprache hervorzuholen, die du sonst für mich verwendest, wenn wir zu zweit sind zu Haus. Ja, ich genieße es, in diesen letzten Stunden, unbeschwert über dich zu reden, als wär ich nicht deine Gefangene seit einem Jahr, sondern endlich deine auftrumpfende, rücksichtslose M u t t e r ! Sieh, Marianne, dies ist mein Sohn – mein Sohn aus gutem Haus, von seiner leiblichen Mama nicht gerade mit Zärtlichkeit verwöhnt; von seinem Vater, den er abgöttisch liebt, bis heute darin gehemmt, sich richtig zu entfalten, sich ganz zu entpuppen, während ich mit meinen vier Brüdern dort ums Eck, Flämingstraße dreißig, aus Bernd Jeleschkes Gardinengeschäft hervorging, hervor – empor, frühentfaltet, frühentpuppt –

Markus Groth kniet plötzlich vor ihr und küßt ihren Leib.

LILLY GROTH *erschrocken* Nicht! Nicht erlaubt! Nicht so ... Laß mich! Laß!
Ich muß aufräumen ... ich muß noch aufräumen zu Hause.

3

Bahnhof. Die gleiche Stimmung wie zu Beginn des Akts. Frühnebel, einige Gestalten an den Stehtischen. Statt Lilly Groth sitzt das Zeitungsmädchen hinter den Stapeln neben den Entwerterautomaten. Lilly Groth kommt eingehängt beim Mann vom Grünstreifen, der sie ein wenig steif begleitet. Sie trägt ein dünnes Seidenkleid in einem festlich roten Ton, darüber einen leichten dreiviertel langen Mantel, der im Rücken einen großen feuchten Schmutzfleck zeigt. Sie geht etwas verzögert, ohne zu schwanken, spricht beschwert, ohne zu lallen. Man bemerkt die Gliederschwere, wenn sie den Arm hebt, um Reif und Spange vom Handgelenk zu schütteln oder um zu wiederholten Malen das locker aufgesteckte Haar, das immer wieder herabfällt, neu zu ordnen.

LILLY GROTH Sehen Sie nach, ich bitte Sie, auf welchem Gleis – Brüssel, Ankunft sechs Uhr siebzehn. Und, bitte sehr, bringen Sie uns einen Becher Kaffee mit.
DER MANN VOM GRÜNSTREIFEN Entschuldigen Sie, aber dafür fehlt mir die passende Münze.

Sie gibt ihm die Börse aus der Manteltasche. Der Mann vom Grünstreifen geht in den Hintergrund.

LILLY GROTH *zum Zeitungsmädchen* Na? Alles in Ordnung?

ZEITUNGSMÄDCHEN Was soll schon in Ordnung sein.

LILLY GROTH Haben Sie vielleicht ein Kreuz-wort-rätsel-heft für mich?

ZEITUNGSMÄDCHEN *sucht unter den Stapeln.* Ein Kreuzworträtsel …

LILLY GROTH Laß nur. Schon gut. Sind keine dabei. Ich weiß es. Das sind die Stadtzeitungen, das sind die großen Blätter hier … Wo ist die »Süddeutsche«?

ZEITUNGSMÄDCHEN Die … »Süddeutsche« … ich glaube fast … nein, die ist heute gar nicht mitgekommen.

LILLY GROTH Nicht mitgekommen? Was erzählst du denn? Gerade in der S-Bahn hat sie jemand vor mir aufgeschlagen. Du mußt die Lieferung besser checken. Der Benedikt hat sie nicht ausgeliefert. Dem muß man auf die Finger schaun. Laß nur. Ab morgen. Morgen mach ich das wieder hier.
Sie summt und singt leise.
»Ich stand vor dir im Morgennebel / Versäumte meinen Zug / Dein schwarzes Haar lag wie geschmolzene Nacht auf meiner Hand … Newspaper-Girl, sitting in the Railway-Station / Dein schwarzes Haar im bleichen Morgenlicht« … Denk dran: Jacques Le Cœur!

ZEITUNGSMÄDCHEN Jacques was? Wie heißt jetzt der Lieferant?

LILLY GROTH Der Lieferant! Du kleine Schlafnase, wenn ihr schon nicht mehr wißt, wer euch erfunden hat! Jacques Le Cœur … kennst du »Misty Morning« nicht? Du säßst hier gar nicht so, wie du dasitzt, wenn's das Lied nicht gäbe.
Sie geht zu einem der Stehtische. Der Mann vom Grünstreifen kommt zurück.

DER MANN VOM GRÜNSTREIFEN Gleis fünf.

LILLY GROTH Gleis fünf. Dann stehen wir richtig. Von hier kann ich den Bahnsteigausgang überblicken. Die strömende Menge. Ich bin es, die ihn zuerst erblicken wird. Ich will ihn sehen, wie er Ausschau hält nach mir. Jetzt reden wir schon stundenlang. Jetzt sind wir durch die ganze Nacht gelaufen, und ich habe darüber Ihren Vornamen vergessen.

DER MANN VOM GRÜNSTREIFEN Ich bin der Matthias.

LILLY GROTH Wenn Sie nur im entscheidenden Augenblick, wenn er kommt ... wenn er vor mir steht ... wenn Sie darauf achten wollen, bitte, daß ich mich gerade halte, Matthias. Daß alles in Ordnung ist an mir. Unauffällig aber, unauffällig.

DER MANN VOM GRÜNSTREIFEN Madame: an wieviel Plätzen dieser langen, langen Tour, in welchen Bars und Nachtcafés und Tieferliegendem bin ich an Ihrer Seite geblieben, ohne daß sich der Sicherheitsabstand zwischen uns auch nur um einen Millimeter verringert hätte! ... Wenn ich die Menschenwracks betrachte, vor dem Kiosk in der Bahnhofshalle, da lob ich mir meinen Grünstreifen. Der eine brüllt und wälzt sich mit dem Rücken auf der Erde wie eine Sau in ihrer Suhle. Der andere hält den Kumpel, der mittendurch zusammenklappt. Ein Dritter geht im Dschumm endlos einen Schritt voran und einen wieder rückwärts. Ein zerfranstes Scheuertuch von Weib leckt Soßenreste von den Abfalltellern. Der Verkäufer von Bierdosen und Schnaps sitzt hinter Panzerglas, das von Ausgespienem trüb und undurchsichtig ist. Er reicht die Ware durch 'ne Schleuse, damit er mit dem menschlichen Getier nicht in Berührung kommt. Oh, lieber Gott, erhalte mir meinen Grünstreifen und bewahre mich vor den bepißten Wänden hier. Der Gestank ist unerträglich.

Zwischen den Stehtischen jagt eine Werbefigur im Mickey-Mouse-Pelz – nur das Wörtchen »fleckenlos« ist darauf noch zu lesen – mit der Spraydose hinter der Abfallpflückerin her, einer jüngeren Frau mit Kopftuch und Schürze, am Gürtel mit vielen Plastikbeuteln behängt. Plötzlich dreht sich die Verfolgte um und schreit die Mickey Mouse an. Die Figur klappt ihren sperrohrigen Kopf zurück, ein kleines Männergesicht mit verschwitztem Haar blickt hervor und brüllt zurück.

ABFALLPFLÜCKERIN Mörder! Mörder! Mörder!

MICKEY MOUSE Wo ist meine Telefonkarte?

ABFALLPFLÜCKERIN Er sprayt mich tot! Er sprayt mich tot!

MICKEY MOUSE Wo ist meine Telefonkarte, du rasende Müllkippe!?

Er wühlt in ihren Beuteln.

DER MANN VOM GRÜNSTREIFEN So habe ich mir das immer vorgestellt: Mann und Frau. Zwei Menschen, die sich gegenseitig mit der Spraydose bekämpfen, weil sie sich mit Ungeziefer verwechseln.

ABFALLPFLÜCKERIN Wozu brauchst du die Telefonkarte?

MICKEY MOUSE Die Karte her! Los! Zum Reinstecken. Für unterwegs.

ABFALLPFLÜCKERIN Wohin gehst du?

MICKEY MOUSE Mittags geh ich irgendwohin.

ABFALLPFLÜCKERIN Dann such mittags.

MICKEY MOUSE Verschleppst mir alles, was i c h finde. Strümpfe, Fotos, Fahrscheine, Zigaretten, sogar Geldscheine.

ABFALLPFLÜCKERIN Bei mir gibt es keine Unordnung. Das sind Dosen, das ist Stanniol, das sind Altkleider, das ist Papier.

MICKEY MOUSE Geld ist nicht bloß Papier, du Dreckschlund.

ABFALLPFLÜCKERIN Wie's sich gehört, und wie die Vögel ihre Nester machen. Sammeln jeden Fitzelkram, können alles für ihr Nest gebrauchen.

DER LAUTSPRECHER Es hat Einfahrt der Intercity »Adam Mickiewicz« Brüssel–Warschau. Planmäßige Ankunft: sechs Uhr siebzehn. Planmäßige Weiterfahrt: sechs Uhr achtundzwanzig. Wagen erster Klasse in den Abschnitten drei bis fünf. Bitte Vorsicht bei der Einfahrt des Zugs.

LILLY GROTH Schnell, meinen Koffer! Bringen Sie meinen Koffer! Ich muß verreisen, ich muß weg, ich halte es nicht aus. Ich steig in den Zug und fahre nach Warschau ... Meinen Koffer, bitte!

DER MANN VOM GRÜNSTREIFEN Beruhigen Sie sich. Es dauert ja. Der Zug ist noch gar nicht eingelaufen. Ruhig, ruhig.

LILLY GROTH Hätte ich bloß keinen Kaffee getrunken. Ich flattere am ganzen Leib. Und die Haare, meine Haare?

DER MANN VOM GRÜNSTREIFEN Eine Schönheit sind Sie. Ihr Mann wird auf die Knie fallen vor Ihnen, eine solche Erscheinung!

LILLY GROTH Haben Sie noch eine ruhige Hand, Matthias? Zeigen Sie her.

Der Mann vom Grünstreifen balanciert den Kaffeebecher auf einer Fingerspitze.

Woher können Sie nur so fuderweis saufen, und nichts spürt man bei Ihnen?

DER MANN VOM GRÜNSTREIFEN Das haben wir gebimst im
Kombinat. Entweder man schaffte es, den ganzen Tag durch-
zusaufen und kerzengerade nach Hause zu gehen, oder man
blieb nach zwei Stunden auf der Strecke und bekam dann
eventuell Schwierigkeiten. Saufen mußte man, so oder so. Und
Kartenspielen. Jedenfalls bei uns in der Führungsetage.

LILLY GROTH Jetzt kommt nämlich der verzwackte Moment, in
dem ich mich mit dem Taschenspiegel beschäftigen muß. In
dem ich mir die Lippen g e r a d e nachziehen muß. In dem ich
Augenlider, Brauen und so weiter g e r a d e nachziehen muß.
Die Nase pudern kann ich noch alleine … Im Grunde ein lum-
piger Spiegel. Verspecktes kleines Biest. Darin kann man sich
lange suchen … Machen Sie es? Bitte!
*Der Mann vom Grünstreifen bemüht sich, Lilly Groth sorgfäl-
tig zu schminken. Wie ein Maler vor seiner Staffelei tritt er hin
und wieder zurück und betrachtet Lilly Groths Gesicht. Die
Augen fallen ihr zu, der Kopf sinkt.*

LILLY GROTH Halten Sie den Sicherheitsabstand noch?

DER MANN VOM GRÜNSTREIFEN Bitte: ich muß Ihr Kinn anfassen. Hoch das Kinn!
Schlafen Sie nicht ein!

LILLY GROTH Jetzt, auf einmal, bin ich müde. Hundemüde.
Plötzlich hat es mich erwischt.
Warum tragen denn alle Menschen dieser Erde Baseballkap-
pen auf dem Kopf? Babys, Frauen, Greise, alle haben die gleiche Kappe auf. Und ich – ich habe mir extra einen wunder-
schönen neuen Hut gekauft!
*Ein Mann am Stehtisch gegenüber nimmt seine blaue Base-
ballkappe vom Kopf.*

CHRISTOPH GROTH Guten Morgen.
Wo ist er denn, dein neuer Hut?

LILLY GROTH Christoph …!
Wie siehst du aus?

CHRISTOPH GROTH *lächelt.* Welch ein warmherziger Empfang!
Wahrhaftig: überwältigend.

LILLY GROTH So jung! Warum denn so schrecklich verjüngt?
Oh entschuldige – ich schäme mich, ich genier mich so.

CHRISTOPH GROTH Laß nur. Ich habe auch etwas getrunken,
Lilly. Bekam kein Auge zu im Schlafwagen.

LILLY GROTH Ich auch nicht!

Die ganze Nacht – kein Auge zu!

CHRISTOPH GROTH Wen hast du mitgebracht? Willst du uns nicht miteinander bekannt machen?

LILLY GROTH Aber nein! Das ist ja niemand! Den kenn ich nur so, den Mann … Er hat mit mir ausgehalten die Nacht über … ich meine, er hat mir freundlicherweise Gesellschaft geleistet, solange wie – verdammt noch mal, das klingt ja alles ganz furchtbar! Matthias, nun gehen Sie doch! Ich danke Ihnen. Es war sehr lieb von Ihnen.

DER MANN VOM GRÜNSTREIFEN Ich wünsche Ihnen beiden noch einen recht schönen Tag. Und Ihnen, Herr Professor, eine glückliche Heimkehr!

CHRISTOPH GROTH Danke verbindlichst, danke sehr.

LILLY GROTH Niemand hat mich begleiten wollen so früh.

Nicht mal meine beste Freundin.

CHRISTOPH GROTH Und mein Sohn?

LILLY GROTH Doch, der ja. Aber –

CHRISTOPH GROTH Aber?

LILLY GROTH Geh nie wieder fort.

Geh nie wieder fort.

Sie umarmen sich.

II

I

Das Halbrund der Hausmauer ist nun Hintergrund eines Innen-
raums, einer Trainingshalle. Das vorige Schaufenster gibt den
Blick frei auf einen Garten. Der offene Torbogen ist mit einer
zweiflügeligen Tür gefüllt. Oben links unter der Decke ein
Rauchabzug mit laufendem Ventilator.
Auf der linken Seite der Bühne eine aufgebockte, waagerecht lie-
gende Strohtonne als Ziel der Kyudo-Übung, in der Christoph
Groth seine Frau unterweist. Beide tragen Sportkleidung. Lilly
Groth steht mit gespanntem Bogen.

CHRISTOPH GROTH Nicht schießen!
Niemals schießen w o l l e n. Später, wenn du soweit bist, löst
sich der Schuß von selbst. Im rechten Augenblick ... *Er korri-*
giert ihre Haltung. Du hast noch zuviel Unruhe im Leib. Aus
dem Unterbauch atmen. Hier! So. Ganz ruhig. Linke Hand
drückt den Bogen, rechte Hand zieht die Sehne. Gleichgewicht der Kräfte zwischen Bogenarm und Sehnenarm. Vorsicht: Handgelenk nicht abknicken. Laß den Pfeil den rechten
Wangenknochen berühren. Das Ashibumi etwas breiter: setz
den rechten Fuß um zwei Zentimeter zurück. Ja. Beide Füße
stehen auf dem Schweif je eines Tigers und hindern ihn daran
fortzulaufen. So fest, so leicht ist dein Stand.
LILLY GROTH Ich möchte ... ich möchte schießen, Christoph.
Ich kann den Pfeil nicht mehr zurückhalten.
CHRISTOPH GROTH Brechen wir ab. Laß ihn los. Laß den Pfeil
los. *Sie schießt den Pfeil ab.* Ruh dich aus.
Er übernimmt den Bogen, begibt sich in den Kniestand, prüft
Pfeil und Sehne, senkt den Bogen und konzentriert sich. Hin-
ter der spaltbreit geöffneten Tür steht Markus Groth, wartet
scheinbar zerstreut, beißt sich in den Handballen, lauscht.
Lilly Groth setzt sich auf eine kleine Bank an der rechten hin-
teren Wand, zieht die Beine auf die Sitzfläche, beobachtet
ihren Mann.

Lilly Groth Du hast mir gar nicht geschrieben, daß du außerdem Vegetarier geworden bist.

Ist eigentlich irgend etwas passiert?

In Australien?

Bist du jemand Besonderem begegnet in Canberra?

Christoph Groth *legt den Bogen beiseite.* Ich bin doch überall derselbe Eigenbrötler. Das allgemeine Miteinanderkönnen, wie du's ja auch aus den Staaten kennst, das stößt mich ab. Ich passe nicht so schnell zu irgendwem mit meinen deutschen Ecken und Kanten. Ich hatte allerdings das Glück, auf dem Campus Professor Hagashi kennenzulernen, einen der führenden Konjunkturtheoretiker Japans, der seit kurzem in Canberra liest. Es stellte sich heraus, daß er, übrigens nicht nur in seiner Heimat, einen beinahe noch größeren Ruhm als Zen- und Bogenmeister genießt. Er sträubte sich zunächst, mich, von Kollege zu Kollege, in der Kunst des Bogenschießens zu unterrichten, da ich mich, als Schüler, bedingungslos seinen Befehlen wie auch seiner philosophischen Überlegenheit zu unterwerfen hatte.

Lilly Groth Du willst sagen: das ganze Jahr über nichts? Nicht ein einziges Mal? Kein flüchtiges, zufälliges, kleines Mal?

Wie macht man das als Mann? Ich denke, Männer können das nicht.

Christoph Groth Erstens bin ich nicht mehr siebenundzwanzig.

Zweitens, wenn ich mich recht erinnere, steht bei uns auf Liebesbetrug die Todesstrafe?

Lilly Groth Aber du wolltest dieses Jahr von mir getrennt! Von meiner Unruhe, meinem Drängen und Dich-Greifen. Du wolltest dieses Jahr getrennt von unserer alltäglichen Gewöhnung.

Christoph Groth Getrennt? Entfernt, meinst du?

Ich habe keinen Tag von dir getrennt verbracht.

Es sollte sein: ein Jahr der Aufsparung, der Erinnerung sowohl als der gesteigerten Erwartung.

Lilly Groth Aber nicht der Prüfung?

Christoph Groth Der Prüfung? Nein. Was bedürfte noch der Prüfung zwischen dir und mir? Da gibt es einerseits Vertrauen, das alt und blind und weise ist, und andererseits, untrüglicher als jedes Wort, hat sich die Leidenschaft, das sinnliche Bedürfen zwischen uns verjüngt, ist wach und fast wie neu.

LILLY GROTH Hat sich verjüngt? Oh, ist unbekannt, mir nie zuvor begegnet. Ich muß dich warnen, Lieber. Das Wiedersehen war stürmisch. Nach diesen Böen bleibt die See noch einige Tage aufgewühlt.

CHRISTOPH GROTH Du siehst, wir geben doch ein gutes Beispiel ab, daß Mann und Frau ihr Glück wohl machen können, sofern ein gesunder Zyklus von Nähe und Entfernung ihre Ehe-Wirtschaft reguliert.

LILLY GROTH Doch man hörte auch schon sagen: es hätte Blut und Krieg und Kampfgewühl dazugehört, um mich an dich zu fesseln. Irgendeine ungeheure Besessenheit noch außerhalb der Liebe wär ihr bestes Steigerungsmittel. Ein Auftrag oder großer Ansporn, Waffengänge, Irrläufe, Todesgefahr und Rettung dann, Rettung ganz am Ende, die erst führten zwei Liebende zum äußersten, was sie sich geben können. Jeder stößt auf solche Altertümer des Gefühls bei sich, es braucht ihn nur die Eifersucht zu packen und schon vergißt er sich in seinem Hier und Heute, in seine feinen Nerven dringen Roheit und Gewalt.

CHRISTOPH GROTH Dagegen fragt mein Bogenmeister in seiner Stille und Gelassenheit: Was ist aus der Geschlechtslust Gutes zu gewinnen? Den meisten reicht ein Akt von kurzer Gier. Denen aber, die es besser verstehen, schenkt sie: Freundlichkeit, Anmut. Jene rätselhafte Anmut, die aus körperlicher Liebe hervorgeht und die die Alten c h a r i s nannten. Das glücklichste Ziel menschlicher Geschlechtlichkeit sei es daher, miteinander charis zu zeugen, Anmut, Dank und Freundlichkeit. Lauschst du eigentlich und lungerst vor der Tür herum, Markus?

MARKUS GROTH *tritt in die Tür.* Ich habe nicht lauschen wollen, Vater. Ich sollte draußen warten. Du hattest versprochen, mir ebenfalls den Bogen zu zeigen. Daher hielt ich mich bereit.

CHRISTOPH GROTH Ja, gleich. Kommst gleich dran. Hol mir unterdessen das Handschuhpulver, den Kasten mit den Pfeilspitzen und bring das Mato mit. Es liegt im Koffer mit dem Zubehör. *Zu Lilly Groth* Vielleicht gelingt mir heute trotz der glücklichen Aufregung der vergangenen Tage ein erster fester Schuß.

Lilly Groth bringt ihm den Bogenhandschuh, den sie von ihrer Hand knüpft.

CHRISTOPH GROTH Wie habe ich dein Gesicht erwartet, deine Stimme, deine Hände!

LILLY GROTH Wie ist es dir ergangen? Was hast du gefunden? Was hast du verloren?

Deine Hand ist so ruhig. So fest und sicher. Nie sah ich sie zur Faust geballt, nie die Finger ineinandergepreßt, verkrampft ... Ach, alle Welt wird immer gewandter, immer geschickter. Nur ich bleibe unbeholfen, und morgens in der Küche fällt mir Milch und Zucker aus der Hand. Aber die Glücklichen, die zittern doch gewöhnlich, nicht? Die bleiben immer an der Tür-klinke mit dem Jackenärmel hängen, wenn sie über eine neue Schwelle rennen, und ritsch-ratsch reißt das Innenfutter auf.

Markus Groth kommt mit den erbetenen Utensilien. Lilly Groth, auf ihrem Weg zur Bank zurück, trifft mit Markus zusammen, beide setzen sich nebeneinander.

LILLY GROTH *beiseite, zu Markus* Irgend etwas gibt's, das ich an ihm nicht wiederfinde.

Beide beobachten Christoph Groth, der sich mit den Pfeilspitzen beschäftigt. Lilly Groth, aus einem inneren Anstoß, steht wieder auf und geht ein paar Schritte auf ihren Mann zu.

LILLY GROTH Christoph? Ich nahm an, du würdest im großen und ganzen damit beginnen, die Wohnung komplett um-zuräumen? Weil man doch nach einer langen Reise, aus einem fernen Erdteil heimgekehrt, seine Möbel nicht mehr gut am alten Platz verträgt ... Man will doch, wenn man heimkehrt nach so langer Zeit, daß diese M ö b e l nicht so aussehen, als wäre man nie fort gewesen?

CHRISTOPH GROTH Wozu?

LILLY GROTH Alles umkrempeln! Alles neu versetzen! So ein wilder Umräumdrang, man muß sich bald entscheiden, die Stimmung geht abartig schnell vorbei. Dann kriegen dich die M ö b e l wieder unter! Du sitzt zu Haus, als wäre nichts ge-wesen.

CHRISTOPH GROTH Wie sagst du eben? »Abartig« schnell vor-bei ...

LILLY GROTH Das sagt man jetzt. Man hört es öfter.
Sie geht zur Bank zurück.

MARKUS GROTH *leise* Frag. Frag weiter, schnell. Panzere dich mit Fragen. Sonst wird e r dir seine Frage ins Herz stoßen. Frag schnell, du mußt die erste sein.

LILLY GROTH *steht wieder auf, geht auf ihren Mann zu.* Dies Jahr von mir entfernt, ursprünglich wolltest du es nutzen, um einen großen Schritt in deiner Forschung voranzukommen. Ist das gelungen?

CHRISTOPH GROTH Leider nein. Canberra war beruflich eher doch ein Dürrejahr. Ich las meine Deutsche Wirtschaftsgeschichte der Nachkriegszeit und hatte das bedauerliche Gefühl, am gegenwärtig dumpfsten Fleck der Welt zu lehren. Ich dachte manches Mal: ja, stündst du jetzt in Kiew oder Sofia vor jungen Menschen – mit welchem Durst, mit welcher Hoffnung würde dort deine gute alte Lehre aufgenommen! Wieviel Weichen für die Weltwirtschaft werden jetzt in Osteuropa gestellt! Leider lud man mich nach Ostaustralien ein, das war die falsche Richtung gegenwärtig. Wir können, das liegt auf der Hand, Beschaffungsprobleme jederzeit und weltweit lösen. Aber was läßt man sich einfallen, wenn ein Werkzeugmacher von tausend Einheiten nur sieben absetzen kann, weil der Nachfrager für eine Kneifzange seinen vollen Monatslohn bezahlen muß? Wo beginnt die erfolgreiche Systemtransformation? Wo genau setzt man den ersten Hebel an? Das sind die großen Fragen dieser Jahre, auf die uns bis heute kein noch so schlaues Harvard-Bürschchen die richtige Antwort geben konnte.

LILLY GROTH Warum hast du nicht versucht, mit deinem neuen Lehrer an der Lösung des Problems zu arbeiten?

CHRISTOPH GROTH Im Zen wirst du niemals nach der Lösung eines Problems suchen. Was du suchst, ist vielmehr: ein Sichlösen von allen Problemen. Ein Sichablösen von der gesamten problematischen Welt.

LILLY GROTH *neben der Bank, kehrt sich um und drückt die Stirn gegen die Wand.* Wie er mich zur Weißglut bringt mit seiner stillen Welt! Bin aber laut! In meiner alten Seele poltert, kracht und rumpelt es, fliegen Brocken Haß und Zorn herum. *Sie wendet sich in den Raum.* Ich sah ihn soviel schöner, als er ist ... *Sie läuft hinaus.*

CHRISTOPH GROTH *sieht ihr nach.* Ja, ich bin wieder da. Jetzt merkt sie's erst im vollen Maß. Drei, vier Tage dauert es, und alles Fremde, Frische ist verflogen.

MARKUS GROTH Die Einwohner der Osterinseln, las ich kürzlich, empfingen den Heimkehrenden mit einem Hagel von Steinwürfen. Es heißt, sie straften ihn derart für seine Abwesenheit.

CHRISTOPH GROTH Vielleicht straften sie ihn eigentlich dafür, daß er seine Abwesenheit aufgegeben und ihnen das schöne Vermissen, die geschönte Erinnerung geraubt hatte. Sie straften ihn für das Gefühl der Enttäuschung, das jeder Heimkehrer denen bringt, die ihn zu sehnsüchtig erwartet haben. *Er setzt sich zu seinem Sohn auf die Bank.* Und? Was hast du mir zu berichten?

MARKUS GROTH Im großen und ganzen ist alles ordnungsgemäß verlaufen.

CHRISTOPH GROTH Ordnungsgemäß? Wie meinst du das?

MARKUS GROTH Ich habe mich bemüht, über die Wege deiner Frau, so gut ich es vermochte, meine Beobachtungen anzustellen. Ich darf dir versichern, daß sie sich nichts zuschulden kommen ließ.

CHRISTOPH GROTH Habe ich richtig verstanden? Du hättest deiner Mutter nachspioniert?

MARKUS GROTH Bis auf einen einzigen etwas sonderbaren Vorfall ...

CHRISTOPH GROTH Ich will nichts wissen, du Wurm! Hast du von deinem Studium keine Neuigkeiten zu berichten? Untersteh dich, ein einziges Mal noch »deine Frau« zu sagen, wenn du von deiner Mutter sprichst. Höchste Zeit, daß wir dich endlich ausquartieren, Bursche!

MARKUS GROTH Einmal, Vater, nur einmal, sehr früh am Morgen traf ich sie an einem Zeitungsstand im Bahnhof. Da schien sie mir – nicht ganz wie meine Mutter. Nicht ganz bei Sinnen möchte ich fast sagen. Ich glaube, sie hat mich nicht einmal erkannt. Ich hatte den Eindruck, Vater, zu diesem Zeitpunkt stand sie unter Drogen. Ihr Gesicht: grau wie erstorbene Baumrinde.

CHRISTOPH GROTH Und weißt du hoffentlich auch, welche Droge – welches Rauschmittel sie nahm? Dasselbe wie ich, mein Junge. Ein Jahr Entbehrung. Ein Jahr gesparte Leidenschaft. Ich weiß nicht, wohin es mich getrieben hätte in Canberra ohne Bogen. Er hat mir sehr geholfen, Geist und Leib vor Überspanntheit zu bewahren.

MARKUS GROTH *lehnt sich an den Rücken seines Vaters.* Weißt du noch, als ich klein war, in den Sommerferien, wenn der Kinobesitzer im Einer den Lech hinunterruderte, und auf der Straße fuhr der Trainer mit seinem Schnellrad und rief Kommandos aus der Tröte? Da lag deine Hand in meinem Nacken, und du zeigtest mir, wie knapp der gute Ruderer die Riemen ins Wasser taucht, um keine Kraft zu vergeuden … Es ist immer noch deine Hand, die Abend für Abend vor dem Einschlafen zu mir kommt und sich in meinen Nacken legt, mich lenkt und hält.

CHRISTOPH GROTH Und deine eigenen Hände, Markus?! Verschonte kleine Klauen! An sich selber pflückende, zupfende, sich verhaspelnde, unstete Hände! Pack irgend etwas an! Menschenskind! Schmeiß meinetwegen den Jura-Bettel hin, wenn dir's zu schwer fällt. Nur nimm dir etwas vor, pack's an!

MARKUS GROTH Ich stecke wie eine vorausgeschleuderte Lanze spitz auf fremdem Boden, Feindesland, das meine Füße noch nicht betreten haben. Meine ganze Bewegung ist vorerst das starke Vibrieren des hohen Schafts. Ich bin wie ein Erkundungsspeer, hinausgeworfen auf feindliches Gebiet, Eroberung folgt sogleich.

CHRISTOPH GROTH Soll das heißen: du hast ein neues Ziel vor Augen? Wenn du dich nur halb so geschwollen ausdrücken würdest! Sieh doch, wie ich es anfange … die Hand in den Nacken legen, ha! … Ein Jahr habe ich in Australien richtungsweisend gewirkt. Ich habe erfahren, daß meine Sicht der Dinge, ausgereift, vielfach geprüft, bestätigt, wie sie ist, immer breitere Zustimmung findet. Ich ziehe meine Schlüsse daraus, ich plane jetzt eine längere Vortragsreise in den Osten. Ich treffe Vorbereitungen, um an geeigneter Stelle ein Consulting-Unternehmen zu gründen, das meinen Namen trägt. Junge, ich versuche dir ein Leben vorzuleben, das sich lohnt. Du brauchst dir nur von meiner Gangart ein Schrittchen abzugucken! Die führenden Köpfe sind jetzt erfüllt von Plänen, alle Hände strecken sich nach vorn. Wer jetzt nicht plant, nicht einzugreifen weiß, der hat die Chance der Epoche nicht gesehen, ist rettungslos passé und abgeschafft.

MARKUS GROTH Du hast auch schon für den Schah von Persien geplant.

CHRISTOPH GROTH Was soll der alberne Einwand?

MARKUS GROTH Ich meine nur: mancher Ansatz ging verloren, manches wurde wieder abgeschafft. Von den Bärtigen.

CHRISTOPH GROTH Da täuschst du dich, mein Junge. Die Bärtigen, wie du sie nennst, haben ihre Wirtschaft nie vom Westen abgekoppelt. Im Gegenteil. Vor allem deutsches Kapital ist reichlich nach der Revolution geflossen. Ich selbst war Mitte der Achtziger bei verschiedenen Großprojekten im Maschinenbau beratend tätig. Das ist alles sehr gut gelaufen.

MARKUS GROTH Man wünschte sich zuweilen auch bei uns die Hand des Frevlers abgehackt. Nicht die von kleinen Dieben oder Dirnen. Sondern die des geistigen Halunken, liberalen Molochs, der unser Leben in eine stinkende Müllkippe verwandelt. Europa ist krank. Viel kränker, als man denkt.

CHRISTOPH GROTH Und du – du selbst bist wohl nicht liberal?

MARKUS GROTH *lächelt gezwungen* Liberal? Nein, bin ich nicht. Mein bester Freund früher, der ist liberal, da seh ich, was aus dem geworden ist, aber ich bin es nicht.

CHRISTOPH GROTH Was denn? In Dreiteufelsnamen!

MARKUS GROTH Mehr oder weniger überhaupt nicht liberal. Man kann vieles sein, Krieger, Asket, Purist, um nicht alles gutzuheißen, was erlaubt ist.

CHRISTOPH GROTH Hisbollah wär dir gerade recht, wie?

MARKUS GROTH Man kann auch an Jesus Christus glauben, wenn er sagt: »Ich bin nicht gekommen, Frieden zu senden, sondern das Schwert.«

CHRISTOPH GROTH Das hör sich einer an: mein Sohn spuckt militante Töne! Ein Menschen-Kerf, ein Kümmerling, ein nie entfaltetes Gewächs, der Schwächling rühmt den Sittenterror! Ein Feigling schwärmt vom Handabhacken! Seit wann betreibst du diesen Unfug? Kokelst und zündelst mit verbotenen Ideen, nicht weil du wirklich Feuer legen wolltest, sondern weil es so hübsch zischt und stinkt. Da sag ich allerdings: dir gehört mit zwanzig Peitschenhieben eingebleut: die Welt wird liberal zur Gänze sein, oder sie wird überhaupt nicht mehr sein!

Markus Groth Es ist der Mut, Vater, der einen plötzlich packt, im Handstreich ganz ergreift, und der einen genauso plötzlich wieder verläßt, kaum daß man seine Botschaft ausgestoßen hat. Die flinke Polizei der engelhaften Kinder, die im Florenz der Medici die eitlen Dinge aus den reichen Häusern schleppte und dem Frate auf den Scheiterhaufen warf – war das so schlecht? Savonarolas Kinder mit dem Blumenkranz im Haar, wenn sie doch wiederkämen und den Unrat, die Verderbnis aus unseren Städten fegten, auf den Scheiterhaufen kehrten! … Jeden, der mit Rauschgift zu tun hat, festnehmen, deportieren, auf eine Insel schaffen, die Ringe von unten zerschlagen, den Markt austrocknen, vom Bahnhofsplatz angefangen bei den vierzehnjährigen Mördern … Ohne den Aufstand der Reinheit, ohne die Säuberung durch Engelsstimmen ist nichts mehr zu retten.

Christoph Groth Ich frage mich, ob du vollends übergeschnappt bist oder mich nur ärgern willst. Aber, bitte, wenn du solche Ansichten hast, dann tritt hinaus, trag sie zu Markt, wie's alle Eifrer tun, du wirst schon sehen, der Markt entscheidet ganz von selbst, ob es eine Chance gibt für Markus Savonarola. Herrgott! Jetzt habe ich, mit dir, mich wieder aufgeregt, auf ganz gewöhnlich alte Weise, europäisch aufgeregt, als hätte ich nie ein Jahr Gelassenheit erlebt. Als wäre ich überhaupt nicht fort gewesen. So kann ich heute nicht mehr schießen. Du hast mich aus dem Gleichgewicht vertrieben.

2

Vor dem Laden. Auf ihrem Stuhl sitzt Marianne Abel und blättert in einem Warenverzeichnis. Im Hintergrund vor dem Torbogen sind Carsten, der Hoteldirektor, und sein Bruder Burckhard auf dem Sprung, sich zu verabschieden und getrennte Wege zu gehen.

Burckhard *kommt zu seinem Bruder zurück.* Übrigens, weißt du, ich verkaufe Lagerräume in den Staaten. Storeroom in New Jersey, Utah, Arkansas, Chicago, wo du willst. Wenn du eins a Schulden machen willst, kauf Lagerraum bei mir.

CARSTEN Laß mich bloß zufrieden.

Hab einen guten Tag, mein Lieber.

BURCKHARD Du hörst ja nicht auf mich.

Sie gehen auseinander. Carsten zwei Schritte auf Marianne Abel zu, dreht sich wieder um, läuft zurück zum Bruder.

CARSTEN Was ich dir noch sagen wollte ... Burckhard!

Der andere erscheint wieder im Torbogen.

Ilona Perchel, das ist die Üppige von den dreien unten in der Rezeption, die will beim Argentinier, meinem Nachtportier, Spanischunterricht nehmen. Das kommt doch nicht in Frage, nicht im Hotel, was meinst du?

Sie vertiefen sich wieder in ein leises Gespräch.

MARIANNE ABEL *ohne sich umzublicken* Und kommen noch einmal auf etwas zu sprechen. Und treten noch mal eng zusammen. Der Hoteldirektor und sein kleiner Bruder. Der Kleine baut sich vor dem Großen auf, er legt den Finger an die Nase, er bohrt den Finger in die Brust des Bruders, er kichert, nickt, die Schultern hüpfen, und kaum ist die Pointe abgesetzt, geht er drei Schritt' beiseite, alles eingespielt, fein abgezirkelt, das liebevolle Hin und Her, der ganze hübsche zwischenmännliche Benimm ...

Die beiden erscheinen wieder im Torbogen, bleiben stehen.

CARSTEN Bist du dir sicher?

BURCKHARD Selbstverständlich. Und das macht er auch noch ohne Gotteslohn.

CARSTEN Ohne –?

BURCKHARD Ohne Provision!

CARSTEN Kann ich mir nicht vorstellen.

BURCKHARD Doch, doch. Denk drüber nach. Also dann: einen guten Tag dir ebenfalls.

MARIANNE ABEL Und wenden sich abermals zum Gehen. Obwohl irgend etwas noch zu sagen bleibt. Sie drehen ab, entfernen sich auf ein paar Schritte – rein aus zeremoniellen Gründen! Schon stehen sie wieder beieinander.

Die Männer reden leise miteinander.

Der Hoteldirektor tritt von einem Bein aufs andere, er wechselt mehrmals die Hände in den Hosentaschen. Kein Zeichen einer Ungeduld, es gehört, wie jeden Morgen, zum Menuett der Brüder vor dem Abschiednehmen. Kurz bevor sie ihrer

Wege gehen, der eine ins Hotel, der andere in sein Büro, nach dem Frühstück im Café, das sie gemeinsam eingenommen haben, zwei Brüder, zwei Davongekommene aus dem Scharmützel der Trennungen und Abschiede des Lebens, übriggeblieben einander nach allen Frauen, Freunden, verlorenen Verwandten.

BURCKHARD *ruft dem Bruder nach.* Carsten! Laß es dir eine Lehre sein: nie im Sommer! Im Sommer hat man nichts davon.

CARSTEN Hast recht, hast recht. Bis morgen!

Er geht zu Marianne Abel. Sie steht auf.

CARSTEN Entschuldigen Sie, meine Liebe: der Bruder, dieser Mensch mit dem sechsten Sinn für Menschen, Charaktere, er ist mir gänzlich unentbehrlich bei jeder Neueinstellung, und leider haben wir gerade einen Zweifelsfall. *In Gedanken* Was hat er da erzählt? Aber das stimmt doch gar nicht! *Er wendet sich wieder zum Torbogen.* Burckhard! *Der andere steht schon wieder vor ihm.* Einen Augenblick, Frau Abel, ich bin sofort zurück.

MARIANNE ABEL Zwei Brüder eben, die sich morgens nur schwer trennen können.

CARSTEN *kommt eilig zurück.* So. Schon bin ich ganz bei Ihnen. Ein Menschenfeind, wie er im Buche steht, mein Bruder. Mit diesem sechsten Sinn für andere Menschen. Sehr nützlich oft in meinem Gewerbe.

MARIANNE ABEL *steht auf, will ihn in den Laden führen.* Ich bin Ihnen sehr dankbar, daß Sie sich überhaupt die Zeit genommen haben. Die Restbestände, die für Sie in Frage kämen, habe ich im Lager aussortiert.

CARSTEN Es ist der »Prüfstand«, der mich rasend macht. Alles gehört jetzt auf den »Prüfstand«. Früher war er im Nu entschieden. Der ja, die nein, auf Anhieb. Das ging ruckzuck, jedesmal ein sicherer Treffer. Heute irrt er sich schon mal. »Wann hätte ich mich je geirrt?« »Hast du, Lieber, hast du.« »Wann? Bei wem?« »Na, zum Beispiel –« Da! Sehen Sie, jetzt fällt's mir ein: bei der Reinigungsfirma, da hat er sich kürzlich arg verhauen. Das kriegt er noch zu hören –

MARIANNE ABEL Vielleicht wollen Sie noch einmal nachsehen …

CARSTEN Darf ich?

Der Bruder erscheint wieder im Torbogen.

Siehst du: es läßt dir selber keine Ruhe!

Sie treten wieder zusammen. Der Hoteldirektor legt den Arm um die Schulter des Bruders, sie gehen im Gespräch ab. Unterdessen tritt Gregor Neuhaus aus seinem Laden.

MARIANNE ABEL Nun ist er weg.

GREGOR NEUHAUS Kommt schon wieder.

MARIANNE ABEL Diesmal nicht. Das war er nun. Wär's gewesen. Er wollte den Rest von Hutschenreuter nehmen, alles. Und wollte es doch nicht recht.

GREGOR NEUHAUS *holt einen Stuhl und setzt sich neben Marianne Abel.* Unser Hausmeister hat einen Schlaganfall bekommen. Mit fünfzig: aus. Ich hatte ihn lange nicht gesehen. Heute treffe ich ihn bei den Mülltonnen, da tapert er gelähmt herum, seine alte Mutter führt ihn im Hof spazieren. Wenn man die Leute in der Straße nicht täglich sieht, wenn man sie ein paar Wochen aus dem Auge verliert, dann sind sie plötzlich alt. Das fettleibige Mädchen von Nummer vierzehn, Tochter der letzten Proletarierfrau in unserer Straße, als ich herkam, wurde sie gerade geboren. Heute ist sie Kettenraucherin wie ihre Mutter.

MARIANNE ABEL Trotzdem, Gregor: wie froh bin ich, noch hier zu sein! Wie froh, neben dir zu sitzen in der Veltener Straße. Und wie gut haben wir diesen Sommer genutzt, wir beide!

GREGOR NEUHAUS Genutzt? Wozu?

MARIANNE ABEL Nicht, nein?

GREGOR NEUHAUS *nimmt ihre Hand.* Was denn? Frühstückspause der Zeltabbrecher ...

Hiergeblieben sind wir. Hängengeblieben wie der Sommer selbst, der still steht und sich staut, bis er grau und stickig wird, den Herbst noch unter sich begräbt, mit üppiger Schädlingsbrut wie ein später Staat.

MARIANNE ABEL Hast du etwa die Erhöhung schon bekommen?

GREGOR NEUHAUS Meine Lage ist auch ohne die Erhöhung aussichtslos. Ich mache einen zu geringen Umsatz. Aber selbst wenn es anders wäre, die Straße ist mir fremd geworden. Ich habe hier keine Freunde mehr. Erinnerst du dich, wie es früher unter den Händlern zuging? Wieviel Menschen hat man hier gemocht!

MARIANNE ABEL Aber ich bin dir doch geblieben.

GREGOR NEUHAUS Sicherlich. Nur daß wir, nach allem, was gewesen ist, wegen der langen Freundschaft, die wir hinter uns haben, heute manchmal nicht wissen, wie wir uns richtig anschauen sollen.

MARIANNE ABEL Leichtsinn, Gregor, Leichtsinn fehlt uns beiden. Schulden machen, durch die Anden reisen.

Wer hindert uns eigentlich daran, irgendwo etwas ganz Neues zu beginnen?

GREGOR NEUHAUS Es gibt noch etwas anderes, Marianne.

Seitdem das Land soviel größer geworden ist, seitdem es einen neuen Körper besitzt, befindet sich eigentlich niemand mehr an demselben Ort, an dem er vorher war. Auf einmal gehört jedermanns kleiner Raum zu einem anderen Ganzen. Ich selber spüre eine innerliche Ortsverlagerung, ich stamme ja vom Mittelrhein, und irgend etwas zieht mich jetzt dort wieder hin. Letztlich bleibt mir gar nichts anderes übrig: die hohe Miete ist nicht zu bezahlen, und in der Stadt könnte ich nur in einer viel schlechteren Gegend einen neuen Laden finden.

MARIANNE ABEL Aber die Kleinstädte stecken auch bis oben voll mit Autos, und nirgends ist ein Durchkommen. Es stinkt am Rhein, die Luft macht krank. Und auf der Höhe, über den sonnigen Weinbergen, steht ein Betonklotz, die Reha-Klinik oder Freizeithalle. Selbst im stillen Wald sind Hürden aufgebaut, statt Wegen ein Parcours, an jedem Baum hängt eine Auskunfttafel, was man an ihm beachten soll …

GREGOR NEUHAUS Ich kann mir zwischen Bacharach und Bingen einen billigen Laden suchen. Ich transkribiere meinen Schelling überall. Nur von zu Haus, von Deutschland, wie es vorher war, möchte ich ein Gerüchlein in der Nase haben, ein paar Reste meiner Jugend spüren, die noch leben. In dieser Stadt wird man die nächsten zwanzig Jahre nur Veränderungen sehen. Kein Stein bleibt auf dem anderen. Aber man selber, wo man schon älter wird, will doch nicht immerzu vor aufgegrabener Erde stehen.

MARIANNE ABEL Mehr nicht? Nur Bacharach? Ist das alles, was von unseren frohen Plänen übrigblieb?

GREGOR NEUHAUS Will man gegenwärtig reisen? Schwer zu sagen. Das Land, den Ort, den Tritt verloren … Ein Kommunist hat auszuharren jetzt, treu auf seinem Posten wie jener römische Wachsoldat, der vor Pompeji starb, weil man beim Ausbruch des Vesuvs vergaß ihn abzulösen.

MARIANNE ABEL Du bist kein Kommunist.

GREGOR NEUHAUS Doch. Bin ich.

MARIANNE ABEL Auf einmal? Das sagst du jetzt, weil du – weil du nach Hause willst.

GREGOR NEUHAUS Man möchte doch zu denen nicht gehören, bitte schön, die heute in frivolen Tönen ihre eigene Vergangenheit bespötteln. Der Mensch ist keine Schlange. Er streift seine Haut nicht ab. Sie schrumpelt und schrumpft, wird rissig, aber man bleibt immer in derselben stecken.

MARIANNE ABEL Hast du mit Katja schon gesprochen? Was sagt sie? Nimmt dich in Gnaden wieder auf?

GREGOR NEUHAUS Du weißt ja, wie das ist. Jetzt, da ich fest entschlossen war, jetzt, da sie untrüglich spürte, daß es ernst wurde zwischen dir und mir, da ist sie auf einmal zur Stelle. Gestern früh ihr erster Anruf nach vier Jahren: »Ja? Wie geht's?« Da lauert sie nun hinter einer harmlosen Frage, spitzt die Ohren, ob am anderen Ende der Leitung, von mir, irgendein Ton kommt, der nicht ganz stimmt, ein Versprecher, ein falscher Zungenschlag, der ihr verriete, daß ich nicht ganz so glücklich bin, wie ich behauptete.

MARIANNE ABEL Und den Versprecher hat sie auch bekommen …

GREGOR NEUHAUS Sie bat mich, ihr bei einem kleinen Vortrag behilflich zu sein, über Mineralienfunde in unserer Gegend. Zwei, drei Stellen las sie vor, bei denen sie nicht sicher war …

MARIANNE ABEL Sie gefallen dir doch, ihre Vorträge?

GREGOR NEUHAUS Oh ja. Ich mag ihre Vorträge sehr. Sie spricht sehr hübsch über unsere Landschaft, Flora und Fauna, Geschichte und Brauchtum und die vielen berühmten Menschen, die bei uns herumspazierten –

MARIANNE ABEL Ich meine, du fährst jetzt erst mal an den Mittelrhein und siehst dich nach dem neuen Laden um. Unsere Messereise nach Florenz verschieben wir auf irgendwann, ja?

GREGOR NEUHAUS Aber du weißt doch, wie es ist. Wenn Liebe zerfällt zu Habenwollen, wenn Habenwollen zerfällt zu Teilhabenwollen, du kennst das doch. Das ist im Grunde alles sehr schmerzlich.

MARIANNE ABEL Ja. Das ist es.

GREGOR NEUHAUS Liebste Marianne …

MARIANNE ABEL Lieber Gregor …
Ich hatte mich so auf dich gefreut!

GREGOR NEUHAUS Aber hier? Was hätten wir hier noch zuwege
gebracht?

MARIANNE ABEL Ja … und es ist auch so schrecklich laut geworden in der Straße. Überall Preßlufthämmer, Stoßzähne, Kreis-
sägen. Kräne, Gerüsttürme so hoch wie Kathedralen. Ist es
nicht ungeheuerlich, was der Lärm in einem Menschen alles
zerstören kann?

GREGOR NEUHAUS Die ganze Stadt wird zu einem kreischenden
Brei verrührt. Auf jedem Brunnenplätzchen Rockkapellen,
Tänze, Stadtteilfeste … Eine Zahlenreihe erschüttert die Luft:
jemand probiert die Verstärkeranlage aus: ein Lispelstimm-
chen wird zum Herrn mit Donnergewalt über Platz und
Straße, über Häuser und Hinterhöfe. Lauter kann es auch am
Jüngsten Tag nicht schallen, wenn der Himmel die Böcke von
den Schafen scheidet.

MARIANNE ABEL *steht auf.* Was war das? Was haben wir gemacht? Warum sind wir nicht mehr froh? Das Leben geht rum
– und wir haben noch immer nicht zueinander gefunden.

GREGOR NEUHAUS Komm, servier uns was.

MARIANNE ABEL *geht zur Ladentür.* So. Nun zieht auch das
Steinlädchen noch fort.
Bevor sie die Tür öffnet, bleibt sie stehen, unterdrückt Tränen.
Wie kann man einen Wirbellosen massakrieren? Wie kann
man diese ungeheuer weiche Masse eines gut kochen kön-
nenden Mannes in tausend Stücke zerteilen? Geht doch gar
nicht!

*Die Trainingshalle wie zuvor. Am späten Abend, Licht fällt durch
die halbgeöffnete Tür des Raums. Das Gestell mit der Strohtonne
steht nun auf der rechten Seite der Bühne, die Schußrichtung ist
umgekehrt wie in II, 1. Auf der linken Seite Christoph Groth und
sein Sohn Markus. Jener schießt hintereinander aus dem Köcher
mehrere Pfeile, um sich warmzuschießen.*

CHRISTOPH GROTH Das Makiwara beiseite, bitte. Häng mir
dann den Mato auf.

MARKUS GROTH *indem er die Anweisung ausführt* Man trägt's
noch in sich, wie Achill den Hektor durchbohrt, man hat's
entfernt noch selbst im Blut, wie er den Leichnam um die
Mauern schleift. Man weiß noch, was Schmach, was Tapferkeit, was Helden sind und ihr Fall. Man fühlt es fern in seinem
eigenen Herzen wach, was es bedeutet, den Menschen würdig
durch Kampf zu sehen, den Krieger zu loben.

CHRISTOPH GROTH Wer mit dem Bogen schießt, hat keinen
Feind – außer sich selbst. Ob der Pfeil sein Ziel erreicht, ob
er's verfehlt, ist eine Frage des inneren Gleichgewichts und
nicht der Angriffslust. Eine sichere Hand, natürlich, einen
festen Atem brauchst du. Aber nicht minder wichtig ist das
Ohr. Du mußt den Ton empfangen, der nach dem Schuß er-
klingt, beim Anschlag der zurückschnellenden Sehne, das ungeheure Summen, wenn der Schuß vollkommen war, das
schier unendlich lang in dir verklingt.
Er begibt sich in den Kniestand, blickt zu Boden.
»Sein Leib ist starr wie trockenes Gebein.
Wie tote Asche ist des Herzens Stille.
Zu Ende ist das Denken und das Sehnen.«
*Er hebt den Bogen und spannt. Lilly Groth erscheint in der
Tür, schwankt, stützt sich im Rahmen ab. Sie trägt ein ober-
schenkelkurzes Kleid, die Haare aufgesteckt, die Strähnen
hängen ins Gesicht. In einer Hand hält sie ihre Schuhe und
einen kleinen Rucksack.
Sie ruft leise:* »Markus?« *und läuft auf den Schatten der
Strohtonne zu. Im selben Moment löst sich der Schuß, und*

Markus schreit: »Nein! Nein!«. Der Pfeil schlägt in ihren Rücken, sie stürzt zu Boden, windet sich unter Stöhnen. Während Markus sofort zu ihr läuft, verharrt Christoph Groth unbewegt an seiner Stelle.

MARKUS GROTH Mutter! Um Himmels willen! Liebste ...

CHRISTOPH GROTH Was ist denn? Was ist denn nur?

LILLY GROTH Jacques Le Cœur ... Jacques, Hilfe!

CHRISTOPH GROTH *seltsam kalt, wie entrückt* Was hast du? Kannst du dich nicht bewegen? Was ist mit dir?

MARKUS GROTH *reißt ihr Kleid am Rücken auf.* Die Spitze steckt ... dicht bei der Wirbelsäule.

CHRISTOPH GROTH Ruf einen Arzt! Ruf den Krankenwagen, schnell!

LILLY GROTH Jacques Le Cœur ...

CHRISTOPH GROTH Wer ist das? Wen ruft sie?
Er greift nach ihrem Rucksack, betrachtet ihn.

MARKUS GROTH Jacques Le Cœur, ich kenne nur den einen, den Musiker, der sich so nennt.

CHRISTOPH GROTH *beugt sich zu seiner Frau hinunter.* Was sagst du noch? Mein Gott! Ich hör nur dieses Summen in mir, immer noch das Summen von der Sehne.

III

I

Zwei Monate später. Innenraum. Christoph Groths Büro. Im Halbrund der Rückwand links ein Fenster, das auf eine Vorstadtstraße geht. Die zweiflügelige Tür ist geschlossen. In der Bühnenmitte, diagonal in den Raum gestellt, ein langer Konferenztisch. Am Kopfende sitzen übereck Christoph Groth und sein Sohn Markus beieinander. An der Längsseite, um etliche leere Stühle von ihnen entfernt: der Sänger Jacques Le Cœur. Ein schlanker später Jüngling, der die Mitte dreißig überschritten hat. Das dunkle, gefettete Haar glatt zurückgekämmt bis in den Halsansatz. Er trägt ein eher elegantes als exzentrisches Kostüm: burgunderrotes Longjackett, steingraues Blusenhemd, Jeans. Vor den leeren Stühlen liegen Notizblöcke mit Stiften. Jacques Le Cœur läßt zwei leere Aschenbecher vor sich auf der Tischplatte umeinanderkreisen. Christoph Groth beugt sich über die Tischkante, bei gefalteten Händen auf die gespreizten Ellbogen gestützt; er belauert seinen Gast, während er scheinbar unverfänglich redet. Markus macht sich Notizen oder polkt mit der Bleistiftspitze in den Tischrillen.

CHRISTOPH GROTH »Man sagt, man hört, es scheint, es soll« ...
Was wissen wir genau? Was können wir bezeugen? Wenig.
Doch sehr wenig, letzten Endes. Das ist ein schlechter Zug der
Zeit. Ein altmodischer Mensch wie ich sucht nach Verläßlichkeit. Will ein einfaches, würdiges Leben für sich, seinen Sohn
und seine Frau. Ich spreche nicht von abstrakten Vorsätzen,
strengen Regeln. Es muß sich ja im Wechselspiel der Risiken
von selbst ergeben, daß man zu innerem Gleichgewicht gelangt ... Und doch, sehen Sie: plötzlich erfolgt ein Stoß, von
innen oder außen, ein Unglücksfall, und selbst ein recht stabiler Mann verliert die Orientierung! Ich kehre heim, ein Jahr
im Ausland tätig, und bringe Unheil in mein Haus ... Stoiker
zu sein und Dynamiker zugleich, darauf, scheint mir, kommt

es an. Zu wissen, es im tiefsten zu beherzigen, daß unser eigenes Haus wie auch das Haus der Welt von Gewalten abhängt, die wir nur geringstenteils beherrschen können und größtenteils erdulden müssen. Niemals der Hybris von der menschlichen Selbstbestimmung verfallen – und dennoch tätig, verantwortlich, kraftvoll seinen Auftrag erfüllen, als sei die Erde ganz allein in unsere Hand gegeben, ja, als beschränke sich die Schöpfung auf diesen winzigen, staubigen Planeten... Die Pfeilspitze durchschlug haarbreit vor der Wirbelsäule ihren Rücken. Periphere Nervenfasern wurden leicht verletzt. Ich weiß, daß es kein Zufall war. Ich schoß nicht aus Versehen – ich schoß aus einer dunklen, ungeheueren Absicht. In welcher? Sie zu töten? Ich habe mich in den letzten Wochen oft gefragt: was war in mir, das nicht zu mir gehört und doch in diesem einzigen verhängnisvollen Augenblick alle Macht besaß in meinem Inneren? Ich werde nicht ruhen, bis ich die Stelle, die geistige Bruchstelle ausfindig gemacht habe, durch die das Böse eindringen konnte... Seit dem Unfall schieße ich mit nie gekannter Leichtigkeit, fast makellos. Das ist vielleicht das Abgründigste an der ganzen Geschichte... Von der dunklen Triebkraft der Lüge, wissen Sie da etwas? Es gibt ja diesen Typ des offenherzigen Lügners, nicht wahr, diesen erbärmlichen Charmeur, dessen Unaufrichtigkeit jedermann reizend und entwaffnend findet. Aber das ist nur eine weibische Abart des verfluchten Lügners, einer, der noch nie um sein Leben lügen mußte. Jacques Le Cœur, Jakob das Herz... Sie wollen sich auch weiterhin so nennen? Ist es nicht verwunderlich, wie Glanz und Elend eines Menschen doch tief mit seinem Namen verbunden sind?

Zu Markus Spricht er nicht, oder hört er schlecht?

Wieder zu Jacques Le Cœur Sie wollen mir bitte nachsehen, daß ich über Ihren musikalischen Werdegang nicht in allen Einzelheiten unterrichtet bin. Aber mein Sohn hat ihn wohl aus nächster Nähe miterlebt?

Er nimmt seine Lesebrille und blickt auf seinen Notizblock. Ist es richtig, daß Sie bis in die Mitte der achtziger Jahre mit einer Gruppe musizierten, die sich damals »Vathek The Palace of Eblis« nannte oder auch ... eine »seraphisch-satanische Vereinigung«?

Jacques Le Cœur Richtig, ja.

Christoph Groth Nach einer längeren schöpferischen Pause – Schaffenskrise? – haben Sie nun wieder Fuß fassen können – wenn ich das so sagen darf? – und produzieren sich mittlerweile in neuem Gewand. Sie haben Ihre regelmäßigen Soloauftritte in einer ehemaligen U-Bahnhalle im Ostteil der Stadt –

Jacques Le Cœur Solo, nicht ganz.

Markus Groth Er arbeitet mit einer Tänzerin zusammen, Anouk Battue, die früher Partnerin bei Eliott & Rifle war.

Christoph Groth Und ist nun Ihre Partnerin – in jeder Beziehung?

Jacques Le Cœur Anouk?

Markus Groth Es handelt sich um eine Schwarzafrikanerin. Sie setzt gut zwei Zentner Leibesmasse in Bewegung.

Christoph Groth Bitte, ich frage aus gezieltem Interesse. Bevor ich einen Sponsor für Sie anspreche, muß ich mir ein ungefähres Bild verschaffen, auch von Ihrer Person. Aber, natürlich, ich komme in Ihr Konzert. Ich will Sie sehen, hören, miterleben.

Markus Groth Wie soll man dir helfen, wenn du nicht sprichst!?

Jacques Le Cœur Ich spreche doch. Nur nicht soviel.

Christoph Groth Sie meinen: ich rede zuviel? Ja, wenn ich nicht rede, dann redet ja keiner hier! *Zu Markus* Wo bleibt sie denn? ... *Zu Jacques Le Cœur* Sind Sie so schweigsam, oder tun Sie sich nur wichtig? Wollen Sie mir zu verstehen geben, daß ich der Dumme bin, weil ich relativ ungezwungen daherrede?

Jacques Le Cœur Also: ich schweige ja gar nicht.
Vielleicht liegt es daran, daß ich lieber erst mal abwarte oder überhaupt von Natur etwas stiller bin und –

Markus Groth Schon gut, Jacques, schon gut. Du hast vielleicht bemerkt, daß wir beide, Vater und ich, ein wenig erschöpft sind ... vielleicht auch ein wenig zerfahren auf dich wirken, wie? Oder scheint's dir nicht so?

Christoph Groth Ich will Ihnen etwas anvertrauen, mein Junge. Ich bin in meinem Leben mit etlichen Schweigern zusammengekommen. Es stellte sich – bis auf einen einzigen Fall – immer heraus, daß sie am Ende viel größere Dummköpfe waren als unsereins. Wenn sie ihr Schweigen irgendwann brachen, dann kam auch nur eine falsch vergoldete Platitüde heraus. Ich hasse dieses joviale Schweigen! Dieses stumme, verständnisinnige Belächeln von ganzen Menschheitsproblemen!

In die Tür tritt Lilly Groth. Dem Erscheinen nach eine gealterte Frau: mit Haarknoten und im langen Rock. Sie geht an einem zierlichen Stock, zieht das rechte Bein nach. Sie erblickt Jacques Le Cœur und unterdrückt einen Aufschrei. Mit einer abrupten Bewegung versucht sie umzukehren, zumindest ihren Stock zu verbergen.

LILLY GROTH Was machst du hier? Wer hat sich das ausgedacht? Seid ihr wahnsinnig geworden?

Sie steht mit dem Rücken zum Tisch, wendet den Kopf über die Schulter zu Jacques Le Cœur und löst den Haarknoten.

Ich wollte nicht, daß du mich siehst, solange das Bein nicht wieder in Ordnung ist. Der Arzt sagt, es bleibt nicht so. Aber es dauert noch.

CHRISTOPH GROTH Ich brauche Sie demnach meiner Frau nicht vorzustellen?

JACQUES LE CŒUR *steht auf.* Wär vielleicht besser. Um Verwechslungen auszuschließen.

Ich bin Jacques Le Cœur.

CHRISTOPH GROTH Ich bitte dich, Lilly, sei so lieb, und setz dich an unseren Tisch. Der Ökonom und Kunstbanause, der ich leider bin, ist gerade damit beschäftigt, diesem hochbegabten Musiker einige Ratschläge zu erteilen, wie er am geschicktesten Mäzene angelt aus unserem angeschlagenen Wirtschaftsleben. Der Haken bei der Sache: niemand kennt ihn mehr. Das Idol von einst muß heute wieder bei Null anfangen. Rund eine halbe Million, nicht wahr, benötigt er, um seine Karriere wieder anzukurbeln. Nur muß man, wie bei jedem Geschäft, darauf achten, daß am Ende die Elle nicht länger wird wie der Kram. Ich meine: ein beträchtlicher Einsatz, selbst für ein größeres Unternehmen, und was bekommt es dafür? Einen Mann, gegenwärtig, praktisch ohne Namen.

JACQUES LE CŒUR Die müssen nur die Spots bezahlen, damit das senkrecht geht. Von Null in die Charts. Das läßt sich machen.

LILLY GROTH *ruft ihn leise.* Jacques … Jacques!

Ich habe es nicht gewollt, Jacques. Sie haben uns in eine Falle gelockt. Ich wollte dich nicht wiedersehen, bevor das Bein nicht wieder in Ordnung ist.

JACQUES LE CŒUR Ich sage mal: irgend etwas läuft hier nicht ganz, wie es sollte. Ich sehe Ihre Frau zum ersten Mal heut abend. Zum ersten Mal in meinem ganzen Leben.

Lilly Groth, nach einer Sekunde Zögern, springt auf, läuft mit grazilem Hinken zur Tür. Markus hält sie zurück und führt sie wieder an den Tisch.

LILLY GROTH Das sagt er bloß, weil –
Ich seh ja, wie er spricht. Er sagt es bloß,
weil er ja sieht, daß ich ein Krüppel bin.

CHRISTOPH GROTH Sie sagen: Sie sähen meine Frau heute, hier zum ersten Mal in Ihrem Leben? Gut. *Er klappt die Mappe mit dem Notizblock zusammen, steckt den Füllhalter ein.*
Das ist im wesentlichen alles, was ich von Ihnen hören wollte.
Wie ich's im übrigen auch anders nicht erwartet hatte.
Ich glaube nicht, daß es noch etwas gibt, das ich Sie fragen müßte.

LILLY GROTH Halt! ... Ihr zwingt mich, etwas auszusprechen – ihr habt mich in der Folter, so daß ich etwas sagen muß, das ich bis in die Ewigkeit für mich behalten wollte: daß ich zu ihm ging. Daß ich ihn liebe wie meinen Mann, wie dich.

MARKUS GROTH Das halte ich für unwahrscheinlich. Ich habe ihre Schritte außer Haus im letzten Jahr gewissenhaft bewacht. Es wäre mir aufgefallen.

LILLY GROTH Du? Ach? Mir war, als hätte ich gewacht darüber, daß du in meiner Nähe nicht die falschen Schritte wähltest?

CHRISTOPH GROTH Du also behauptest – entgegen einem Mann, der dich augenscheinlich gar nicht kennt – du hättest ihn besucht in diesem Jahr, in dem ich außer Haus sein mußte?

LILLY GROTH Nein. Es dauert schon viel länger.
Ich sehe ihn jetzt bald im vierten Jahr.

CHRISTOPH GROTH Herr Jacques Le Cœur?

JACQUES LE CŒUR Möglich, daß sie mich schon öfter sah.
Umgekehrt war's nicht der Fall. Ich hätte mir das Gesicht gemerkt.

CHRISTOPH GROTH Lilly?

LILLY GROTH Das sagt er nur so.

CHRISTOPH GROTH Könnte es unter Umständen sein, daß Sie, in Ihrer Branche, im Durcheinander hübscher Begegnungen, Gesichter nicht mehr genau unterscheiden können?

JACQUES LE CŒUR Kindische Frage.

CHRISTOPH GROTH Das ist keine kindische Frage!

JACQUES LE CŒUR Für mich schon.

CHRISTOPH GROTH Sie sind nicht hier, um meine Fragen zu beurteilen.

LILLY GROTH Worüber ich jetzt spreche, wird nicht jedem sogleich einleuchten. Ich spreche jetzt von Dingen, die eigentlich nicht ausgesprochen gehören … Ich ging aber zu diesem Mann wie früher vielleicht eine Frau, die zu einem berühmten Maler gegangen wäre, vielleicht eine viel bescheidenere Künstlerin, die hoffte, ein paar Funken von der höheren Begabung einzuheimsen, und nicht einmal nur für sich selbst, sondern es weitergebend, was sie erwärmte, an den Mann, mit dem sie in der Ehe lebte. Kein Verrat, nur ein kleiner Raub von einer höheren Begabung. Und so kam ich jedesmal von ihm, heller, stärker, ruhig, so anders, daß er, mein Mann, es merken mußte und es sah, daß ich berührt worden war. Obwohl er's niemals wahrhaben wollte, nicht ganz entdecken. Denn er genoß ja an mir, daß mich der andere liebte.
Ich war nicht einerseits die Geliebte und andererseits die brave Gattin. Ich war auch nicht bei dem einen glücklich und bei dem anderen unglücklich. Freilich war ich auch nicht bei beiden gleich glücklich: denn ich war bei dem einen und dem anderen nicht dieselbe. Litt wiederum auch nicht an gespaltenem Bewußtsein, besaß weder ein doppeltes noch ein geteiltes Ich. Ich wog mit einem Ich zwei Lieben aus, gleich groß, gleich wichtig und unverzichtbar.

CHRISTOPH GROTH Ich meine, deine Worte spielen mit dem Schall, wie Schiffe schaukeln ohne Kiel. Sie haben ihren Sinn verloren. Wenn in deinem Rätselmärchen nur ein Körnchen Wahrheit steckte, müßten jetzt Gesetze gelten, die wir für den Betrugsfall ausgehandelt haben.

LILLY GROTH Ich habe dich nicht betrogen. Ich betrog dich nicht um ein einziges vermindertes Gefühl, indem ich auch den anderen liebte. Ich, e i n e Person, nicht verrückt und nicht verdorben, hielt zwei Leben aus und trennte sie im Herz, im Kopf, im Leib.

CHRISTOPH GROTH *naiv* Warum?

LILLY GROTH Ich glaube, weil ich dafür geschaffen bin.

CHRISTOPH GROTH Herr Jacques Le Cœur?

JACQUES LE CŒUR *zu Lilly Groth* Was wollen Sie? Mich denunzieren? Mir was Mieses in die Schuhe schieben? Ist was schiefgelaufen, Schwangerschaft?

CHRISTOPH GROTH Sie wollen sich gefälligst erinnern, an wen Sie Ihre Worte richten.

LILLY GROTH Er meint ja gar nicht, was er sagt.

JACQUES LE CŒUR Nennen Sie sich manchmal Laura Ibis, hm? Schicken mir Ihre Schmutzwäsche, Intimzeug, blutige Watte? So was macht sie schon seit Jahren, weil sie nämlich glaubt, daß ich es wirklich war, als sie mit diesem Flash von mir, 'ne Erscheinung im Kopf, mit irgendwem ins Bett ging oder kurz davor. Das hat sich bei ihr festgesetzt, wie 'n religiöser Drehwurm, schreibt aber nie den richtigen Namen, wie sie heißt.

LILLY GROTH Warum verleugnest du mich? Ich habe doch alles offen eingestanden. Warum? Sag meinetwegen: daß du die Lahme nicht mehr sehen willst. Aber laß, ich bitte, schone alles, was gewesen ist. Was in dir vorgeht, ahnt kein Mensch. Vielleicht spricht aus dir das pure, rohe, endgültige andere zwischen Mann und Frau, das immer Wesensfremde. Leugnen, Weg-und-Aus-der-Welt-Verneinen. Versteh ich nicht. Gibt's nicht in mir. Ich bin froh, wenn ich dich sehe. Froh, wenn ich mit dir spreche. Außer mir, wenn du mich vernachlässigst –

CHRISTOPH GROTH Es wird doch in Dreiteufelsnamen, wenn sich Worte völlig widersprechen, irgendwelche dinglichen Beweise geben?! So ein Abenteuer hätte schließlich Unterpfänder, die noch vorhanden wären?

LILLY GROTH Beweise? Tja. Welche Beweise …?
Hier meine Stimme … meine zittrige Hand … mein Angstschweiß. Mein Gesicht, das es nicht fassen kann.

CHRISTOPH GROTH Zeichen, Zeugen, Spuren. Briefe, Zettel, Ansichtskarten. Ein vergessener Schal … Geschenke!
Lilly Groth schüttelt leise den Kopf.
Was für ein Liebespaar! Man hat sich nie etwas geschenkt! Nur gegessen und geliebt! Ha! Keine Spuren hinterlassen! … Sieh,

mein Herz, so etwas kann es gar nicht geben. Setz dich doch einmal neben deinen Geliebten, ich bitte dich. Ja, geh zu ihm hin … ich will's nur einmal bildlich vor den Augen haben!

Lilly Groth setzt sich neben Jacques Le Cœur.

Näher, näher. So. Leg deine Hand auf seinen Unterarm. Ja. Schön. Lehn dich an seine Schulter. Gut so … Oh, vertraut, vertraut, sehr vertraut! … Und Sie, bitte, duzen Sie sie jetzt. Nur einmal zur Probe. Ich will nur hören, wie es klingt. Sagen Sie jetzt Du zu ihr. Sagen Sie: »Ich habe dich in meinem Leben nie zuvor gesehen.« Ich bitte sehr.

JACQUES LE CŒUR Ich habe dich in meinem Leben nie zuvor gesehen.

CHRISTOPH GROTH Dich – dich! Wärmer, freier, schöner! Bitte!

JACQUES LE CŒUR Ich habe d i c h in meinem Leben nie zuvor gesehen.

CHRISTOPH GROTH *zu Markus* Hörst du was? Klingt nach nicht viel.

MARKUS GROTH Klingt nach nichts.

LILLY GROTH Sag: »Dein schwarzes Haar lag wie geschmolzene Nacht auf meiner Hand.«

Jacques Le Cœur schweigt.

Sag es. Sag es mir wieder. »Dein schwarzes Haar lag wie« – Los!

Laßt mich mit ihm allein. Nur zwei Minuten. Ich muß ihn etwas fragen.

JACQUES LE CŒUR Du kannst nur müssen, wenn ich will.

Alle drei sehen Jacques Le Cœur einen Augenblick verwundert an. Auf Lilly Groths Gesicht wandelt sich das Staunen in ein feines Lächeln. Christoph und Markus Groth verlassen den Raum. Lichtwechsel. Musik. Lilly Groth und Jacques Le Cœur bleiben im Halbdunkel am Tisch sitzen. In der Rückwand auf unterschiedlicher Höhe zwei wechselnd erleuchtete Fenster. Die Stimme von Markus Groth.

MARKUS GROTH Wenn ich das schon höre: »God gave rock'n roll to you«, möchte ich dir die Kehle ausweiden, bis die blutigen Sehnen aus dem Maul hängen. Wenn ich schon sehe, wie du heißes Kerzenwachs über den Arm laufen läßt, um deinen Spermastrom zu zeigen, wünsche ich mir, daß du in der

Wüste verdorrst, bis der letzte Blutstropfen aus den Adern verdampft.

JACQUES LE CŒUR *Mikrofonstimme über der Musik* Du warst einmal mein Freund. Niemand verstand mehr von unserer Musik als du. Niemand hat soviel Zeit mit uns verbracht damals. Jetzt haßt du die Musik. Alle Musik. Was willst du? Totenstille? Im Radio nur noch Märsche und Gebete?

Lichtwechsel. Die Fenster verschwinden, der Vordergrund wird wieder hell. Jacques Le Cœur sitzt allein am Konferenztisch. Markus und Christoph Groth stehen links im Hintergrund, mit dem Rücken gegen das Fenster zur Straße. Lilly Groth entfernt sich rückwärts vom Tisch zu ihnen hin.

LILLY GROTH Er ist nicht bei Sinnen ... es ist unmöglich ... er kann doch nicht mir unter vier Augen sagen: Nein. Ich bin es nie gewesen. Mir ganz allein. Ich muß doch etwas wenigstens begreifen, g l a u b e n kann man's nicht.

Sie kehrt sich zu ihrem Mann um.

CHRISTOPH GROTH Ich selbst bin frei von jedem Zweifel, wenn ich dich nur ansehe. So sicher weiß ich, daß diese stolze, immer schöne Frau niemals fähig wäre, sich an einen Mann zu hängen, der sie aufs gröbste anspricht und mißachtet.

LILLY GROTH *macht eine Flimmerbewegung mit der Hand vor den Augen.* Tief gestört, Christoph, tief gestört: du.

So kann ein Mann nicht reden, soviel Ruhe und Beherrschung nicht besitzen, wenn seine Liebe noch lebendig ist, nur einen Funken Eifersucht bewahrt!

CHRISTOPH GROTH Der Bogenschütze erreicht den Zustand der erfüllten Leere, wenn mit dem Pfeil sein kleines Ich davonfliegt. So geht es mit meinem Blick, der auf dich fällt: mein kleines Ich verschwindet und mit ihm aller Ehrgeiz und die Eifersucht.

LILLY GROTH Dich bitte ich, zärtlich, flehend bitte ich: es einmal einzusehen – d a ß i c h e s g e t a n h a b e ! – mit diesem Mann, ein zweites, dir verdecktes Leben – wie kannst du mir, dem ganzen Menschen so rückhaltlos vertrauen und nur dies eine, aufrichtigste Geständnis überhören?

CHRISTOPH GROTH Ich kann es dir erklären. Mein Eindruck ist: das Jahr Entbehrung hat dich übermäßig angestrengt. Vergleichbar hierin dem Asketen in der Wüste, den es an allen

Sinnen dürstet, bis sie ihn täuschen und er Visionen wie leibhaftige Gestalten bei sich empfängt, so kamst du zu diesem Musiker, dessen Name – sprechend, klingend, wie er ist, von Markus irgendwann erwähnt, dir unterschwellig im Gedächtnis blieb und deine Phantasie nicht ruhen ließ.

MARKUS GROTH Zumal an einem Abend, wenn du dich erinnerst, erzählte ich von unseren schwarzen Opferfesten, den rohen Ziegenherzen, die dieser Werner Brüssing damals fraß, wovon er seinen nom de guerre empfing, du warst schon müde, hast mir im Halbschlaf zugehört.

LILLY GROTH Das habe ich wohl vergessen ...?

CHRISTOPH GROTH Siehst du. Nun, also ...!

LILLY GROTH Also ging ich schlafwandelnd zu ihm hin? Bin ich als Schlafwandlerin zu ihm ins Bett gekrochen?
Gut, gut. Du duldest, du willst keinen Zweifel an meiner Treue. Und ich allein kann den Beweis für meine – zweite Treue nicht erbringen. Aber selbst wenn ich ein untrügliches Indiz besäße, es würde mir dennoch von der Hand gewiesen. Was ist schon eine Tatsache gegen deine blinde Überzeugung, daß sie nichts bedeutet! ... Himmel! Nur ein Tropfen Eifersucht! Nur einen Schatten von Verdacht! Um wieviel größer erscheint mir jetzt sogar der Argwohn und der von ihm besessene Mann, der sich zur Schlange bückt, Verdächtiges hören will und muß, eine wieviel größere Seele besitzt doch der Verdachtschöpfer als der Verdachtersticker!

CHRISTOPH GROTH *zu Jacques Le Cœur* So. Ich denke, wir sind durch.
Sofern Sie nichts weiter vorzutragen haben, darf ich Sie zur Tür begleiten? *Zu seiner Frau* Ist es recht?

LILLY GROTH Was kann ich ihm noch sagen? Womit könnte ich ihn treffen? Das Lied für mich vom schwarzen Haar auf deiner Hand – die Widmung schon gestrichen? Ich habe dir die neue Stimme gebracht! Kam kein menschlicher Klang mehr aus deiner Kehle. Du hattest keinen Freund! ... Und keinen Mut mehr! ... Was anderes noch! Was anderes! ... Hattest nur 'ne blubbernde Zyste da in deiner Brust, Jacques Le Cœur! Ach, was anderes noch! ...

Jacques Le Cœur und Christoph Groth haben den Raum verlassen. Lilly Groth und Markus allein.

LILLY GROTH Alles um den Mund herum. Alles, was aus dem Mund kommt, den ganzen Mund voll, im Mund, alles, was sich im Mund herumdreht, das macht mir Sorge, brennt wie Feuer. Ein Gefühl wie –

MARKUS GROTH Scham?

LILLY GROTH Ja, aber den ganzen Mund voll.

MARKUS GROTH Hör auf, deinen schönen Mund zu traktieren.

LILLY GROTH Aber er spricht nicht richtig. Er ist mir eine Qual. Ich will nichts gesagt haben. Habe so viele Kapseln mit Rede zerknackt, im Maul, soviel Gift. Mich unglaubhaft gemacht mit Worten, unglaubhaft: für ihn.

MARKUS GROTH *stellt sich hinter sie und wispert ihr ohne Unterbrechung Fragen ins Ohr.* Wann lernst du Kyudo? Warum gehst du nicht zwei Schritte vor? Wie bist du überhaupt zu uns gekommen? Wer war Matthias Brandt? Warum wehrst du dich nicht? Wann trägst du wieder schwarzes Pagenhaar? Wo sind deine Spielkarten? Was ist eben geschehen? Wie gehst du mit dem neuen Stock? Welche S-Bahn führt nach Erkner? Wie bist du mit mir zufrieden? Was ist eins, was sind zwei? Wer sitzt an deinem Zeitungsstand?

LILLY GROTH Aber warum – warum hat er mich verleugnet? Bis zuletzt. Für wen hat er's getan? Warum? Du warst doch mal sein Freund?

MARKUS GROTH Sein Freund nicht unbedingt. Es liegt schon lang zurück. Ich war einmal sein Kontergeist. Obgleich an Jahren jünger, genoß ich sein Vertrauen, er hat auf mich gehört, solange er mit »Vathek« spielte. Jetzt ist er nichts mehr wert. Der Vater braucht es nicht zu wissen. Er setzt sich für ihn ein. Es ist mir recht. Beschafft ihm auch das nötige Geld, um die Karriere wieder anzukurbeln.

LILLY GROTH Das nötige Geld? Er hat ihm Geld versprochen?

MARKUS GROTH Doch, ja. So ist es.

LILLY GROTH Weißt du, was du sagst? Er hat ihn sich gekauft?! Sein Schweigen und sein Leugnen: abgekauft? Jetzt lügst du.

MARKUS GROTH D a f ü r immerhin ließen sich Beweise leicht erbringen.

LILLY GROTH Nun bin ich es, die ganz sicher sagt: so schäbig k a n n er niemals handeln, Christoph, gegen mich. Wenigstens das steht fest und muß nicht erst bewiesen werden.

MARKUS GROTH Ihr wollt ja gar nichts wissen. Ihr wollt ja an euch glauben!

LILLY GROTH *im selben Moment, da ihr Mann wieder zur Tür hereintritt.* Wenn es sich so verhält, wie es hier jeder sich erklärt, Markus – dann hätte ich am Ende doch nur e i n Leben geführt? Doch nur ein einziges? Das wundert mich.

CHRISTOPH GROTH Damit müssen wir Erdenkinder in der Regel uns begnügen. Vielleicht gab es hier und da den Fall von lebenslanger Bigamie, die niemals aufflog. Aber welche Mühe kostet der Betrug, welche Künste sind erforderlich, ihn durchzuhalten! Und letztlich doch für einen vergleichsweise geringen Nutzen.

LILLY GROTH Nur eins noch, Christoph, mußt du wissen. Da man mir die eine Liebe raubte, raubt man mir zugleich auch dich. Wenn dieses zweite Leben nie gewesen ist, bricht auch das Leben ein mit dir. Es fehlt mir jetzt die Kraft, mit dir allein zu sein. Es fehlt die unbeschwerte Mitte und das schöne Gleichgewicht. Zwei Leben, eines war des anderen Halt, jetzt stürzen beide.

Sie geht zur Tür, dreht sich noch einmal um.

Aber wenn's das zweite gar nicht gab, Markus, dann hat mich Jacques auch nicht verleugnet?

MARKUS GROTH Nein. Ich denke, er ist unbedingt aufrichtig gewesen.

LILLY GROTH Wie schön von ihm.

Sie geht hinaus, schließt die Tür.

MARKUS GROTH Sie wird von Stund an keine Ruhe geben und darum kämpfen, sich als Geliebte rehabilitiert zu sehen.

CHRISTOPH GROTH Pack deine Sachen, mein Junge, und verlaß noch heute unser Haus.

MARKUS GROTH Was ist? Was hast du?

CHRISTOPH GROTH Frag nicht. Tu, was ich sage.

MARKUS GROTH Ich habe euch nichts Böses gewollt ...

CHRISTOPH GROTH Du hast Elisabeth nie anerkannt. Das war dein letzter, tückischster Versuch, sie mir in meinen Augen zu verderben.

MARKUS GROTH Nein, nein! Das Gegenteil ist wahr: ich habe nichts gewußt und nichts dazu getan! Ich schwöre es. Ich hatte keine Ahnung, wie ihre Phantasie an diesem Menschen hing.

Ich wußte nur, daß sie in seine Konzerte ging. Erst, als es dann passierte, der Schuß, und als sie seinen Namen rief am Boden, mit dem Pfeil im Rücken, sah ich eine Katastrophe kommen, den Sturz des ganzen Hauses über mir. Erst jetzt begann ich die Gefahren in ein Kalkül zu fassen … ich wollte, daß sie dir wie neu erschiene, nur aus dem Schatten eines Zweifels sollte sie hervorgetreten sein, damit du sie am Ende um so reiner, schöner wiederfändest!

CHRISTOPH GROTH Verschwinde, armseliger Ohrenbläser. Nichtstun und Gespinste in die Welt setzen, Argwohn säen in meinem stillen Haus! Meinem Vertrauen, meinem sicheren Gefühl haben sie nichts angetan, aber du, dir wünsche ich, du möchtest von deinen erbärmlichen Verwicklungen selbst erdrosselt werden!

MARKUS GROTH *wirft sich dem Vater zu Füßen.* Vater, bitte, nur bis morgen! Laß mich bis morgen bleiben. Ich mache alles wieder gut. Laß mich, bitte, bei dir. Schick mich nicht fort!

2

Vor dem Laden. Er ist ausgeräumt bis auf den Kühlschrank. Ein roter Papierstreifen »Ladenfläche zu vermieten« klebt quer über dem Schaufenster.
Marianne Abel und Lilly Groth sitzen auf ihren Stühlen und trinken Wein.

MARIANNE ABEL Oben im dritten Stock. Zwei Zimmer mit Kammer. Siehs dir an. Da lebte der alte Bruno Zenke, Möbel-Zenke.

LILLY GROTH Lebt nicht mehr?

MARIANNE ABEL *schüttelt den Kopf.* Bekam noch die Parkinsonsche. Konnte sich kaum auf den dünnen Waden halten. Fing an zu halluzinieren: »Was steht 'n da für'n großer Mann im Laden?« Na, der große Mann, das war eben schon der Tod.

LILLY GROTH Die Alten sterben, und wir beide werden alt.

MARIANNE ABEL Nicht mal. Hält sich alles noch in Grenzen.
Mit Gregor gab es nie diese Heiterkeit wie mit dir.
Er war eben ein sehr zurückgenommener Mensch. In sich ein-
geigelt.

LILLY GROTH Ich kann mich vor Heiterkeit kaum fassen.

MARIANNE ABEL Das Heilsamste für ihn wäre es, auf einer einsamen Insel mit einem anderen Kommunisten ausgesetzt zu
sein. Sechzig Windlichter um's Liebesbett. Sechzig Windlichter hat er um uns herum aufgebaut. Hat sich immer gegen die
freien Ladenzeiten ausgesprochen. Wenn man bedenkt, wie
dämlich, wie abgrunddämlich es war, an all das zu glauben!

LILLY GROTH An Gregor?

MARIANNE ABEL Ja, und überhaupt.

LILLY GROTH Es ist jedenfalls genauso gekommen, wie ich es
vorausgesagt habe.

MARIANNE ABEL Du, sei du bloß still. Wie lange kennen wir uns
jetzt? Da sitzt man bald sein halbes Leben beisammen und
weiß nicht, ahnt es nicht einmal, daß die beste Freundin noch
ein zweites führt, nebenher, ganz heimlich und im Dunkeln.

LILLY GROTH Geahnt hast du's.

MARIANNE ABEL Geahnt! Man hätte hie und da gern Näheres
erfahren.
Die ganze Zeit – jahrelang – hast du vor mir die heilige Ehefrau
gespielt.

LILLY GROTH Ich habe nicht gespielt.

MARIANNE ABEL Das ist alles ganz unerträglich.

LILLY GROTH Unerträglich – unerträglich ist es nicht.

MARIANNE ABEL Irgendwo zwischen Bingen und Bacharach.
Das ist ja keine Entfernung. Nicht mal 'ne halbe D-Zug-
Stunde. Burgen. Weinberge, Obstwiesen. Und seine Frau mit
ihrer Nibelungentreue ist Lehrerin am Ort, verfaßt die hübschen heimatkundlichen Artikel ... Mein Gott, wie ich sie ver-
achte!

LILLY GROTH Nun ist auch das überstanden. Nun ist das auch
überstanden. Das hätten wir glücklich hinter uns. Noch einmal wird uns das nicht passieren. Wir haben immer noch
Glück gehabt. Damit beenden wir das Kapitel. Der Kreis
schließt sich. Wir sind durch, kein Zweifel, wir haben es geschafft. Was für ein schöner, warmer Oktobertag!

MARIANNE ABEL Harry Schuster hat wenigstens seine Sekretärin, die Frau Corvinus.

LILLY GROTH Marianne, genug jetzt, nicht so trübnasig!

MARIANNE ABEL Was passiert ihm? Er bekommt eine Lichtallergie. Das ganz gewöhnliche Tageslicht verträgt er nicht mehr. Schwellungen im Gesicht, an den Händen, an den Knien ... Schrecklich!

LILLY GROTH Wer zuerst kam, wer zuletzt kam, wer kam ... Alles beginnt damit, daß jemand die Straßenseite wechselt, den Fahrdamm überquert und aus unerfindlichem Grund plötzlich vor dir steht. Vor einem neuen Menschen, vor einer neuen Zukunft, vor einer ganzen, neuen Welt.

MARIANNE ABEL Es geht darum, einen Laden zu verlassen, der einem nichts getan hat. Im Gegenteil: der einen ziemlich unmöglichen Menschen siebzehn Jahre freundlich in seinen Mauern aufnahm. Beherbergte. Von zweieinhalbtausend Mark auf glatte achttausend! Ich, eine kleine Porzellanwarenhändlerin. Achttausend Mark im Monat. Kein Mietsherr, mit dem man streiten könnte, gibt's nicht mehr. Nur ein Computer und ein Jüngelchen mit Schlips, das ihn befingert. Winzige Zweigstelle eines Immobilien-Mammuts. Es gibt niemanden mehr, mit dem ich reden könnte. Keiner kennt die Geschichte meines Ladens. Keiner weiß, wie lange wir alle hier gewesen sind.

LILLY GROTH Weißt du noch, als Hilde drüben ihre Kneipe hatte, wo zeitweilig die vielen Künstler verkehrten?

MARIANNE ABEL Wo du mit dem Poliath einig wurdest?

LILLY GROTH Das mein ich nicht.

MARIANNE ABEL Von Poliath weiß ich noch, wie du an seiner Siebdruckpresse standst und ihr die scheußlichen Porträts von dir abgenudelt habt. Die gibt's noch alle, diese Kunstwerke mit deinen blutigen Zähnen, offenen Schamteilen, die stehen irgendwo bei einem Zahnarzt oder Städteplaner auf dem Speicher. Da stehen deine Innereien verewigt.

LILLY GROTH Hat auch sein Gutes, daß du dich verändern mußt. Sonst säßst du bald als zugeschnürter Abfallsack vor deinem Laden.

MARIANNE ABEL Laß nur. War 'ne andere Epoche damals, Liebchen. Kommt einem heute schon so vor wie voriges Jahrhundert. Wie frech man auch war, man war fromm: man glaubte ans Glück … Siebzehn Jahre sind hier an mir abgeflossen. Siebzehn Jahre habe ich da drin verkauft, verpackt, gerechnet, dekoriert und abgewartet, grenzenlos gewartet.

LILLY GROTH Ist doch längst nicht mehr unsere Straße. Sieh's endlich ein. In zwei, drei Jahren ist die Gegend ausgestorben, steht hier ein Bankenviertel oder ein Verwaltungsapparat. Es wäre ohnehin nicht mehr gegangen.

MARIANNE ABEL Jetzt kommt erst mal der Winter, die graue Milch. Und im nächsten Frühjahr sitz ich schon in meiner Koje draußen vor der Stadt.

LILLY GROTH Du gehst nicht aus der Welt.

MARIANNE ABEL Du gehst nicht aus der Welt … Das sagt man so. Und sagt: Wir kommen dich besuchen. Wir sehen uns wieder. Aber das sind fürchterliche Worte. Man geht auseinander, sieht sich noch ein, zweimal und dann bald gar nicht mehr.

Der Mann vom Grünstreifen kommt durch den Torbogen

LILLY GROTH Sie sehen ja heute aus wie ein Schluck Wasser. Ist etwas passiert?

DER MANN VOM GRÜNSTREIFEN Jemand hat etwas Ungutes gesagt. Jemand hat ein falsches Wort gewählt.

LILLY GROTH Hat s Streit gegeben?

DER MANN VOM GRÜNSTREIFEN Es ist doch so: Menschen, Leute, die plötzlich zuviel Boden unter den Füßen verlieren, zuviel Boden auf einmal, die, will ich sagen, geraten auch innerlich leicht ins Abrutschen, so daß sie kaum einen klaren Gedanken mehr fassen können, und die haben dann aus Angst – oder sagen wir: aus Grundlosigkeit heraus passiert es denen dann, daß sie plötzlich quer durch die Sprache schliddern, keinen Halt mehr finden im Sprachgefüge, so daß sie im Gegenzug, gerade wenn ihnen das Wasser bis zum Hals steht, reißen sie erst recht das Maul auf und geben sich als die blutigen Aufschneider zu erkennen –

MARIANNE ABEL Umständlicher geht es wohl nicht?

DER MANN VOM GRÜNSTREIFEN Na, geht es schon, geht es schon. Ich frage mich nur, weshalb derjenige, der sich wirklich in ein Problem vertieft, der ehrlich versucht, alle Windungen innerhalb eines Problems nachzuvollziehen, von vornherein immer gleich der Dumme ist. Ich führe Sie eben ganz behutsam an den Gedanken heran, daß auch ich es kaum noch unterdrücken kann. Ich könnte, wenn ich mich nicht mit letzter Kraft bezwänge, schon jetzt am laufenden Band so dümmlich daherreden wie der blutigste Angeber. Haben Sie nicht schon den Eindruck?

LILLY GROTH Nein. Da müßte ich lügen.

MARIANNE ABEL Jedenfalls hat man schon Dümmeres gehört. Kommen Sie, setzen Sie sich zu uns. Ich servier uns was.

DER MANN VOM GRÜNSTREIFEN *setzt sich, während Marianne Abel in den Laden geht.* Außerdem kommen jede Nacht diese Kahlschädel, die einen am Hosenbein anzünden wollen.

3

Bahnhof am frühen Morgen. Stimmung und Szene wie die vorigen Male. Lilly Groth – im selben Kostüm wie in der ersten Szene – sitzt hinter ihren Zeitungsstapeln neben den Entwertern. Auf einem Stapel steht der weiße Hartschaumkopf mit Kopfhörern. Fahrgäste kommen vorbei, die sich eine Zeitung greifen und bezahlen.

LILLY GROTH Einen schönen guten Morgen, mein liebes, kahles Dummy.

Guten Morgen, mein gesichtsloses Gesicht. Mein begradigtes, blindes, versiegeltes, porenloses Gesicht. Mein Totenschädel voll strömender Musik.

An einem der Stehtische erscheint aus dem Nebel Jacques Le Cœur. Ein wenig entfernt von ihm, beobachtet Markus Groth die Szene.

JACQUES LE CŒUR Guten Morgen, Lilly Groth.

LILLY GROTH Jacques Le Cœur?

JACQUES LE CŒUR Ja.

LILLY GROTH Jacques! Jacques!

Sie nimmt den Stock und läuft zu ihm.

Himmel! Liebster! Was machst du – was machst du mit mir? Warum? Wa – *Er küßt sie.*

Markus Groth Frag nicht, Lilly. Bekämst doch nur eine unbegreifliche Antwort.

Lilly Groth Aber ist denn alles wieder richtig? Bin d o c h gesund, oder?

Markus Groth *souffliert* Ruf mich heut abend an.

Jacques Le Cœur Ruf mich heut abend an. Keine Sorge, mein Liebes. Ich fahre ins Studio. Ruf an. Ich warte auf dich.

Die beiden Männer entfernen sich in den Hintergrund. Lilly Groth legt ihren Stock auf die Tischplatte. Sie nimmt den Kaffeebecher, den Jacques Le Cœur stehenließ, und trinkt einen Schluck. Dann geht sie nackdenklich, ohne Stock, ohne zu hinken, an ihren Platz zurück.

Ithaka

Schauspiel
nach den Heimkehr-Gesängen
der Odyssee

Personen

PALLAS ATHENE, Göttin mit den Augen der Eule
ODYSSEUS, König auf Ithaka
PENELOPE, seine Gemahlin
TELEMACH, ihr Sohn
LAERTES, Vater des Odysseus
EURYKLEIA, die Amme des Odysseus
EUMAIOS, der Sauhirt
PHEMIOS, der Sänger
MEDON, der Rufer und Mundschenk
THEOKLYMENOS, der Seher
IROS, ein Bettler

Die Freier

ANTINOOS, Anführer der Freier
EURYMACHOS, sein Stellvertreter
AMPHINOMOS, Lieblingsfreier der Penelope
KTESIPPOS
ELATOS
LEIODES
LEIOKRITOS
AMPHIMEDON
DEMOPTOLEMOS
AGELÁOS
EURYADES

Die Mägde

MELANTHO
AUTÓNOE
HIPPODAMEIA
PSYRIA
ERIPHYLE

Die Drei fragmentarischen Frauen

KNIE
SCHLÜSSELBEIN
HANDGELENK

Stimme des Zeus

Volk von Ithaka, Soldaten, Helfer und Mägde

Dies ist eine Übersetzung von Lektüre in Schauspiel. Nicht mehr, als höbe jemand den Kopf aus dem Buch des Homer und erblickte vor sich auf einer Bühne das lange Finale von Ithaka, wie er sich's vorstellt. Abschweifungen, Nebengedanken, Assoziationen, die die Lektüre begleiten, werden dabei zu Bestandteilen der Dramaturgie. Der Dialog opfert, um beweglich zu sein, den Vers und den rhapsodischen Ton. Dennoch bleiben die großen Übertragungen von Johann Heinrich Voß und Anton Weiher zumindest im Anklang gegenwärtig: es möge genügen, um den Hörer wie eh und je in die Kindheit der Welt zu versetzen.

I
Die Ankunft

I

Oberes Gemach der Penelope. Halbverdeckt von der Rücken-
lehne sitzt die Fürstin auf ihrem Thronsessel. Ihr gegenüber auf
einem Schemel Amphinomos, ein junger Freier.

PENELOPE Amphinomos. Du allein weißt nun, wie ich, die Bittere, lebe. Daß mein Gesicht vom Lächeln träumt wie von
einer fernen Jugendfreude. Ich sehe, daß du ein Herz besitzt.
Ja, ein Herz. Anstand. Liebenswürdigkeit. Daß du mich ach-
test und dich nicht scheust, in die schwarze Flamme zu
blicken, die ich bin – die mich verzehrt.

AMPHINOMOS Was von Eurem Rätsel ist mir begreiflich? Was
werde ich nie verstehen?

PENELOPE Du hast diesen riesigen Leib. Er zwingt dich, immer
aufrecht zu sitzen. Ich halte mich gerade. Damit mir der Bauch
nicht ans Kinn stößt. Du mußt dich langsam bewegen, mußt
immer langsam gehen, gerade sitzen, gerade lehnen. Aber es
gibt Stunden, da möchtest du dich verkriechen. Gar nicht so
einfach, irgendwo einen Schlupfwinkel zu finden mit dem
Leib, wo du dich verkriechen kannst, wie dir zumute ist.

AMPHINOMOS Die Fürstin könnte sich in eine entfernte Kammer zurückziehen, unerreichbar für die Rufe der Freier.

PENELOPE Dabei wispert's in mir, drinnen bin ich eine kleine,
zarte Person. Draußen fällt Licht auf meine speckige Haut. Ich
glänze wie eine schwitzende Stute. Drinnen kauere ich, schlei-
che wie ein Schatten auf der Mauer... Hat man aber einmal
von mir den Koloß gesehen, so wird man nicht mehr nach dem
zerbrechlichen Wesen fragen, das da drinnen lebt.

AMPHINOMOS Die Fürstin darf nicht erwarten, daß die Vorstel-
lungskraft eines Menschen ausreicht, um gegen die Leibes-
fülle, die er vor Augen hat, anzukämpfen und sich ein Bild zu
erschaffen von der mageren, der entbehrungsvollen, der wah-

ren Fürstin. Allein die Hände. Die Finger sind zahlreich mit Ringen bestückt ...

PENELOPE Nur um von den feisten Klumpen selber abzulenken! Die Hände, du siehst es, liegen weit oben, knapp unterhalb der Leistengegend, ein wenig nach innen verdreht, liegen gleich vorn auf den Fleischkissen der Oberschenkel. Meist stehen die Ellbogen ein wenig ab, wenn ich mich aufstütze. Ich sehe dann aus wie eine Marktfrau, die mit dem richtigen Hintern auf dem richtigen Fleck sitzt. Doch die bin ich nicht.

Amphinomos! Befreie die Gefangene aus der Götzenstatur ihres Leibes! Durchschau, ich bitte, alles Stattliche, Große an mir! Befrei das zarte Geschöpf, dessen Rufe – elende, verzweifelte – du deutlich vernimmst aus der Tiefe dieses Kolosses!

Auf der Kante des Ölbaumbetts sitzen die Drei fragmentarischen Frauen. Von der einen leuchtet nur das Knie. Von der anderen nur das Handgelenk. Von der Dritten nur im ausgeschnittenen Kleid das linke Schlüsselbein.

AMPHINOMOS Das kann ich nicht.

HANDGELENK Sagte der ältliche Jüngling in seinem schneeweißen Leibrock.

AMPHINOMOS Außerdem

KNIE Fügte er hinzu und erhob sich von seinem Sitz

AMPHINOMOS Außerdem kann ich der Fürstin nicht folgen.

Der Leib, ich weiß nicht, was der Leib wirklich ist. Vielleicht werde ich es niemals herausfinden. Aber über eines hege ich keinen Zweifel: der Leib lügt nicht.

SCHLÜSSELBEIN Sie sah ihn verwundert an. Lange und ungerührt.

HANDGELENK So daß er sich nicht abwenden konnte.

KNIE Ihr Blick wirkte verschlossen und kalt, er schien aus einem Marmorauge auf ihn gerichtet.

HANDGELENK Doch sah er auf einmal zwei Tränen aus den starren Augäpfeln hervortreten, die an den verhältnismäßig feinen und rosigen, ausgesprochen niedlichen Wimpern hängenblieben.

Die Drei fragmentarischen Frauen weiter im Vordergrund. Ohne Penelope und Amphinomos.

KNIE Niemand auf Ithaka ahnte zu diesem Zeitpunkt, daß Penelope ungeheuer fett geworden war.

HANDGELENK Es gab Gerüchte, ausgestreut von den treulosen Mägden, die den Freiern schmutzige Geschichten über ihre Herrin erzählten.

SCHLÜSSELBEIN Doch seit längerem war sie nicht mehr unter den Freiern erschienen. Nur ihr Schatten schlich hin und wieder durch die oberen Gemächer. Oder ihr Kopf, halbverdeckt von kupferroten Locken, erschien am dunklen Fenster, wenn sie der Versuchung erlag, heimlich das scheußliche Treiben der Jünglinge zu beobachten.

KNIE So mußt du dir's vorstellen: es ist Penelope die Kerze der Erwartung, unauslöschlich brennt sie bis auf den heutigen Tag. Herren aller Zeiten verkehren bei ihr, lagern im Hof und nisten in ihrem Palast. Die Freier sind Soldaten, sind Forscher, Händler und Philosophen, Staatsmänner und Sportler... aber die Wiederkehr des Odysseus wischt alle Zeiten aus.

HANDGELENK Troja belagert, Penelope belagert. Aber die Freier am Hof von Ithaka sind alles andere als tapfere Krieger. Manche lassen sich an hohe Leitern binden, die bis an ihr Ehegemach reichen, und junge Mägde peitschen sie mit Strängen schmutziger Wäsche. Erst wenn die Königin am Fenster erscheint, erreichen sie den Höhepunkt ihrer Orgien. Andere sitzen bis aufs Dach hinauf, auf den Altanen und Speichern, überall haben sie sich eingenistet, trinken und speien und verstreuen ihren Unrat.

KNIE Ach? So soll es sein? Die freien gar nicht? Die wollen nur die Reine mit Kot bewerfen, wollen sie kränken und verhöhnen, die Erztreue, die sich an ihren Webstuhl fesseln ließ wie ihr Gemahl, der vielmals Untreue, an den Schiffsmast. Sie aber widersetzt sich den Sirenen des Schlamms und der Wollust.

SCHLÜSSELBEIN Noch ein wenig anders mußt du dir's vorstellen. Die Fürstin foltert ihre Reinheit mit dem Anblick der

Gelage, die die Freier vor ihrem Fenster abhalten. Alles an ihr ist rein. Nur die Entbehrung selbst wird ihr zur finsteren Passion. War es nicht so, daß Telemach sie mit Gewalt daran hindern mußte, sich am Fenster zu zeigen?

3

Am Strand von Ithaka. Nebel. Odysseus in Hopliten-Rüstung zieht im Tuch Beuteschätze hinter sich her.

ODYSSEUS Wieder einmal: welches Land? Welches Volk? Wo bin ich? Ist es eine Insel? Oder die Küste vom Festland? Wohnen Wilde hier, Frevler oder gottesfürchtige Leute, die Fremden ein Gastrecht gewähren?
Wohin schlepp ich die Schätze, wohin schlepp ich mich selbst? Muß ich wieder wandern und irren? Wäre ich nur im Land der Phäaken geblieben! Wo verberge ich meine Beute? Ich kann sie nicht frei herumliegen lassen. Wahrhaftig, den Phäaken fehlte es an nichts, nur an Verstand und Sinn für die Welt. Haben sie mich doch geradewegs in ein falsches Land geschickt.
Wieder einmal! ... Zähle ich zuerst meine Güter. Sehe nach, ob nichts verloren oder gestohlen.
Athene, androgyne Lichtgestalt: weiße Bundhose, kurze bestickte und beschlagene Weste, kreideweiße Haut, schwarze Lippen, urinblonde Wuschellocken, geflügelte Sandalen, leuchtende Füße ... Sie tritt im Umhang eines Hirten, den Stab in der Hand, aus dem Nebel zu Odysseus.
ATHENE Wieder einmal: redet der Mann wie das rauschende Kielwasser. Jammert und gluckst, als hätte er nicht Schlachten gekämpft und Städte zerstört.
Du mußt ja aus großer Ferne herkommen,
aus dunkelster Fremde, daß du unter den Füßen
den berühmten Boden nicht wiedererkennst.
ODYSSEUS Gerne geb ich dir Auskunft. Du bist ja der erste, den ich begrüße, in einem Land, das ich nicht kenne.

Ich selbst bin gebürtig von Kreta, ein Kreter bin ich und stamme aus rühmlichem Haus. Doch erschlug ich daheim ohne Streit den Sohn des Herrschers Idomeneus, denn er wollte mir an meine Güter, die Beute aus Troja, für die ich mein Leben gewagt in einem langen blutigen Krieg. Doch unterstand ich nicht seinem Vater und diente ihm nicht, sondern führte die eigenen Mannen und brauchte ihm nichts abzugeben. Eines Abends, als er durchs Feld strich, ergriff ich den Sohn und stieß ihm das Schwert durch die Kehle. Kurz darauf verließ ich heimlich das Land, mußte ich fliehen, ging's rasch auf die Fahrt. Ich heuerte an bei phönizischen Händlern, bot ihnen etwas von meiner Beute, worauf sie nämlich bestanden, denn die Phönizier sind auf der Welt die berühmtesten Beutelschneider –

ATHENE *legt ihm den Finger auf den Mund* Genug! ... Willst du im lieben Land deiner Kindheit das Lügen nicht lassen? Gewiß, du hast es hier auf den Weiden und Koppeln gelernt. Früh weckten dir Hirten die Lust an Schwindel und Truggeschichten. Wohl wissen wir beide, was gute Verstellung wert ist. Du unter den Menschen der Erste, wenn es gilt, täuschende Reden zu führen, gewandt wie im Zweikampf. Ich nun *sie läßt den Umhang von den Schultern gleiten* berühmt für planende Weitsicht und Vorteil bringendes Denken.

ODYSSEUS Mentor, geliebter! Bist du es, mein Freund? Erscheinst mir so jung, zart wie ein Knabe ...

ATHENE *schmiegt sich an ihn* Wie lange brauchst du noch, mein Krieger, bis du das Anwehen der Göttin bemerkst?

ODYSSEUS Pallas Athene ... ach, du spielst mit meiner Müdigkeit.

ATHENE Du seufzt meinen Namen? Obwohl ich dir hilfreich zur Seite stand, zuletzt bei den Phäaken. Die gaben nach meinem Willen und Einfluß diese Geschenke. Und jetzt bin ich da, um dir die Leiden zu nennen, die dir in deiner Heimat bevorstehen.

ODYSSEUS Schwer, du Hohe, dich gleich zu erkennen.
Du kannst dich in jeden verwandeln.
Sicher, damals vor Troja, da warst du mir nah,
solange wir kämpften. Aber als wir die Schiffe bestiegen,
da sah ich dich nicht mehr. Kann mich nicht erinnern,

daß du die Planken betratest, als ich die bitteren Leiden und
höchsten Gefahren der Irrfahrt durchstand.
Die mußte ich allein mit eignem Sinn
meistern, die Irrfahrt zur See.
Doch jetzt, Tochter des Zeus, beuge ich vor dir die wegmüden
Knie: denn ich fürchte, du schickst mich wieder einmal
in die unabsehbare Fremde.
Umnebelst meine Augen und verhöhnst mich,
dies hier sei Ithaka.

ATHENE Ich bin der Weitblick, ich habe klug es gelenkt.
Heimkehr solltest du finden, doch alle Gefährten verlieren.
Das wußte ich von Anfang. Nur, draußen auf rastlosen Wogen,
zugegeben, Poseidon bekämpfen, mußte ich mir versagen. Ich
wollte nicht den Schwager mir zum Feind machen, der dich
verfolgt mit unnachgiebigem Zorn, wie mir scheint: zu Recht,
denn du hast seinen lieben Sohn, den Polyphem geblendet.
Komm, ich entdecke dir deine Heimat. Ich zeige dir Ithaka.
Sieh und trau deinen Augen. *Der Nebel löst sich auf.* Dort
der Hafen des Phorkys, dem Meergreis gewidmet ... erkennst
du die Gegend? Getreide und Wein in unmäßiger Fülle, ge-
sunde Weiden für Rinder und Ziegen. Wälder voll heiliger
Quellen, die niemals versiegen.

ODYSSEUS Mein Land! Dies ist mein Land. Ich glaubte, niemals
dürfte ich es wiedersehen. Ich im Land meiner Heimat, ich,
Odysseus, der viele Qualen erduldete und selber viel Unrecht
beging! Selig küsse ich den fruchtbaren Boden, den liebsten
der Erde.

ATHENE Genug jetzt. Vielleicht ein anderer Irrfahrer, dem die
glückliche Heimkehr gelang, wäre bestrebt, zuerst nach Frau
und Kind im Hause zu sehen. Wie es um dein eigenes Weib
steht, willst du lieber nicht fragen, um nicht in endlosen Jammer zu sinken.

ODYSSEUS Penelope?

ATHENE Wie fragst du? Hat dir die Lust auf dem Lager der Circe
die Sinne benebelt, daß du am Namen der Gattin stotterst?

ODYSSEUS Penelope. Ich dachte es beinah. So steht mir das Unheil Agamemnons bevor und blutige Greueltat wie im Haus
der Atriden.

ATHENE Drei Jahre und mehr schaltet und waltet in deinem

Haus die Versammlung der Freier und bietet sich dar der klugen Gemahlin zur Auswahl. Junge Adlige sind es vom Festland, von Ithaka und anderen Inseln. Sie werben um die schöne ewig trauernde Fürstin und hoffen mit der Heirat dein Vaterland für sich zu gewinnen. Greuliches Interregnum. Du aber bist heimgekehrt und wirst es beenden.

ODYSSEUS Ich dachte, nun sei ich müde genug, von erschöpfender Reise geschwächt, und alles wäre glücklich beendet mit der Heimkehr. Die Zeit sei gekommen für seligen Schlaf und Zeit, mit Behagen zu plaudern von meinen Taten und Leiden.

ATHENE Nicht bevor sie befreit ist von ihrer üblen Umgebung, die hochherzige Frau. Die beständig im Haus blieb, wo ihr die Jahre der Jugend verrannen und unter Tränen unzählige Nächte ohne Liebe. Die Freier hielt sie mit List hin, daß bis heute keiner zum Ziel kam. Zeigte sich standhaft, doch biegsam. Versprach jedem ein wenig, doch keinem zuviel. Aber ihr richtiges Denken galt einem anderen.

ODYSSEUS Du Hohe, Göttin mit den Augen der Eule, erwirk einen Plan, ich will ihn verrichten. Stehst du mir bei, denk ich, die lüsternen Männer liegen schon bald in ihrem Blut und Gedärm auf dem Boden. Gerne schichte ich die Leichen dann auf, und wären es über dreihundert!

ATHENE Sorgsam müssen wir planen, wir beide. Heimlich und unkenntlich gemacht, betrittst du dein Haus. Im Saal und in den Kammern darf nicht einer die Ankunft des Herrschers bemerken. Nicht einmal, bis zuletzt, die kluge Penelope darf es vermuten. Komm nun, ich muß dich verwandeln. Deine Reichtümer verbergen wir dann in der heiligen Grotte der Nymphen.

ODYSSEUS Dreihundert würde ich vernichten allein und jeden, der nur einmal mit stinkendem Atem den Namen der Gattin geflüstert.

Athene berührt ihn mit ihrem Stab, Rüstung und Kleidung des Odysseus werden an Drähten in die Luft gehoben. Bei der Verwandlung helfen die Drei fragmentarischen Frauen. Im Vordergrund erscheint mit dem Rücken zur Rampe Eumaios, auf dessen Hinterkopf Licht fällt. Kurzgeschorenes Haar mit einer kahlen runden Stelle, so groß wie ein Goldstück.

ATHENE Glatze und Greisenhaut leg ich dir zu, und deine hellen
Augen werden nun träge ... einen zerrissenen Leibrock bekommst du, befleckt und verräuchert, das schmutzige Fell
eines Hirschs, Stecken und Ranzen des Bettlers.
Dort steht Eumaios, der Sauhirt. Von ihm wirst du Neues erfahren aus dem Palast.

4

*Odysseus als Bettler tritt zu Eumaios. Er spricht mit verstellter
Stimme, ein Nuschler, der immer ein wenig zu laut und wie unter
erhöhtem Druck artikuliert. Hundegebell.*

EUMAIOS Jetzt hätten dich beinahe die Hunde zerrissen.
Zu meinem steten Kummer wäre noch dieses Unglück gekom-
men.
Ruh dich nun aus. Setz dich zu Tisch.
ODYSSEUS Gütig empfängst du den Fremden. Zeus und andere
Götter mögen es dir verlohnen.
*Sie setzen sich zu Tisch. Eumaios legt Reisig unter die Füße des
Gastes, holt von seinem Herd die Reste eines gebratenen Fer-
kels, bestäubt es mit Mehl, mischt in einem Holznapf den
Wein. Dann setzt er sich dazu und schustert an seinem aus
Rindshaut geschnittenen Schuh.*
EUMAIOS Jener, für den ich lebe, mein Herr, könnte sich jetzt
ebenso sehnen nach einer Mahlzeit. Irgendwo auf der Welt,
falls ihm die Sonne noch leuchtet. Falls er noch immer irrt
durch fremde Völker und Städte.
Von Zeus kommt ihr ja alle, Bettler und Fremde, und nie
werde ich solchen das Gastrecht versagen. Wenn auch die
Gabe nur spärlich, so viel wie gerade vorhanden unter der
Herrschaft von Herrscherlingen, die des wahren Gebietens
nicht fähig. Mein Herr aber – und ein Herr, das wißt Ihr,
ist ja ein Mensch, der seinen Diener in Obhut nimmt, der
sorgt für sein Haus und die Habe und ihm Vorteile verschafft.
Der ihm ein tüchtiges Weib zuführt und ihn mit fruchtba-
rem Acker versieht. So will es die Sitte in einem wohlgesetz-

lichen Königreich. Mein Herr, wäre er noch Herrscher von Ithaka, ich brauchte mich nicht um das Nötigste im Alter zu plagen.

Doch er ist uns verschollen. Wahrscheinlich haben ihm Hunde und Vögel längst die Haut von den Knochen gefressen. Oder es fraßen ihn Fische im Meer. Oder seine Gebeine liegen verschüttet im Sand. So ist er zugrunde gegangen. Und uns bleibt nur ein stetig hoffend Gedächtnis.

Odysseus ißt gierig und still den Teller leer und leckt die Ränder ab.

EUMAIOS Mehr?

ODYSSEUS Mehr.

EUMAIOS *bringt Brot, Fleisch und Wein* Nichts unheilvoller als ein Haufen von Adligen ohne den Fürsten, der sie im Zaum hält. Jetzt regiert uns Genußsucht. Sport. Prahlerei. Faule Jünglinge, keiner vom Rang eines Königs, die Odysseus nur noch aus den Erzählungen ihrer Eltern kennen. Unter ihnen muß nun die Königin wählen. Jetzt murrt das Volk und drängt zur Entscheidung. Es will endlich regiert sein, egal auch von wem, nur daß Ordnung herrsche über Haus und Arbeit. Denn das Land unter den wartenden Freiern ist völlig verwahrlost. Sie selber am meisten. Verprassen in Unmengen die Güter des Landes. Tag und Nacht wird sinnlos geopfert, geschlachtet, wird immer gehurt und gezecht. Unruhe gibt es im Volk, jedermann fordert, daß endlich feste Gesetze die Willkür beenden. Sonst droht uns der Bürgerkrieg.

ODYSSEUS Wie, sagst du, hieß dein Einziggeliebter, der Herrscher, den du vermißt? Ich kam ja viel herum und habe in Kriegswirren so manchen König gekannt, der als Versehrter sich bettelnd durchschlug zur Heimat.

EUMAIOS Odysseus. Beim Nennen des Namens steigt mir das Rückenhaar auf, warm wird mir vor Ehrfurcht. So lieb ich ihn noch immer.

ODYSSEUS *prahlend* Freund, ich kann dich beruhigen.
Der ist längst auf der Heimfahrt.
Das sage ich dir und kann es beschwören:
Binnen Jahresfrist kehrt er zurück.
Jetzt hast du doch eine frohe Nachricht, die
als Lohn einen sauberen Rock, einen guten Mantel verdiente?

EUMAIOS Odysseus ist tot.

ODYSSEUS Bald kommt er wieder.

EUMAIOS Tot ist er! Trink!

Pilgerschaften von Fremden kamen schon auf die Insel und wußten vom König Berichte. Alles frei erfunden. Schwer, sollte man meinen, fast unmöglich, bei der oft getäuschten Herrin, der klugen Penelope, noch Glauben zu finden. Doch jeder kann ihr das Blaue vom Himmel erzählen. Er findet immer Gehör, wird freundlich bewirtet. Zumal jetzt, da ihr der einzige Sohn, Telemach, auch noch abhanden kam. Dem hat einer, Gott oder Mensch, das richtige Denken im Kopf verkehrt. Nach Pylos ist er gefahren, um den Vater zu suchen. Und die adligen Fresser, was tun sie heimlich? Schmieden den Mordplan, lauern ihm auf bei seiner Rückkehr.

ODYSSEUS Dem Sohn? ... Um den einzigen Sohn zu vernichten?

EUMAIOS Der Junge ist jetzt mein drängendster Kummer. Bild eines Gottes. Von Wuchs und Erscheinung ein Wunder von Mann. Auslöschen aber wollen sie das ganze Heldengeschlecht. Nichts mehr soll bleiben auf Ithaka, nichts vom Namen, vom Stamm des göttergleichen Arkeisios.

ODYSSEUS Morden ein Königsgeschlecht? Das käme sie teuer zu stehen.

EUMAIOS Sprechen wir von etwas anderem. Sprechen wir von dir. Wo kommst du her? Was suchst du auf Ithaka?

ODYSSEUS Nun, da kann ich dir eine wahre Geschichte erzählen. Gäb's noch mehr von dem erfreulichen Wein?

Ein Kreter bin ich und stamme von Kreta, der breiten Insel im weinfarbenen Meer. Mein Vater war Kastor, ein Sohn des Hylakos. Zwar meine Mutter war nur Geliebte bei ihm, doch erzog er mich wie einen seiner echten Söhne. So wuchs ich auf und ward bald ein tapferer Mann, auch wenn du jetzt kaum eine Faser von einem Kämpfer an mir entdeckst. Ist alles lange vorbei. Ich liebte den Kampf mit Wurfspieß und Pfeilen. Die Arbeit im Haus, das Wirtschaften selbst, lag mir weit weniger. Schiffe aber, Waffen und Kriege, dafür bin ich geboren: feindliche Reihen zerhauen, alles, wovor es anderen graust, hat mich immer entzückt ...

*Oberes Gemach der Penelope. Die Fürstin allein auf ihrem Sessel
vor dem Ölbaumbett.*

PENELOPE Ich kann nicht schlafen, Bett.
  Ja, sperr deinen gierigen Rachen auf.
  Zerreiß mich. Ja. Tu es. Zerreiß mich doch, du weiße Bestie.
  Tausend Nächte, tausendmal der Schlaflosigkeit zum Fraß
  vorgeworfen ...
  Streckbett. Foltergestell. Dolchstichkasten.
  Was war das für ein Geräusch?
  Ich habe das Haus schlecht über die Jahre gebracht. Das Haus
  wimmelt von Ungeziefer. Dicke Haufen, Klumpen von Kä-
  fern und Schaben ... Ich bin die Unordnung, ich bin die Ver-
  mehrung von Unrat, Fäulnis, Ungeziefer ... auf einen zertre-
  tenen Artgenossen kommen einhundert neue! ... *zum Bett*
  Unterbrich mich nicht, du ächzender Leichnam! ... *brüllt*
  Ich kann nicht schlafen!
  Eurykleia betritt die Kammer.
PENELOPE Du bist es, Amme ... Ich hörte ein Geräusch.
  Wo ist mein Sohn?
EURYKLEIA Ich hörte dein Gebrüll.
  Du schläfst nicht mehr, du hörst durch dichte Schleier. Du
  schleppst dich hin und gehst nicht mehr den Gang der Herrin.
PENELOPE Ich höre sehr gut, wenn man nicht eintönig zu mir re-
  det. Wenn Freier nicht zu mir sprechen, nur um ein weiteres
  Mal den müden Mund zu bewegen. Ich sehe nicht mehr gut ...
  sicher weil vor meinem Auge nichts Herrliches erscheint und
  ich die Männer im Saal schon lange nicht mehr unterscheiden
  kann.
EURYKLEIA Heimlich empfängst du den Amphinomos. Den ält-
  lichen Jüngling, dem so langsam das Haar ausfällt, daß er es
  sein Lebtag nie zu einer prächtigen Kahlheit bringen wird.
  Ich wundere mich, daß du ihn für seine lästerlichen Worte
  nicht bestrafen willst. Er hatte sich eine handfeste Beleidigung
  ausgedacht und rutschte auf seinem knöchernen Hintern unruhig hin und her, lauerte, wie er sie am unauffälligsten los-

werden könnte! Schließlich nannte er dich eine lieblose Frau. Und noch dazu: du, die Lieblose, habest sie allesamt, die jungen Kerle, mit der Seuche der Lieblosigkeit angesteckt.

PENELOPE Ich hörte ihn reden. Er redete hübsch. Ich sah auf seinen Mund, und meine Gedanken schweiften ab. So hat er wirklich eine Beleidigung unter lauter gefällige Töne gemischt? Einmal wollte auch er mich kränken, ganz kurz, ganz schnell, kaum merklich. Welch ein Held!

EURYKLEIA Und du tust nichts?

PENELOPE Nichts, nein. Ich muß mich schonen. Das Ende kommt, das Ende naht.

Was ich weiß, Eurykleia, ist furchtbar. Ungemildert und stetig bekomm ich's zu wissen. Kein Mensch, keine Stunde, keine Kunst dämpft es. Kein Gott unterbricht es. Niemand vermag ohne wechselnde Gefühle zu leben. Wechsel des Jahres, Wechsel des Spiegelbilds, Wechsel der Launen, überall ist Unbeständigkeit. Nur mir, mir ist sie fortgenommen, alles Veränderliche ist mir geraubt wie Augenlicht, wie Stimme. Wo ist mein Sohn?

6

Auf dem Feld. Vor der Hütte des Eumaios.

EUMAIOS Gut und schön hast du erzählt. Aber das mit Odysseus hast du gelogen. Die Götter hassen meinen Herren. Sie ließen es zu, daß Sturmvögel seine Seele dahinrafften.

Ich weiß nicht, weshalb ich immer an Leute gerate, die mir Lügen erzählen über Odysseus. Neulich erst hat mich ein Mann aus Aitolien getäuscht. Ein Mörder übrigens auf der Flucht, dem ich freundlich Unterkunft bot. Was tut er? Erzählt von Odysseus.

ODYSSEUS Wo wir gerade dabei sind ... Der Wein macht, daß ich noch etwas Rührendes loswerden möchte ... Wir lagen also noch immer vor Troja, Menelaos, Odysseus und ich. Wir schliefen auf Binsen im feuchten Gelände. Es war eine böse

Nacht, Frost gab's und Schnee. Da hatten nun alle Mäntel und Röcke und lagen bis zu den Schultern dicht eingepackt. Nur ich hatte den Mantel vergessen. Irgendein Schwachkopf hatte mir eingeredet, es genügte der Leibrock. Also stieß ich den schlafenden Odysseus an und sagte: ›Die Nacht überlebe ich nicht. Die Eiskälte rafft mich dahin. Hab meinen Mantel vergessen.‹ Da sagte der große Feldherr und Meister aller Listen: ›Bleib still, mein Junge. Ich mache das für dich.‹ Er richtete sich auf und rief in das Lager: ›He! Mir träumte soeben von furchtbarer Bedrängnis. Ich denke, einer von euch sollte schnell zu Agamemnon eilen und Verstärkung von den Schiffen verlangen für uns.‹

Na ja. Tatsächlich sprang Thoas auf und ließ seinen purpurnen Mantel fallen. Dienstfertig wie immer rannte er los zu den Schiffen. So konnte ich mich in seine Hülle betten und mich wärmen bis in den goldenen Morgen.

EUMAIOS Alter, ich verstehe dein Beispiel.

Du bekommst deinen Mantel und alles, was ein ehrlicher Veteran sonst noch braucht, wenn er einkehrt bei uns. Freilich nur jetzt. Morgen trägst du deine Lumpen wieder ohne Übergewand.

Er richtet dem trunkenen Odysseus das Bett.

ODYSSEUS Hört mich, Eumaios. Ich möchte euch nicht länger zur Last fallen. Morgen ziehe ich als Bettler in die Stadt. Dort finde ich immer Brot, einen Becher, den man mir reicht. Ich könnte auch im Palast der Königin fragen, ob noch Interesse besteht an Berichten aus Troja. Manches mag ihr noch unbekannt sein. Könnte mich auch bei den seltsamen Freiern verdingen. Die haben doch Unmengen zu essen. Nämlich, ich will mich nicht rühmen, nur daß du's weißt: ich bin ein Schützling des Hermes, der Anmut und viel Fertigkeit verleiht. Deshalb könnte ich wie kein zweiter im Haus der Königin Arbeit verrichten, Fleisch zerteilen, Holz spalten, Wein ausschenken …

EUMAIOS Mein Gast, deine Gedanken sind mit Brot und Wein und Fleisch überladen. Träumen wirst du heut nacht vom üppigen Leben. Schnell wärst du im Kreis der Freier vernichtet. Die führen ein rücksichtsloses Leben in feinen Kleidern. Leute wie dich lassen sie gar nicht herein. Halt still und bleib hier. Trink auf meiner Bank deinen Wein. Jetzt kommen die unerträglichen Nächte. Der Winter wird bitter kalt. Zeit genug für Schlaf und Zeit, mit Behagen einander zuzuhören. Wir beide wollen hier essen und trinken, hier in der Hütte, und schwelgen in traurigen Gedanken an bessere Zeiten. In späteren Jahren schwelgt doch der Mensch im Gedenken und freut sich sogar des Jammers, den er vorzeiten erlitt.

II
Haushalt der Freier

I

In der Halle des Königspalastes. Die Freier auf Bänken, Hokkern, an Pfeiler gelehnt. Flötenspiel. Erotische Darbietung unter dem Fenster der Penelope.
Eine Magd in der Pose der archaischen Mädchenfigur, die als Opfertier einen Hasen unter dem Busen trägt. Zwischen dem Brustband und dem Rock, der die nackten Füße freigibt, entblößt sie den leicht vorgewölbten Bauch. Sie tanzt um eine brennende Kerze – ›die Kerze der Erwartung‹, Symbol der Penelope – und läßt sich mit gerafftem Rock über der Flamme nieder. Ein Karren, mit einer Plane überdeckt, wird von zwei Knechten hereingezogen. Unter dem Fenster des oberen Gemachs wird die Plane entfernt: ein Haufen ineinander verschlungener Paare. Plötzlich entsteht Unruhe unter den Zuschauern.
Medon, der Rufer (Herold), tritt zu Ktesippos, einem Freier, an den Tisch und macht ihm eine Meldung.
Zu gleicher Zeit sieht man am Fenster des oberen Gemachs die Schatten der Penelope und des Eumaios, der ihr berichtet.
Ktesippos geht an den Tisch des Elatos ...

KTESIPPOS Telemach ist auf Ithaka gelandet.

ELATOS *tritt an den Tisch des Leiodes* Telemachs Schiff ist im Hafen eingelaufen.

LEIODES *tritt an den Tisch des Antinoos* Der Sohn des Königs ist auf dem Weg in den Palast.

EURYMACHOS Hört auf! Er ist ja schon da ... mein kleiner Liebling. Das Muttersöhnchen. Schadlos hat er seine Reise beendet. War's nicht unser Plan, ihn abzufangen auf See, ihn schnell zu erledigen, bevor ihn ein Gott heimführt zur Mutter?

ANTINOOS Wir lauerten ihm auf, wir schickten unsere schnellsten Schiffe aufs Meer. Er ist uns entwischt. Jetzt gilt es, in der Heimat für sein Verderben zu sorgen.

EURYMACHOS Solange er lebt, wird keiner von uns seine Mutter aus dem Haus schleppen. Vorsicht im übrigen! Er denkt jetzt selbst schon in Listen und Ränken.

ANTINOOS Jetzt noch zu zögern, bringt nur Gefahr. Das Volk wünscht uns nichts Gutes. Stetig haben wir an Gunst verloren. Niemand begreift, weshalb Männer nicht männlich genug sind, daß einer unter ihnen endlich die tropfende Kerze der Erwartung zu löschen vermöchte. Soviel nämlich hat die Königin mit ihrem tückischen Hinhalten erreicht: daß wir zwar viele freudige Stunden verleben am Hof des Odysseus, wie keiner zu Hause es könnte – doch die Leute im Volk sehen es nicht mit Vergnügen. Schwächlinge nennen sie uns, und niemand will die Lasten der Zwischenzeit länger ertragen. Ich rate zur Eile. Eh noch Telemach Volk auf dem Marktplatz versammelt und dort verkündet, wir hätten vergeblich seine Ermordung geplant. Wenn so etwas ruchbar wird, fürchte ich die übelsten Folgen. Außer Landes mindestens wird man uns jagen, wenn nicht Schlimmeres geschieht. Auf denn, Freunde, laßt uns ihn greifen!

AMPHINOMOS Telemach ermorden? Freunde, dazu möchte ich nicht raten. Schrecken über Schrecken bringt es, wie jedermann weiß, einen vom Stamm der Könige niederzumachen. Es sei denn, die Götter selber geben das Jawort. Dann morde auch ich und befehle es anderen. Warnen die Götter, dann sage ich: laßt es!

Beifall der anderen.

ANTINOOS Wenn wir zuerst Orakel befragen, ist nichts mehr zu vereiteln. Dann ist es zu spät. Aber gut. Wenn ihr die Blutgeschichte nicht wollt, laßt ihn am Leben. Dann aber ist es auch besser, wir geben das Ganze hier auf. Verzichten auf die beratende Runde und die reichen Stunden der Freundschaft. Verwerfen den längst gefaßten Plan, durch geschickte Bündnisse die Macht des jungen Adels neu zu befestigen. Dann packen wir besser die Sachen und fahren nach Haus. Dort freit dann ein jeder die Schwester des Nachbarn.

Aus einem hinteren Portal fährt sehr rasch ein Laufsteg in die Versammlung der Männer. Die Drei fragmentarischen Frauen umgeben, unruhig sich wendend wie Leibwächterinnen, untereinander den Platz tauschend, die Königin, die ebenfalls eilig schreitet.

PENELOPE Was willst du? Bist du von Sinnen? Stiftest zum Mord an? Hör ich recht? Willst meinen Sohn vernichten und seine Mutter in dein Bett locken? Ja, dich meine ich, du Memme. Versteck dich nicht, närrische Motte. Ich weiß, die Männer hier hören auf dich. Giltst für den Klügsten im Rat. Zu Unrecht. Ein Lästermaul bist du. Wiegst als Mann nicht mehr als ein Wachtelei auf. Du willst meinen Sohn ermorden? Eher schneid ich dir eigenhändig das verwachsene Gehänge vom Leib und stopf es in deinen ungewaschenen Hintern! Dir zeig ich's, Antinoos, du klebriger Schlauch, dir gerade ziemt es zu hetzen! ... Hast du vergessen, daß dein Vater einst herkam als Flüchtling? Davongerannt ist er vor seinem Volk. Die wollten ihn nämlich in Stücke reißen, seine Thesproter, unsere Verbündeten. Mein Odysseus hielt sie zurück. Und du? Nistest dich ein und praßt im Haus eines Helden, schleichst nach seinem Weib und willst sein Königsgeschlecht ausrotten. Laß es sein! Gib auf den Mordplan und die finsteren Absprachen! Dir befehl ich's. Befiehl du es den anderen.

EURYMACHOS Gescheite, geliebte Penelope! Laß dich beruhigen. Weder gibt es den Mann noch wird es ihn geben, er kommt nie auf die Welt, der deinem Sohn Telemach nur ein Härchen krümmt. Nicht solange ich mit offenen Augen auf dieser Erde wandle. Oh, ich weiß noch, wie mich, den zarten Knaben, der große Städtezerstörer, Odysseus, auf seine Knie gehoben und mir den Braten ins Händchen gab. Darum allein ist mir Telemach unter allen Männern der liebste. Kein Freier wird sich an ihm vergreifen. Nur ein Gott könnte ihm schaden.

PENELOPE Was gebe ich auf die Treueschwüre einer Puderquaste? Belüg dich selbst, du Schwätzer.

Penelope entfernt sich auf dem zurückfahrenden Laufsteg.

AMPHIMEDON Welch scheußliches Bild! Wie breit, Götter im Himmel, wie breit diese Hüfte! Welch harte Prüfung war diese Erscheinung!

ELATOS So kann meine künftige Herrin nicht aussehen. Nicht meine! Das war nicht Penelope.

AMPHINOMOS Jedermann wußte, daß sie im letzten Jahr beträchtlich zugenommen hat.

MEHRERE FREIER Ich nicht.

AMPHINOMOS Es gab genügend Gerüchte. Die Mägde beklagten es oft, daß die Königin in ihrer unnatürlichen Enthaltsamkeit allmählich verwahrlost.

KTESIPPOS Enthaltsamkeit? Mir scheint, ein unflätiger Dämon hat sie nächtens beritten.

EURYADES ›Oh dies zerstörte Inbild eines edlen Weibs! Welch eine grundverderbte Keuschheit!‹ ... Freunde, nicht diese heuchlerischen Töne! Ihr saht ja eben nur das Weib, das ihr in brünstigen Räuschen immer sehen wolltet, 'ne Herrscherin mit göttlich fettem Hinterteil und unflätiger Zunge, die Königin der Unzucht und der Fleischespracht, ein feistes Bruststück hier, 'nen runden Schenkel dort, die Teile habt ihr oft genug an eurem Spieß gedreht.

AMPHIMEDON Euryades, wie bekannt, gibt jungem Muskelfleisch den Vorzug. Er wird zuerst den Telemach und dann den Thron besteigen.

DEMOPTOLEMOS Euryades vermählt sich der Penelope und bittet um die Hand des Telemach.

EURYADES Ich bin ein Freund des Königshauses! Von Kindesbeinen an. Ich sehe auch heute noch die Königin so edel, wie sie ist. Ich sehe sie aus Ehrfurcht, Liebe, Herrschertreue. Und nicht aus Völlerei und Lüsternheit: ein unförmig ekliges Schmergebilde. Ich verbitte mir das ehrverletzende Gespött.

2

Leere Halle am Morgen. Telemach sitzt auf seinem geöffneten Reisekorb. Die Geschenke aus Pylos betrachtend, das Gewand der Helena, den Mischkrug des Menelaos etc. Im Hintergrund öffnet sich das große Tor. Im Frühlicht erscheint Odysseus in prunkvoller Rüstung.

TELEMACH Bist du ein Gott? Sei mir dann gnädig. Strafe mich nicht! Ich bringe dir Opfer, wie es dir gebührt.

ODYSSEUS Nein, Telemach. Dir vor Augen steht dein lieber Vater. Halte dich nicht auf mit Staunen und Fragen. Ein anderer

Odysseus wird dir niemals begegnen. Hier, wie ich bin, kehre ich nach endlosen Leiden und ewiger Irrfahrt im zwanzigsten Jahr zurück in die Heimat.

TELEMACH Und ich staune dennoch … Ich glaube, mich blendet ein Trugbild.

ODYSSEUS Du staunst. Ich sehe es. Dein Gesicht glänzt nicht vor Freude. Vielleicht hattest du nicht mehr gehofft, den Vater wiederzusehen.

TELEMACH Ich komme von Pylos, eben erst in der Morgenkälte kehre ich von einer langen vergeblichen Reise zurück. Ich frage die Atriden, die alten Gefährten, ruhlos suche ich nach Kunde von dir, um endlich Gewißheit zu haben …

ODYSSEUS Daß ihn die Fische gefressen haben, den Vater?

TELEMACH Und selber mußte ich fürchten, mein Leben zu verlieren, auf der Suche nach dir.

ODYSSEUS Denn selber bist du nun ein Mann und selber wärst du gern Herrscher auf Ithaka … Man sagt, du rufst schon selber die Volksversammlung ein auf dem Marktplatz?

TELEMACH Alles, alles ließe ich sein, wärst du nur hier! Wärst du nur bei uns und zerschlügst mit deiner Kraft den Knoten unmöglicher Entscheidungen … Ich bin jetzt alt genug, ich habe die Pflicht, mein Haus in Ordnung zu halten –

ODYSSEUS Mein Haus.

TELEMACH In Kürze erzwinge ich die Entscheidung. Chaos und Zuchtlosigkeit verderben das Land. Trifft die Mutter nicht endlich die Wahl, so schicke ich sie zurück zu ihrem Vater Ikarios. Bei ihm mag werben um seine Tochter wer will. O Götter im breiten Himmel! Ich müßte die eigene Mutter verjagen aus dem Königspalast? Ohne dich – ohne zu wissen, ob du lebst oder nicht, ist hier bald jeder Schritt ein verkehrter.

ODYSSEUS Du bist Telemach. Mein kleiner Sohn. Ein Mann, der mich erschlagen könnte …

TELEMACH Du erscheinst mir so herrlich und prunkvoll, wie ich dich aus meinen Träumen nicht kenne. Ich möchte deine Rüstung einmal berühren.

Er nähert sich dem Odysseus, der ihn plötzlich heftig in die Arme schließt und weint.

ODYSSEUS Mein Licht! Mein liebes Kind!

TELEMACH Wenn du mein Vater bist, Liebster, sag mir doch: wie

ging es zu auf dem Schiff, als deine Leute dich banden –
warum banden sie dich fest an den Mast? Ich hörte so oft die
gewaltige Geschichte, ich rätselte, solange ich aufwuchs.

ODYSSEUS Ja, mein Sohn, da kann ich dir eine wahre Geschichte
erzählen ...
»Denn wie geflügelt entschwebte, vom freundlichen Winde
getrieben, / Unser gerüstetes Schiff zu der Insel der beiden
Sirenen. / Plötzlich ruhte der Wind; von heiterer Bläue des
Himmels / Glänzte die stille See; ein Himmlischer senkte die
Wasser. / Meine Gefährten banden mich jetzt an Händen
und Füßen / Aufrecht stand ich am Maste, da schallten schon
Rufe von fern / Und die Sirenen begannen, sie lockten mit
hellen Gesängen: ›Hierher, Odysseus, Ruhm aller Welt, du
Stolz der Achaier! / Lenke dein Schiff ans Land und horche
unserer Stimme. / Denn hier steuerte noch keiner im schwar-
zen Schiffe vorüber, / Eh er dem süßen Gesang aus unserem
Munde gelauschet ...‹«

TELEMACH Große Worte rufst du mir ins Gedächtnis. Und immer staune ich noch ... Mein Vater, du kommst ja aus anderen
Welten.

ODYSSEUS Wie du mich siehst, bin ich willfährig ein Kunststück
der mächtigen Tochter des Zeus, der auf Beute und Blut und
Rache versessenen Pallas Athene. Sie vermag es und macht
nach Belieben aus mir bald einen Greis, der auf der Schwelle
bettelt, bald einen kampfesfreudigen Mann in schöner Beklei-
dung. Vor dir stehe ich im Auftrag der Göttin.
Vater und Sohn hat sie vereint und befiehlt uns, die Ermordung der Freier zu planen.

TELEMACH Vater, ich weiß von deiner List und deiner Klugheit
im Rat, auch von der ungeheuren Faustkraft im Speerkampf –
aber die Freier, es sind doch viel mehr, als du glaubst. Zwei
Männer können sie niemals besiegen.

ODYSSEUS Höre, mein Lieber, auf einen kriegserfahrenen Mann
und was die hohe Beraterin mir in den Sinn gab.
Zuerst, mein Sohn, beachte das eine: niemand darf wissen, daß
Odysseus wieder zu Haus ist. Keiner am Hof, nicht mein alter
Vater Laertes, draußen auf dem Feld, und auch nicht deine
Mutter, die kluge Penelope. Bis zum Tag der Vergeltung müs-
sen wir, du und ich, alles in geheimer Absprache behandeln.

Sie entfernen sich langsam in den Hintergrund.
Als nächstes gilt es zu prüfen, wer vom Gesinde uns noch ehrt
in seinem Herzen. Wer uns die Treue bewahrte, den werden
wir schonen ...
ATHENE *erscheint neben dem offenen Reisekorb* Zeit ist's, ihr
beiden. Zur rechten Stunde schickte ich Vater und Sohn nach
Haus. Jetzt dränge ich beide zum Kampf. Richtet euch ein,
Tod und Vernichtung in den Palast zu bringen. Ich selbst,
sobald das Getümmel beginnt, werde nicht fern von euch
sein. Schont euch nicht, ihr mutigen Aufhalter der Zeit,
ihr herrlichen Wiederbringer der Heldentage! Möchte euer
Werk lieber heute als morgen vollendet sein.

3

*Dieselbe Halle im Palast. Auf einer Bank nebeneinander die Drei
fragmentarischen Frauen. Sie erzählen die »Argos«-Episode.
Odysseus erscheint in Gestalt des Bettlers und setzt sich auf die
Schwelle zum Hof. Im Hintergrund schlägt der Sänger Phemios
seine Leier.*

HANDGELENK Da erhob ein Hund auf dem Lager sein Haupt
und spitzte die Ohren. Argos war es, den der Jäger Odysseus
einst selber erzog.
KNIE Solange aber sein Herr in der Ferne weilte, lag er verachtet
auf dem Mist, umgeben vom Abfall der Feste, verlaust und
verdreckt.
SCHLÜSSELBEIN Da nun endlich Odysseus herannahte, in Lumpen gehüllt wie ein Bettler, erkannte ihn Argos durch die Verkleidung. Wedelte mit dem Schwanz und senkte die Ohren.
HANDGELENK Doch war er zu schwach, um aufzuspringen und
seinen Herrn zu begrüßen. Odysseus sah es und blickte beiseite. Er trocknete heimlich die Tränen.
KNIE Eilig ging er voran, betrat den Saal der übermütigen Freier.
Argos aber umhüllte der schwarze Schatten des Todes, da er
im zwanzigsten Jahr seinen Herrn wiedergesehen.

Der Saal füllt sich mit Freiern, Dienern und Mägden. Auf einer Platte wird Wein gemischt und Fleisch zerteilt. Die Freier sitzen jeder für sich an einem kleinen Tisch. Sie machen sich auf Wachstäfelchen Notizen für eine politische Aussprache.

AGELÁOS Ich werde beantragen: die Versammlung der Gaufürsten wählt unter Gleichberechtigten den Besten zum König.

LEIOKRITOS Ich werde verlangen: der Sklavenhandel dient dem gemeinsamen Interesse aller Verbündeten. Fernhandel und Schiffahrt werden gefördert. Hier liegt der Schatz des neuen Reichs. Zum Schutz der Meere müssen eine Reihe von militärischen Anstrengungen unternommen werden.

ELATOS Ich werde sagen: daß wir irdisch sind, allzu irdisch vielleicht, doch nicht an Erdkräfte gefesselt. Das werde ich sagen.

AGELÁOS Drittens: der König ist abhängig von den Weisungen der Adelsversammlung.

Viertens: keinem Gaufürsten ist es gestattet, in die inneren Angelegenheiten eines anderen Gaus einzugreifen... Läßt sich das durchführen?

AMPHIMEDON Ich werde sagen: Feste, die mit den alten Kulten verbunden sind, werden verboten. Feste dienen der Wohlfahrt des Volks. Speise- und Trankopfer sind auf ein bescheidenes Maß zu beschränken.

ANTINOOS Ich werde folgendermaßen beginnen: Ziel aller Beschlüsse unserer Versammlung sind Wohlfahrt und Friede unserer Völker. So fange ich an.

ELATOS Ich werde sagen: das Göttliche liegt in unendlicher Zerkleinerung über all unsere Köpfe verstreut. Das werde ich sagen.

LEIOKRITOS Hauptfeind unserer Handelsgemeinschaft ist und bleibt der Phönizier. In all seinen abscheulichen Erscheinungsformen. Der Phönizier gilt uns als Verkörperung von Charakterlosigkeit und skrupelloser Gewinnsucht. Der Phönizier muß grundsätzlich bekämpft werden. Sitte und Brauchtum unserer Völker sind dem Phönizier fremd.

Telemach taucht im Hintergrund auf und gibt Eumaios ein Körbchen mit Fleisch und Brot.

TELEMACH Bring dies dem Fremden dort auf der Schwelle... sag ihm: er soll sich nicht zieren, sondern endlich zu betteln beginnen. Jedem Freier soll er die offene Hand hinstrecken. Ist er ein Bettler, so hat er zu betteln.

Eumaios bringt das Körbchen zu Odysseus.

EUMAIOS Dies läßt dir bringen der großmütige Sohn des Odysseus, Bild eines Gottes. Du sollst, sagt er, nicht schüchtern kauern am Rand. Sonst fragen sich alle, was für ein Bettler das ist, der sich geniert, vor den üppigen Freiern die Hand auszustrecken.

ODYSSEUS Dank sei dem Telemach, Sohn des leidgeprüften Odysseus. Seine geheimsten Wünsche mögen ihm die Götter erfüllen.

ANTINOOS Tüchtig bist du, Sauhirt, gutherziger Einfaltspinsel. Schaffst uns immer neue Gäste herbei aus der Stadt. Gern begrüßen wir Fremde im Haus. Doch nicht immer nur solche, die uns zur Last fallen. Warum nicht mal ein nützlicher Fremder von irgendwoher, ein Mann des Gewerbes, ein Meister im Zimmern, ein Arzt für unsere zahlreichen Gebrechen, ein herrlicher Sänger aus Zypern oder Ägypten, vielleicht auch ein begnadeter Seher, der schon den neuerwählten Gemahl der Penelope kennt?

TELEMACH *ruft von der Brüstung der oberen Gemächer* Ruhig, Sauhirt, spar dir die Worte, um d e m zu erwidern. Antinoos liebt es zu stänkern und will sich erregen. Sein Blut braucht einmal am Tag den Aufstieg des Grimms. Du, Antinoos, sorgst wie ein Vater für mich. Schonst die Güter des Hauses und bewachst eine strenge Wirtschaft. O ja. Du eitler Prasser, gib ab! Nimmst dir ja selber aus fremden Beständen.

Odysseus geht reihum und läßt sich Brot und Fleisch in den Sack tun.

ANTINOOS Ah, Telemach zurück von den Atriden! Sei uns gegrüßt. Wie freuen wir uns, dich wohlbehalten heimgekehrt zu sehen, und noch um einen Hahnenschritt erwachsener!

TELEMACH Gib ab! Da ich hier im Haus befehle, brauchst du niemanden um Erlaubnis zu fragen. Ich zähl's dir nicht vor.

ANTINOOS Mutig gefaucht, ungeheuer mutig, mein Löwenjunges! Hat dir Helena den Rücken gestärkt, daß du so aufrecht dein Männlein stehst? Was du nicht sagst! Wenn ihm alle so viel gäben wie ich, dann brauchte er drei Monate, um es zu verschlingen – doch draußen, bitte, damit der häßliche Fresser uns anderen nicht den Appetit verschlägt … Du weißt, Bettler, wie wir hier denken: das Häßliche an sich ist schon vernichtenswert.

ODYSSEUS Du bist doch der, den die Leute von Ithaka ansehen als den würdigen Nachfolger des Odysseus. Den bei weitem adligsten unter den Freiern. Und sicher: du gleichst einem König. Man sieht es. Deshalb mußt du mir auch etwas Besseres geben als alle anderen. Ich erzähle dir dafür einen Traum, den mir ein Gott aus einer Zeit, die unbekannt noch in den Sternen steht, in den Schlaf goß.

Ich sah nämlich ein furchtbares Fest, gegeben dem falschen König zu Ehren. Aufrecht stand der Herr Verbrecher inmitten der tafelnden Runde. Um ihn saßen gedrängt, ineinandergeschlungen umhüllte Gestalten, Unglücksvögel jeglicher Sorte. Der Herr Blutsauger aber ragte empor mit bleichem Gesicht, schwaches Licht befiel ihn von oben: er trug eine Leichnamshaut, wie aus dem Grabe entstiegen. Die Haare lagen fettig und glatt, zur Seite gestrichen, die Augen quollen unter den düsteren Brauen. Es umgab ihn erstarrtes Menschengewoge. Die in Tücher Gehüllten lagen wie graues erstorbenes Meer um seine Hüfte. Da aber sank er, der Aufragende, sank langsam, erzlangsam unter die Menschen, und das Wasser aus Menschen verschlang ihn. Dann folgten in meinem Traum viele verzerrte Gebilde, grobes Geflimmere. Masken mit blutenden Mündern flohen unter Geschrei durch den Saal. Den falschen Gefolgsleuten des falschen Königs waren sie angewachsen auf ihrem Gesicht. Gewaltsam kratzten sie blutige Fetzen von ihrer Haut, sie schnitten die beißende Larve aus ihrem Fleisch. Einige wären unter ihrem falschen Gesicht beinah erstickt, als sie sich übten, ohne jeglichen Herrscher in ihrer Mitte untereinander gerecht und versöhnlich zu sein. So geht es ja nächtens dem Menschen: durch zweierlei Tor treibt ihn der mächtige Schlaf: Heimfahrt oder Verbannung. Schickt ihn hinaus in Chaos und Wüste. Oder zurück in ein schwerelos richtiges Leben …

ANTINOOS Und wer schickt uns dieses üble Gespenst zur Störung der Mahlzeit? Stell dich dort in die Mitte, du Kobold. Halt Abstand vom Tisch. Du bist der frechste Almosenfänger, der mir je in die Quere kam. Billig wird den anderen ihr Mitleid, sie verschenken, was ihnen nicht gehört. Von mir kriegst du nichts.

ODYSSEUS Was? Nichts? Sieht aus wie ein König und geizt wie ein Gerber. Vom Eignen bekäm sein Verwalter nicht mal ein Salzkorn. Dafür völlt er selber im Unmaß. Setzt sich an fremder Häuser Tische, ohne daß man ihn einlud.

ANTINOOS Ich dachte mir schon: du würdest deinen Abgang hier aus dem Saal nicht in derselben Schönheit vollziehen, mit der du hereintratst!

Er wirft einen Schemel nach Odysseus. Er trifft auf seine Schulter.

ODYSSEUS Ist nur der Magen, dieser leere, greulich gehöhlte, verwünschte, der mir so viel Ärger einbringt. Er ist schuld, der grollende Magen, daß sich der Anführer der Freier so stürmisch vergaß. Ich meine: wenn es Erinyen gibt, die auch den Bettlern beistehen, dann wird es dich treffen, Antinoos, noch vor der Hochzeit findest du Tod und Verrecken.

ANTINOOS Halt's Maul! Du ausländische Mißgeburt! Iß jetzt und schweig. Setz dich oder verzieh dich. Sonst, fürchte ich, werden die Jungen im Haus dich ergreifen und dir die Glieder zerreißen.

AGELÁOS Übernimm dich nicht, Antinoos. Dieser Wurf auf den darbenden Mann war eine Schandtat. Was wenn er ein Gott, ein Himmlischer wäre? Götter gehen oft durch unsere Städte, in unverhoffter Gestalt, sehen aus wie lausige Fremde vom Ausland und prüfen geheim, wer sich des Hochmuts, wer sich gerechter Sitte befleißigt.

Im Fenster des oberen Gemachs: Penelope und Eumaios.

PENELOPE Sauhirt, hol mir den Fremden, den man mißhandelt. Der, wie du sagst, Geschichten erzählt, als habe er Odysseus mit eigenen Augen gesehen.

EUMAIOS Und wie er Geschichten erzählt! Er wird dir das Herz bezaubern. Drei volle Tage hielt ich ihn fest in meiner Hütte. Doch ist er nicht fertig geworden, all seine Fahrt zu berichten. Wie man einem Sänger lauscht, der gottbegnadet Lieder der Sehnsucht singt oder von uralter Zeit, so wirst du nie müde von seinen Worten.

PENELOPE Dort unten entsteht der übliche Lärm. Schon ihre

Diener trinken am Morgen vom Wein des Odysseus. Ach, schritte er jetzt – jetzt, da ich's denke – geradezu durch das Tor –

Im Saal unten niest Telemach kräftig. Ein großes Lachen der Penelope schallt durch das Haus. Odysseus erhebt sich und lauscht, ebenso einige Freier.

Hörst du, wie der Sohn meine Worte beniest?

Am Ende wird noch ein fetteres Fest als meine Hochzeit sämtlichen Freiern bevorstehen, bei dem nicht nur Rinder und Schweine geschlachtet werden?!

Geh und ruf den Fremden zu mir. Ich will ihn selber hören.

Medon, der Rufer und Mundschenk, sitzt auf einem Schemel neben dem Tisch des Euryades und befragt ihn, indem er die Antwort mit Kreuzen auf einer Schreibrolle verzeichnet.

MEDON Wenn du dich entscheiden müßtest, sagen wir, du müßtest dich entscheiden zwischen zwei Lustbarkeiten: Kugelspiel oder Pferderennen –

EURYADES Pferderennen.

MEDON Gut. Dann frage ich weiter: ein ungesatteltes Pferd steht vor deiner Haustür. Offensichtlich steht es da, um dich zu einem bestimmten Ort zu bringen. Du ahnst vielleicht, zu welchem. Du stehst also vor der Wahl, aufzusitzen oder abzulehnen.

EURYADES Ich bin mit Pferden groß geworden.

MEDON Sicherlich. Aber jetzt. Was würdest du jetzt tun?

EURYADES Wahrscheinlich... ich würde es unter Umständen möglicherweise nicht schaffen. Ohne Sattel.

MEDON Gut. Du würdest das Angebot also ablehnen.

EURYADES Ablehnen, nicht direkt. Verzichten, ich müßte verzichten, ja. Das ist das richtige Wort. Ich müßte dem Pferd die Botschaft mit auf den Weg geben: ich muß auf all mein Glück verzichten. Eine wundersame Begegnung. Ein glänzender Hof. Ein bildschöner junger Herr, Tage im späten Sommer, Ausritte mit... ihm.

MEDON Gut. Anders gefragt: du hast vor dir ein frischgebackenes Stück Brot. Du beißt in das frische Brot. Du stößt mit den Zähnen auf ein Stück Metall, irgend etwas, ein Nagel, eine Münze, eine abgebrochene Messerspitze, ist in den Teig gefallen, ist mitgebacken worden, kommt ja vor, aber du – was wirst du tun? Du spuckst aus. Sicher. Aber dann: A) du wirfst das ganze Brot in den Abfall. B) du schneidest lediglich die vordere Hälfte ab, in der sich der Fremdkörper befand. C) du stellst das Frühstücken ein.

EURYADES Ich würde sofort aufhören zu frühstücken. Ich würde überhaupt nichts mehr essen, mindestens drei Tage lang nicht. Da hast du etwas erwischt, das gehört für mich zu den abscheulichsten Dingen im Leben: ein Fremdkörper im Mund. Ich weiß gar nicht, wie du darauf kommst? Das hast du dir doch nicht einfach so ausgedacht?

MEDON Das glaube ich dir nicht.

EURYADES Was?

MEDON Ich glaube dir nicht, daß du drei volle Tage lang nichts essen würdest, bloß weil du auf einen Nagel gebissen hättest.

EURYADES Das kann ich dir aber versichern. Drei Tage lang, mindestens.

MEDON Na schön. Das kriegen wir noch heraus, ob es sich so verhält. Das frage ich schon aus dir heraus, ob du die Wahrheit sagst oder nicht.

Iros, ein anderer Bettler, ein Mann von Riesenwuchs, betritt den Saal und scheucht Odysseus von der Schwelle.

IROS Scher dich weg von der Schwelle. Ausländer und Lump. Platz da! Sonst zertrete ich dir das Schienbein.

ODYSSEUS Habe ich dich angesprochen, du Monstrum? Also halt's Maul. Schwelle ist hier genug für uns beide, Fettkloß.

IROS Merkst du nicht, du kahle Wanze, wie die Herren im Saal mir blinzelnd befehlen, ich sollte dich fortzerren an deinen stinkenden Ohren?

ODYSSEUS Du scheinst mir ein Schmarotzer der Schmarotzer, grad so wie ich. Wir könnten vom Wohlstand der Räuber uns beide friedlich ernähren.

IROS Lieber zerquetsche ich den eitrigen Mitesser.

ODYSSEUS Schone meine Galle, mach mich nicht scharf. Reiz mich nicht zu handfesten Antworten. Alt bin ich zwar und viel in der Fremde herumgeirrt. Aber wenn's sein muß, zerkleinere ich dir Brust und Rippen zu Hundefutter. Vielleicht, warum nicht? Dann hätte ich ab morgen hier meine gediegene Ruhe.

IROS Was denn?! Ein Köter von Zypern kläfft in unserer Sprache und schlemmt von unseren Speisen? Dieser Wildsau, die unsere Felder zerwühlt, stoß ich den Kiefer aus dem Rachen. Ich laß mir von Schweinen und Kötern nicht meine Muttersprache verhöhnen! Los, zieh deine Lumpen aus.

ANTINOOS Freunde! Ein neues Vergnügen bereitet sich vor! Seht nur, unser Gast und Iros gerieten in Streit. Sie wollen sich messen im Faustkampf. Hetzt noch ein bißchen, feuert sie an.

Die Freier gruppieren sich um die beiden Bettler. Eumaios tritt zu Odysseus.

EUMAIOS Fremder, es ruft dich die Herrin. Penelope, Mutter des Telemach. Es drängt sie, Berichte von ihrem Gatten zu hören, dem edlen Odysseus. Und wenn du nicht flunkerst bei allem, was du erzählst, wird sie dir Kleider, Leibrock und Mantel geben, was du vor allem brauchst.

ODYSSEUS Eumaios, gern will ich der klugen Herrin alles erzählen. Aber jetzt kommst du ungelegen. Ich fürchte, der Haufen der schwierigen Freier setzt mir noch zu. Was hier an Gewalt und Frevel geschieht, stinkt ja gen Himmel. Keiner hat mich eben beschützt, als Antinoos den Schemel nach mir warf. Telemach nicht und kein anderer Mann. Sage der klugen Penelope, ich sei noch verhindert durch Händel. Bis zum Abend möge sie warten und dann im Saal, wenn alle gegangen, mich treffen.

Eumaios ab.

ANTINOOS Noch etwas! Ich ordne den Kampf und setze den Preis aus. Hier auf dem Feuer liegen zwei Ziegenmägen, wie wir sie öfter mit Blut und Fett gestopft am Abend verzehren. Wer von euch beiden den anderen besiegt, der wählt sich selbst einen Magen. Er darf mit uns speisen, und keinen anderen Bettler lassen wir künftig herein.

ODYSSEUS Werte Versammlung, Männer von Ithaka! Ihr braucht nicht zu hetzen. Es ist schon mein Magen, der fürchterlich leere, der treibt mich und setzt mich in Wut, der hetzt mich von innen. Nun wird er von außen geschlagen. Einen alten leiddurchdrungenen Mann wollt ihr kämpfen sehen mit einem törichten Riesen? Ein übles Vergnügen! Nur eines müßt ihr mir schwören: keiner begünstige diesen Koloß, und daß mich nicht einer seitwärts mit wuchtigen Fäusten zusätzlich schlage!

TELEMACH Ich bin der Wirt und erkläre dir, Fremdling: kein anderer wird dich behindern, wenn du dich gegen Iros zur Wehr setzt. Ich bin der Wirt und hier sind zwei Könige meine Gäste, die legen ihr Wort ein für einen rechtmäßigen Kampf.

ODYSSEUS Dann also. Muß es wohl sein. Wuchtige Arme hat das Ungetüm. Frische und speckige Glieder. Breite Schultern dazu, flinke Knie. Au, au. Schlimm für mich.

Im Fenster des oberen Gemachs: Penelope und Eumaios.

PENELOPE Was? Du bringst ihn nicht her? Was denkt sich der Kerl? Fürchtet sich? Schämt sich? Ist er kein Mann? Ein schamhafter, furchtsamer Bettler, der wär mir der rechte!

Während Odysseus sich neben der Säule der Schwelle entkleidet, erscheint Athene und berührt mit ihrem Speer seine Lenden, die er mit seinen Lumpen umgürtet. Wenn er entblößt wieder unter die Freier tritt, geht ein Raunen über den makellosen Körper durch die Versammlung.

EURYMACHOS Welch einen Hintern zeigt uns der Alte da unter den Lumpen!

IROS Nein. Ein Greis mit den Schenkeln eines Athleten. Das ist widernatürlich. Das geht mich nichts an.

ANTINOOS Bleib da, du Memme. Wenn der andere siegt, dann laß ich dich in eine Totenbarke werfen. Fort kommst du aufs Festland, zum wilden König Echetos, dem Menschenschinder, der schneidet dir Ohr und Gemächt vom schwabbligen Leib.

Mit Geschrei stürzt sich Iros auf den Odysseus, springt ihm mit beiden Füßen in die Hüfte. Der aber steht ungerührt und wankt nicht. Mit erhobenen Händen gehen sie aufeinander los. Iros trifft Odysseus zwischen Hals und Schulter, so daß er sich einmal um die eigene Achse dreht. Mit großer Wucht schleudert er darauf die gefalteten Hände gegen das linke Ohr des Iros. Diesem stürzen Blut und Kieferteile aus dem Mund. Odysseus bringt ihn zu Fall, renkt seinen Arm auf den Rücken und drückt seinen Kopf in den Staub. Dann hebt er ihn an und zerrt ihn unter dem Gelächter der Freier über die Schwelle aus dem Saal.

ODYSSEUS Draußen an der Mauer, siehst du, dort neben dem Abfall hast du jetzt deinen Platz. Hier, ein Stock zum Vertreiben der räudigen Köter. Jetzt spiel dort auf dem Misthaufen den Herrn über Fremde und Bettler.

Odysseus setzt sich wieder auf die Schwelle. Einige Freier kommen und beglückwünschen ihn.

AGELÁOS Fremdling, wahrhaft: Fremder! Zeus und andere unsterbliche Wesen mögen dich weiter beschützen.

DEMOPTOLEMOS Der Gegenangriff: glänzend geführt. Schnelligkeit, Wucht und die … Besonnenheit vor allem! Glückwunsch.

LEIOKRITOS Du hast uns einen ekelhaften Freßsack, einen Volksschädling vom Hals geschafft. Dafür gebührt dir Dank, edler Fremdling.

Antinoos schickt Mägde, die einen Korb mit Brot und dem Ziegenmagen bringen. Amphinomos kommt mit ihnen.

Andere Freier gehen in den Hintergrund zu Sportgeräten, um sich, animiert vom Kampf, selber zu ertüchtigen. Mägde waschen und ölen sie.

AMPHINOMOS Heil dir, Fremdling. Die Zukunft möge dir Glück bescheren. Eben noch warst du ein geschundener Mann.

ODYSSEUS Ja, Amphinomos, du zeigst Verständnis.
Hast auch einen Vater, ich weiß, den berühmten Nisos aus Dulichion, ein reicher und tüchtiger Landesherr. Auch du giltst als ein nachdenklicher Mann.
Der Mensch ist doch das unbeholfenste Wesen von allen. Wenn ihm die Götter beistehen und er kommt sicher voran, so glaubt er, niemals könne ihm Unheil geschehen. Aber die Mächtigen im Himmel stoßen ihn schnell ins Elend. Und er erträgt es, hält durch, lehnt sich nicht auf, sondern schweigt. Mit Schweigen sehe ich den Königspalast, der unter dem Fraß der Schmarotzer verfällt. Nichts unheilvoller als ein Bündel Edelleute ohne den Fürsten. Sie denken und herrschen nach Art der Fellachen, da ihnen keiner im Rang voransteht. Unaufgeräumt liegt das liebe Haus und liederlich wohnen die Gäste. Auf Tischen und Bänken liegen die Reste vom unaufhörlichen Schmausen. In den Kammern quieken die Mägde beim Beischlaf. Welch wüstes Gesindel befiehlt die Geschicke von Ithaka! Gibt es noch einen letzten rechtschaffenen Menschen unter den Frevlern? Du etwa, Amphinomos? Hier verdreht sich die Welt, als sähe man Herakles, bezwungen von einer Empuse. Als stimmte der Dichter ein Loblied an auf die Ratte. Die verlorene Unterscheidung befördert die Anbetung der Unverschämtheit. Die Kotfresser genießen die gleichen

Rechte wie die Milchtrinker. Zaghafte Jünglinge erhalten Trophäen, weil sie sich niemals an einer Waffe vergriffen.

Das Volk drängt, und sein Grollen ist deutlich vernehmbar. Doch eh es das feiste Geschmeiß außer Landes jagt, sind seine Kräfte schon selber verdorben, dahingerafft vom Keim der Genußsucht. Diese Prasser lehren das Volk stets mehr zu verzehren, als es erwirtschaften kann, Kind und Kindeskinder nicht mehr bedenkend. So schleicht die Seuche gesetzloser Verschwendung vom Palast über die ganze Insel. Hier tagt keine Versammlung von Freiern mehr, dies ist ein Vorspiel neuer Regierung. Niemanden siehst du, der noch der Nebenbuhler des anderen wäre, ein Widerstreiter nach alter Sitte. Längst sind die Schwächlinge untereinander verbündet und erstreben gemeinsame Macht, allen gleichen Vorteil bringende Macht über die Inseln und weite Teile des Festlands. Das Erbe des Odysseus zu tilgen, haben sie dieses Bündnis gestiftet.

AMPHINOMOS Schuld daran trägt, so scheint mir, nicht zum geringsten die unentschiedene Fürstin. Mit ihrem Zögern vermehrt sie von Tag zu Tag die Unordnung.

ODYSSEUS Richtig, mein Junge, sehr richtig. Du gehörst ja selbst in die Reihen der Anwärter. Du konntest, wie ich höre, sogar das Vertrauen der Herrin gewinnen?

AMPHINOMOS Ich kann mit ihr reden.

ODYSSEUS Aber den wirklichen Fürsten, den fürchtest du nicht? Obgleich er nicht fern mehr weilt, ich spür es, lange dauert es nicht mehr, die See weht schon den Duft von blutiger Reinigung über die Insel.

AMPHINOMOS O nein, Alter. Odysseus ist tot. Erst kürzlich erhielten wir neue Berichte, untrügliche Zeichen – wenn ich auch gegenwärtig vergaß, was eigentlich untrüglich an ihnen war ... Ich jedenfalls, als der Erwählte, wüßte dem zuchtlosen Treiben am Hof ein rasches Ende zu bereiten. Mit friedlichen Mitteln, versteht sich, geschicktem Verhandeln.

ODYSSEUS Brav, mein Junge. Du blickst weise voraus. Trotzdem, auch dich wird's erwischen.

AMPHINOMOS Ich sage dir, Alter: mich hat es erwischt! Ich bin der einzige in der Runde der Freier – und deshalb vertraut mir Penelope, die einsame Frau – ich habe ihr ein ganzes Herz voll

Liebe bewahrt. Ich bin nicht wie die anderen. Die lustlos werben um sie und im geheimen beraten, wie sie die Königin für ihre neuartigen Pakte mißbrauchen.

ODYSSEUS Trotzdem, trotzdem. Mein Junge, mein Guter. Ich wünsche dir den gnädigen Gott, der dich, bevor es zu spät ist, schnell aus dem Haus entführt.

Aus den oberen Gemächern das Lachen der Penelope...

III
Die Narbe

I

Im Ehegemach. Eingereiht unter die Drei fragmentarischen Frauen sitzt die Königin auf der Kante des Ölbaumbetts.

KNIE Grundlos lachte sie auf.
HANDGELENK Früher nie, neuerdings drängt es sie öfter,
  sich vor den Männern zu zeigen.
PENELOPE Ich gehe und zeig mich den Freiern.
  Spreche ein paar Worte zum Sohn. Damit seine Stellung vor
  ihnen sich bessert.
SCHLÜSSELBEIN Vorher wasch dich. Schmink deine Wangen.
PENELOPE Ich wasche mich. Ich schminke mein Gesicht.
HANDGELENK Geh nicht in diesem Kleid. Es trägt ungünstig auf.
PENELOPE Mein Kleid? Welches Kleid gäbe es, das meine Breite
  verheimlichen könnte? Meinen von Kummer entstellten, un-
  förmigen Leib.
KNIE Zwanzig Jahre lang, zehn Jahre Troja, zehn Jahre Irrfahrt,
  hatte sie nie ein Bad genommen, ohne ihren Körper in ein wei-
  tes schwarzes Gewand zu hüllen.
PENELOPE Ich will nicht allein vor die Männer treten. Ihr sollt
  mich noch einmal begleiten. Wie Schatten umspielt ihr mich,
  umrundet mich flink, damit ihre Blutegel-Blicke nicht saugen
  an mir.
HANDGELENK Geh erst in die Halle, wenn du ausgeschlafen bist.
SCHLÜSSELBEIN Schließ deine Augen eine Weile. Leg dich und
  schließ die Augen. Schlaf wird dich verschönen. Deine Haut
  glätten. Deinen Gang leicht und anmutig machen. Schlaf, es ist
  viel Zeit.
*Die Drei fragmentarischen Frauen stellen sich vor das Bett, auf
dem Penelope sich ausstreckt.*
*An Drähten gezogen entschweben Maske und Körperteile der
beleibten Penelope.*

*In der Halle. Dunkel. Odysseus mit Fackel prüft und streichelt an
den Wänden Rüstzeug und Waffen. Leises Kichern in seinem
Rücken. Mit einer plötzlichen Bewegung streckt Odysseus seine
Fackel aus und entzündet eine Leuchtpfanne. Zehn Mägde, in
ihrer Mitte der Freier Eurymachos, stehen vor ihm.*

MELANTHO Hej! Lästiger Fremdling, Bettler und Säufer!
Hast nicht die Absicht, schlafen zu gehen draußen im Haus
eines Schmieds oder draußen beim Hirt auf dem Feld?
Drückst dich lieber im Palast herum und begaffst dir die Wei-
ber. Lieber schwankst du umnebelt vom Wein mit brennender
Fackel vor dem Rüstzeug des ehemaligen Odysseus.
ODYSSEUS Mägde des Herrschers Odysseus! Geht jetzt in eure
Kammern und geht ins Gemach eurer Herrin. Dort helft ihr
die Spindel zu drehen und streicht mit der Krämpel die Wolle.
Erheitert sie ein wenig, bevor sie der süße Schlummer um-
fängt. Ich indessen gehe herum und leuchte den Freiern beim
Tanzen und Spielen. Ich zünde die Feuer an, und auch sonst
sorg ich im Haus für gute Beleuchtung.
AUTÓNOE Was du nicht sagst? Du gibst uns Befehle?
HIPPODAMEIA Laternenanzünder, selbsternannter! Feuerma-
cher brauchen wir nicht. Die Fackel, die u n s heimleuchtet,
die setzen wir selber in Brand.
PSYRIA Sag doch: wer hat dir die neue Anstellung verschafft?
Mir scheint, der Sieg über Iros ist dir zu Kopf gestiegen.
ERIPHYLE Warte nur, bald kommt ein Stärkerer, der trommelt
mit brennenden Hölzern auf deinen Schädel, und die asch-
fahle Haut färbt sich mit strömendem Blut.
EURYMACHOS Halt, meine Süßen, ich sag euch was:
mir hebt es das Herz in der Brust, wenn ich ihn sehe.
Nicht ohne Geleit eines Gottes kam dieser Mann in unseren
Palast. Wie sollte es anders sein? Seht doch, welch mächtiges
Leuchten den wuchtigen Schädel umgibt! Oder sollte es nur
der Spiegel des Feuers sein auf seiner glatten Glatze?
MELANTHO Prüft einmal, Mägde, ob sein Beutel wirklich so ver-

schrumpelt und leer ist, wie's sich für einen mageren Greis und Bettler gehört. Prüft es! Greift ihm unter die Lumpen!

ODYSSEUS Hündin! Gleich frage ich Telemach, ob ich dich jetzt schon zerhauen darf in zwei Stücke.

EURYMACHOS Du sollst dir den Beutel ruhig füllen. Aber mit wackerer Arbeit. Hättest du nicht Lust, als Knecht mir zu dienen draußen am Feld? Dörnchen sammeln, Kräutchen rupfen, Bäumchen pflanzen. Wie? An Arbeit willst du nicht ran? Kommst ja ohne Arbeit weit besser durch. Hier im Volkswohl kennst du Schmarotzer alle Schleichpfade zu deinem Vorteil.

ODYSSEUS Schmarotzer, meinst du, solche, die nisten im Flaum von Parasiten, wie?

Nein, Eurymachos! Könnten wir zwei uns in der Arbeit messen! Wenn es nur Frühling wäre und es wüchsen die Tage. Du gäbst mir 'ne Sense und hättest selbst eine und wir schafften im wuchernden Gras bis spät in den Abend. Oder es gälte mit Rindern zu pflügen, und zwar mit den besten, mit glänzendem Fell und unerschöpflichen Kräften, da wichen die Schollen, und Furchen schnitte ich, da würdest du blaß. Oder plötzlich käme wieder Krieg, und ich hätte einen Schild, zwei Speere, einen Sturmhelm aus Erz: vornan wäre ich in vorderster Reihe, das könntest du sehen. Oder es käme Odysseus, ein bißchen Hoffnung besteht ja noch immer, da wolltest du plötzlich ins Freie, du Edelmann mit dem heftigen Hochmut, aber die Türen, so breit sie auch sind, wären auf einmal so eng wie ein Schlitz, durch den du den Wanst nicht zwängst, und du rennst wie ein Huhn in blinder Flucht und flatternd im Kreis, bis ich dich absteche.

Eurymachos greift einen Schemel, Odysseus flüchtet unter einen Tisch, der geschleuderte Schemel trifft Medon, den Mundschenk, die Kanne fällt ihm zu Boden, die Freier stürzen betrunken herbei, Aufruhr und Handgemenge.

EURYMACHOS Schluß, Freunde! Kommt zur Besinnung. Jetzt entzweit uns der Streit um einen elenden Bettler.

Viel zu großzügig und duldsam sind wir gestimmt. Viel zuviel Gesindel, Fremde, Habenichtse und Gauner haben wir zugelassen am Hof. Das Niedere drängt ja nach oben. Der Schmutz wird uns bald überwältigen.

TELEMACH *von der Brüstung der oberen Gemächer* Unbarmherzig denkst du über die Menschen, Eurymachos. Hältst dich selber für überaus hochgestellt, für einen Starken und Großen, weil du im kleinen Kreis der adligen Männer Bestätigung findest. Doch es sind nicht die Besten. Ein schwaches Gemüt zeigt ihr, anfällig für Streit und Rauferei, jedesmal, wenn ihr zu üppig gespeist und getrunken habt. Geht jetzt, begebt euch zur Ruhe. Verjagen will ich ja niemanden.

AMPHINOMOS Freunde! Es ist eine schlechte Gewohnheit, sich beliebig zu erzürnen, nur um das schöne Schwellen des Zorns in den Adern zu spüren. Rund um einen Bettler sich gegenseitig zu reizen und zu prügeln, ist sinnlos. Laßt es sein, einen Gast zu verspotten und zu mißhandeln. Oder auch einen anderen Diener, der uns aufwartet im Haus des göttlichen Odysseus.

Telemach selbst mag entscheiden, wer im Palast des Vaters ihm willkommen ist und wem er die Tür weist. Uns indessen fülle der Mundschenk noch einmal den Becher, wir spenden unser Opfer vom Wein und wollen uns dann zur Ruhe begeben. Kommt jetzt, genießen wir den letzten Trunk an diesem hitzigen Tag.

Alle nach hinten ab. Odysseus bleibt allein am Feuer. Telemach kommt hinzu.

ODYSSEUS Alle Waffen aus dem Saal. Speere, Helme, Schilder fort in die Kammer nach oben. Sag, wenn die Hunde murren, mit unauffälligen Worten, der Rauch vom Feuer verderbe die prächtigen Stücke des Vaters.

Außerdem bestehe für alle Gefahr, wenn die Männer betrunken nach dem Gelage zu schnell erreichbaren Waffen greifen. Einzig für uns laß zwei Speere, zwei Schwerter zur Hand, die wir zuerst gebrauchen, wenn wir zum Sturm aufbrechen.

TELEMACH *zur Amme, die hinter einer Säule vorbeischlurft* Eurykleia! Hör, Mütterchen ... halt mir die Mägde in ihren Kammern fest. Bis ich die prächtigen Rüstungen des Vaters hier aus dem Saal geschafft. Sieh nur, wie der Rauch sie zerfrißt. Wir wollen sie bergen, wo sie vom Qualm verschont werden.

EURYKLEIA Jetzt wo dir am Kinn der Bart wächst, wünschte ich, wärst du bald reif, kluge und gute Befehle zu geben. Mit Weitsicht zu sorgen für Haus und Hof. Du verbietest den Mädchen, aus ihren Zimmern zu gehen? Die aber sollten dir leuchten beim Schleppen der Waffen.

TELEMACH Aber mein – aber dieser Fremdling, er soll sich rühren. Wer von meinem Tisch ißt, der soll mir zur Hand gehen. Und käme er aus dem fernen Äthiopien. Geh du voran, Alte, schließ uns die Waffenkammer auf.

Eurykleia ab. Telemach und Odysseus nehmen Waffen von der Wand. Athene erscheint, indem ein starkes Licht plötzlich in den Saal fällt.

TELEMACH Vater: was ist das? Ich sehe ein Wunder. Ein furchtbar festliches Leuchten. Die Mauern des Hauses, die aufwärtsragenden Säulen, die Halle, die Balken, die Türen ... alles steht mir vor Augen in Flammen ... Es ist, als ob uns ein Gott besuchte, ein Herr aus hellichtem Himmel!

ODYSSEUS Schweig, mein Sohn. Richte den Blick auf die Arbeit. Auch wenn ein Gott den Raum mit dir teilt, mußt du das Nötigste selber verrichten.

3

Odysseus und Telemach tragen die Waffen fort. Das Licht schwindet. Mägde in Weiß kommen und räumen auf. Einige bringen den Lehnstuhl der Penelope. Die Königin erscheint in einem langen dunklen, gefälteten Rock. Sie setzt sich in die Nähe des Feuers. Odysseus kommt zurück in die Halle.

PENELOPE Fremder Mann! Setz dich zu mir und erzähle beim Feuer.
Nacht ist es, ich finde nicht in den Schlaf. Komm her und berichte, was es auch sei.

ODYSSEUS Schöne Herrin! ... Edelste Frau. Dank euch.

PENELOPE Die Schönheit tilgten mir Götter an dem Tag, da die Achaier nach Troja fuhren, verflucht sei der Name. Mit ihnen zog mein Gatte Odysseus. Seither mästet mich einmal die Trauer, ein andermal härmen die Sorgen mich ab. Denn was es an Unheil gibt, das zieht mein Haupt und mein Leib auf sich. Du siehst, es sitzen die langweiligen Männer hier von den Inseln, ehrgeizige Fürstensöhnchen aus Same, Dulichion, von Zakynthos und auch von Ithaka, Kinder aus ersten Häusern sitzen am Tisch des Odysseus und freien um seine ratlose Witwe. Daheim bleibt ihr eigener Reichtum unversehrt, hier aber schlachten sie Rinder, Schafe und Ziegen, hier schlemmen und schmausen sie und trinken den Wein nur so drauflos. Meine Güter vertun sie, denn es fehlt ja der große gewaltsame Mann, der mir dieses Gelichter ohne Erbarmen vom Hals schafft. Fremder Mann! Ich habe Sehnsucht nur nach Odysseus. Doch sein endloses Fernbleiben zehrt meine Liebeskraft auf. Bevor ein Weib sich für immer erkalten fühlt, willigt sie ein, wenn auch erschöpft, in die schändliche Heirat. Ach, Fremder, du ahnst nicht, was ich schon auf mich genommen und was mir jetzt noch bevorsteht.

Erst hielt ich die Freier hin mit einer List. Sagte: hört mal, ihr Jünglinge, hört, meine Freier! Tot ist der große Odysseus. Wartet! Bedrängt mich nicht. Warten wir noch mit der Ehe. Ich möchte das Grabtuch erst fertigweben. Für den Vater Laertes das Grabtuch. Also saß ich am Webstuhl und wob alle Tage. Nachts aber trennte ich den Faden wieder auf. Drei volle Jahre zog es sich hin, so blieb ich verschont. Dann aber verrieten Mägde die List, treulose Huren, und die Kerle bezichtigten mich des Betrugs. So ward ich gezwungen, die kostbare Arbeit fertigzustellen, was ich nie wollte. Jetzt drängen die Eltern, der eigene Sohn, es drängt mich das ganze Land, endlich die Wahl zu treffen für eine Hochzeit. Fremder Mann, ich sage dir: diese Nacht noch vergeht, dann steht sie vor mir, die entsetzliche Ehe. Mir, der Verfluchten, der Zeus ein glückliches Lieben verwehrte.

Aber genug jetzt. Berichte nun du, wo du daheim bist. Sieht nicht so aus, als wärst du am Fleck deiner Geburt festgewachsen wie eine Eiche.

ODYSSEUS Also ich bin ein Kreter und stamme von Kreta. Mein Name ist Aithon, ich komme aus rühmlichem Haus. Vor dem Krieg in Troja verschlug es Odysseus auf meine wogenumschlungene Insel. Mein Bruder war Herrscher von Kreta, mit Namen Idomeneus. Bei ihm hoffte dein Gatte, der Sohn des

Laertes, Aufnahme zu finden, doch war er bereits mit den Atriden gen Troja voraus. Also bot ich dem Odysseus selber mein gastliches Haus. Wahrlich, ich darf sagen, ich bewirtete ihn reichlich, geradezu königlich, brachte ihm alle Tage Schinken und Kuchen...

PENELOPE Eurykleia! Bring Schinken und Kuchen.

ODYSSEUS Und spendete üppig vom besten Wein.

PENELOPE Eurykleia! Bring auch vom besten Wein!

ODYSSEUS Zwölf Tage blieb er bei mir. Ein gewaltiger Sturm hinderte ihn an der Ausfahrt. Ich versorgte sein Schiff, all seine Leute, auf eigene Kosten mit Mehl und vielen gemästeten Rindern...

Die Drei fragmentarischen Frauen erscheinen zwischen den Säulen der Halle.

KNIE »Vielerlei log er zusammen und manches war ähnlich der Wahrheit.«

SCHLÜSSELBEIN So heißt es. Doch die Königin bedurfte seit jeher der Fremden, die ihr berichteten, nicht um die Wahrheit zu hören, sondern um besser weinen zu können.

HANDGELENK Zu baden in Tränen! So dreist einer auch aufschnitt, er brachte doch immer das Eis zum Schmelzen, unter dem sie Leib und Seele verbarg vor den Freiern.

KNIE Ja, wer ihr vom Gatten nur prächtig genug erzählte, den mochte sie selber in ihre Arme schließen, den mochte sie küssen.

PENELOPE Fremder, ich glaube, jetzt kann ich dich prüfen. Du hast, wie du sagst, meinen Gemahl zu Hause gastlich empfangen. Wie sah er denn aus? Sag, was für Kleider hatte er an?

ODYSSEUS Du verlangst ein gutes Gedächtnis! Wieviel Zeit ist verflossen seitdem! Vor zwanzig Jahren fuhr er von Kreta davon... Was hatte er an? Er trug oft einen Mantel aus purpurner Wolle, doppeltgesäumt, geschlossen mit einer goldenen Spange. Darauf, das habe ich selber von nahem gesehen, befand sich ein hübsches Kunstgebilde. Einen Hund stellte es dar, der mit den Pfoten an einem Rehkalb aufsprang und es schon an der Gurgel packte, man sah, wie es sich sträubte, zu fliehen sich wand – alles aus Gold.

PENELOPE Ich! Ich! Ich war es! Ich packte ihm in der Kammer die Kleider, den Mantel, den du erwähnst, und die goldene

Spange steckte ich an, die du von nahem sahst. Niemals kehrt er mir wieder, der Schöne!

ODYSSEUS Also: der Mann lebt noch. Weint euch, Herrin, die sanften Wangen nicht wund.

PENELOPE Nicht lügen, nicht quälen, nicht trösten, ich bitte!

ODYSSEUS Doch. Ich kenne den Pheidon, den Fürsten der Thesproten, das reiche Land ganz in der Nähe, der schwur mir bei Zeus, das Schiff des Odysseus liege im Hafen bereit, samt neuen Gefährten. Überladen sei es mit Schätzen, teils Beute, teils Gaben freundlicher Menschen. Bei Thrinakia erlitt er ja ziemlichen Schiffbruch. Es zürnten ihm Zeus und Helios gemeinsam, weil die Gefährten die Rinder getötet. Die Leute verlor er bei störrischer See, als sein geräumiges Schiff kenterte im Schwall einer Woge. Er selbst aber hielt sich am Kiel, die Wogen trieben ihn ans Festland. So kam er ins glückliche Land der Phäaken, die Göttern verwandt sind. Die nun verehrten ihn wie einen Seligen, ja sie schenkten ihm großartige Güter. Denn bei vielen war Odysseus sehr beliebt, vor allem bei Frauen. Eigentlich müßte er schon auf Ithaka gelandet sein, überall hörte ich von ihm erzählen hier auf den näheren Inseln. Oder, mag sein, er ist noch einmal zu ferneren Ländern aufgebrochen, um weitere Güter zu sammeln. Außer Gefahr aber ist er, und bald kehrt er heim. Ich kann es beschwören, dieses Jahr noch, wahrscheinlich.

PENELOPE Geschenke! Geschenke! Beweise der Liebe! Wehe jedem, der diesem Fremden in meinem Palast nicht Ehre bezeugt oder ihn schmäht! Es küsse seine Hände, wer ihm begegnet. Erweise ihm Freundschaft und preise ihn selig. Auf, Mägde, nehmt ihn mit euch, badet ihn, salbt ihn, seid ihm zu Diensten. Bereitet sein Lager, legt warme Decken über sein Bett und glänzende Kissen. Er soll am Morgen auf goldenem Thron erwachen! Neben Telemach sitzt er beim Frühmahl in der Halle. Und auch mir sollst du näher sein, Fremder, und sollst mich prüfen. Wie sonst könntest du erfahren, welch eine Frau Penelope ist und ob sie nicht an Herz und Verstand alle anderen übertrifft, wenn du weiterhin übel bekleidet, verwahrlost in den Ecken des Hauses stehst? Es ist auch von mir eine Menge Ruhm zu berichten… Ach, was sind denn die Menschen? Sie kommen und gehen. Wer ein Scheusal ist, dem folgen die Flüche bis in das Grab. Größe und Edelmut aber lobt man noch in ferner Zeit. Fremder Mann! Es sitzt mir ein tiefes Ahnen im Herzen, denn so wird es kommen: niemals sehe ich ihn wieder, meinen Odysseus. Es fehlt uns für immer der rechte Gebieter, der einem Gast wie dir die Ehre erweist und später für seine sichere Heimfahrt sorgt. Auf deine Heimfahrt, Fremder, mußt du verzichten. Mägde, kommt endlich und badet den Mann!

ODYSSEUS Hört, edle Herrin, glaubt mir, Decken und glänzende Kissen sind mir ein Greuel. Laßt mich die Nacht verbringen, wie ich's gewohnt bin. Viele schlaflose Nächte habe ich auf harten Planken gelegen. Auch möchte ich nicht gerne, daß eine der Mägde, die mit den Freiern ins Bett gehen, meinen Körper berührt. Ist aber ein greises Weib da, die ähnlich wie ich den Kummer des Alters erträgt, dann ruft sie. Sie mag mir die Füße waschen, das ist mir recht.

PENELOPE Bist mir der liebste von all den Fremden, die herkamen, um zu erzählen. Keiner hat seine Worte so verständig gewählt wie du. Ja, eine Alte ist da, tüchtig noch, aber von Leid gekrümmt. Sie war die Amme des Unseligen, der fortzog für immer. Eurykleia, richte ein Fußbad!
Ob er jetzt auch an Händen und Füßen so faltig und alt ist wie du?
Komm, meine Kluge, hier ist ein Freund deines Herrn aus der Zeit ihrer Jugend … den wasche! Im Unglück verfällt ja der Mensch früher dem Alter.
Eurykleia kommt mit einer Dienerin, die ihr Wanne und Krüge mit warmem und kaltem Wasser trägt. Sie murmelt verwirrt, den Blick auf ihre Verrichtungen gesenkt.

EURYKLEIA Mein Liebling … mein Söhnchen! Ich kann ja nichts tun. Zeus war dir lange ein Feind. Dir, der ihm fette Rinder geopfert, hundertweis, und hast zu ihm gebetet, er möge ein ruhiges Alter dir schenken, um selber den edlen Sohn zu erziehen, und dann raubt er dir alle Ehren, der Herr der Blitze, läßt meinen Liebling von Hündinnen beschimpfen.

ODYSSEUS Es ist gut, liebe Alte, beruhige dich. Es sagen ja viele, ich sähe deinem Herrn etwas ähnlich. Leicht kann es so scheinen, wenn man sich jemanden herzlich herbeiwünscht.
Eurykleia mischt die Krüge mit kaltem und heißem Wasser.

Odysseus rückt seinen Schemel vom Feuer ins Dunkle.
Die Drei fragmentarischen Frauen sitzen auf einer kleinen
Bank in der Nähe der Saalschwelle.

KNIE Was ist mit der Königin?
Sollte nicht sie jetzt sprechen?

HANDGELENK Penelope?

SCHLÜSSELBEIN Sie hört nicht mehr zu.

KNIE Zu nah dem unfaßlichen Wiedererkennen, starrt sie versteinert zu Boden.

HANDGELENK Grundlos lacht sie wieder auf in ihren Träumen.
Das Folgende sprechen sie voraus dem Geschehen.

HANDGELENK Was geschieht da beim Waschen? Was tut der Fürst?

KNIE Die Amme hat seine Narbe entdeckt.
Die Narbe, die ihm der Eber ins Bein schlug, als er ein Kind war.

SCHLÜSSELBEIN Er stößt die Wanne um mit dem Fuß.

KNIE Er würgt seine Amme! Er würgt sie! Zu Hilfe!

EURYKLEIA Odysseus! Kind! Du bist es!
Herrin! So hört mich –

ODYSSEUS *drückt ihr die Kehle zu* Mütterchen! Willst du mein Unglück?
Du hast mich selber genährt an deiner Brust.
Im zwanzigsten Jahr unmäßiger Leiden
bin ich gekommen ins Land meiner Heimat.

EURYKLEIA Und ich habe nicht eher meinen Herrn erkannt,
nicht bevor ich ihn ringsum betastet!

ODYSSEUS Halt es geheim! Kein anderer im Haus darf es erfahren. Sonst: wenn ein Gott durch mich die Freier vernichtet, halt ich nicht ein, meine Amme werde ich nicht schonen, sondern ich töte auch dich mit den übrigen schamlosen Weibern.

EURYKLEIA Was sagst du? Bist du von Sinnen?
Weißt du nicht, wie stark ich bin?
Fest wie Eisen und Stein ruht das Geheimnis in mir.
Nur eins noch laß ich heraus: sind erst die Fresser vernichtet, dann nenne ich einzeln die Mägde, die dir die Treue hielten und jene, die dich verrieten.

ODYSSEUS Wozu? Wirklich nicht nötig.

Die merk ich mir selber. Sie sind leicht zu durchschauen.
Schweig nun und geh. Laß es die Götter vollenden.

PENELOPE Fremder Mann! Es fällt mir ein, eine Kleinigkeit
noch, die wollte ich dich fragen. Bald kommt die Nacht, da alle
sich ausruhen. Nur ich lieg schlaflos im Bett, und tausend Sorgen zernagen die Seele. Und meine Gedanken rasen bald hier-
hin, bald dorthin. Wie soll ich entscheiden? Bleibe ich bei meinem Sohn und lasse alles beim alten, halte in Ehren das Bett
der Ehe und meinen Ruf beim Volk von Ithaka? Oder: gehe
ich mit dem besten Freier davon, der mir die kostbarsten Geschenke bringt?
Solange mein Sohn noch klein war, bot er willkommenen Auf-
schub der Heirat, dem Abschied vom Haus meines Mannes.
Jetzt ist er groß und wünscht selber, daß ich ihn endlich verlasse. Er bangt um seinen Besitz, den ihm auf Dauer die Freier
verprassen. Aus eigener Kraft gelingt mir die Entscheidung
nicht. Jetzt will ich sie alle zum Wettkampf versammeln. Ich
lasse die Äxte holen, die der große Odysseus oftmals hintereinander stellte wie Rippen der Schiffswand, alle zwölf, und er
trat dann zurück und schoß den Pfeil durch die Löcher des Ei-
sens. Morgen, schon morgen, ein Unheilstag steht mir bevor,
wird in der Halle der Wettkampf verkündet und ausgerufen
der Preis. Wer es auch sei, dem das Kunststück gelingt, wer
durch zwölf Äxte hindurchschießt, dem werde ich folgen.
Noch am selben Tag verlasse ich das Haus, den lieben wunder-
schönen Palast. Wie oft werde ich in Träumen seiner gedenken!

ODYSSEUS Ehrwürdiges Weib des Odysseus! Richte den Wettkampf nur aus. Sorge dich nicht um seinen Ausgang. Den bestimmen die Götter. Laß die Männer nur schießen. Eher wird
wohl der Hausherr selber auf der Schwelle erscheinen, als daß
einer der Gäste auch nur den Bogen zu spannen vermöchte
oder gar die Eisen durchschösse.

PENELOPE Daran erkenne ich, daß du einst sein treuer Gefährte
warst: so prahlte Odysseus.
Hast du nicht Lust, mit mir zu kommen, auf meiner Bettkante
zu sitzen? Eine Nacht lang nur deiner Stimme zu lauschen,
wäre eine Freude für mich. Aber nein! Welch ein ungehöriger
Wunsch . . . Ich steige allein hinauf in die Kammer und wälze
mich auf meinem Lager. Seit ich Odysseus vermisse, ist es nur

eine Seufzergruft und eine Stätte stürmischer Träume. Letzte Nacht schlief wieder einer bei mir, der sah aus wie er am Tag, als er fortzog mit seinem Heer. Glücklich war ich, war wie von Sinnen. Ich glaubte im Traum so fest, es sei ja kein Traum, sondern er liege leibhaftig bei mir...

Sehen möchte ich Odysseus. Und müßte ich die Styx durchqueren. Mit ihm im Herzen lieber ins Grauen hinab, als einem der schwächlichen Männer täglich die eitle Begierde zu stillen. Du aber bette dich irgendwo auf dem Boden, wie du es wolltest.

Penelope ab. Odysseus legt sich zum Fuß einer Säule. Aus den Kammern im Hintergrund Musik und Lachen der Freier und Mägde. Athene – diesmal mit gelöstem Blondhaar, im Chiton und Brustpanzer – tritt neben der Säule hervor und lehnt sich an.

ATHENE Bist du noch wach? Zermarterst dir wieder das Hirn.

ODYSSEUS Es bellt mir das Herz im Leib vor Ekel und Wut. Hörst du, wie sie da hausen und huren in ihren Kammern?

ATHENE Was quält es dich? Du bist doch am Ziel. Hier ist dein Haus. Dein Weib ist nah. Und ein Sohn ist dir herangewachsen, um den dich wohl mancher Vater beneidet.

ODYSSEUS Das ist wahr, du Hohe. Aber es bedrängt mich im Herzen nur eins: wie ich, einer gegen so viele, den schamlosen Freiern ein blutiges Ende bereite. Und, was mich noch schwerer bedrückt, selbst wenn ich sie alle bezwinge, weil du mir den Kampf führst: was kommt danach? Kann ich mich retten, mich und meine Familie? Wie entgehe ich der Rache der Königshäuser, die ihre Söhne beklagen? Das muß doch vor dem Ermorden gründlich bedacht sein. Sonst ziehe ich ewiges Unheil auf mein Geschlecht, es geht unter in Wahnsinn und Blut wie die Atriden.

ATHENE Ich bin doch bei dir, mein lieber Gefährte. Biete ich dir nicht ein sicheres Geleit? Ich sage dir jetzt und fordere dich auf: laß sie nur kommen, die niedlichen Jünglinge. Und wenn sie im Haufen uns erdrücken wollen und dem Ares uns schlachten: wir sind es, die sie am Ende zerstören.

ODYSSEUS Manchmal ist man trotzdem allein.

ATHENE Alter! Traust du meinen Kräften nicht mehr? Kleinmütig darfst du nicht werden. Sonst hast du hier nichts zu bestellen. Jetzt schicke ich dir lindernden Schlaf. Das Wachen macht dich verdrießlich, es schwächt deinen Mut. Bedenken kannst du dir nicht mehr gestatten. Wenn du nicht losschlägst, vorstürmst mit Blutgier, wird dich mehr als die Folgen des Handelns dein Zögern in Unheil verstricken.

IV
Der Bogen des Odysseus

I

In der Halle. Vorbereitungen für den Bogenkampf und das Apollonfest. Zu Beginn der Szene Kommen und Gehen von Mägden und Helfern.

EURYKLEIA Auf, ihr Mägde, macht euch an die Arbeit! Die Freier kommen heute zeitig zum Frühmahl. Es wird ja ein Festtag. Besprengt den Boden, fegt das Haus sauber. Legt Decken über die Stühle und wischt alle Tische mit Schwämmen. Säubert die Krüge und Becher. Dann schürt auch das Feuer. Ihr beide geht zur Quelle und bringt frisches Wasser. *für sich* Unsere Freier! Ich flehe zu den Göttern, das Frühmahl sei auch ihr letztes!

TELEMACH *tritt zu Eurykleia* Mütterchen, sagt, wie geht es dem Fremden, dem Bettler? Hat man ihn freundlich versorgt? Wie hielt sich die Fürstin? Hat sie den höflichen Abstand gewahrt? Ich kenne meine Mutter. Leichtgläubig spricht sie zu Fremden wie zu den eigenen Leuten. Sie kann die Menschen nicht mehr sicher unterscheiden.

EURYKLEIA Kein Grund sich aufzuspielen, mein Jüngelchen. Deine Mutter ist fürstlich gekommen und fürstlich wieder gegangen. Zwischendurch sah ich sie fürstlich lehnen im Sessel. Es gab zwar eine kurze unfürstliche Unterbrechung, als sie ein Nickerchen hielt, weil sie die Lügenmärchen des Alten allzusehr ermüdeten. Der nämlich trank kräftig vom Wein und wollte nichts weiter zu essen. Er tat wie ein ausgemergelter Wanderphilosoph, der sich selber Entbehrungen schafft, um sie tiefsinnig bejammern zu können. Wollte auch nicht im Bett schlafen, wie die Herrin ihm bot, nicht auf glänzenden Kissen. Da haben wir ihm eine Rindshaut auf den Boden gelegt, und als er sich ausstreckte, ein Wolltuch darüber.
Im Hintergrund begegnet Eumaios dem Odysseus.

EUMAIOS He, Fremdling! Wie steht es inzwischen? Hast du dich gewöhnt an die Schelte und die Schemelwürfe der Freier?

ODYSSEUS Frevler sind es und tun vielfaches Unrecht. Hör, Sauhirt, ich muß später noch mit dir sprechen.

Die Magd Melantho kommt halbbekleidet und verschlafen aus ihrer Kammer, läßt sich von Medon dem Mundschenk einen Becher mit Wein füllen.

MELANTHO Ah, der Lumpenhund ist immer noch da und bettelt die Männer an. Bist du schon in die Mitte des Saals vorgedrungen? Vielleicht ziehst du demnächst in deiner prallen Schönheit ins Gemach der Königin ein. Hier im Palast geht es ja drunter und drüber, da wird auch ein Bettler noch König.

EUMAIOS *weiter zu Odysseus* Alter, ich sage dir, hier in meiner Brust regt sich der bittere Zorn. Was soll ich bloß tun? Soll ich mich aufmachen mitsamt meinem Vieh zu einem mutigen anderen König weit in der Ferne? Nicht mehr erträglich ist es, hierzubleiben und wehmütig zu sehen, wie die Tiere, die einem nicht mehr gehören, täglich abgeführt werden zu anderer Leute Festschmaus, das ist ein saures Brot. Käme nur ein einziger Blitzstrahl des Zeus und sprengte den Haufen unwürdiger Herrscher!

Die Freier betreten verkatert den Saal, setzen sich zum Frühmahl an ihre Tische.

ELATOS Schuld an allem ist nach wie vor: der Krieg.

LEIOKRITOS Der Krieg! Der Krieg von Troja ist lange vorbei … Niemand von uns hat einen Nachteil durch ihn erfahren. Im Gegenteil. Wohlstand und neue Fertigkeiten aller Art verdanken wir dem Krieg.

ELATOS Noch heute ist es eine Folge des Kriegs, daß mir am Morgen speiübel ist. Ohne den Krieg tränke ich weniger Wein. Ohne den Krieg wäre ich nie mit dem Wein des Odysseus in Berührung gekommen. Ohne den Wein des Odysseus säße ich nicht heute noch auf Ithaka.

AMPHIMEDON Mit oder ohne Krieg: hätte die Fürstin gehandelt wie jede vernünftige Kriegerwitwe, wäre einer von uns, nur einer, noch hier, und sämtliche anderen endlich verschwunden. Sie allein trifft die Schuld an unserem geschmacklosen Zustand. Unmenschliches Warten entartet den Menschen.

Du zum Beispiel bist ein Betrüger geworden beim Kartenspiel. Und du ein Saufaus, der kein Wildschwein mehr erlegen kann. Und du rechnest verkehrt.

ELATOS Und du bist von allen der Schlimmste: Jemand, der seine Kleider täglich wäscht und auf die Leine über unsere Köpfe hängt wie Totenhemden!

EURYADES Freunde! Laßt uns den heutigen Tag ganz dem Fest des Apollon widmen! Heute wollen wir tafeln, wie es dem Rang des Gottes gebührt. Und noch etwas, Freunde! Laßt uns heute an nichts anderes denken als an das Festmahl des Gottes. Und das sind: die mächtigsten Schafe, die fettesten Ziegen und vor allem: die köstlichen Mägen vom Rind!

DEMOPTOLEMOS Mein Vater, der schon ein großer Tafler war, erzählte von einem Volk aus der Urzeit, bei dem der König von allen der Meistesser war. Aber da es ihm alle nachtaten, fraßen sie ihre gesamten Vorräte auf, verpraßten alles, was sie besaßen, und wußten am Ende nicht, wie sie ihre Vorräte wieder auffüllen sollten. Dafür hätten sie einer harten Arbeit nachgehen müssen, wozu aber keiner mehr imstande war.

Telemach kommt mit Odysseus; läßt von zwei Mägden Tisch und Stuhl unter die Freier setzen.

TELEMACH Hier setz dich hin. Trink deinen Wein unter den Männern. Schimpfen und Raufen ist euch verboten. Dies ist kein Gasthaus. Sondern das Haus des Odysseus. Mir untersteht es. Freier, ich rate euch, zähmt eure Streitlust.

ANTINOOS Das war ein Wort, Freunde! Das saß! Noch lange wird es uns in den Ohren schallen.

So einer, Amphinomos, wäre hier im Palast wohl besser zum Schweigen gebracht. Aber du meinst ja, wir sollten jeden Großschwätzer erdulden.

KTESIPPOS Hört mich, ihr elenden Prasser! Bei eurem fetten Wohlstand habt ihr vergessen, daß man den Fremden ehrt und seine Güter teilt mit dem Bedürftigen. Schamlos ist es und unrecht, die edlen Gäste unseres Telemach so schlecht zu behandeln, auch wenn sie bald in Scharen hier einziehen und uns wie die Heuschrecken kahlfressen. Ich aber gehe mit gutem Beispiel voran und schenke ihm vom eignen Teller das Beste. Er mag es ruhig weiterverschenken, wenn sich etwa eine hübsche Magd ihm gefällig zeigt und ihn badet mit beflissenen

Händen. Hier also – ich hoffe, du erfreust dich der gastlichen Gabe!

Er setzt dem Odysseus einen Kuhfuß auf den Teller.

TELEMACH Ktesippos! Schurke und Spötter, dir hätte ich gern die Lanze durch den Nabel gebohrt! Dann könnte dein Vater statt einer Hochzeit jetzt dein Begräbnis bereiten. Wage mir einer noch solch höhnischen Spaß! Ich weiß, was edel und was schlecht ist. Auch bei klügster Verstellung erkenne ich den Frevler.

AGELÁOS Warum sitzt du hier unten im Saal und fällst uns als Sittenrichter zur Last? Geh hinauf ins Obergemach, setz dich zur Mutter und rede mit ihr von der Heirat. Heute noch soll sie den Besten erwählen von uns. Dann kannst du schon morgen in Ruhe und ganz allein dein Erbe verzehren.

TELEMACH AgelÁos! Beim Leid meines Vaters, der fern von Ithaka starb oder irgendwo bettelt: ich weiß es ja selbst, der Tag ist gekommen, die Heirat der Mutter wird niemand verzögern, am wenigsten ich. Vielmehr rate ich zur Ehe, mit wem sie nur will. Aber ihr Jawort kann sie nur selber geben, allein muß sie den Besten erwählen. Aber wer ist von euch allen der Beste?

Die Drei fragmentarischen Frauen sitzen unter den Mägden auf einer Bank an der Seite der Halle.

HANDGELENK Unsichtbar streifte Pallas Athene wie flauer Wind durch die Halle. Sie entstellte die Köpfe der Freier.

KNIE Grundlos lachten sie auf, sie kicherten kindisch vor ihren Tellern.

SCHLÜSSELBEIN Schnitten Fratzen und sprachen wie törichte Greise mit sich selbst.

HANDGELENK Plötzlich starrten sie vorwärts mit blutigen Augen, und auf den Tellern lag rauchende Asche.

THEOKLYMENOS Elende! Was ist mit euch? Welch Unheil! Eure Köpfe stecken in finsterer Nacht, die Gesichter hängen euch schief an den Haaren. Entstellte! Wo ist euer Verstand? Wehe, da lodern schon Flammen aus dem Gebälk! Blut läuft von den Wänden, es triefen die Türen und Treppen von Blut. Voll ist der Saal, zum Bersten gefüllt mit Schattengebilden! Die Sonne rollt herunter vom Himmel, Finsternis verschlingt alles Leben –

Ein plötzliches lautes Knarren, als im oberen Stock Penelope die Tür zur Schatzkammer öffnet, um den Bogen des Odysseus zu holen. Auf den Schlag scheint die Vernunft in alle zurückzukehren.

EURYMACHOS Schmeißt doch den Kerl sofort aus dem Haus! Wer hat diesen verrückten Seher hereingelassen? Schwafler! Soll er draußen auf dem Markt seine närrische Dichtung verkünden, wenn es ihm hier im Saal zu dunkel ist.

LEIOKRITOS Schlechtere Gäste als du, Telemach, seit du zurückgekehrt, hat uns noch niemand ins Haus gebracht. Einmal sind's Bettler, arbeitsscheues Gesindel, das du großzügig bewirtest. Ein anderes Mal sind's gottbegnadete Schwafler, die uns beim Frühstück mit Unheilsgeschichten erschrecken. Am besten wär's, wir lüden diese edlen Fremden auf ein Schiff und schickten sie fort nach Sizilien. Als Sklaven brächten sie Geld.

Im oberen Stockwerk sitzt Penelope in ihrem Thronsessel und hält den Bogen des Odysseus auf den Knien. In der Halle unten beginnen die Mägde die zwölf Äxte aufzubauen.

PENELOPE Hört mich, ihr Freier! Hier seht ihr den Bogen des großen Odysseus. Wer diesen Bogen am leichtesten spannt und durch alle zwölf Äxte hindurchschießt: dem werde ich folgen. Mit ihm verlasse ich dieses Haus. Haus meiner frühen, herrlichen Jahre, an das sich mein Herz künftig in Träumen erinnert.

Die Freier haben sich von ihren Tischen erhoben. Sie sehen hinauf zu Penelope, und einige murmeln: »Seht doch, die Fürstin... Ist das noch unsere Fürstin?... Penelope! Wie schön sie ist... Der Bogen... seht, der Bogen des Odysseus...«

ELATOS Diesen Bogen bekam er, so heißt es, in Sparta einst von seinem Freund Iphitos... Berühmt ist auch, daß er ihn niemals zum Kämpfen verwendete, sondern das Freundesgeschenk immer bewahrte zu Haus... das Denkmal gastlicher Liebe.

EURYMACHOS Doch Herakles, als er zu Gast war beim Vater des Iphitos, erschlug seinen Wirt! So erzählt die Legende.

ANTINOOS Was soll das Gestammel, ihr albernen Weichlinge? Wenn euch schon der Anblick des Bogens in lähmende Ehrfurcht versetzt, wird es keinem von euch gelingen, damit zu schießen in diesem sinnlosen Wettkampf. Niemand von euch, das darf ich sagen, verfügt über die Kräfte des jungen Odysseus. Ich habe ihn selbst noch gesehen, als ich ein Kind war. Ich kann mich gut erinnern, wie leicht er die harte Sehne anzog. Ihr werdet's nicht schaffen, da bin ich sicher, euch wird es zu schwer.

TELEMACH Freier! Der Kampfpreis ist euch bekannt. Tretet nun an zum Wettkampf. Meine Mutter hat es gesagt ... ich glaube, ich verliere den Verstand: sie will mich verlassen. Und ich, ich Tölpel, ich freue mich noch! Solch ein Weib findet ihr nicht zum zweiten Mal rundum im Land der Achaier. Nicht in Argos, Pylos, Mykene, auch nicht auf Ithaka sonst oder auf dem steinigen Festland. Aber das wißt ihr ja selber, sonst wärt ihr längst nicht mehr hier. Jetzt zögert nicht unnötig und stellt euch der Reihe nach auf.

Er prüft die Stellung der Äxte. Er legt eine Schwelle fest, von der aus geschossen werden soll. Er läßt sich den Bogen bringen, untersucht ihn und will ihn gerade spannen, als Odysseus ihm ein Zeichen gibt, es zu unterlassen.

TELEMACH Ach, was für ein Schwächling bin ich doch leider! Und werde es wohl bleiben. Bin meiner Hände noch immer nicht sicher. Wie gern hätte ich selber die Äxte durchschossen! Dann wäre ich nicht einsam im Haus zurückgeblieben. Mutter, ich hätte des Preises mich würdig erwiesen! Aber – ihr seid mir an Kräften bei weitem überlegen.

Telemach lehnt den Bogen, Köcher und Pfeile an eine Säule. Die Männer stellen sich der Reihe nach auf.

ANTINOOS Leiodes, der Opferschauer, steht an erster Stelle. Der sich am wenigsten mit uns vergnügte. Immer saß er vor seinem Wein abseits im Winkel. Und dachte wohl finster bei sich: laß sie's nur treiben, verzärtelt und schlaff, wie sie sind, die müßigen Schwelger. Wenn es drauf ankommt, bin ich selber der Erste und Beste. Hab ich nicht recht, Leiodes, du Leiser? Nun sollst du als erster den Wettkampf beginnen.

Leiodes untersucht den Bogen mit fachmännischen Griffen. Er begibt sich in Positur und versucht die Sehne aufzuziehen. Dreimal probiert er es mit verschiedener Technik. Dann gibt er auf.

LEIODES Freunde, ich kann ihn nicht spannen. Die Hände versagen den Dienst. Den Regeln des ehrlichen Wettkampfs gehorchend, scheide ich aus. Von Stund an gehöre ich nicht mehr zu denen, die um die edle Fürstin werben. Wohl wahr: tot sein ist schon viel besser als ein Leben, das in einer Sekunde alle Hoffnung verliert, den Sinn, die Mitte, das Ziel, alles verliert, worum es sich eintausend Tage lang drehte. So hofft wohl mancher noch jetzt, und doch sage ich euch: dieser Bogen wird vielen eine böse, jähe Enttäuschung bereiten. Am Ende schleicht er verbittert aus dem Palast und sagt sich: gäbe es unter den lieblichen Töchtern des Landes nicht doch eine andere, um die zu freien besseren Lohn verspräche? Sie aber, auf die wir alle sehr geduldig gewartet, mag sich nun dem tatsächlich Besten vermählen. Falls er sich findet ...

ANTINOOS Traurig, Leiodes, wirklich sehr traurig. Doch mir steigt die Galle empor, wenn ich dich höre. Nur weil du nicht Kraft genug hast, den Bogen zu spannen, glaubst du, wir anderen müßten ebenso trübselig verzichten. Dich hat leider deine liebe Mama nicht dazu geboren, ein tüchtiger Schütze zu werden. Schließ nicht von dir auf andere, du Weichling.

Medon, Mundschenk, schür das Feuer, stell einen Stuhl her und leg einen Batzen Stierfett dazu. Wir erwärmen den Bogen und werden ihn fetten. Dann bringen wir rasch den Wettstreit zu Ende.

Odysseus lockt Eumaios beiseite.

ODYSSEUS Wem würdest du helfen, Eumaios, wenn er jetzt käme, gerade so über die Schwelle, Odysseus, dein Herr, als hätte ihn ein Gott hergetragen, wem würdest du beistehen, deinem Herrn oder den mächtigen Freiern?

Eumaios senkt den Kopf, beginnt zu schluchzen.

Es ist gut. Ich weiß ja: du bist eine treue Seele. Hast mich aufgenommen als erster, herzlich bewirtet, als ich ins Land meiner Heimat nach langer Irrfahrt einkehrte. Niemanden habe ich inniger flehen hören, daß ihm sein Herr zurückkäme. Nun sage ich dir, daß dein sehnlichster Wunsch jetzt schon erfüllt ist.

Er rafft die Lumpen und zeigt sein Bein.

Halt, bleib hier! Du glaubst wohl, ich spräche verwirrt? Sieh her, damit du mich sicher erkennst: hier unterm Knie siehst du die Narbe, die ja berühmt ist, und jedermann weiß, daß sie dem Kind Odysseus ein Eber schlug am Parnaß.

EUMAIOS Die Narbe des Odysseus? Treib keinen Spaß mit solch ehrwürdigem Zeichen!

ODYSSEUS Eile ist uns geboten. Faß dich und glaub mir.

EUMAIOS Nur einer trägt solche Narbe unter dem Knie, wie jedermann weiß und sich alle noch heute erinnern.

ODYSSEUS Höre, Eumaios, wenn du mir hilfst, den scheußlichen Haufen in Blut zu ersticken, verschaffe ich dir festen Besitz, sorge für deine Wirtschaft mit Rindern und Schweinen, gebe dir ein Weib, das dir nützt, wie es Pflicht ist für den rechtmäßigen Herrscher. Ich bringe euch das Königtum wieder, das ihr von alters her kennt, zum Schutz und Heil des Volkes von Ithaka.

EUMAIOS *fällt auf die Knie und küßt die Hand des Odysseus* Mein Herr! Du Lieber...

ODYSSEUS Steh auf! Laß das Weinen und Jammern. Verrate es niemandem. Wir müssen schnell mit dem Ende beginnen. Geh wieder an deinen Platz. Geh allein voraus. Merk dir: die Freier werden verhindern, daß Bogen und Pfeile an mich gehen. Du aber, treuer Eumaios, sieh zu, daß mir der Bogen in die Hände gelangt. Sage den Mägden, die mir getreu sind, sie sollen alle Türen und draußen das Tor versperren. Keinem darf die Flucht aus dem Saal gelingen. So lautet dein Auftrag. Nun an die Arbeit, sei achtsam und schweig.

Eumaios zurück zu den anderen. Odysseus bleibt hinter der Säule und beobachtet, wie Eurymachos mit dem Bogen hantiert. Er wärmt Talg am Feuer, reibt den Bogen ein, versucht ihn zu spannen. Auch ihm gelingt es nicht. Mit einem lauten Fluch gibt er auf.

EURYMACHOS Götter, wie kränkt mich das! Mich und uns alle. Nicht nur wegen der Heirat. Das ist schon bitter genug. Aber es gibt ja noch andere Freuden im Leben, auch andere Frauen in unserem Land, hier auf Ithaka und drüben in den Städten. Nein, aber daß wir auf ewig für Schwächlinge gelten werden im Vergleich zu Odysseus, dessen Bogen wir vergeblich zu spannen suchten! Hohnlachen werden darüber noch unsere Enkel!

ANTINOOS Nein, Eurymachos, so wird es nicht kommen, du weißt es besser. Heute feiert das Volk das Fest des Gottes Apoll. Ein heiliges. Wer schießt da mit dem Bogen? Legt ihn jetzt beiseite. Wir beginnen zu tafeln. Medon, Mundschenk, fülle die Becher zur ersten Opferspende. Morgen werden wir zuerst vom besten Ziegenfleisch opfern dem Schützen Apoll, dann fassen wir wieder den Bogen an und werden den Wettstreit ohne Zögern beenden.

Medon und einige Mägde gießen Wasser über die Hände der Freier und mischen in den Krügen Wein und Wasser.

ODYSSEUS Hört mich, ihr edlen Freier! Von Herzen bitte ich den göttergleichen Antinoos, der ja den Vorschlag, den Bogen jetzt ruhen zu lassen, so wohlbegründet gemacht hat, auf daß erst morgen der Gott, wem er will, die Kraft der Entscheidung verleihe – aber heute: dürfte ich einmal nur anfassen den Bogen des großen Odysseus, damit meine Hände seine herrliche Glätte empfinden?

VERSCHIEDENE FREIER Lumpensack! Drängst du dich immer noch vor? Idiot! Es rauscht dir der Wein im Schädel! Du säufst ihn mit offenem Maul, statt maßvoll zu nippen. Hast nicht genug davon, unter uns schmatzend am Tisch zu sitzen. Hörst auch alle Gespräche mit an. Willst du etwa in unseren Wettkampf eingreifen? Scher dich davon. Sonst wirst du heute nacht noch nach Sizilien verfrachtet. Ab nach Sizilien, wo man die Sklaven verkauft!

PENELOPE *vom oberen Stockwerk* Antinoos! Was glaubst du wohl? Fürchtest du etwa, daß dieser Fremdling die nötigen Kräfte besäße, den Bogen zu spannen, und daß er am Ende die Äxte, zwölf nacheinander, durchschösse? Um mich dann heimzuführen als seine Gattin? So also denkt ihr von mir. Daß ich mit einem Bettler zöge, wenn es drauf ankommt? Gewiß, es ist ein ansehnlicher Gast, gut gewachsen, von stattlicher Größe, wie jede Frau ihn sich wünschen mag. Aber daß ich ihm folge, das glaubt ihr doch selber nicht.

Gebt ihm den Bogen, er ist ein braver Mann. Außer dem Wettstreit darf er sich einmal erproben. Wir wollen doch sehen. Und eines sage ich euch: bringt er's zuwege, mache ich den schönen Mann noch schöner mit edlen Gewändern. Ich kleide ihn reich mit Leibrock und Mantel. Auch ein Schwert hänge ich an seinen Gürtel, und Sandalen bekommt er an seine Füße, denn er ist ein schöner Mann.

TELEMACH Genug, Mutter, genug. Ich bestimme hier, wer den

Bogen zur Hand nimmt. Und wenn ich dem Fremden den Bogen für immer mitgäbe auf seine Reise, würde mich niemand daran hindern aus dem Kreis dieser Herren, die den Pakt der gemeinsamen Volksberaubung beschlossen im Haus des Odysseus. Du aber geh in deine Gemächer, setz dich zu Webstuhl und Spindel. Der Bogen ist Sache der Männer. Vor allem die meine. Ich gebe die Befehle im Haus.

Eumaios hat den Bogen genommen und will ihn zu Odysseus bringen. Die Freier beschimpfen ihn.

VERSCHIEDENE FREIER Halt, du elender Sauhirt! Was tust du? Finsterer Strolch, laß deine Finger von dem Gerät!

Dich reißen die Hunde in Stücke!

Wir dreschen dich so, daß du am Boden kriechst mit deinen Schweinen.

Leg's hin! Hinlegen!

TELEMACH Aufheben!

ALLE FREIER Hinlegen!

TELEMACH Alter! Du weißt, was dir blüht, wenn du der Meute gehorchst! Dich krieg ich! Dich jag ich mit Steinen vom Feld. Wie gerne würde ich auch euch, ihr Freier, mit herrischen Worten beeindrucken. Doch ihr seid trotz üppigen Schlemmens noch immer kraftstrotzende Männer, tapfere Krieger, mächtige Streiter und an Stärke mir tausendmal überlegen. *brüllt* Aufheben!

Die Freier lassen Eumaios gewähren. Er legt den Bogen dem Odysseus über die Knie. Auf dem Weg zurück flüstert er mit Eurykleia.

EUMAIOS Kluge Amme! Telemach befiehlt dir, heimlich alle Türen der Halle von außen zu verschließen. Niemand darf mehr ins Freie gelangen. Auch wenn ihr drinnen Lärm hört, Gestöhn und Geschrei, Krachen und Schlagen: Türen und Tor bleiben verschlossen wie Mauern. Geh an die Arbeit, sei achtsam und schweig.

Odysseus untersucht sachkundig den Bogen.

VERSCHIEDENE FREIER Der hat ein Auge für den Bogen, das muß ich zugeben. Dreht ihn schon fünfmal herum.

Schaut wohl, ob nicht Käfer das Horn zerfraßen. Vielleicht will er sich selbst so einen Bogen machen zu Haus. Der Bettler. Der Gauner.

Seht nur, wie ein Sänger, der seine Leier mit neuer Saite bespannt, so greift er mit leichter Hand die eisenharte Sehne.

Odysseus spannt die Sehne und läßt sie zurückschnellen. Ein hoher, lang anhaltender Ton klingt durch die Halle. Die Freier verstummen und sehen gespannt, wie Odysseus von seinem Tisch einen Pfeil nimmt, ihn auflegt und im Sitzen ohne Zögern durch sämtliche Äxte schießt. Der Pfeil leuchtet hell auf: Er fliegt schnurgerade und erzlangsam durch die Ösen der Äxte. Die Freier erheben sich ungläubig von ihren Schemeln.

ODYSSEUS *lacht* Haha! Ich habe noch Kräfte. Nicht ganz so schlaff, wie sie aussehen, sind meine Muskeln. Nicht ganz so verrottet ist der alte Lumpensack, wie die lustigen Freier mich gerne nennen. Aber jetzt laßt uns saufen! Noch ist es hell. Heute treiben wir's aber, bis keiner mehr auf seinen Beinen steht.

Sauft! Holt eure Weiber! Musik! Tanz! Das wird ein Festmahl und ein Gelage, ihr werdet noch jauchzen vor Wonne, taumeln vor haltlosem Vergnügen!

Odysseus hebt den Arm, setzt die schirmende Hand vor die Brauen zum Zeichen für Telemach, daß er sich bewaffne.

Antinoos erhebt den Becher. Odysseus springt auf den Tisch.

ODYSSEUS Hört, ihr Freier, der Wettkampf ist schon entschieden. Jetzt wähle ich ein anderes Ziel, das noch keiner getroffen.

Sein Pfeil – wieder mit hohem Sirren und im verlangsamten Flug – durchbohrt die Kehle des Antinoos. Die Freier stehen von Entsetzen gelähmt.

VERSCHIEDENE FREIER Fremder: bist du von Sinnen?!

Das Schießen auf Männer ist hier verboten.

Er hat wirklich den Antinoos getroffen!

Er hat doch mit Absicht geschossen.

Er hat nicht mit Absicht geschossen.

Sie untersuchen den gestürzten Antinoos.

Ein dicker Blutstrahl strömt aus der Nase.

Der Pfeil traf seine Gurgel. Die Spitze steht hinten beim Nacken heraus.

Zu den Waffen! Zu den Waffen! Dich wird es jetzt treffen!

Dich fressen die Geier. Erschießt unseren Besten, nur aus reinem Vergnügen! Wo sind die Waffen? Die Waffen, die rings an den Wänden der Halle hingen? Die Waffen des Odysseus, wo sind sie? Bogen, Schwerter und Schilde ... Waffen! Waffen! Gebt uns die Waffen heraus!

ODYSSEUS Ihr Hunde. Ihr glaubtet, ich kehrte niemals von Troja zurück in mein Haus. Ihr habt es scheußlich geplündert. Um mein Weib habt ihr gebuhlt und vor ihrem Fenster mit schmutzigen Mägden gehurt. Hirten und Bauern habt ihr um ihre Erträge geprellt. Meinen Sohn wolltet ihr morden und tilgen das ganze Herrschergeschlecht. Euch droht jetzt die schiere Vernichtung.

EURYMACHOS Bist du es wirklich, Odysseus? Bist du uns wirklich wiedergekommen? O wie recht du hast! Viel Frevel und Untat begingen die Freier in deinem Palast. Doch der Anführer und Anstifter von allem, woran wir schuldig geworden, da liegt er und ist nicht mehr. An Ehe dachte der wohl am wenigsten. Herrschaft erstrebte er über dein Ithaka. Er wiegelte die Männer auf, deinen Sohn zu ermorden. Bündnisse zwang er uns auf, damit seine künftige Macht sich über alle Achaier erstrecke. Jetzt erhielt er das Seine, jetzt ist er tot. Wir aber wollen alles vergüten, was wir an Schäden dir und den Deinen bereitet. Jeder zahlt dir gehörige Buße, zwanzig Rinder jeder, bestimmt, Erz und Gold noch darauf, so daß noch einmal soviel, wie du in Troja erbeutet hast, zu Hause dazukommt!

ODYSSEUS Und legtet ihr all eure Königreiche zu meinen Füßen, alles, was euch gehört und doppelt darauf euren Raub ... meine Hand wird nicht müde zu töten, bis der letzte der Freier für diese zuchtlose Zeit mit seinem Leben gebüßt. Ich meine, dem sicheren Verderben wird keiner entfliehen.

EURYMACHOS Ihr hört es, Freunde, es ist nichts zu machen. Der Mann will nicht ablassen von Blutgier und Rache. Darum entschließt euch zum Kampf, setzt euch zur Wehr. Allzulange habt ihr euren Verstand im Aushandeln von Pakten ertüchtigt und den Waffengebrauch sträflich vernachlässigt. Jetzt fehlt es an Übung, auch mit geringen Waffen und ohne Rüstung sich klug zu verteidigen. Doch wir sind in sicherer Überzahl, keiner braucht sich zu fürchten. Rücken wir fester zusammen und stürmen geschlossen vor gegen den alten Unhold. Vergeßt nicht: es ist bloß ein Held aus vergangenen Tagen, zu nichts mehr fähig als zu feigem Überfall.

Die Freier verschanzen sich hinter umgekippten Tischen und rücken gegen Odysseus vor. In dem Augenblick, da sie ihn beinahe erreicht haben, tritt hinter einer Säule Amphinomos vor, um Odysseus abzulenken und mit dem Schwert zu bedrohen.

AMPHINOMOS Nur zu, alter Irrfahrer, vor Troja warst du besser, hört' ich. Als es um Helena ging, fielen dir klügere Listen ein. Um deine eigene Frau kämpfst du wie ein Ochs. Deine Gattin hätte es wohl verdient, daß du dein Haus mit sorgfältigem Kriegsplan wiedergewinnst statt mit Raserei und blinder Wut. So einer wie Odysseus sollte seinen Ruhm nicht überleben.

Amphinomos stürzt sich mit dem Schwert auf Odysseus. Telemach ist ihm von hinten gefolgt und stößt ihm die Lanze zwischen die Rippen. Der Sterbende fällt dem Odysseus in die Arme und besudelt ihn mit Blut.

ODYSSEUS Mein Lieber... Ich wünschte, das Schicksal hätte dir ein wenig Ruhm gegönnt. So ging dir alles schief in deinem kurzen Leben.

Zu Telemach Einpferchen. Abschlachten.

Ein Viereck aus Segeltuchwänden sinkt herab und schließt die Freier ein. Gleichzeitig flüchten Odysseus und Telemach mit Seil oder Strickleiter zu Eumaios in das obere Stockwerk, über dessen Brüstung sie alle drei anlegen und die Freier mit Pfeilen hinrichten. Das Segeltuch wird an etlichen Stellen mit Blut durchtränkt.

ODYSSEUS Woher haben die Feiglinge auf einmal die Waffen? Verflucht! Sie tragen Rüstung und Speere! Wer hat sie in die Waffenkammer geführt? Jemand hat uns verraten.

TELEMACH Vater, bei mir liegt der Fehler. Ich ließ die Tür zur Kammer nur angelehnt, um für schnellen Nachschub zu sorgen. Vielleicht schlich eine der Hurenmägde mir nach und hat es entdeckt. Eumaios, geh und verriegle die Tür. Erschlage, wen du beim Diebstahl erwischst.

Eumaios ab. Athene in Gestalt des Mentor erscheint und schmiegt sich an den schießenden Odysseus.

ODYSSEUS Mentor! Treuer Gefährte, liebster Freund... Bist du's? Was verwirrst du mich im Augenblick der Gefahr? Hilf mir, ich hab dir einst viel Gutes getan.

ATHENE/MENTOR Mein Liebling! Vertrau deiner eigenen Wehrkraft. Du mußt noch viel wütender werden. Laß nicht nach in deiner Mordlust. Spüre, wie nah ich dir bin, und du wirst sehen, wie ich die guten Taten von einst dir vergelte!

Die Erscheinung verschwindet, eine Schwalbe fliegt durch die Halle. Plötzlicher Lichtwechsel und Stille. Nur die Drei fragmentarischen Frauen sind zu sehen vor dem Gemach der Penelope.

SCHLÜSSELBEIN Unermüdlich, mit göttlichem Beistand schossen sie abwärts in den Haufen der Freier und schleuderten die scharfen Speere. Vater und Sohn und mit ihnen Eumaios, der Sauhirt.

HANDGELENK Odysseus tötete Demoptolemos.

KNIE Telemach tötete Euryades.

HANDGELENK Eumaios tötete Elatos.

SCHLÜSSELBEIN Und Peisandros und Polybos.

KNIE Der Städteverwüster Odysseus tötete Eurymachos. Und sein Sohn tötete Amphimedon.

HANDGELENK Aber den Ktesippos tötete der Sauhirt und höhnte und frohlockte:

EUMAIOS Das ist das Gegengeschenk für den Kuhfuß, du Spötter, den du dem edlen Odysseus auf den Teller gesetzt. Nie mehr reißt du das Maul auf für Lästersprüche. Jetzt läßt du den Göttern das letzte Wort.

KNIE Odysseus tötete den Ageláos.

HANDGELENK Telemach tötete den Leiokrit.

SCHLÜSSELBEIN Denn es hob Athene die Aigis, ihren goldenen Schild, der Menschen in Schrecken und Furcht treibt. Die Eingepferchten rannten kopflos umher im unentrinnbaren Mordraum.

KNIE Die drei Schützen schossen sie ab von ihrem Hochstand wie Hasen.

HANDGELENK Die Schädel gespalten, die Lungen zerrissen, ergriff sie der Tod, und ihre Seele entfloh. Der Boden dampfte vom Blut. Den Palast erfüllte ein gräßliches Stöhnen.

SCHLÜSSELBEIN Penelope aber auf ihrem Lager verschlief die Stunde der Abrechnung.

Die Segeltücher fallen zu Boden. Odysseus, Telemach und Eumaios betreten die Walstatt.

ODYSSEUS Seht erst, ob noch ein Freier sich heimlich versteckt und einen Hinterhalt nutzt. Seid achtsam.

TELEMACH Da liegen sie zuckend im Todeskampf, wie Fische, die man am Strand aus dem Netz schüttet.

Hinter einem Vorhang entdeckt Odysseus den Leiodes und zerrt ihn hervor.

LEIODES Gnade, Odysseus! Hab Mitleid! Ich bin unschuldig. Ich habe mich in deinem Haus niemals an Freveltaten beteiligt. Laß Gnade walten! Immer habe ich die anderen zurückgehalten, wenn sie ein Unrecht begehen wollten. Sie gehorchten mir nicht, das ist wahr. Und so hat sie das verdiente Schicksal getroffen. Ich bin Leiodes, der Opferschauer. Mit all ihren Schandtaten habe ich nichts zu tun.

ODYSSEUS Wenn du hier Opferschauer warst, dann hast auch du zu den Göttern gebetet, es möge der Hausherr verenden in der Fremde und niemals zurückkehren. Und wünschtest wie diese, die totgeschlagenen Männer, es möge sein liebes Weib dich erhören und dir Kinder gebären. Ich sehe keinen Grund, dich zu schonen.

LEIODES *wirft sich dem Odysseus zu Füßen* Gnade, mein Fürst, du gütiger...

Odysseus stößt ihm den Dolch in den gebeugten Nacken.
Unter einem Tisch, in Rindshäuten versteckt, zerrt er darauf den Phemios hervor, der zitternd seine Leier umklammert, sowie den Rufer Medon mit seiner Schreibrolle.

PHEMIOS Hier auf den Knien liege ich vor dir, du großer Odysseus. Erbarme dich meiner, zeig Ehrfurcht vor einem Sänger. Reuen würde es dich später, wenn du den Sänger erschlügst. Göttern und Menschen singe ich nämlich. Bezähme deine Lust, auch mir den Hals zu durchbohren. Frag deinen Sohn, er kann es dir sagen: ich kam nicht freiwillig ins Haus, vielmehr zwangen mich die elenden Freier, zu ihren Mahlzeiten meine Phorminx zu spielen und Lieder zu singen.

ODYSSEUS Und solche Lieder, die ihre Unzucht begleiteten?

TELEMACH Halt, Vater, ihn trifft keine Schuld. Stoß nicht zu! Ein Sänger, bedenke, der singt nicht nur dir, wenn du es wünschst, der singt auch dem Gott.

ODYSSEUS Gut. Wir werden sehen. Er hat dich gerettet, mein Sohn, dein Fürsprecher. Merk dir nur eins und lerne daraus:

gute Taten zu vollbringen ist allemal besser, als schändliche mit schönen Liedern zu übertönen.

MEDON Ich bin Medon, der Rufer. Zuletzt noch diente ich als Mundschenk. Nie habe ich Pläne geschmiedet, an keiner Untat war ich beteiligt. Doch niemand kannte die Freier besser als ich. Alles hörte ich mit. Im Befragen habe ich einzeln jeden erforscht und weiß, was er im tiefsten erwog. Jetzt, da keiner mehr lebt, bin ich der einzige, der es berichten kann. Von jedem halte ich ein langes Verzeichnis. So bewahrst du, gnädiger Fürst, in mir einen nützlichen Zeugen ihres abscheulichen Denkens und Treibens. Falls jemals sich Anhänger dieser Herren finden, die Einspruch erheben gegen die göttliche Reinigung, die du an ihnen vollzogst, sei es im Volk oder in ihren Familien ...

TELEMACH Auch den Rufer taste nicht an. Er ist noch sehr jung und ließ sich nicht verderben.

ODYSSEUS Verschwindet jetzt beide aus dieser Halle. Ihr seid keine Schurken, habt aber niemand gehindert, Unrecht zu tun. Euer stilles Dabeisein erscheint mir häßlich genug.

EURYKLEIA *kommt aus dem Hintergrund* O daß ich diese Freude noch erleben darf! Daß mein Auge sich weiden darf am herrlichen Blutbad! Mein Kindchen, mein Goldstück!

Dank, Götter, Dank, daß ihr meinem lieben Herrn gewährtet, sein großes Werk zu vollenden. O Lob, Lob, Lob euch allen!

ODYSSEUS Kein Jubel, Alte. Freu dich im stillen. Es ist heilige Sitte, vor den Leichen Gefallener nie zu frohlocken. Bring mir die Weiber, die meine Ehre mißachteten und der Fürstin üblen Dienst erwiesen.

EURYKLEIA Ach, mein Kind, die Wahrheit zu sagen: viele Frauen sind im Palast, die alles tüchtig verrichten. Wolle krämpeln, scheuern, kochen und waschen. Unter ihnen sind wenige schamlos geworden. Die mir nicht gehorchen und auch nicht der Fürstin. Telemach ist ja vor kurzem erst mannbar geworden. Vorher hatte die Mutter ihm streng verboten, den Herrn zu spielen im Haus. So kamen die Mägde unbeaufsichtigt auf Irrwege.

Ich frage wohl besser nach bei der Fürstin, eh ich sie bringe. Sie aber schläft, wie ein Gott es fügte, verschläft die Stunde der kostbaren Vergeltung.

ODYSSEUS Nein. Weck sie nicht auf. Befiehl den schlechten Mägden die Halle zu putzen. Danach führt sie versammelt nach draußen. Stellt sie vor die Mauer und schlagt sie mit Stöcken. Jagt ihnen die Seele aus dem lüsternen Leib. Aphrodite sollen sie gründlich vergessen. Später erhängt sie an den Waffenhaken dort an den Wänden.

Unter den Leichen der Freier kriecht Melanthios, der Ziegenhirt, hervor und sucht zu entfliehen.

ODYSSEUS Wer ist das?

EUMAIOS Melanthios ist es, Herr. Unter den Hirten der einzige Verräter. Er war es, der für die Freier aus deiner Kammer die Waffen stahl.

ODYSSEUS Er kriecht und schleicht und glaubt, es sähe ihn niemand. Lange hielt er sich unter den Leichen versteckt. Greift ihn und schleppt ihn hinaus. Nase und Ohren schneidet ihm ab, Geschlecht, Hände und Füße, werft's roh vor die Hunde.

Telemach und Eumaios überwältigen den Melanthios und schleppen ihn aus der Halle. Die schlechten Mägde werden von zwei guten, die einen Strick um den Pulk geschlungen haben, hereingeführt.

ODYSSEUS *leicht, fast freundlich* Macht euch an die Arbeit, ihr Mägde. Entfernt zuerst alle Leichen. Ihr müßt sie schichtweise übereinanderlegen. Schön sauber und ordentlich. Dann wascht alle Tische und Stühle. Sie müssen mit Schwämmen peinlich gesäubert werden bis in die winzigsten Ritzen. Kein Fleck Blut darf haftenbleiben. Habt ihr alles sorgfältig geputzt in sämtlichen Räumen, dann schabt ihr die Böden mit Schabeeisen. Tüchtig, sage ich, tüchtig. Kein Krümchen vom Unheilsmahl will ich später auf den Bohlen finden.

EURYKLEIA *kommt mit frischer Kleidung für Odysseus* Höre, mein Kind, ich bringe dir Mantel und Kleider. So lumpig kannst du nicht gehen. Mit blutigen Fetzen behangen. Pfui! Wie siehst du denn aus, mein Jüngelchen?

Die Mägde räumen die Leichen auf. Odysseus setzt sich an einen der kleinen Tische. Erschöpfung übermannt ihn, er bekommt einen Weinkrampf.

Aber, mein Lieber, mein Braver, mein Goldjunge, ist ja gut, es ist ja alles gut. Beruhige dich und zieh dir was Warmes über

den Leib ... Mägde! Macht Feuer! Rasch. Und bringt mir den
Schwefel. Die Halle, die Kammern, überall muß jetzt geräu-
chert werden mit Schwefel, damit wir den Fluch abwenden
von unserem Haus.

*Dunkel. Schwalbengezwitscher. Dann wieder ein dämmriges
Licht. Im Obergemach erscheint am Fenster Penelope. Odysseus und Telemach ziehen den Karren auf die Bühne, auf dem
in II,1 die verschlungenen Paare vorgeführt wurden. Sie ziehen die Plane herunter und bieten die Leichen der Freier dar.
Vater und Sohn neigen sich vor der Fürstin.*

V
Die Wiedererkennung
Der Vertrag

I

Ein wenig abgewandt voneinander die beiden Sessel in der gro-ßen Halle, in denen Odysseus und Penelope sitzen. Hin und wieder ein stummes langsames Vorbeugen des Kopfes, ein Hals-recken der Königin, ein prüfender Blick auf den Heimkehrer, dann ein ebenso langsames Sichzurücklehnen. Odysseus blickt unter sich und wartet darauf, endlich begrüßt zu werden. Hebt er den Blick, so weicht Penelope aus und starrt in eine andere Richtung.
Hinter ihnen an den Wänden hängen kopfunter die Leichen der schlechten Mägde.
Telemach steht im Rücken der Eltern an eine Säule gelehnt.
Ebenso hält sich in Penelopes Nähe Eudykleia im Hintergrund.

PENELOPE *gähnt* So fest habe ich lange nicht geschlafen wie eben. So tief und fest nicht seit jenem Tag, da – *sie beugt sich vor, schaut länger nach Odysseus* der Gatte von mir ging, um Troja mitzuerleben, verflucht sei der Name. Um nach Ab-scheuland sich einzuschiffen.

TELEMACH Mutter: du fragst ihn nichts? Wo bleiben die Erkun-digungen, die forschenden Worte?

EURYKLEIA Schau doch mit eigenen Augen: das Sehnen deiner lieblosen Jahre hat sich mit diesem Tage erfüllt! Wach auf, mein Kind!

PENELOPE Was flüsterst du, um meine Qualen wieder anzusta-cheln? Randvoll ist schon das Herz mit Trauer.

TELEMACH Mutter! Dort sitzt er, umgeben von totgeschlagenen Menschen, blutübergossen, und du gehst nicht zu ihm, küßt seinen Mund, nimmst seine Hand?

PENELOPE So fest habe ich geschlafen, daß ich, noch immer be-nommen, nur langsam begreife: wo sind denn die Freier?

TELEMACH Die Götter machen dich blind, denn das können sie.

EURYKLEIA Kommen ist dein Odysseus! Nach Hause. Ganz wie ich sagte.

PENELOPE Jede andere, die mich mit solcher Meldung aus dem Schlaf gerissen, wäre mit Rutenschlägen aus dem Palast getrieben worden. Dich freilich schützt dein ehrwürdiges Alter.
Sie beugt sich wieder vor, um den Odysseus zu sehen.
Wer ist es denn wirklich, der die lungernden Fresser in einen Haufen von Leichen verwandelte draußen im Hof, so daß nicht ein einziger übrigblieb? Wer, wer? *lehnt sich zurück* Der Eine.

EURYKLEIA Ja, nun! Nun öffne endlich dein Herz für Freude und Glück. Leiden in Fülle habt ihr beide lange genug ertragen.

PENELOPE Ein Gott war's. Kein Sterblicher, der mich befreite.

ODYSSEUS Frag sie, Telemach: sind es die schmutzigen Lumpen an meinem Leib, die sie noch immer verwirren?

PENELOPE Sag ihm, Telemach: ein Gott war's.
Der da ist kein Mörder.

ODYSSEUS Frag sie, Telemach: wie kann sie die vielen ermordeten Männer erkennen, die Freier, mit denen sie bittere Jahre gemeinsam im Haus lebte, und ihn nicht, den Mörder?

PENELOPE Sag ihm, Telemach: er will nur eine, die es nicht glauben kann, sehen. Das ist sein einziges Verlangen.

ODYSSEUS Frag sie, Telemach: wann sich ihr Herz, das härter ist als Stein, dem Glauben an die Heimkehr des Gatten verschloß?

PENELOPE Sag ihm, Telemach: es seien schon viele gekommen, die mit Geschwätz mich betörten. Viele erschlichen sich feinsinnig unverdienten Gewinn. Die Menschen täuschen einander mit großem Geschick. Ihre Worte sind voller Vorspiegelungen, Blendwerk und Angeblichkeiten jeder Art. Ja, wäre ich Helena, für die ja die tapfersten Griechen Haus und Hof verließen und ein Jahrzehnt das düstere Troja belagerten, doch ich war nur belagert von ein paar fressenden Freiern, nicht so gefährlich ... Aber selbst die schlüpfrige Schöne wäre nicht mit einem fremden Mann auf ihr Lager gestiegen, hätte sie damals geahnt, daß unsere Heldensöhne sie eines Tages wieder nach Hause schleppen würden. Dem Gott, der sie antrieb zur Unzucht, hätte sie schließlich widerstanden. Ich selbst bin ja genügend betroffen durch ihren Fehltritt.

TELEMACH Ich bitte, sieh ihn doch an, Mutter. Laß dir die Narbe zeigen, die ihm der Eber schlug, als er ein Kind war.

PENELOPE Mein Kleiner, du gerade kennst die Pläne der Götter. Bei all deinem Wissen, es fehlt dir doch das reife Gespür. Sag ihm, Odysseus kehrt niemals nach Hause zurück.

ODYSSEUS Sag ihr: für so langes Mißtrauen fehlt uns die Zeit. Wir sind gewiß nicht am Ende der Plagen. Wer auch nur einen Mann erschlägt, muß fliehen vor der Rache seiner Verwandten. Wir aber erschlugen die Söhne des Adels, die tragenden Stützen von Stadt und Land weitumher. Ich bitte das nicht zu vergessen.

TELEMACH Vater, zeig noch Geduld. Du bist auf der Erde der Beste im Schmieden von Plänen, berühmt für einfallsreiche List. Ich denke, wir dürfen es später bedenken, was noch zu tun ist.

ODYSSEUS *steht auf, geht mit Telemach beiseite* Komm, mein Junge, ich sage, was jetzt schon geschehen soll: Richte im Palast ein lärmendes Fest aus. Phemios, den Sänger, hole zurück. Er schlage die Leier. Die Mägde, frisch gebadet und in schönen Gewändern, wie wir alle, schreiten mit stampfenden Füßen zu fröhlichen Tänzen, so laut es nur geht. Wer draußen vorbeikommt, soll meinen, es gebe hier eine Hochzeit. Ha! Nun feiert sie also! Feiert die Hochzeit nun doch, die vielumworbene Fürstin. Nicht länger vermochte sie dem Gatten die Treue zu halten und ihre Keuschheit zu wahren, bis er noch käme. So sollen die Nachbarn es glauben. Niemals darf ein Gerücht in der Stadt entstehen, die Freier seien alle vernichtet ...

Sie gehen ab.

EURYKLEIA Welches Licht, welches nur, zerschnitte endlich die Nebel deines Mißtrauens, du ungnädige Fürstin? Soll denn dein lieber Mann glauben, seine Heimkunft sei dir gar nicht erwünscht? Viel lieber hättest du bis in dein Alter hingehalten die elenden Freier und wärst die Vielumworbene gern noch geblieben? Oder ist es gar so, daß dir das Bild des Odysseus, erhellt von der Kerze der Erwartung, göttergleich wurde? Und nun, da er menschlich-leibhaftig vor dir steht, erfüllt er dein Sehnen nicht mehr? Bist du etwa enttäuscht, mein Täubchen, und siehst ihn deshalb nicht wieder und es flimmert und schwankt dir der Blick? Seltsame Frau. Einsame und schreckliche.

PENELOPE Liebe Amme, was rätselst du denn? Ich staune doch nur. Wenn es wirklich Odysseus ist, wenn sein Haus er betrat – *Sie verstummt. Odysseus kommt schön gekleidet und verjüngt zurück. Setzt sich wieder in seinen Sessel.*

Wir werden einander schon wiedererkennen. Wir haben ja Zeichen, die andere nicht wissen. Die wissen nur wir beide. Bist du ein Zauberer? Jetzt erscheinst du mir so wie bei deiner Abfahrt von Ithaka, als du das Schiff bestiegst. Erscheinst mir so wie damals, als der letzte Blick auf dich fiel.

ODYSSEUS Bist du ein Unmensch? Hast du ein Herz aus Eisen? Komm, Mütterchen, richte ein Lager, ich warte nicht länger.

PENELOPE Ja, Eurykleia, errichte ein Lager, doch nicht in der Kammer, die Odysseus selber einst baute. Tragt das Bett vor die Kammer, legt Decken und glänzende Kissen darauf.

ODYSSEUS Tragt das Bett vor die Kammer?

Seit wann läßt sich mein Bett versetzen? Es gibt keinen Menschen, und wäre er der kräftigste, der es einfach vom Boden hebt.

In unserem Hof wuchs ein Ölbaum, der blühte, war dick wie ein Pfeiler. Um diesen Ölbaum baute ich einst die Kammer. Ich kappte die Äste und hieb mir den Stumpf zurecht und schnitzte den Bettfuß. Ich bohrte die Löcher und begann das Lager zu glätten. Mit Elfenbein, Gold und Silber wurde es reichlich verziert, untergespannt mit purpurschimmernden Lederriemen. Das alles habe ich selber gemacht nach Art eines Meisters. Wächst noch das Bett aus der Erde? Oder verschob es irgendein Mann, der den Stamm der Olive über der Wurzel zerschlug?

PENELOPE Verzeih mir, Odysseus.

Pause

Verzeih, daß ich nicht mit dem ersten Blick dich zärtlich empfing. Ein Staunen lähmte mein Herz. Denn erst als ich dich sah, traf mich betäubend die ganze Last der Entbehrung. Alle Jahre des Kummers auf einmal beschwerten mein Herz. Und daß uns die Götter versagten, gemeinsam unsere Jugend, die

Freuden der Jugend zu genießen, froh zu erleben die Ehe bis
an die Schwelle des Alters, das sah ich, als ich dich sah. Meine
versäumten Freuden mit dir. Mein Leben sah ich, mein ver-
wartetes Leben. Verzeih mir, Odysseus. Doch ärgere dich
nicht. Du hast ja auch sonst für die Menschen ein tiefes Verständnis.

Sie gehen aufeinander zu, sie schlingt die Arme um seinen Hals.

ODYSSEUS Eines Tages übrigens auf meiner mühseligen Reise
stieg ich hinab in den Hades, ja, glaub mir, ich kehrte tatsächlich ein in das Haus der Toten. Dort traf ich Teiresias, die Seele
des Sehers, der mir die Weissagung machte –

PENELOPE Alle Tage, seit deiner Abfahrt, hielt ich dein Lager
bereit. Von nun an, sooft dich verlangt, will ich es teilen mit
dir. Komm und berichte mir später von deinen Mühen ... da
dir die Götter gewährten, wiederzufinden dein liebes festes
Haus und das Land deiner Heimat ... aber wenn du dich gerade erinnerst, erzähl mir schon jetzt, welche Gefahren du
ausstandest.

ODYSSEUS Was verlangst du von mir? Drängst mich, sogleich zu
erzählen, und drängst mich, jetzt noch zu schweigen. Nun
gut, ich erzähle dir alles und halte nichts zurück. Wenig Freude
wirst du daran haben. Ich selber freue mich nicht, wenn ich
zurückdenke.

PENELOPE Wenn uns die Götter ein besseres Alter schenken, als
es die Jugend war, die wir nicht gemeinsam erlebten, dann besteht Hoffnung, daß wir versäumte Freuden nachholen und
doppelt genießen.

*Im Hintergrund öffnen sich die Mauern, das Ölbaumbett
wird sichtbar. Hochzeitsmusik und Tanz der Mägde werden
lauter. Eurykleia begleitet mit Fackeln das Fürstenpaar.*

*Die Drei fragmentarischen Frauen verschließen den Blick auf
das Lager.*

HANDGELENK So schwelgten sie beide wechselnd im Zuhören
und in heftiger Liebe. Und den Wiedervereinten sank kein
Schlaf auf die Lider, bevor alles erzählt war.

SCHLÜSSELBEIN Die eine berichtete, was sie in ihrem Palast so
lange erduldet und wie sie die prassenden Freier hinhielt.

KNIE Odysseus erzählte von vielerlei Leiden, die er anderen
Menschen gebracht, und jenen, die er selber ertrug.

HANDGELENK Wie er zuerst die Kikonen bezwungen.

SCHLÜSSELBEIN Wie er das fette Land der Lotophagen besuchte.

KNIE Wie der Polyphem seine Gefährten auffraß.

HANDGELENK Wie er zu Aiolos kam, der ihn freundlich beherbergte.

SCHLÜSSELBEIN Wie ihm die Schiffe vernichtet wurden und alle Gefährten.

KNIE Wie ihn Kirke mit listigem Zauber umgarnte.

HANDGELENK Und dann sein Gang in den modrigen Hades.

SCHLÜSSELBEIN Erzählte, wie die Sirenen ihn lockten.

KNIE Und wie er dem Fels und dem Malstrom entkam.

HANDGELENK Schließlich, wie ihn die Nymphe Kalypso zurückhielt auf der Insel Ogygia.

SCHLÜSSELBEIN Die ihn unsterblich machen wollte, doch niemals sein Herz gewann.

KNIE Wie er das Land der Phäaken erreichte.

HANDGELENK Die ihn ehrten wie einen Gott und ihn mit sicherem Schiff schickten ins liebe Land seiner Heimat.

SCHLÜSSELBEIN Damit schloß die Erzählung, und ein weicher Schlaf löste ihm allen Gram von der Seele.

2

Schwaches Licht fällt auf das Ölbaumbett. Odysseus fährt aus dem Traum auf. Rechts und links vom Bett sitzen gebeugte Gestalten auf kleinen Schemeln.

ODYSSEUS Wer seid ihr? Grause Gestalten! Was wollt ihr von mir? Mein Schwert, meine Rüstung! Schnell muß ich bereit sein ... *Er legt Rüstung und Waffen um.* Da sitzt ihr im dämmrigen Licht, ihr Seelen der Freier, ich sah euch doch eben im Traum? Und Hermes holte euch ab mit goldenem Stab, mit dem er die Augen der Menschen bezaubert und andere wiedererweckt, wenn sie schlafen. Ihm seid ihr schwirrend und flatternd wie Fledermäuse gefolgt, Hermes, dem Seelengeleiter, entlang den Pfaden, die ins Düstere der Erde führen – und doch sitzt ihr an meinem Bett, ihr kalten Gesichter, ihr weißen Gebeine der schamlosen Freier? Ist hier etwa der Raum, wo sich die Masken der Müden lautlos versammeln? Lieg ich selber schon leblos neben der wiedergefundenen Gattin? Ist schon das Schlimmste geschehen? Wer weiß, ob ich mit meiner Seele noch eins bin? Sobald sich die Sonne hebt, wird man überall flüstern, daß ich die Freier erschlug ... Eile ist jetzt geboten. Ich gehe vor allen anderen aufs Feld. Ich suche mir Schutz beim Gehöft des Vaters, an einem entlegenen Ort, der mit Bäumen dicht bepflanzt ist. Den Vater möchte ich wiedersehen, den lieben, bevor er Gerüchte vernimmt.

3

Prospekte mit blühenden Obstbäumen gehen über dem Vordergrund der Bühne nieder. Nur ein Apfelbaum steht in plastischer Gestalt hervor. An ihm bindet Laertes, der Greis, Vater des Odysseus, verpfropfte Zweige.

ODYSSEUS *betritt den Obstgarten* Äpfel, Feigen, Oliven, der Wein und das Gemüse, die Birnen: alles wie einst! ... Alter Mann! Dein Garten ist herrlich. Er leuchtet wie dem Irrfahrer im Traum seine Heimat. Alles trifft hier zusammen: die günstige Lage, die stete Pflege, das geschickte Veredeln der Sorten ... Bei wem stehst du in Diensten? Mir scheint, daß dein Herr nicht ebensolche Pflege auf dich verwendet wie du auf seine Bäume? Essen brauchst du und neue Kleidung, öfter ein Bad. Denn darauf hat ja der Greis einen Anspruch, wenn er im Schutz eines gerechten Königs lebt.

LAERTES Fremder Mann, du bist in einem Land, in dem die Gesetze verfallen wie kranke Rebstöcke. Längst gehört es einer Meute von liederlichen Jünglingen, nicht einer vom Rang eines Königs, nicht einer, von dem die heilsame Macht ausströmte. Träfst du ihn lebend hier an, den wirklichen Herrscher von Ithaka, dann würdest du jetzt in unserem Volk reichlich bewirtet von sorglosen Greisen.

Wer bist du? Welcher Erzürnte im Himmel hat dich verscheucht an die Küste dieses verödeten Staats? Oder bist du
ein Kaufmann, der mit den reichen Fürstensöhnchen am Hof
des Odysseus seine Geschäfte betreibt?

ODYSSEUS Also ich selbst bin ein Kreter und stamme von Kreta.
Dort komme ich aus rühmlichem Haus. Mein Vater heißt –
Ich bin es, Vater. Ich selber. Kommen bin ich im zwanzigsten
Jahr ins Land meiner Heimat. Erspar dir das lange Wundern,
mein lieber Alter. Es fehlt uns die Zeit. Totgeschlagen habe ich
die Freier im Palast. Die Schandtaten, die sie begingen am
Herrscherhaus und am Volk von Ithaka, haben sie alle mit
ihrem Leben gebüßt. Jetzt aber verfolgen mich ihre Väter und
Brüder und fordern Vergeltung.

LAERTES Du bist mein Sohn, wie du dastehst? Dich kann ich
nicht erkennen.

ODYSSEUS Sieh, Vater, hier ist die Narbe, die der Eber mir
schlug, als du mich damals zum Großvater schicktest. Prüf
sie nur mit deinen Augen... Ach, du siehst sie nicht mehr?
Komm, dann sag ich dir Bäume, die du mir schenktest, als ich
an deiner Hand im Garten spazierte. Alles gingen wir durch,
du benanntest mir jeden Baum und jedes Gewächs. Und diese
Bäumchen schenktest du mir: dreizehn mit Birnen und zehn
mit Äpfeln. Vierzig mit Feigen und fünfzig Reihen Wein! Wie
kräftig gewachsen finde ich nach den Jahren der Irrfahrt meine
Pflanzungen wieder!

LAERTES Weiß es Penelope schon? Weiß sie genau, daß du hier
bist? Sonst schicken wir ihr zuerst eine Botschaft.

ODYSSEUS Sie weiß es, lieber Vater. Ich brachte ihr zur Gabe der
Rückkehr die Leichen ihrer Belagerer.

LAERTES Zeus und alle Götter! Ihr lebt noch im hohen Himmel!
Schickt mir noch einmal den Sohn nach Hause, und ich darf
ihn zärtlich betasten, bevor mir endlich das Herz und die Knie
versagen. Hör, mein Junge: Wenn du wirklich die schamlosen
Freier vernichtet hast, der Zeit des Frevels ein Ende bereitet,
dann kommen die Rächer jetzt schnell, es rottet auch Volk sich
zusammen auf Ithaka, Gefolgsleute vom Festland eilen herbei,
denn vielen verdarb es das ehrliche Gemüt, so lange das her-
renlose Königreich zu erdulden.

ODYSSEUS Davon sprach ich schon. Du brauchst mich nicht mit meinen eigenen Worten zur Eile zu mahnen, Vater. Doch vergessen wir nicht, uns schleunigst ein Essen zu bereiten. Ich sah vor deinem Haus Hirten, die Rinder und Schweine zerlegten?

LAERTES O wäre ich doch beim Morden dabeigewesen und so stark, wie ich einst war! Mit Schwert und Lanze hätte ich die Schufte durchbohrt. Da hättest du jemanden wüten gesehen in der Halle, und das Herz wäre mir bei der Freude fast aus dem Leib gesprungen!

ODYSSEUS Ich spüre schon wieder den Drang, den schönen Speisen zu Leibe zu rücken ...

Telemach betritt den Garten.

TELEMACH Heil dir und Glücksgruß, würdiger Alter.

Die Götter brachten dir den einzig Geliebten zurück, du kannst es sicher noch immer nicht glauben. Mögest du lange dich seiner erfreuen. Doch ich habe euch neues Unheil zu melden. Um alle Ecken der Stadt läuft jetzt die Botschaft vom gräßlichen Mord an den Freiern. Die es betraf, kamen mit Stöhnen und Jammern zu unserem Palast und jeder trug seinen Toten hinaus zur Bestattung. Die aus den Festlandstädten verfrachtete man auf Schiffe, sie brachte man eilig in ihre Heimat. Danach schritten alle vereint auf den Marktplatz. Eupeithes trat vor die Versammlung und begann eine Rede auf seinen Sohn – Antinoos, er fiel ja als erster. Schwer beladen schien er von Trauer. ›Freunde‹, sagte er, ›dieser Herrscher Odysseus ist ein Verbrecher. Erst hat er unsere edelsten Männer auf Schiffe gezwungen und in einen sinnlosen Krieg geführt. Später verlor er auf seiner Heimkehr die ganze prächtige Flotte und die restlichen Männer: keinen einzigen Helden von Troja durften wir hierzulande mit Lobgesängen empfangen, keinen unserer lieben Landsleute brachte er mit sich zurück. Nun betritt er wieder sein Haus und schlachtet unsere Söhne, tötet die Besten, weitaus Besten, aus allen Adelsgeschlechtern vom Festland und von den Inseln. Junge Männer, der Fortbestand und der Reichtum unserer Städte, klügste, friedlichste Friedensstifter, sie fielen dem Blutrausch des Heimkehrers zum Opfer. Jahrzehnte lag es verwaist, sein Reich, er ließ es verfallen, und heute, als hätte sich gar nichts geändert, soll uns sein altes, längst vergessenes Königtum wiedererstehen? Auf denn, ihr Landsleute, dem wollen wir ein rasches Ende bereiten! Sonst müssen wir's später bereuen und uns für immer unter dem Blutherrscher ducken. Beeilt euch, jetzt gilt es den Mörder eurer Söhne und Brüder zu ergreifen. Sein Vorsprung ist nur gering, und wo wir ihn finden, am selben Ort noch wird ihm die Strafe zuteil ...‹ Einige widersprachen. Sie mahnten, Odysseus sei ein göttlich Gesandter, und Phemios, der Sänger, beteuerte gar, er selbst habe beim Kampf einen Unsterblichen neben Odysseus gesehen. Doch ihre Stimmen wurden niedergeschrien. Die Leute gehorchten lieber dem Eupeithes und stürmten sofort zu den Waffen.

ODYSSEUS Geh rasch und schau. Vielleicht sind sie wirklich schon nah.

TELEMACH Ja, Vater. Sie sind jetzt sehr nah. Wir beide sind ja bewaffnet.

ODYSSEUS *übertrieben* Jetzt ist die Stunde, Telemach! Wieder einmal! Wieder einmal! Heute schreitest du an der Seite deines Vaters zum Angriff. Es droht uns ein hartes Gefecht. Nur die Besten bestehen den Kampf. Du weißt: unser Geschlecht verträgt keine Schande. Überall auf der Welt gilt unsere Ehre. Allen voran steht unsere Mannheit, unsere Stärke, unser Heldenmut!

LAERTES Götter, ihr lieben! Was für ein Tag ist heute! Die Freude! Sohn und Enkel stehen im Kampf, und ich Alter darf es mitansehen!

TELEMACH Lieber Vater, wie mir zumute ist, wirst du gleich sehen, wenn wir dem Feind begegnen. Dann werde ich handeln nach deinem Wort und unserer Sippe keine Schmach bereiten. *Die drei verlassen den Garten. Das Licht wird schwächer, der Apfelbaum beginnt zu leuchten. Pallas Athene in der Gestalt des Mentor tritt in den Garten. In der Nähe Gefechtslärm.*

ATHENE Zeus Kronion: wie denkst du dir das Ende? Wo soll das hinführen? Sag mir: läßt du den Krieg zu und läßt das grausige Morden noch weitergehen? Oder meinst du: wir stiften besser Freundschaft zwischen den Streitenden?

ZEUS/DER BAUM Wir? Was fragst du mich, meine Tochter? Du selbst hast den Odysseus geleitet zu mancher Gewalttat. Zuletzt ihn angetrieben zu blutgierigem Mord. Du selbst hast ihn in immer neues Unheil gestürzt. Jetzt weißt du nicht mehr, wie du den Liebling errettest? Laß es gut sein, Tochter. Komm selbst zur Besinnung. Dann will ich durch deinen Mund verkünden, was für alle das Rechte ist.

Das Licht weicht aus dem Baum. Athene wird erhellt. Odysseus betritt erschöpft den Garten.

ODYSSEUS Athene, du Hohe... Mentor, du Lieber... bist du's? Ich muß einen Augenblick ruhen... einen kurzen Augenblick. Ich brach mit dem strahlenden Sohn vorn in ihre ersten Reihen. Wir schlugen mit unseren Schwertern und doppelt gespitzten Speeren und hätten fast alle erschlagen, bis keiner mehr hinkend davonkam... Nein... ich stell's mir so vor, um meine Kräfte ein wenig anzustacheln. In Wahrheit weichen sie nicht, sie schlachten uns ab... Ich glaube, du Hohe, wir halten nicht stand.

Er lehnt sich an den Baum.

ATHENE Guter Odysseus, weitaus mir Liebster von allen Schützlingen! Noch einmal, ich bitte, sammle die Kraft, schwing deinen Speer. Hierher führe ich dich... Dort siehst du den Schatten des Eupeithes... Nur einen Stoß noch, und der Anführer von allen ist schon vernichtet. Ich bitte, bringe ihn um. Schleudere den Speer: jetzt!

Sie haucht ihm Mut ein. Odysseus wirft den Speer.

Ha! Der Helm ist geborsten. Dein Erz hat ihm den Schädel durchbohrt. Da stürzt er klirrend zu Boden... Herrlich getroffen, Odysseus.

Mit dem stürzenden Eupeithes fallen die Prospekttücher des Gartens. Odysseus sitzt erschöpft am Stamm des Apfelbaums. Eine Übermacht an Gegnern rückt in langer Reihe in den Vordergrund. Athene tritt ihnen entgegen.

ATHENE Nichts mehr vom schrecklichen Krieg! Männer von Ithaka, steht still! Bleibt, wo ihr seid, und spart euer Blut! Durch euer Verschulden ist der ausweglose Streit entstanden. Mir gehorchtet ihr nicht, als ich euch warnte, und brachtet eure Söhne nicht ab vom gesetzlosen Müßiggang. Darin schritten sie vor zu abscheulichem Frevel, raubten das Hab und Gut eines fürstlichen Manns. Schändeten das Ansehen seines hochherzigen Weibs. Dafür haben sie die gerechte Strafe erhalten. Denn es kehrte zurück der große Odysseus und säuberte gründlich sein Haus.

ODYSSEUS Ihr Lumpenpack, ihr dreckigen Hunde! Euch durchstoß ich die Kehle! Ihr Thronräuber! Ihr Abschaum! Euch zerreiße ich die Gedärme! Gleich liegt ihr zerstückelt am Boden wie vorher eure Schlangenbrut!

Ein blitzförmiger Speer fällt vor ihm zu Boden.

ATHENE Liebling Odysseus, halt ein! Der Streit ist vorbei. Zeus Kronion hat es beschlossen, der oberste Herrscher im Himmel. Brüll nicht mehr wie ein blutrünstiger Krieger. König bist du von Ithaka und einem weit größeren Reich... *zu den Ithakesiern* Da nun wiedervereint ist das Paar, tritt durch sie beide die heilige Ordnung wieder in Kraft. Odysseus gebietet über die Insel und alle Städte und Stämme, die um die kluge Penelope warben. Eide der Treue schwören ihm Festland und Inseln. Wir aber verfügen, was recht ist: aus dem Gedächtnis des Volks wird Mord und Verbrechen des Königs getilgt. Herrscher und Untertanen lieben einander wie früher. Daraus erwachsen Wohlstand und Fülle des Friedens den Menschen. Aus göttlichem Spruch entstand der Vertrag. Wer ihn nicht einhält oder vergißt, der fürchte den Zorn und die Strafe des Vaters, der weit in die Welt schaut.

Die Ithakesier legen die Waffen ab. Hinter ihnen erscheint, leicht gekleidet, fast schlendernd, seltsam verjüngt: Penelope. Sie spricht mit dem einen oder anderen der Männer liebenswürdig. Hängt sich ein bei einem Alten, streicht einem anderen über die Wange. Die Männer folgen der Penelope, da sie nun auf Odysseus zuschreitet. Er verharrt mit gesenktem Schwert breitbeinig in der Stellung des Kampfbereiten. Für einen Augenblick stehen Odysseus und Penelope einander allein gegenüber. Dann tritt sie lächelnd zu ihm, küßt ihn, schlingt ihre Arme um seinen Hals und das rechte Bein um seine Kniekehle.

Jeffers-Akt

I und II

Für Manuela

Jeffers-Akt I

Robinson Jeffers, Dichter der amerikanischen Westküste, lebte von 1887 bis 1962. Mit seiner Frau Una verließ er in jungen Jahren die Städte und siedelte abgewandt auf einer Klippe vor dem Pazifischen Ozean.

Berühmt wurden seine frühen Erzählgedichte, in denen Menschen seiner Landschaft, Fischer und Farmerstöchter, Stranderemiten und Kriegsheimkehrer auf Blut- und Wahnwegen irren, als hätte es die qualvollsten Helden der Griechen an die Küste von Carmel verschlagen. Drei szenische Dichtungen bezeugen das neben O'Neill eigenmächtigste Erbe antiker Tragödie im Amerika des 20. Jahrhunderts: eine Medea, eine Phädra, eine Orestie.

Der intellektuellen Moderne des New Criticism galt er als der verächtlichste Poet des Landes. ›In einer Zeit der feinsten Chromatik benutzte er nur Ganztonschritte.‹

Whitman umarmte alle, Jeffers stieß sie alle ab.

Alle wörtlichen Jeffers-Zitate aus Gedichten, Briefen, Vorworten *kursiv.*

*

(Jeffers an einem kleinen Tisch. Die Arme aufgelegt, die Hände lose gefaltet. Er sieht Una, die draußen auf der Bank vor dem Haus sitzt und altes Brot vor die Seevögel streut.)

Diese Frau hat noch ein Jahr zu leben.
Ihr Tod wächst tief verborgen, wo keine Hoffnung ist.
Ihr Tod wächst in ihr wie ein Kind,
Und sie weiß darum, man sieht es an ihrer lichten Stirn.
Sie betrachtet ihre Hände und denkt: »Die werden
Nächstes Jahr im Krematorium verbrennen wie Lumpen.
Ich werd's nicht spüren. Aber ich – wo? Wo ich? Nirgendwo.«
Seltsam: was geschieht, taucht ihr Gesicht in Blütezeit.
Ein bißchen gedankenfaul war sie früher und füllig im
Gesicht, jetzt spricht sie fast hastig; jung sieht sie aus,
Schlank und erwartungsfroh; neugierig schweifen die Augen,
Als wär sie neu geboren und hätte noch nicht erlebt
Die Schönheit der Welt, die Schrecken, Qualen, Freuden
Und Lieder.
Ist's besser, behaglich zu leben, dumpf und lang?

(Una an dem kleinen Tisch. Die Arme aufgelegt, die Hände lose gefaltet. Sie sieht Jeffers, der draußen die Zypressen und Eukalyptusbäume wässert.)

Robinson Jeffers, Dichter … Für Jahrhunderte wird sein Geist über diesem Haus kreisen, über dieses Land und den Ozean blicken. Seine Verse werden kommen und gehen im Einklang mit dem Schlag der See, im Gleichgewicht mit dem Fels; sein Auge wird hoch oben, von Falken mitgenommen, kreisen und spähen. Er hat die Steine behauen, die er brauchte für unser Haus. Das steinerne Haus. Und für den Turm die Granitblöcke vom Strand heraufgeschafft und ihn selber gebaut. Mann, Frau, Haus. Meer, Vers, Stein. Söhne, Wrasen, Zeit. Stärke, Güte, Raben. Welch schöner Mann! Ich liebe ihn so sehr …

Ich weiß noch als wir herkamen, es standen nur drei Häuser auf der Klippe. Wir spazierten unten in der Bucht, wir sahen hinauf zu dem kleinsten, das noch im Rohbau stand. Wir fühlten beide, das ist unser Ort, wir sind angekommen. Wir kauften den Grund, und Robin ging dem Maurer zur Hand, dem Steinmetz, und lernte von ihm, die Blöcke zu behauen, den Meeresgranit. So begann unser glückliches Leben in Carmel, so begann es seewärts zu blicken, den Ozean zu grüßen, die Falken, die Schluchten, die Nebel. Jeden Tag machten wir neue Entdeckungen, und wieviel gab es zu tun in der ersten Zeit! Am Haus und draußen, beim Bauen und Pflanzen – die Zypressen sind alle schon im ersten Jahr in den Boden gekommen. Jeden Tag wurde ein Ausflug gemacht. Wir ritten in die Canyons hinauf, folgten den alten Indianerpfaden und stöberten im zerfallenen Gemäuer der Missionsstation. Oder wir wanderten an der Küste entlang, um Holz zu sammeln. Wir kauften kleine Bestimmungsbücher und lernten die vielen Arten von Blumen, Muscheln, Vögeln und Tierspuren zu unterscheiden. Wieviel Neues auf jeden Schritt und jeden Blick! Eine neue Farbe über dem Meer, eine Sturmwolke am Horizont, die Schreie der Reiher und Pelikane. Und abends auf dem Heimweg vom Strand, wenn der stechende Qualm von verbranntem Eukalyptus, der Gewehrpulvergeruch von altem Treibholz aus den Kaminen stieg, lief uns das Wasser im Mund zusammen vor Appetit auf unser Abendbrot.

Warum komme ich immer wieder auf den Anfang zurück? Bald vierzig Jahre sind es nun her, und es waren gute Jahre. Aber der Anfang war herrlich. Frühmorgens bis ein Uhr am Mittag schrieb er oben in der Mansarde über dem Wohnzimmer. Ich höre seine Schritte, damals wie heute, auf und ab. Er schritt seine Verse aus, bevor er sie niederschrieb. Vielleicht nehme ich nur das mit hinüber, seine Schritte da oben, auf und ab, und werde sie noch hören, wenn aus den Haarwurzeln schon die Maden kriechen. Lange Verse, lange Gedichte. Voller Gewalt und Wahnsinn. Voller Inzest, Vergewaltigungen, Feuerstürme und schwarzen klaffenden Wunden. Voller Blut und Geister Verstorbener. Voller Liebe und Haß. Alt waren die Geschichten, uralt das Blut aus der Griechenquelle, aber die Landschaft von hier, die Menschen von hier, Rauheit und Wildheit von hier. Ich brachte ihm auch die eine oder andere Geschichte mit, Schicksale und Abenteuer aus der Gegend, die ich in der Stadt oder auf dem Postamt hörte. Er selbst ging nicht gern unter Leute. Vertrug es nicht gut. Zwei, drei Menschen an einem Tag, und er war für den Rest des Monats mit der menschlichen Rasse zerfallen.

Oh, ich wollte ihn anfangs wie Yeats, meinen Lieblingsdichter; ich wollte sogar, daß er ähnliche Kleider trug wie Yeats. Ich wollte, daß er sich einen solchen Turm baute, wie Yeats ihn bewohnt hatte. Ja, ich war sehr töricht, als wir noch jung waren. Es muß ihn gekränkt haben, daß ich immer einen Lieblingsdichter hatte neben ihm! Aber er baute den Turm, baute ihn mit seiner eigenen Hände Kraft. Hämmerte den Granit zurecht und leierte die Blöcke mit einer primitiven Seilwinde vom Strand auf die Klippe. Fünf oder sechs Jahre hat es gedauert, bis Hawk Tower stand, aus vier Fuß dicken Mauern errichtet. Der Turm wird stehen und lang nach uns noch stehen, Festung und Bake von Jeffcrs-Land ...

Die Zypressen, die wir pflanzten und die das Haus schützen vor Seewind, werden hinauswachsen über unsere Zeit, wie sein Werk, seine Verse, seine Stille. Unbegrabbar wie das Meer.

Mein Gott, war ich verliebt, als dieser gutgewachsene Bursche in unserer Gegend auftauchte! Als ich ihn zum ersten Mal traf im College, wo wir den gleichen Sprachkurs belegt hatten in Deutsch. Nein, verliebt?, nein. Konnte ich mir gar nicht leisten. Ich war damals eine junge verheiratete Frau und hatte es allein der Großzügigkeit meines Mannes zu danken, daß ich mein Studium beenden und die Hausfrauenpflichten vernachlässigen durfte. Verliebt war ich noch nicht, damals; nur neugierig. Sehr neugierig, und bog mich jedem zu, der etwas Interessantes zu sagen hatte und stellte ihm dann meine berüchtigten flinken Fragen. Ich wartete genüßlich seine Antworten ab, und wenn sie mir gefielen, dann interessierte er mich und wurde zu uns zum Tee eingeladen und durfte in unserem ausgesuchten Kreis mitdebattieren. Robin gab aber sehr gute Antworten, und er war sehr höflich. Er trug mir jeden Tag die Bücher nach Hause. Seltsam, daß es Ted nicht auffiel, denn er kam wirklich viel öfter zu Besuch als die anderen. Aber wahrscheinlich war Ted sich damals seiner Sache mit mir genauso sicher wie seiner Karriere als Anwalt. Und weshalb auch nicht? Ich war siebzehn, als ich ihn heiratete, ganze siebzehn Jahre alt. Neunzehnhundertsechs lernte ich Robin kennen, neunzehnhundertacht habe ich Examen gemacht, neunzehn ... ja irgendwann um diese Zeit brach sie aus, unsere einfache, schwere, unaufhaltsame Liebe. Er floh dann erst einmal nach Washington und begann Forstwirtschaft zu studieren. Von dieser Trennung an habe ich die Briefe gesammelt, in denen wir uns eingestanden, daß weder Zeit noch Entfernung noch irgendein anderer Widerstand uns auf Dauer auseinanderhalten könnte. Zugleich haben wir alles versucht, um uns gegen diese innere Gewalt zu wehren. Versuchten immer wieder, die Verbindung abzubrechen, unsere Liebe zu begraben, er mit anderen Frauen, ich mit Ted Custer, meinem Mann, der von all dem nichts ahnte. Über ein Jahr hatten wir nichts mehr voneinander gehört, als er plötzlich an einer Kreuzung über die Straße geht, ich sitze im Wagen, und solange der Verkehr stockte, sahen wir uns wieder. Es fing alles von vorne an, die heimlichen Briefe, die peinlichen Anrufe zu Haus, wenn er nach einer Theodosia fragte und so tat, als hätte er sich verwählt, wenn Ted am Apparat war. Und wieder die Umstandskrämerei während der Ferien nebeneinander in der Hermosa Bay, wo wir uns nachts heimlich zum Schwimmen trafen. Aber es wurde nun unausweichlich, ich konnte nicht mehr anders und mußte eines Tages Ted ein Geständnis ablegen. Er war wie vom Blitz gerührt und wußte nicht, wie ihm geschah. Er drängte mich, eine Reise nach Europa zu unternehmen, um Robin aus dem Kopf zu bekommen. Obgleich ich alles andere wünschte als dies, wollte ich meinen Mann nicht noch schlimmer verletzen und willigte ein; es war April neunzehnhundertzwölf, ich nahm das Schiff nach England und ließ die verwirrtesten Menschen und ungeordnetsten Verhältnisse zurück. Von London aus machte ich einen Abstecher nach Irland, um meine alte Verwandtschaft zu besuchen. Zum ersten Mal betrat ich mein Heimatland, mein liebstes Stück Erde nach Carmel ...

In London kam es zu der wenig aufregenden Begegnung mit dem armen Percy Peacock, aber ich dachte, der käme mir vielleicht gerade recht, weil man ja oft nur auf dem Umweg über einen Dritten aus so einer Zwickmühle herausfindet. Aber eines Tages erfuhr ich, daß Ted zu Hause Edith Emmons kennengelernt

hatte, eine neue junge Frau an seiner Seite! Und das verdrehte die
ganze Geschichte um eine weitere Verrücktheit, denn nun packte
mich eine grausame, blinde Eifersucht. Ich dachte an nichts anderes mehr, als Ted von dieser Person wieder loszureißen. Wir trafen uns sofort nach meiner Rückkehr im St. Francis Hotel in San
Francisco. Es war aber nichts mehr zu ändern. Ted wollte die
Scheidung. Wir regelten unsere Angelegenheiten. Am nächsten
Morgen traf Robin im selben Hotel ein, und bereits am Nachmittag waren wir verlobt. Das ist die Wahrheit über die schwere Geburt unserer unsterblichen Liebe: sie ging aus einem wahren
Zickzack der Gefühle und spitzen Kehren der Leidenschaft hervor. Um ein Haar hätten wir uns verfehlt, und ich wäre an der
Pforte zu einem über alles Maß glücklichen und erfüllten Leben
in hellem Zorn vorbeigerannt.

Aber die Kraft der Sehnsucht, die sich sechs Jahre angestaut
hatte, war schließlich stärker als alles übrige, obgleich ich am Ziel
eher ein wenig erschöpft als im Triumph ankam. Es dauerte eine
Weile, bis wir uns von der plötzlichen Erfüllung unserer Wünsche und Gelübde erholt hatten. Zwei, drei Jahre vergingen, bis
wir unseren Ort gefunden hatten, bis wir wirklich Mann und
Frau wurden, so nah, so fest und so unergründlich einander wie
die Elemente selbst, die uns hier umgaben.

Alles änderte sich, wurde reifer und schöner, als ich ihm die
Söhne gebar. Nun waren wir auf einmal zu viert, denn ich
brachte Zwillinge zur Welt, Donnan und Garth. Auch sie werden
bleiben, solange er lebt. Und wenn sie nicht von zu Hause und
ihrer Arbeit wegkönnen, so werden doch die Enkelkinder kommen und sich um ihn kümmern, ihn aufmuntern, wenn er keine
Lust mehr hat und seine Müdheit allzusehr nachgibt. Denn ich
fürchte, er wird keine große Lust mehr haben und seine Arbeit
vernachlässigen und keine Briefe mehr schreiben. Donnan muß
kommen, wenn es soweit ist; Garth wird wahrscheinlich nicht
lange von seinem Forstamt wegbleiben können, aber Donnan
muß bei ihm sein mit Frau und Kindern, jedenfalls für die erste
Zeit. Er muß ihm helfen, die Korrespondenz zu erledigen. Ja,
das ist sehr wichtig. Ich habe es ihm immer abgenommen, ich
schrieb für ihn die Briefe, denn er selbst hätte so gut wie keinen
je beantwortet. Ich schrieb sie, damit die Leute nicht dachten,
Robin Jeffers, ach, dieser schauerliche Kauz, dieser unansprech-

liche Griesgram, der in seinem steinernen Turm sitzt und begierig darauf wartet, daß endlich die Bombe fällt ...
Und ich sorgte auch dafür, daß er von Zeit zu Zeit fotografiert wurde und daß die Bilder in die Zeitung kamen. Die Leute sollten wissen, wie er wirklich aussah, wie schön und ernst und gutgewachsen. Sie sollten ihn nur sehen, wie er alleine stand in der leeren Arena der Tragödie, aufrecht, ohne Chor und Helfershelfer. Er, der letzte, der den alten Schritt noch konnte, den uralten Opferreigen; der graue Ozean mit seinen Schreien und Nebeln trug ihm die Vorzeit zu, die rohe, immer wiederkehrende Greuelzeit.

Oft am Abend hat er uns vorgelesen, als die Kinder noch klein waren. Wir saßen im Wohnzimmer, und er las aus den langen Romanen von Hardy und später viel Dostojewski. Oder Lawrences ›Revolt in the Desert‹. Oder Synges ›Aran Islands‹. Ja, und wenn es ein guter Tag war, setzte ich mich ans Harmonium und spielte ein paar irische Lieder. Robin starrte ins Feuer, konnte ja nicht singen, der Hund lag zwischen seinen Füßen. Haben wir lange nicht mehr gemacht, vorlesen. Seit die Kinder aus dem Haus sind, nicht mehr. Schade. Und ich bin jetzt zu schwach, um noch auf dem Harmonium zu spielen. Und Billie, unser Hund, ist schon lange tot. Aber wir, Robin, wir wachsen zusammen wie zwei alte Rosensträuche ...

(Im Wohnzimmer. Una sitzt im Nachtkleid neben dem Radio und versucht einen Sender klar einzustellen. Jeffers kommt die Treppe von der Mansarde herunter.)

JEFFERS Was tust du? Warum liegst du nicht im Bett?
UNA Sie bringen etwas von dir im Radio. Gerade war's noch da. Der alte Kasten ist zu schwach. Ich find es nicht wieder ... Da! Ach, ganz leise ...
JEFFERS Du mußt dir etwas überziehen. Es ist zu kalt für dich.
UNA Oh, ich fühl mich wohl heute. Heute geht es mir sehr gut, Robin. Warte! Hörst du? ... »Der Dichter von ›Tamar‹ ... der

Dichter von ›The Tower beyond Tragedy‹, ›Women at Point Sur‹, ›Roan Stallion‹ ...«

JEFFERS Sollte mich wundern, wenn man im Radio die alten Sachen ausgräbt. Das ist doch lange vorbei.

UNA Nein. Ich hab's gerade gehört ... (Sie rezitiert) *I am Tamar Cauldwell from Lobos; write my story. Tell them I have my desire ...*

JEFFERS Una! Nicht! Nicht du!

UNA Tamar mit dem offenen Mund ... *Nicht genug ist's, zu kosten und zu lechzen, zu spucken und zu zischen / Dich totkrümmend mußt du mundweitoffen leben /*
Ein klaffender Mund sein / Über und über, um Himmel zu schlingen, an den du nicht hinreckst

JEFFERS Una, du warst nie Tamar! Laß sie in Frieden, laß sie in meinen Versen begraben sein, die häßliche alte Bluthure!

UNA Sie wollen deine Dramen senden, deine Gedichte vorlesen! Du wirst es erleben, Robin, die Zeit ist gekommen. Ich wußte es, eines Tages würde der Bann gebrochen sein.

JEFFERS Du solltest dich wieder hinlegen, Liebste. Ich glaube, du phantasierst ein bißchen.

UNA Laß mich beim Radio! Sie bringen etwas von dir.

JEFFERS Ich stell dir den Kasten ans Bett. Nun komm! (Er nimmt sie auf die Arme.) Es ist feucht im Haus. Du wirst dir eine Lungenentzündung holen.

UNA Leicht bin ich, wie? Ich kann mich nicht mehr wehren. Wenn du mich trägst, dann trag mich eben. Kannst mich jetzt überall hintragen. (Er geht mit ihr in den angrenzenden Raum, Unas Zimmer.)

(Jeffers allein im Sessel neben der halb geöffneten Tür zu Unas Zimmer.)

Es ist nicht wahr, daß das Wort am Anfang war. Erst am späten Nachmittag kommt ein leises Gebrabbel, und dann Schweigen für immer.

Meine Worte kämpfen gegen den Türspalt, der sich nicht wieder schließen, nie wieder ganz öffnen wird. Dringen gegen die halboffene Tür, durch die das Licht aus deinem Zimmer fällt, und ich rede, rede, damit alles so bleibt, wie es immer war. Drüben liest du unter der Lampe und hebst, während ich meine Zeilen in die Maschine hacke, von Zeit zu Zeit den Kopf, hörst meine Stimme die Verse skandieren, prüfst ihren Rhythmus, für den niemand ein besseres Ohr hatte als du. Kanntest jede Zeile und hast sie geprüft. Nein, ich würde niemals widerrufen, nicht vor dem höchsten Richter. Du hast es für gut befunden, und so soll es bleiben, wie ich es schrieb. Du hast es zum Leben erweckt.

Ich, Jeffers, kein Städter. Ich bin einfach und monoton. Ich hasse die Straße und die eiligen, schwatzhaften Passanten. Die Häuser, aus denen die Jaultöne wie Windsäulen steigen. Gott hat zu mir gesagt: Geh nach Carmel, dort ist Jeffers-Land. Geh hin, bau dir ein Haus und halte Ausschau nach mir ...

Das Haus ist zu kalt gewesen. Das Haus war nur aus rohem Stein. Ich habe es nicht gut gemacht. Es ist immer zu kalt und zu feucht gewesen für sie ...

›Er will ja, daß alles untergeht! Die Städte, die Erde, die Menschheit!‹ Nein. Wollte ich nicht. ›Geschichte, geschrieben mit Blut und Flamme‹ – ach, Metaphernschwindel. Was weiß ich schon? Alles, was ich weiß, ist meine alte Hand. Mein Haus kenne ich. Mein Haus aus Meeresgranit. Und meine zwölf Enkelkinder. Die Brandung kenne ich, die Seehunde und die ewigen Nebel. Wie's Leben weitergeht – *durchhalten, durchhalten, des Tod's edlerer Vetter* – hab ich gelernt, ja, und wie es noch einmal freundlich umwirbt den alten Läufer mit der erloschenen Fackel.

> *Einsam nicht, weil du mir fehlst. Einsam, weil*
> *Ich verstümmelt bin: du warst ein Teil von mir.*
> *Alle Menschen ertragen das. Ich werde alt und*
> *Meine Liebste starb.*
> *Ja, ich kann leben ohne dich, bitter und recht.*
> *Das klag ich nicht. Meine Qual ist die Erinnerung:*
> *Daß ich sehen mußte, mein Jammer: den Hochsinn*
> *Und die Schönheit deines tapferen Lebens durch Staub*
> *Geschleppt auf dem dämmrigen Weg zum Ende.*

Mein Jammer, daß ich dich sehen mußte geschlagen,
Dich, immer Aufragende,
Erschöpft und gequält, zerfallend
Zu Nichts.

Ich kenne keines meiner Gedichte mehr bis zum Ende. Sie sind zu lang. Ich weiß nicht, was das für seltsame Wesen sind. Krank? Vielleicht. Häßlich? Nicht immer, nicht überall. Zuviel Mord und Inzest, zuviel Gewalt. Die kleineren, die kürzeren sind vielleicht besser; sympathischer, weitaus sympathischer. Nur ein bißchen gutes trockenes Parlando, ein paar hingeworfene Worte, wie Leute, die sich die Beine vertreten nach einer langen Autofahrt. Ha!
Nein, ich würde keine Fackel mehr tragen wollen. *Torches of violence.* Ich würde sie in den Sand werfen. Mitten in die leere Arena. Meine Weltanschauung war Una. Ich besaß nie eine andere. Man hat meinen Pessimismus verurteilt. Einiges fand man unter aller Kritik. Mag sein, es war nicht besonders gelungen. Krieg und Vorkriegszeit haben mir viele Verse ruiniert. Aber ich sagte: *Ansichten gehören zum Mann, und er muß ihnen Luft machen, auch wenn die Poesie darunter leidet.* Man haßte mich, weil ich nicht an den menschlichen Menschen glaubte. Die Sozialen verdammen den, der zu sagen wagt, daß Gottes Welt schön ist außer dem Menschen. Und daß die ohnmenschliche Schönheit der Dinge keiner Verbesserung bedarf und ein kärgliches Leben genug ist für jeden, der es versteht, anderen aus dem Weg zu gehen. Denn ich sagte nicht: Liebt euch um des Friedens willen. Sondern ich sagte: Laßt euch in Frieden, *turn away from each other.* Und ich sagte: *It would be better for men / To be few and live far apart, where none could infect another …*

Das mochten die Städter nicht hören; und manche verziehen mir nicht, daß in einigen meiner Poeme noch Platz genug blieb für ein paar drastische Worte gegen Roosevelt, den Verräter Amerikas, den falschen Missionar, der die ganze Welt zu Wohlstand und Demokratie erlösen wollte und dafür dies stolze, freie Land in einen sinnlosen Krieg stürzte. Auch daß ich es anscheinend versäumte, Hitler zu verurteilen, Welthund Hitler, der alles Böse der modernen Zivilisation auf sich genommen hatte und straffreien Raum hinterließ für anderer Leute Verbrechen, beispielsweise Bomben auf Japan zu werfen, brachte mir keine Freunde unter den Künstlern und Zeitungsleuten, den Linksradikalen und Intellektuellen, die ausnahmslos Roosevelts brutale Menschheitsbeglückung unterstützten. Ich wußte, als ›Double Axe‹ fertig war und ich meinen Namen druntersetzte, daß ich meinen Hinrichtungsbefehl unterschrieben hatte. Gestrichen war fortan mein Name aus der Geschichte der ehrwürdigen amerikanischen Literatur. Der Idiot auf der Klippe, der zeternde Eremit, der stahläugige Faschist, der verrückte alte Phrasendrescher, um nur einige der liebenswürdigen Umschreibungen zu erwähnen, die man für den Dichter von ›Roan Stallion‹ und der ›Medea‹ fand. Nun gut. Wahrheit braucht nicht allzu viele Freunde. Faschist oder nicht, wen kümmert's? Darüber fällt Orions Gürtel nicht herab. Wer an die Quelle rührt, macht sich die Hände blutig. Ich hatte keine andere Wahl: ich bin kein Humanist. Ich war nie einer und werde es auch in meiner schwächsten Stunde nicht sein. *Humanity is: the blind mask urging to be slit with eye-holes.* Auch wenn ich mittlerweile nicht mehr viel gebe auf die Fackeln der Gewalt und bereit wäre, all das Schlachten, Bluten und Brennen in meinen Schriften hinter mir wie ein zugeschnürtes Bündel alter Kleider in die Brandung zu werfen.

Also doch ein Widerruf? Nein. Würde ich nicht sagen. Palinodie schrieb Stesichoros, weil er die Helena beleidigt hatte und dafür erblinden mußte. Nahm alles zurück und behauptete das Gegenteil. Bekam das Augenlicht zurück. Und ich? Wenn ich Una zurückbekäme, würde ich dafür widerrufen? Ich würde jedes meiner Gedichte widerrufen, wenn es bewirkte, daß du zurückkämst zu mir. Aber du – gerade du würdest es niemals zulassen! Du am allerwenigsten könntest es gutheißen …

Ich, Jeffers, lege mich nicht mehr an mit Wohl- oder Greueltaten, die von Menschen begangen werden. Mit Sitte, Verderbnis und fanatischem Irrtum. Ich habe mir oft genug die Zunge verbrannt. Schluß damit. Benjamin de Cassers nannte ›Tamar‹ a perfect work of art. Immerhin. Überladen. Peinlich. Formlos. Neurotisch. Sagten andere. Schließen wir damit das Kapitel …

Zu heiß unser Bewußtsein, zu wild der Menschengeist,
Als daß irgendwer, außer Gott vielleicht, Schönheit darin
erblicken könnte.

*

Schöne Jahre, als sie bei mir war und wir besuchten
Jeden Fels und jede Bucht an der Küste –
Ihre Augen gaben Leben jedem Ding. Jetzt liegt braun-matt
Das Wasser mit faulem Gras, die Fischerboot-Wracks stinken
In der Sonne; immer noch hängt der hohe Fels wie eine
Gewitterwolke
Über dem muffigen Dunst und der stillen See.
Man sagt, es wimmelt von Klapperschlangen dort oben – gut –
die gestauten Blitze
In der Stein-Wolke. Hütet sie gut, meine Vipern.
Jenes Felshaupt in der Normandie, Mont St. Michel,
Vielleicht war's mal genauso schön wie dies hier, vorzeiten,
Als es noch unbebaut war.

Einmal kehrten wir heim aus Irland, wo ich hart daniederlag und beinah schon im Sterben, aber der Tod hatte uns genarrt und tückisch den Partner gewechselt, und so wurde es die letzte Reise mit dir. Ja, wir kamen zurück, Kalifornien war wunderschön, das Tor House stand in der Sonne, im Hawk Tower flatterte eine Fahne zur Begrüßung: wieder zu Haus! Mehr als gerettet! Mein Land, meine Bäume, meine Küste – mehr als gerettet!
Wir, Una, haben dieser Erde, auf sie hörend, ein Leben abgetrotzt. Für die Kinder, für die Enkel ist es nur noch ein Ort der Erholung, ein Platz, wo sie ihre Ferien verbringen. Aber wir, du und ich, haben hier gegründet und begonnen. Ohne dich hätte ich nie einen Meter Boden, nie einen einzigen Steinblock bewegt. Ohne dich nie ein Stück unberührtes Land betreten. Unsere Liebe ist etwas anderes als die von Leuten in Apartments und Vorstadthäusern. Ist Teil jener Ehrfurcht vor dem, was dauert und überdauert und unermeßlich besteht:
Wo immer du bist, den Elementen zugefügt, dem Wind und dem Morgenrot, den Raben, dem Halm in der Sonne, dem Kugelhaufen der Sterne – wo immer du bist: was ich sehe, wird schöner.

Es dämpft den Gedanken, es betäubt die Einbildungskraft, von früh bis spät auf den Fels und den Ozean zu sehen. Und doch ist der endlose Blick, ist die innere Monotonie die einzige Antwort, die wir dem Immerwährenden geben können: sehen und sehen ...
Der wache Geist bedarf der Gewißheit von Vergänglichkeit und Wiederkehr. Er bedarf des Blicks auf Verkehr, um seine feineren Messungen vorzunehmen. Der Fels aber zersetzt die Zeit, und unsere Zeit besteht aus Wörtern und die Wörter zerfallen mit ihr und werden vielleicht, kurz vorm Ende, noch einmal Beschwörung. Dann aber der Art entfremdete Werkzeuge, deren Gebrauch niemand mehr versteht.

Die letzte Schönheit der Dinge offenbart sich nicht in ihrem Reichtum an Wechsel und Wandel. Sondern in ihrer leisdröhnenden Gleichheit. In ihrem leisdröhnenden Jenseits-jetzt.
Die Schönheit der Dinge, die unser Herz bricht, die unseren Schädel bricht, weil sie hinein will in uns, immer tiefer hinein, bis zu jener Stelle, wo unterm Joch die Stummheit haust, die einzige unserer Begabungen, die sie von Bitternis leeren und ganz mit ihrer eigenen Vollkommenheit erfüllen kann.
Verblasse, schwinde und sieh! Der heisere Atem die geschwürige Lippe die feuchten Hände das fiebernde Auge – sieh! Die Haut sinkt, die Knochen steigen, das Blut sickert durch steinerne Gänge, das Hirn trocknet draußen im Licht: wie ein rissiges altes Netz auf der Klippe. Nimm ab und sieh! ...

*

Siebzig helle Köpfe umlagerten ihn, den Gewährsmann des Grauens, und fragten ihn aus. Inmitten der Arena saß er vornübergebeugt und vibrierte leise wie ein gefangener Koloß unter den Kindern der Zukunft. Sie hockten mit verschränkten Beinen im Sand und im Sägemehl und stellten ihm abwechselnd meckernde, knurrende, krächzende, wiehernde und quiekende Fragen; sie rasselten mit ihren krummen Begriffs-Bestecken in den leeren Blechnäpfen der Vernunft, die aufmüpfigen Gesellschaftsinsassen ...

Unter ihnen stand einer auf, ein langes Laster, ein Reff mit grün-gepudertem Stachelhaar, und schrie: ›Das ist einer, der verherrlicht den Krieg!‹ Und ich sagte: ›Nein, ich verherrliche nicht den Krieg.‹ Aber er fuhr fort: ›Er schreibt, er predigt Zerstörung und Inhumanismus. Geht über Hekatomben von Leichen mit einem einzigen zynischen Vers. Der Menschheit Blutopfer fordert er.‹

Und ich sagte: ›Menschen sollten sich nicht allzuviel um die Menschheit sorgen. Das ist eigentlich nicht ihre Aufgabe. *Wird Zeit, daß unsere Rasse endlich aufhört, sich wie ein egozentrisches Baby zu benehmen oder wie ein Verrückter zu denken. Wird Zeit, daß wir den humanen Solipsismus verwerfen und die transhumane Schönheit des Seins erkennen. Nur einer kleinen Verschiebung unseres Denkens und Fühlens bedarf es vom Menschen fort zu dem, was weder Mensch ist noch von Menschen erträumter Gott; nur einer kleinen Emphase-Verlagerung bedarf es, um den Weg des dauerhaften Friedens zu beschreiten.* Klügere werden kommen und mich verstehen. Und werden es klüger ausdrücken, mein mangelhaftes Lob der ohnmenschlichen Schönheit.‹

Eine junge Frau erhob die Stimme und sagte:
›Nietzsche erklärte: Gott ist tot. Sie verkünden das Ende des Menschen. Ist das Ihr Inhumanismus?‹
›Ich meine nur‹, so gab ich zur Antwort, ›es wäre vielleicht besser gewesen, nicht Gott zuerst zu stürzen, feig wie wir sind, sondern den Menschen zuerst. Kein Individuum würde um den Tod der Menschheit trauern. Kein einzelner empfindet etwas für das Schicksal der Rasse. Es ist banal und unbegreiflich, das Ende von allen. Das tolle Gebärme vom Untergang stammt von Leuten, die nicht trauern können. Es gibt nur den Tod des nächsten Menschen. Dein eigener Tod zählt nicht und der aller anderen auch nicht.‹
Darauf fielen sie wieder mit ihren rastlosen Aufgeregtheiten über mich her, und von allen Seiten entlud sich prasselnde Intelligenz. Die Gesellschaftsgläubigen stritten mit den Wissenschaftsgläubigen, die Entropisten fielen den Naturanbetern ins Wort. Aber die pazifistischen Veteranen stimmten die Meinung als erste um: ›Politisch meint er nichts anderes als wir selbst zur Zeit des dreckigen Kriegs in Vietnam. Amerika, verschone die Welt

mit deinen Idealen! Bei ihm heißt es bitter genug: *Mein Rat ist nicht neu. Wenn du eine Fliege im Wasser siehst, verschluck eine Kröte. Wenn du Ärger zu Hause hast, führ im Ausland 'nen Krieg.* Er hat das Rechte zur Unzeit gesagt. Er ist unser Ahnherr!‹

Dann kamen die Ökologisten und ihre metaphysischen Kritiker, und die einen sagten: ›Ja, er hat recht. Der Mensch muß sich befreien von seiner Allmachts-Illusion. Von ihr allein rührt alles Unheil her, das über den Globus gekommen ist.‹ Und die anderen erwiderten darauf: ›Aber er darf nicht der neuen, der ‚positiven’ Allmachts-Illusion verfallen, er selbst könne der Retter der Erde sein!‹ Dann standen auf die Systemforscher, die radikalen Konstruktivisten und in ihrem Gefolge die AI-Philosophen und sagten: ›Er hat recht! Der Aufbau der Erkenntnis schreitet über den Menschen hinaus und bewegt sich in Richtung einer transhumanen Intelligenz.‹

Einige aber entsannen sich meiner Anwesenheit und richteten noch einmal das Wort an mich: ›Wollen Sie nicht noch etwas schreiben, Jeffers, damit endlich Klarheit herrscht, damit wir endlich wissen, woran wir mit Ihnen sind?‹

Aber ich sagte: *No. I have said it all. I am old and my wife has died whose eyes made life …*

Dann schlich ich aus der Arena, verließ diesen Basar der Erkenntnismoden und hörte noch, wie in meinem Rücken die Wellen der Debatte jäh wieder in die Höhe schossen. Aber sie bemerkten gar nicht, daß ich längst verschwunden war …

What fills men's mouth is nothing.
Was gesagt wurde, ist zunichtgesagt für immer.

Verfehlt ist, was ich gemacht habe. Obwohl ich an der Seite der Richtigen war. Und die Hand noch spüre, die sie mir gab, als ich ihr über die Flußsteine half. Das letzte Mal, als wir in die Schlucht hinaufwanderten. Die Freude, die uns einte, vor einer Gruppe alter Goa-Bäume nahe der verfallenen Ranch. Das rauchige Land und die Wasserläufe, dies alles sehen, und auf der Rückfahrt voll Freude noch, die Städte und die moderne Zivilisation aufrichtig verfluchend.

Und doch – und doch scheitern im Zwiegespräch mit der grauen See, den schrundigen Höhlen, den Riffen, dem ewigen Nebel. Scheitern jetzt, nicht wie ein Grieche. Meine Sehnsucht braucht meine Asche ...

Was kann ein Mann allein auch schaffen angesichts der Schönheit des Seins! Nichts. Absolut nichts. Aber ein Haus habe ich gebaut. Und einen Turm dazu. Una und ich haben hier gelebt. Eine Frau und ein Mann. Und ihre Söhne sind in Freiheit aufgewachsen. Ich denke, wir haben den Raum, den man uns gab, anständig ausgefüllt. Was können Menschen Besseres tun, als ihren Raum zu bestellen und gut zu nutzen?

Liebkosung der Materie ist es, daß Una mir zugewandt steht von überall her! Du warst die Passion, du die Leidenschaftliche. Du hast meine Verse zum Leben erweckt. Ich selbst bin kalt und unempfindlich.

Ich muß jetzt gehen. Ich habe dem alten Creedan versprochen, noch auf einen Sprung vorbeizukommen. Ich hoffe, es wird nicht allzu spät werden.

Und wenn ich zurück bin,

heut abend, Liebes,
Laß uns all das vergessen, und auch den Krieg,
Laß uns ein bißchen Insel sein hinter der Zeit,
Du mit dem Irischen Whiskey, ich mit dem Rotwein,
Solange die Sterne ziehen über den schlaflosen Ozean,
Und bald nach Mitternacht pflücke ich dir einen Kranz von
Einzelnen auserlesenen; laß uns reden über Liebe und Tod,
Felsenfeste Worte, alt und tief wie die See, und
Nichts mehr, das vergänglicher klingt als ihr Geröll,
Solange doch die Sterne ziehen über den zeitlosen Ozean,
Und wenn sie verschwunden sind, haben wir die Nacht gut
Herumgebracht.

Jeffers-Akt II
Mara

*Szenische Fassung des gleichnamigen Gedichts
von Robinson Jeffers*

Personen

SARAH FERGUSON
ANDREW FERGUSON   ein altes Farmerehepaar

BRUCE FERGUSON
ALLEN FERGUSON   ihre beiden Söhne

FAWN, 20 Jahre alt   verheiratet mit Bruce

RED O'NEIL
SAM BARRET   Männer und Frauen von
MARY MONAHAN   den Nachbarfarmen
BRENNA MORGAN

MARA
HOWARD   ein Schankwirt
Drei Musiker

Ort: In der Gegend von Monterey/California
Zeit: Sommer und Herbst 1939

Küstenstrich in der Nähe von Monterey. Anhöhe über dem Meer. Nacht. Eine kleine Gruppe von Männern und Frauen: Sam Barret, Red O'Neil, Mary Monahan, Brenna Morgan starren auf einen Fleck von gleißender Helligkeit, der über dem Wasser liegt.
Bruce Ferguson steigt aus seinem Transporter und geht zu den Leuten.

BRUCE FERGUSON Hej, Sam! … Was ist passiert?

SAM BARRET Die Atlanta ist ins Meer gestürzt.

BRUCE FERGUSON Die Atlanta? Was für eine Atlanta?

RED O'NEIL Der Zeppelin, der Riesenapparat, ein Luftschiff, das man steuern konnte. Es gehört der Marine.

BRUCE FERGUSON Abgestürzt? Ein Unfall, wie?

SAM BARRET Gott im Himmel, was für 'n Unfall?! Ich hab's genau gesehen …

RED O'NEIL Halt du das Maul, Sam. Er geht mir auf die Nerven.

SAM BARRET Ich war dabei. Ich hab's gesehen. Bei Gott! Der Berg hat seine Klaue ausgestreckt und hat's aus der Luft geschnappt, wie man als Junge 'ne Pfrille aus dem Teichloch fängt. Da. Trink was.

MARY MONAHAN *nähert sich Bruce* Paß auf. Kein Whiskey. Süßwein. *Sie nimmt seine Hand.* Wo kommst du her, Bruce?

RED O'NEIL Ich war nicht hier, als es passierte. Die Männer von der Küstenwacht sagen, es war, als ob der Blitz dem Ding das Rückgrat gebrochen hätte.

BRENNA MORGAN Da unten fährt die Küstenwacht. Was tun sie? Nichts tun sie.

RED O'NEIL Was sollen sie auch tun ohne Ausrüstung.

MARY MONAHAN *schmiegt sich an Bruce; er legt einen Arm um sie* Sie fahren aufgeregt am Strand entlang.

RED O'NEIL Was können sie ausrichten gegen dieses Ungeheuer? Hilflos fahren sie auf und ab vor dem Rachen der tobenden See.

BRUCE FERGUSON Wie viele waren an Bord?

SAM BARRET Die Hölle. Es war die Hölle.

RED O'NEIL Dreißig, vierzig Mann. Alle hinüber.

SAM BARRET Die hat's alle Mann erwischt. Alle zum Teufel.

BRUCE FERGUSON Das Ding hält sich über Wasser. Die ganze Nacht. Der Rumpf verbrennt nicht so schnell. Ich muß gehen. Gute Nacht. Gute Nacht, Mary. *Er wendet sich ab, geht zu seinem Wagen.*

MARY MONAHAN Bruce! ... Bring mich nach Hause!

BRUCE FERGUSON Ah.

MARY MONAHAN Die elenden Schwafler. Besaufen sich beim Katastropheglotzen.

BRUCE FERGUSON Jetzt kommen alle, die es im Radio gehört haben. Wird voll hier oben heute nacht. Nun ja. Wir können niemandem helfen.

MARY MONAHAN Weißt du noch, Bruce, als wir einmal beim Tanzen waren, wir kamen aus Howard's Mühle und traten in die Nacht hinaus, hinter uns die Barmusik, und im Finstern schrien die Kiebitze ... *Sie steigt auf den Beifahrersitz des Transporters.*

SAM BARRET He! Mary! Verdammt, wohin?
Was hast du vor?

BRUCE FERGUSON Sie fährt nach Hause. Hast du was dagegen?

SAM BARRET Nach Hause? Weshalb? ...
Na, meinetwegen. Haut ab. Fahrt zur Hölle.

MARY MONAHAN *läßt ihre Beine aus der Tür des Transporters hängen* Sieh mal, die vielen Lichter, die übers Meer streifen.

BRUCE FERGUSON Marineboote. Sie fahren mit Suchscheinwerfern die Küste ab.

MARY MONAHAN Geht's dir eigentlich gut, Bruce?

BRUCE FERGUSON Mir? Ja.

MARY MONAHAN Manchmal denke ich: wie lange hält er's aus, wie lange hält er das noch aus ...

BRUCE FERGUSON Ich hab das beste Leben, für einen Kerl wie mich gibt's nichts Besseres. Ich treib meine Herde in die Berge, ich reite mein Pferd, ich wohne in meinem eigenen Haus, und: ich bin schlau genug, um zu wissen, daß es für mich nichts Besseres gibt. Mein eignes Leben ist in Ordnung. Ich hab's gut getroffen. Aber das Leben sonst, das Leben allgemein sieht düster aus. Zuviel Schmutz und Zerstörung überall. Aber ich? Was brauche ich noch? Nichts.

MARY MONAHAN Clyde ist für ein paar Tage nach San Francisco gefahren. Er kommt nicht vor morgen abend zurück.

BRUCE FERGUSON Clyde ist in San Francisco? Also brennt kein Licht bei euch, wenn du nach Hause kommst.

MARY MONAHAN Alles pechschwarz zu Haus, glaub mir, die ganze Farm und rundherum, pechschwarz. *Sie legt ihren nackten Fuß auf seine Schulter.*

BRUCE FERGUSON Deshalb warst du scharf auf Sam Barret?

MARY MONAHAN Du Arsch. *Sie rutscht näher zu ihm.* Komm mit, Bruce. Es ist zu einsam zu Haus.

BRUCE FERGUSON *fährt mit der Hand über ihre Beine* Mehr als 'ne Schweinerei kann's nicht geben zwischen dir und mir, Mary.

MARY MONAHAN Mein Gott, bleib bei mir! … Ich bin zu lange allein … verstehst du? Komm mit, Bruce.

BRUCE FERGUSON Mehr als 'ne Schweinerei wird's nicht geben, Mary. Sag nachher bloß nicht: liebst du mich. Das Mädchen, das ich liebe, wohnt fünf Meilen von deiner Farm. Sie ist die schönste von allen. Sie ist meine Frau.

MARY MONAHAN D e i n e Frau. Du Arsch. Jeder in fünfzig Meilen Umkreis weiß, daß sie's mit deinem Bruder treibt, wenn du nicht zu Hause bist …

Bruce reißt sie aus dem Wagen, steigt ein und startet den Motor.

MARY MONAHAN Idiot! … Idiot!

Wohnhaus auf der Farm der Fergusons. Fawn,eine junge Frau mit starkem dunkelblonden Haar, sitzt unter einer Lampe und flickt Babywäsche. Etwas von ihr entfernt sitzt die alte Mrs. Sarah Ferguson kerzengerade in ihrem hölzernen Lehnstuhl, die Hände im Schoß gefaltet. Neben ihr in einem ähnlich thronartigen Lehnstuhl, dessen Rücken aber zur Liege geneigt ist, schlummert unter einer Decke der alte, kranke Mr. Andrew Ferguson. Neben ihm ein kleiner Tisch mit Arzneimitteln und einem Radio.
Bruce Ferguson blinzelt durch einen Türspalt. Er pfeift leise.

FAWN Bruce! Was tust du?

BRUCE FERGUSON Guten Abend, Fawn. Bist du noch wach? Es ist bald Mitternacht.

FAWN Was ist los mit dir? Du siehst so seltsam aus.

BRUCE FERGUSON Seltsam? Nein. Alles in Ordnung.
Beiseite
Sieh, wie schön sie ist. Sieh, wie unter der Lampe ihr bronzenes Haar glänzt. Sieh ihre Schönheit.
Zu Fawn
Ich hatte einen guten Tag. Die Fuchsstute verkauft! Ich habe genau den Preis für sie bekommen, den ich wollte. Meinen Preis. Keinen Pfennig weniger. Wo ist Allen?

FAWN Oben auf seinem Zimmer. Soll ich –?

BRUCE FERGUSON Nein. Schon gut. Wir bringen morgen früh die Jährlinge auf die Weide. Wo ist Allen? ... Ich meine: wie geht's dem Alten?

FAWN Heute scheint es ihm etwas besser zu gehen.

SARAH FERGUSON Jeden Tag geht's ihm schlechter. Grausam, so was am Leben zu halten. Er leidet doch Höllenqualen.

BRUCE FERGUSON Ich weiß, Mutter. Es ist schlimm.

SARAH FERGUSON Dieser Mann war einmal ein Kerl. Einer, der Tag für Tag ausritt. Einer, der jede Nacht sündigte. Und nicht eine Stunde krank war in seinen siebzig Jahren.

BRUCE FERGUSON Irgendwann erwischt es jeden von uns. Früher oder später. Manchmal plötzlich, übrigens. Der dunkle

Riese, Fawn, der über unser Haus schwebte, das Luftschiff der Marine ... paff! ... geplatzt! Abgestürzt ins Meer. Ich habe noch das Wrack gesehen, wie es auf den Wellen trieb. Viele Schaulustige kamen von den Bergen und von der Hauptstraße. Nichts geschieht unbeobachtet, wie? Aber was geht uns das an?

FAWN *steht auf; unter der Lampe allein; die anderen verschwinden im Dunkeln* Bruce! ... Ich erwachte vor Morgengrauen. Das Bett neben mir war leer. Durch das offene Fenster hörte ich die gedämpften Stimmen von Bruce und seinem Bruder Allen. Ich stand auf und blickte auf den Vorplatz hinunter. Bruce war schon aufgesessen. Allen stand halbnackt in Hose und Stiefeln neben dem Pferd. Ich sah das schöne Dreieck seines Rückens, das sich von den breiten Schultern hinunter zur Hüfte verjüngte ... warmes Elfenbein, einzige Wärme der Welt. Die Männer scherzten miteinander und verabschiedeten sich. Ich rief: Bruce! ... Er hob sein kräftiges Gesicht, das hervorstach wie ein Schiffsbug. Er war schon ein wenig entfernt und antwortete nicht. Er winkte mit der Hand und ritt langsam den Canyon hinauf unter dem Morgenstern, unter dem unermeßlich weiten, von der Dämmerung aufgewühlten Himmel. Allen ging ins Haus zurück. Er kam die Stiege herauf. Ich hörte, es klopfte leise an meiner Tür ...

FAWN *rennt zur Tür und öffnet sie, Allen Ferguson tritt ein* Was hat er gesagt, Liebster?

ALLEN FERGUSON Nichts. Nichts weiter.

FAWN Ist er noch in der Nähe? Vielleicht hat er etwas vergessen ... er reitet zurück auf den Hof!

ALLEN FERGUSON Was hast du, Fawn?

FAWN Das Gewissen. Wahrscheinlich ist es das Gewissen, Allen. Das gibt's doch, oder? Ein Gewissen? ... Rühr mich nicht an! ... Weck das Kind nicht auf! ... Was hat er dir erzählt? Er weiß Bescheid über uns. Ihr habt gelacht. Worüber habt ihr beide gelacht?

ALLEN FERGUSON Hör zu, Fawn. Weißt du, was er gesagt hat? Er macht sich Sorgen, weil du – so blaß aussiehst. Es wäre ihm lieber, wenn du mit ihm ausrittest, wie früher. Wir sollen ihm sein Mittagessen hinaufbringen. Wir sollen ihm helfen, die Jährlinge in die Koppel zu treiben.

FAWN So. Das hat er gesagt. Das soll er gesagt haben? Wir sollen ihm helfen, wir sollen ihm sein Mittagessen bringen. Du weißt, was das bedeutet? Du weißt, daß er uns in die Falle lockt? Warum hat er nicht gewartet, warum sind wir nicht gemeinsam losgeritten? ... Hör zu, mein Herz: keine Schlange im ganzen weiten Gebirge, die so häßlich und falsch wäre wie du, Allen. Außer mir. Außer mir selbst. Vielleicht. Welcher Dämon reitet die Welt, daß wir solche Lügner, Feiglinge, Betrüger geworden sind? Und ausgehöhlt da drin. Leer, dumpf, hohl wie Unkrautstrünke. Da drin. Wertlos, dreckig, verlogen.

ALLEN FERGUSON Wir sind der Abschaum, Fawn. Ich weiß. Du mit deinem nackten, weißen Leib, der in der Morgensonne durch dein Nachtkleid scheint. Mit deinem weichen Haar, vom Schlaf zerwühlt, du bist der Abschaum, Liebste.

FAWN Warum haust du nicht ab, Allen? Warum machst du dich nicht endlich aus dem Staub und läßt dich hier nie wieder blicken?! Auch wenn ich's nicht überleben würde.

ALLEN FERGUSON Zieh dich an, mein Herz. Ich gehe in die Küche und mache Feuer. Ich hole die Pferde.

FAWN Komm her! ... Bleib. Bleib hier! ... Liebster, o Gott, verzeih mir, vergib!

Sie umschlingen einander.

Du Tier ... du gemeine Bestie ... Laß deine Finger von mir! Rühr mich nicht an! Du verdorbenes Miststück! ... Hau ab! ... Wenn wir es jemals hier tun, hier im Haus, wenn wir es jemals hier tun, dann bring ich mich um. Begreifst du das? ... O Liebster, halt mich, nimm mich, faß mich an! Ich kann nicht mehr warten, ich halt's nicht aus! Oh, Allen, Allen! ... Warum hat er uns das angetan? Warum? Nimm mich, nimm mich ... *Sie fährt aus seinen Armen empor.* Er kommt zurück! Er schießt uns nieder wie zwei sich paarende Klapperschlangen! ... Bruce? ... Bruce?

Das Kind im Wagen fängt an zu schreien.

ALLEN FERGUSON Es ist ein Fluch, Fawn. Wir sind Dreck. Dreck. Verfluchter Dreck. Wir treiben es miteinander, bis wir wieder ganz rein sind. Wir treiben es miteinander, bis sich alles klärt, bis alles ganz klar und rein und hell wird. Was sollen wir anderes tun, als uns s o zu lieben?

Bruce Ferguson *allein auf einer Anhöhe* Unten in der
Schlucht, wo der träge Fluß ein grünes Becken höhlte, wachsen die Erlen und dichtgesträppt der Lorbeer. Hier bleibt der
Sand immer kühl, der Fels ist glatt, die Steine mit dickem Moos
bedeckt, und das Wasser singt. An heißen Herbsttagen stinkt
bei Ebbe der Ozean, er riecht nach nassem Tierfell. Aber in
der Schlucht ist das Wasser rein und kühl und blitzt in der
Sonne wie tausend Messerklingen. Fawn kniet im Wasser und
wäscht ihr Haar. Sie seift das dichte Vlies und beugt sich vor,
um es auszuspülen. Das Wasser strömt unter ihr hin, es biegt
um die zarte Wölbung ihres Hinterns. Ihre Mähne hängt über
wie üppiges Seegras, das sanft in der Dünung wogt. Sie richtet
sich auf. Ihre Knie sind rot und weiß vom Druck der Kiesel-
steine. Unsere Tochter Joy ist jetzt vierzehn Monate alt. Sie
krabbelt im Sand der Bucht. Ihre beiden nackten Körper, beinah so schön wie der junge Panther und sein frischer Wurf.
Aber Fawn schon ein etwas degeneriertes Tier, jemand, der
sich verzehrt nach Liebe und selbst keine geben kann. Sie
konnte ihr Baby nicht selber stillen. Zu kleine Mädchenbrüste,
und ein Jahr nach der Geburt war ihr Leib wieder so glatt und
schmal wie der einer Jungfrau. Sie streift mit den Händen das
Wasser vom Bauch, sie schlüpft nackt in ihr Kleid und setzt
sich neben die Kleine auf einen warmen Stein. Sie schüttelt ihr
glänzendes Haar und trocknet es in der Sonne. Heut abend,
denkt sie, werde ich tanzen gehen ... denn morgen ist mein
Geburtstag. Und ich tanze mit ihm in meinen Geburtstag
hinein.

Wohnraum in der Farm der Ferguson-Familie. Die hölzernen Lehnsessel der beiden Alten. Kerzengerade Sarah Ferguson. Zur Liege geneigt Andrew Ferguson.

SARAH FERGUSON Andrew Ferguson! Es ist Ende August. Die Luft steht, das Gras ist trocken wie Zunder. Es gab schon Waldbrände an der Küste, nicht weit von hier, und du liegst immer noch im Sterben. Deine blauen Augen starren glasig an die Decke. Deine Hand streicht unter der Bettdecke unaufhörlich über den Schmerz, den Brand in deinem trockenen Fleisch. Du hast dein Radio, dein ein und alles, das Radio, das kleine Windräder auf dem Dach mit Strom versorgen, und es brabbelt unentwegt vor sich hin. Alter Mann! Alter wunder Mann! … Immer noch Herr im Haus … auch wenn dein Schädel sich hilflos im Kissen wälzt. Deine knochigen Leichenfinger krabbeln unter der Bettdecke hervor, sie tasten nach dem glatten Stein, dem Stößel aus dem Mörser der Indios, deine Klingel, wenn dir was fehlt, gleich hämmerst du damit auf dem Boden herum, und ich, deine Frau, des Ranchers Weib, erhebe mich von meinem starren Sitz und schenke dir Aufmerksamkeit, ich stehe auf, bin groß und dürr, des Ranchers Weib, bin die Kälte in der heißen Luft, bin bleich und weißhaarig und habe rostbraune Augen …
Der Alte hämmert mit dem Stein auf dem Boden.
Ja, Andrew? Was kann ich für dich tun?
ANDREW FERGUSON Wo – ist – er … der G r o ß e ?
Bruce, meine ich. Wo ist Bruce?
SARAH FERGUSON Keine Ahnung. Lange nicht gesehen.
ANDREW FERGUSON Von wo kommt der Wind?
SARAH FERGUSON Der Wind? Keine Ahnung. Ich war heute morgen noch nicht draußen.
ANDREW FERGUSON Öffne das Fenster. Sieh nach.
SARAH FERGUSON Ich sehe kein Feuer. Nur leichten Rauch. Soll ich Allen holen?
ANDREW FERGUSON Hol die – wie heißt sie?
Seine Frau. Sie hat ihre Sinne besser beisammen.

Sarah Ferguson Bruces Frau. Fawn McDonald.
Muß ich die holen? *Mit dünner Stimme* Fawn? Fawn?
*Fawn kommt aus einer hinteren Tür, barfuß, spärlich beklei-
det; die braune Haarmähne beherrscht ihre Erscheinung.*
Andrew Ferguson Du siehst ja aus wie 'ne Kaulquappe.
Ich habe Angst vor Bränden bei der Hitze.
Irgendein Idiot auf der Küstenstraße braucht nur ein Streich-
holz aus dem Wagen zu werfen.
Fawn Im Süden über der Marmorbucht brennt es. Man kann es
bis hier knistern hören. Aber es geht kein Wind.
Sie wischt ihm mit der Hand den Schweiß von der Stirn.
Ich passe auf ... Vater.
Andrew Ferguson Die Schmerzen kann ich noch ertragen.
Halbwegs. Aber ich ertrag's nicht, hier zu liegen wie eine
Ratte in der Falle. Jeder hat seine Ratten-Falle. Und das
hier ist meine. Zum Teufel auch, laß uns ein bißchen Musik
hören. *Er stellt das Radio an, streift durch die Sender ... Hit-
lers Stimme ertönt.* Was ist das? Wer jault da?
Fawn Hitler, glaube ich. Sie haben einen Krieg begonnen.
Andrew Ferguson Scheißdreck.
Jault und bellt wie ein tollwütiger Hund.
Bruce, überall mit Blut bespritzt, betritt den Raum.
Fawn Bruce! Mein Gott, was ist passiert? Was hast du getan?
Bruce Ferguson Ach? Es ist nichts weiter. Pferdeblut. Nichts
weiter.
Was dachtest du?
Fawn Ich dachte ... du hättest dich verletzt.
*Sie wendet den Kopf zum Fenster. Er nimmt ihr Gesicht und
dreht es zu sich. Dabei bleibt ein Tropfen Blut hängen an ihrem
Kinn. Sein Blick wird abwesend. Dann wendet er sich seinem
Vater zu.*
Bruce Ferguson Vielleicht hätte ich mich erst ein bißchen
frisch machen sollen. Was, Vater? Alles in Ordnung?
Andrew Ferguson Du hast gegen das Feuer gekämpft, mein
Junge. Ist es schlimm?
Bruce Ferguson Gekämpft? Nein. Das Feuer verzieht sich. Es
springt über zur Südgabelung des Flusses. Ich bin gerade noch
durchgekommen.
Allen Ferguson erscheint hinter dem Rücken der Mutter in der Tür.

ANDREW FERGUSON Hast dich aber tüchtig mit Ketchup bekleckert?

BRUCE FERGUSON Pferdeblut. Das kommt vom Falben. Das kleine Biest, das arme Vieh.

So was nennt man wohl Gnadentod. Ich hatte nur das alte Messer dabei. Die Arterie spritzte wie ein Feuerwehrschlauch. Na ja, Mutter. Ich konnte nicht schlafen. Ich ritt rauf zum Marmor-Kamm. Ich sah seltsame Dinge oder träumte sie. Gegen Morgen ritt ich ins Tal und traf auf das Buschfeuer. Statt zehn Meilen Umweg zu nehmen, preßte ich das Pferd durchs Feuer. Es hätte ohne weiteres durchspringen können. Aber es scheute, es stürzte und verbrannte sich die Läufe bis auf die Knochen. Ich habe nur den Sattel nach Hause gebracht.

ANDREW FERGUSON Das kleine Biest ... Der Falbe ... Hundertfünfzig Dollar für die Geier. Wir haben Hypotheken aufgenommen, um dir eine gute Ausbildung zu bezahlen. Und Allen auf die Handelsschule zu schicken. Und was habt ihr rausgeholt aus euch? Habt ihr irgend etwas beglichen von euren Schulden? Leer wie Blechbüchsen seid ihr wieder nach Hause gekommen.

BRUCE FERGUSON Tut mir leid, Vater. Aufrichtig leid.

ANDREW FERGUSON Schon gut. All das Herumdoktern an mir kostet mehr als ein Falbe. Damit sind wir quitt. All der Pillendreck, der nichts hilft.

5

Gasthaus mit Bar und Tanzfläche. Schummrige Beleuchtung. Drei Musiker, zwei Gitarren und eine Geige. Drei Paare tanzen: Allen Ferguson und Fawn. Mary Monahan und Sam Barret. Brenna Morgan und Red O'Neil. Howard, der Wirt hinter der Theke. Bruce Ferguson steht etwas abseits und beobachtet die Paare.

FAWN *flüstert Allen ins Ohr* Tanz nicht mehr mit mir, Allen. Er stiert uns an. Ich fürchte mich. Er beobachtet uns die ganze Zeit.

ALLEN FERGUSON Laß ihn. Laß ihn glotzen, bis er blöd wird.
Fawn entwindet sich Allen und geht zur Eingangstür, an der
Bruce lehnt.

FAWN *zu Bruce* Zu heiß hier drin. Laß uns rausgehen. Du tust
gut daran, ich meine, es ist richtig, daß du nicht tanzt. Es
ist zu heiß. Schlechte Luft. Zuviel süßes Parfüm hängt in
der Luft. Zuviel Dunst und Rauch von den Lampen und La-
ternen.

BRUCE Wie? Ich hab nichts verstanden. Ich habe dich nicht verstanden! Die Musik ist zu laut!

FAWN Laß uns rausgehen, Bruce! Schlechte Luft hier!

BRUCE Puh. Schwitzende Stallknechte und aufgekratzte Weiber.
Mary Monahan tanzt mit verklärten Mondaugen. Sie windet
sich und schlängelt wie eine Mänade in Sam Barrets Armen.
Vielleicht brauchen wir einen Krieg. Andererseits, weißt du,
sind sie alle meine Schwestern und Brüder.

FAWN *während sie in der Tür steht* Du, der Bruder der Stallknechte? Dein Gesicht schneidet durch die Menge wie ein
Schiffsbug. Unbewegt und hochragend streift es an den Menschen vorbei.

Er geht an ihr vorbei nach draußen. Fawn sieht Allen engum-
schlungen mit Brenna Morgan tanzen. Sie schließt die Tür in
ihrem Rücken und folgt Bruce nicht nach draußen.

Allen ... mit Brenna Morgan ... ein bißchen zu eng für ein
anständiges Tänzchen. Blutroter Emaillelack auf ihren Lippen ... Es würde nicht lange dauern, bis er Ersatz für mich
findet.

Sie folgt Bruce nach draußen. Die Musik bricht ab.

Unter einer Lampe erscheint Sarah Ferguson in ihrem Lehn-
stuhl.

SARAH FERGUSON Leer das ganze Haus. Alle ausgegangen. Alle
v e r g n ü g e n sich. Ja, das Vergnügen. Fünfundzwanzig Jahre
ist es her, als mein kleiner Gordie starb an so einem vergnügli-
chen Abend. Erstickte an seinen heißen Lungen. Es schüttete,
es regnete Tag und Nacht und der Sturm raste. Und das Kind
kämpfte um jeden Atemzug. Niemand war da, niemand, um
einen Arzt zu holen. Andrew trieb sich mit dieser Schlampe
herum, die später an Alkoholvergiftung starb. Und dann gab's
da die übelste von allen, das Miststück T e r e s i t a B l a i n e ...

Jede Nacht ein Gelage, Kartenspiel und Hurerei. Dafür hat er zu büßen jetzt. Gott, ich nehm's ihm nicht mehr übel. Ich verzeihe ihm. Ja, er war der Mörder meines kleinen Sohns. O mein Gott, diese armen zarten blauen Lippen, die um Atem flehten! Einmal hat er diese elende Pritsche, Teresita Blaine, mit nach Hause gebracht und es zugelassen, daß sie mich beleidigte in meinem eigenen Haus.

Ich war dann glücklich mit den beiden Jungen. Mit Allen, mit Bruce, sehr glücklich, trotz allem. Er hat die Jungens verdorben. Bruce hat auch so eine Schlampe geheiratet. F a w n . Das Bambi. Fawn. Der Name sagt genug. Alle ausgegangen, um sich zu vergnügen. Um zu tanzen, denn heute nacht feiert sie ihren zwanzigsten Geburtstag. Und ich darf solange aufs Baby aufpassen. Und auf meinen sterbenden Mann. Ich darf ganz allein an Teresita Blaine denken, die ich hasse, mein Lebtag, was immer aus ihr geworden sein mag. Der da hat mir das angetan. Ich war jung und glücklich, ich war ihm eine treue Frau. *Wieder Licht auf die Tanzfläche und den Barraum.*

FAWN 'ne große ordinäre derbe vollschlanke Schwarzhaarige mit stinkendem Achselschweiß ... so eine wird's wohl sein, die nach mir kommt.

RED O'NEIL *nähert sich Fawn* Tanzen Sie mit mir, Mrs. Ferguson?

FAWN Nein.

RED O'NEIL Trinken Sie etwas mit mir?

FAWN *ohne Allen aus dem Auge zu lassen* Oh, eine fabelhafte Idee! Einfach fabelhaft! Sehr gern.

RED O'NEIL Sie sagen ›fabelhaft‹ mit einer Stimme so schön wie die Lerche, wenn sie in den Himmel steigt.

FAWN Mein Gott, was für ein Erdbebenwetter ist das heute. Die Luft ist so geladen, daß mir die Haare zu Berge stehen.

RED O'NEIL So schön ist Ihr Haar. Ich kann nicht anders, ich muß es einmal anfassen ...

Er legt seine Hand auf ihr Haar, dann in ihren Nacken, sie schmiegt ihren Kopf in seine Hand.

FAWN Ein willkommenes Ablenkungsmanöver für mich.

RED O'NEIL Ein Ablenkungswas?

FAWN Ich sagte: eine willkommene Abwechslung für mich. So eine starke gerade Hand in meinem Nacken.

RED O'NEIL Ich dachte immer, du hättest grüne Augen.

FAWN Sind sie nicht grün?

RED O'NEIL O nein ... blau mit klitzekleinen Goldsternchen drin.

Sie gehen auf die Tanzfläche und beginnen engumschlungen zu tanzen. Die Geige spielt schrill auf, es klingt wie ein Adlerschrei. Draußen ein heftiges Wetterleuchten. Allen Ferguson streckt den Arm aus nach Fawn, und sie löst sich von Red O'Neil. Allen stößt ihm seine Partnerin Brenna Morgan zu. Fawn beginnt nun wild und schamlos zu tanzen »wie eine thrakische Bacchantin«.

Bruce Ferguson kommt durch die Eingangstür und bewegt sich tapsig wie ein Schlafwandler zur Tanzfläche, mit einem seltsam überlegenen Lächeln auf den Lippen. Er packt Red O'Neil bei der Schulter und reißt ihn von Brenna Morgan.

BRUCE FERGUSON Schluß jetzt! Schluß. Nicht weitertanzen. Genug.

RED O'NEIL Hej, Mann! Hat dich der Affe gebissen?

Das Mädchen jammert und macht sich von ihm los.

Bist du besoffen, du Idiot?!

BRUCE FERGUSON Paß mal auf. Ich sage dir was.

Ein lauter Donnerschlag fährt dazwischen. Bruce schüttelt den Kopf, wie ein Hund sein nasses Fell abschüttelt.

Ich sage dir was. Dieses Mädchen ist zu jung. Ich hab's gesehen. Ich habe gesehen, was du mit ihr machst. Die ganze Zeit habe ich mich in Geduld gefaßt. Ich bin ganz ruhig geblieben. Ich kann dir hier ein paar Frauen zeigen, ich kann dir ihre Namen nennen *er sieht sich nach Mary Monahan um* ein paar Frauen, die sind ... von Natur aus dehnbar. Ausgedehnte Nutten, verstehst du, mit denen kannst du so tanzen, wie du willst. Aber dieses Mädchen ist rein und unverdorben. Laß die Finger von ihr. Sonst schlag ich dir den Schädel ein.

Red O'Neil stößt ihm die Faust in den Bauch und eine andere ins Gesicht, als er sich nach vorne krümmt. Die Männer umklammern sich, fallen und ringen am Boden.

FAWN O Gott, wie lustig.

Die Musik spielt heftiger. Alle stehen um die Kämpfenden und versuchen sie zu trennen. Bruce hat Red O'Neil in den

Schwitzkasten genommen und hämmert ihm seine Faust ins
Gesicht. Dann läßt er ihn los. Red O'Neil kriecht auf Händen
und Knien, das Blut läuft auf den Boden. Die anderen weichen
einen Schritt zurück, wenn Bruce aufsteht und sich an die Um-
stehenden wendet.

BRUCE FERGUSON Gibt's hier jemanden … gibt's hier irgend jemanden, der glaubt, der rothaarige Zuhälter hätte die Lektion
nicht verdient? Gibt's irgend jemanden, der's nicht gutheißt,
daß ich diesem schleimigen Fettsack die nötige Abreibung ver-
paßt habe? Wie?

FAWN Oh oh oh.

ALLEN FERGUSON Es ist gut. Laß es gut sein, Bruce. Wir haben
dich alle verstanden.

BRUCE FERGUSON Wirklich? Na dann. Alles erledigt. Laßt uns
heimfahren.

Er geht zu Fawn. Alle weichen ihm aus.

Tut mir leid, Kleines. Ich habe mich zum Narren gemacht.
Aber, zum Teufel, für wen?! Ach was, egal. Spielt alles keine
Rolle mehr.

Er reißt zwei Lampions aus der Dekoration und nimmt die
brennenden Kerzen heraus.

Mein Kleines. Heute ist dein Geburtstag. Zwanzig Jahre bist
du nun. Möchtest du zwanzig Kerzen haben? Oh, zwei reichen schon. Hier! Halt sie hoch, Madonna.

Er kniet vor ihr nieder.

Du bist schön genug, daß man vor dir knien muß, Madonna.
Du bist so schön und so jung. Aber wenn – halt die Kerzen
hoch!

Aber wenn –

Das heiße Wachs tropft von Fawns Händen.

Wenn das, was nicht wahr ist, wahr wäre, dann gnade dir Gott.
Dann wäre ich ein Mörder. Bei Gott, ich wäre ein Mörder.

FAWN Ich weiß es, Bruce.

BRUCE FERGUSON *steht auf, reibt sich die Hände* Blödsinn.
Komm, wir fahren nach Hause.

Babygeschrei. Unter ihren Lampen erscheinen Sarah Ferguson
und Andrew Ferguson. Er klopft mit dem Stößel auf den Boden.

SARAH FERGUSON Brauchst du was, Andrew? Was wünschst du,
mein Schatz?

Andrew Ferguson Ich habe furchtbare Schmerzen und das Baby schreit die ganze Nacht. Was ist los mit der Kleinen? Gib mir noch einen Schluck von der Medizin, Sarah. Bring mir Schlaf, meine Liebe.

Sarah Ferguson *für sich* Sieh an. Nicht viel übriggeblieben vom wilden Leben. Brauchst du etwa deine Teresita Blaine oder 'ne andere Pritsche, du keuchender Leichnam? *Zu ihrem Mann* Die Kleine ist ein verzogenes Balg. Sie muß alles rausbrüllen. Ihr holdes Mütterlein ist ausgegangen. Sie vergnügt sich. Weißt du, Andrew, sie vergnügen sich alle heute nacht.

Andrew Ferguson Hör mal, Sally. Gib mir noch 'nen Schluck von der Medizin. Die glutroten Ratten wühlen und beißen in meinem Wanst.

Sie geht zu ihm, hebt ihr Nachthemd und wischt ihm mit dem Zipfel den Schweiß von der Stirn. Sie setzt sich auf den Rand seines Lehnstuhls, nimmt seine Hand, streichelt sie und drückt sie an ihre Wange.

6

Vor dem Gasthaus. Nachts. Bruce Ferguson führt Fawn am Ellbogen zum Transporter. Sie hält weiterhin die beiden Kerzen in den Händen. Bruce öffnet den Wagenschlag, führt Fawn zum Beifahrersitz.

Bruce Ferguson Allen! Du fährst.

Er wendet sich ab.

Allen Ferguson Wo gehst du hin? Komm her. Bruce! Hör mal ... Komm auf den Rücksitz.

Bruce Ferguson Du bringst sie nach Hause. Macht, daß ihr wegkommt.

Allen Ferguson Bruce ...?

Bruce Ferguson Ich komme nicht mit. Du Affe. Macht schon. Haut ab. Ich gehe zu Fuß.

Allen Ferguson Zu Fuß? Vierzehn Meilen zu Fuß?

Fawn pflückt Wachsreste von ihren Fingern.
Allen. Paß auf.

ALLEN FERGUSON Na gut. Dann gehe ich auch zu Fuß.

BRUCE FERGUSON Ich gehe allein. Haut endlich ab! Verdammt noch mal.

Du glaubst wohl nicht, daß ich dir Fawn anvertraue?

Was bildest du dir ein? Sie hätte nicht mal einen müden Seitenblick für dich übrig. Verstehst du mich?

ALLEN FERGUSON Sicher. Du hast recht. Komm mit, Bruce. Komm mit uns nach Hause.

Bruce entfernt sich in die Nacht. Fawn steigt vom Beifahrersitz. Allen und sie setzen sich auf die Stoßstange.

FAWN Ich glaube, jetzt hat er den Verstand verloren.

Ich hab's genau gesehen in seinen bleichen Augen, wie plötzlich der Irrsinn hineinsprang.

Jetzt ist er geisteskrank. Gemeingefährlich. Ich dachte, er würde dich töten.

ALLEN FERGUSON Nein. Nicht mich.

FAWN Er sagte doch, er würde zum Mörder, wenn –

Fahr mit mir davon, Allen. Wir müssen fort von hier.

ALLEN FERGUSON Wohin ›fort‹?

FAWN Aus der Gegend verschwinden. Jetzt. Heute nacht noch. Das wäre die einzig anständige Lösung. Wenn wir nicht wieder auftauchen. Das Leben, das wir hier führen, ist verlogen, schmutzig und böse. Es wird ein schreckliches Ende nehmen. So wie dieser Scheißkrieg in Polen … Wir beide könnten uns retten. Und vielleicht könnten wir auch Bruce retten, wenn wir für immer verschwunden wären.

ALLEN FERGUSON Du würdest sicher noch mal zu Hause anhalten und die Kleine mitnehmen.

FAWN Nein. Wir werden nicht anhalten. Er kann Joy für sich behalten. Es wird ihm guttun. Deine Mutter wird sich um das Kind kümmern.

ALLEN FERGUSON Dann wenigstens ein paar Kleider –

FAWN Nichts. Wir lassen den Wagen in Monterey. Ich nehme nichts mit.

ALLEN FERGUSON Wovon sollen wir leben?

FAWN Weiß ich nicht. Von irgend etwas lebt man immer.

ALLEN FERGUSON Und du könntest ohne die Kleine leben?

FAWN Ja.

ALLEN FERGUSON Und du könntest Bruce das antun?
Also, ich könnte es nicht.

FAWN Nein, du nicht. Du kannst deinen nackten Arsch an ihm
vorbeidrücken und ihn betrügen. Das kannst du. Du kannst
seine Frau anknabbern, wenn er gerade nicht hinguckt. Du
kannst eine Liebe zu einem kleinen ordinären Laster verkommen lassen.

ALLEN FERGUSON Beruhige dich, Fawn.

FAWN Was bist du für ein elender Feigling! Bist du ein Mann?!
Oder nur ein verschlagener, mieser Ladendieb?

ALLEN FERGUSON Wir dürfen uns nicht gegenseitig kaputtma-
chen. Weder ihn noch uns.

FAWN Mein Gott! Bring mich nach Hause. Bring mich bloß heil
nach Hause!

7

BRUCE FERGUSON *allein auf der Landstraße*
Seht, die Berge, das sind Kerle mit eigenem Profil. Kopf hinter
Kopf, Nasenspitze, Stirn und Kappe. Riesenkerle unter dem
grauen Himmel. Mit ihren düsteren Falten und Kerben, mit
ihren dunklen Kehlen und steinernen Herzen. Felsherzen,
aber auch sie werden ein bißchen gequält … Die Straße schneidet durch ihre Füße. Ah, die Küstenberge ergreift ein langsamer Zorn. Irgendwann wehren sie sich und schlagen zurück.
Dann wird's wieder besser hier. Gewaltige Felslawinen werden
die dünne Schlinge der Straße zerbrechen. Dann kommt keiner mehr durch. Ihr dunklen jungen Berge steigt auf in der
Welt. Und wir, das Menschenvolk, gehen nieder. Weshalb?
Weil niemand den Unterschied zwischen Gut und Böse
kennt. Zwischen Recht und Unrecht. Deshalb kehren die
Wölfe nach Europa zurück. Hier bei uns, meine Lieben, hier
in der Neuen Welt werden wir etwas langsamer verrotten …
Schade, daß sie so rein ist. So rein und unschuldig. Wäre sie zu
ihm ins Bett gestiegen, hätte ich sie töten können. Und, ach,
dann der Frieden.

Eine nächtliche Gestalt begleitet ihn auf einmal.

Was gibt's? Was wollen Sie?

MARA Ich bin schon lange neben dir. Seit Jahren klopfe ich an die verriegelten Pforten deines Verstands.

BRUCE FERGUSON Weiter. Sprechen Sie weiter. Ich glaube Ihnen jedes Wort.

MARA Früher wolltest du verstehen. Du wolltest den Dingen auf den Grund gehen. Du wolltest wissen, ob diese gewaltige Einrichtung: Erde und Sterne, Fleisch, Geist und Zeit – ob das alles ein Ziel hat. Aber jetzt hast du dich in Liebesleid vergraben.

BRUCE FERGUSON Wie? Nicht im geringsten. Liebesleid?

Bin kalt wie ein Fisch. Wenn ich das nicht wäre –

wer sind Sie?

MARA Mara.

BRUCE FERGUSON *wendet sich zu ihr, doch sie ist wieder verschwunden* Madame Mara –?

Schon verschwunden. Wenn das Ding einen Namen hat, wird es auch etwas bedeuten … Bin ich schon so weit, daß ich Stimmen höre? Habe ich Visionen?

Unsinn. Ich habe mich fest in der Hand. Denk nicht soviel und bleib kalt wie die Schlange. Aber recht hatte sie. Das Leben taugt nichts ohne Wissen. Wer weiß denn was? Ohne Wissen lebt man nicht genug. Man schleppt sich hin blind und nichts als blind.

Er steht plötzlich vor dem Sessel seiner Mutter. Überall gehen kleine Öllampen an.

Bist du noch auf, Mutter?

Sarah Ferguson sitzt steif und kerzengerade in ihrem Sessel. Ihr Nachthemd ist zerrissen. Auf dem Stuhl neben ihr der zugedeckte Leichnam von Andrew Ferguson.

Fawn tritt hinter Sarahs Stuhl hervor.

FAWN Es ist etwas Furchtbares passiert, Bruce.

Die Alte ist runter zum Meer gerannt, ich habe sie am Strand abgefangen. Sie wehrte sich und kämpfte mit mir. Dein Vater ist tot.

BRUCE FERGUSON Oh.

Er legt die Hände auf die Augen. Sarah Ferguson bewegt die Lippen, ohne zu sprechen. Allen Ferguson tritt aus dem Dunklen zu ihr.

Bruce Ferguson So ist es besser für ihn, Mutter. Du weißt
doch. Warum grämst du dich?

Fawn Sie stand schon vorn auf der Klippe. Allen mußte sie den
ganzen Weg zurücktragen. Ich versuchte sie ins Bett zu bringen, aber sie stand wieder auf. Sie bildet sich ein, sie hätte ihn
umgebracht.

Bruce Ferguson Aber du hast ihn geliebt, Mutter, du hast ihn
gepflegt bis zuletzt. Aufgeopfert hast du dich. Komm her, leg
dich zu Bett und ruh dich aus. Du kannst dich jetzt ein wenig
ausruhen. So, wie's um ihn stand, wär's grausam gewesen, ihn
länger am Leben zu erhalten.

Sarah Ferguson *blickt zuerst Bruce ins Gesicht, dann Fawn;
leise* Du Hure.

Fawn fährt erschrocken zurück; Allen Ferguson geht zu ihr.

Bruce Ferguson *zu einer unsichtbaren Person* Hör auf zu kichern, Mara!

Allen Ferguson Mutter, um Himmels willen, was hast du gesagt?

Sara Ferguson Und du, Allen, tanzt die ganze Nacht. Während dein Vater und ich Höllenqualen erleiden. Ich verdiene
den Strang, man soll mich hängen. Das Leben ist mir zuwider.
Es war zuviel für mich. Ich bin jetzt fertig. Ihn pflegen, ihn
hassen und mit ihm leiden. Zuviel für mich. Ich hatte die Medizin für den ganzen Monat in zwei Gläser gegossen. Ich ließ ihn
das ganze Zeug auf einmal trinken. Ich hab's ihm gewaltsam
verabreicht. Mein Wille war stärker als seiner. Ich war immer
sein gefügiges Etwas … kam immer zu ihm gekrochen. Aber
zum Schluß war ich die Stärkere. Sieh ihn dir an. Ha! Den erbärmlichen alten Narren: wir spielten ein bißchen miteinander. Ich sagte, ich bring dir deinen Whiskey, Alter …

Bruce Ferguson Du konntest es nicht mehr ertragen, ihn leiden zu sehen.

Allen Ferguson Er atmete noch, als wir nach Hause kamen.
Langsam und immer langsamer. Wir konnten nichts mehr für
ihn tun. Und plötzlich rannte sie davon, rannte zum Meer hinunter.

Bruce Ferguson Sag, Mutter, wie hast du diese Frau eben genannt?

Wie war das Wort –? Muß ich – sollte ich irgend etwas nicht

wissen, das ich aber wissen müßte? Wie? Du kannst es mir ruhig sagen. Ich bleibe ganz still.

FAWN Du solltest mich töten, Bruce, wenn du so denkst wie sie.

SARAH FERGUSON Man kann es am Mund erkennen. Sie sieht aus wie Teresita Blaine. Wie dieses Miststück, das mir meinen Mann ausspannte. Und mich beleidigt hat in meinem eigenen Haus.

BRUCE FERGUSON So. Ja. Ich habe davon gehört. Aber jetzt ist nicht damals. Merkwürdig, daß wir rauchende Brocken der Höllenglut in unserem Gedächtnis aufbewahren über hundert Jahre. Nichtigkeiten, aber sie glühen immer noch. Jetzt müssen wir neue Pläne schmieden, Mutter. Ich habe einen klaren Kopf heute morgen. Gut sortiert. Weiß auch nicht warum.

Zur unsichtbaren Person

Mara, geh nicht zu nah an die Leiche. Laß ihn in Frieden.

Zur Mutter

Hörst du mich Mutter? Du hast ihm gar nichts verabreicht. Du hast ihm überhaupt nichts von dem Zeug gegeben. Die Flasche stand neben seinem Bett, der Alte quälte sich grausam, und er hat's in einem Zug runtergeschüttet, das ganze Zeug, als du nicht im Zimmer warst. Hast du mich verstanden? Das ist die ganze Geschichte. Ich meine: das ist die Wahrheit. Mara und Allen können es beschwören, falls es nötig wird.

ALLEN FERGUSON Fawn.

BRUCE FERGUSON Nein: Mara. Aber es wird niemand danach fragen. Er wäre sowieso gestorben. Menschen, die vom Krebs zerfressen sind, stehen in Gottes Gnade, wenn sie im Morphiumschlaf die Welt verlassen. So. Du solltest dich jetzt zu Bett legen, Mutter, es ist alles vorbei. Komm, leg dich zu Bett. Denk nicht mehr nach, träum von deinem kleinen Rosengarten. Du hast dir immer einen kleinen Garten gewünscht. Jetzt haben wir Zeit für solche Dinge. Allen und ich, wir werden uns um alles kümmern.

8

Derselbe Raum in der Farm einige Wochen später. Dunkel. Fawn mit einer Öllampe beim Bett der kleinen Joy. Draußen sind Motorgeräusche zu hören. Fawn läuft zur Tür. Allen Ferguson betritt den Raum, eine Urne, in Zeitungspapier gewickelt, unter dem Arm.

FAWN Wie war's? Wie ist es gegangen, Allen?

ALLEN FERGUSON Alles in Ordnung, Fawn. Und hier?

FAWN Ruhig, soweit. Ruhlos. Sie streichen überall durchs Haus. Sie und ihre Geister. Sie lauert uns auf, Allen. Nein, nicht jetzt. Jetzt schläft sie. Ich glaube, sie schläft … Küß mich, Allen. Um Himmels willen, küß mich! Faß mich an!
Sie umklammert ihn, spürt einen harten Gegenstand zwischen sich und ihm.
Was ist das? Mein Gott …!

ALLEN FERGUSON Das ist alles, was von Vater übrigblieb. Siebzig Jahre Leben. Eine Dose voll Staub.

FAWN Warum siehst du mich so bitter an? Haßt du mich? Und wir? Wann beginnt u n s e r Leben?
Bruce Ferguson kommt mit einem Eimer Milch und einer Stalllaterne zur Tür herein. Die beiden weichen auseinander. Er sieht sie einen Augenblick still an.
Alles vorbei, Bruce. Es gab keine Schererein mit der Behörde.

ALLEN FERGUSON Ich bin eben nach Hause gekommen. Vom Krematorium in Salinas.

BRUCE FERGUSON Ich hab's gesehen.
Zu Fawn Bist du froh, daß er zurück ist?

FAWN Wie? Ja. Sicher.

BRUCE FERGUSON Ja. Ja. Ja.
Äh, Fawn! Du solltest die Milch abkochen, bevor du die Kleine fütterst. Da ist ein Spritzer Blut in der Milch. Nichts Schlimmes. Meine Hand hat etwas zu hart zugepackt. Kein krankes Blut. Aber koch sie vorher.

FAWN *würgt* Ich denk dran.
Alle drei stehen um die Öllampe, die ihre Gesichter gespenstisch von unten beleuchtet.

BRUCE FERGUSON Hübsches Licht. Kleine Insel, von Nacht umbrandet, das ganze Haus, mit uns dreien auf der kleinen Lichtinsel. Und die jungen Berge türmen sich über uns wie eine schwarze Woge ... Ich denke darüber nach. Ich habe mir was überlegt. Vaters Tod hat mich in eine andere Stimmung versetzt. Ich will euch was sagen. *Er zögert, dann ungestüm* Bitte, verzeiht mir. Mir ist ein gemeiner und verrückter Fehler unterlaufen, ein Fehlurteil: mein Verstand muß aus den Angeln gebrochen sein. Vergessen wir's. Übrigens, Fawn, du solltest die Milch abkochen, bevor du die Kleine fütterst. Es ist ein Spritzer Blut im Eimer.

FAWN Du sagtest es schon.
Bruce? Was wolltest du sagen?

BRUCE FERGUSON Wie?

FAWN Wofür hast du uns um Verzeihung gebeten?

BRUCE FERGUSON Ihr Idioten habt das Leichenmehl hier herumfliegen lassen. Es ist giftig und stinkt. Aber in Salinas ist alles glatt gegangen, Allen? Gut, gut. Jetzt sind wir alle zur Ruhe gekommen. Ihr wißt doch: Ruhe, Seelenruhe. Mein Gott, werden wir gut schlafen!

9

Bruce Ferguson an einem kleinen Tisch mit Radio und einem Buch. Neben ihm der zur Liege gekippte Lehnstuhl des Vaters. Es klopft an der Tür. Fawn tritt ein.

FAWN Darf ich ein bißchen bei dir sitzen, Liebster?

BRUCE FERGUSON Wie? Natürlich. Warum nicht? Komm nur.
Er schließt das Buch, läßt den Zeigefinger zwischen den Seiten.

FAWN Ich kann nicht schlafen.
Sie legt sich neben ihn auf die Liege.
Warum haßt du mich, Bruce?
Warum läßt du mich Tag und Nacht allein?
Was habe ich dir getan?

BRUCE FERGUSON Wie? Nein. Nichts. Ich lese nur hier.
Um Mitternacht muß ich die Nachrichten hören.

FAWN Die Nachrichten. Schmutz und Blut. Schmutz und Blut. Was geht uns das an? Darf ich hierbleiben?

BRUCE FERGUSON Puh. Hör mal, Fawn. Wie du richtig sagst: Blut, Lügen und Schmutz. Idiotie und Korruption. Das sind: die Nachrichten. Die Wölfe kehren nach Europa zurück. Aber wenn wir in unsere eigenen Herzen schauen ... puh. Dasselbe Höllengebrodel. Alles Gute verkrüppelt. Alles Schlechte stark. Mit starken Händen und gesundem Herz und Flügeln wie ein Falke. Siehst du: d a s verstehe ich nicht. Ich muß es studieren. Ich muß die Lage studieren.

FAWN Was liest du da?

BRUCE FERGUSON Wie? Ein Buch. Ich habe es noch vom College aufbewahrt. Nie gelesen. *Er stellt das Radio an. Es knistert und rauscht zu seinen Worten. Er geht im Zimmer auf und ab.* Ein deutscher Gelehrter hat es geschrieben. Er sagt: dieser verdammte Henkersknecht, dem wir den Namen GESCHICHTE gaben, hat verdammt regelmäßige Gewohnheiten. Die Geschichte verläuft sozusagen in Wellen, in bestimmten Wellenlängen. Die ganze menschliche Zivilisation verläuft in solchen Wellen, die auf und ab steigen wie im Meer. Und jeder Höhe einer Welle entspricht ein bestimmtes Niveau im Leben der Völker, in den Künsten, in der Politik. Und so weiter. Man kann die Wellenbewegung vorhersagen. Gegenwärtig geht's abwärts mit uns. Hier zum Beispiel, unsere kleine Farm in den Bergen durchkreuzen drei Ströme menschlichen Wissens: erstens das breite Band der dunstigen Sterne am Nachthimmel. Zweitens die Stimme ohne Leib und Gesicht, die aus dem Radio kommt. Der fahle Widerhall ferner Untergänge: Polen überfallen, Massaker in China, Schiffe versunken mit Mann und Maus in der Nordsee. Und dann gibt's noch die Stimme von Bruce Ferguson, die durch den Vorhang des allgemeinen Weltjammers schreit ... Der kleine deutsche Professor schrieb sein Buch vor mehr als zwanzig Jahren. Er war sozusagen ein Prophet. Inzwischen ist er gestorben. Wenn also die ganze Zivilisation ins Schleudern geraten ist, dann ist es doch kein Wunder, daß es in jedem von uns so aussieht, wie es aussieht. Puh. Ich muß das noch genauer studieren. Ich muß es mir sorgfältig zurechtlegen. Alles Wissen muß gut sortiert sein. Ich wünschte bei Gott, ich besäße eine Religion. *Er geht immer erregter auf und ab.* Allerdings nicht, wenn sie bloß aus Lüge und Täuschung besteht. Wie bis jetzt alle Religionen. Ich brauche die Wahrheit. Die Wahrheit, selbst wenn sie ein tödliches Gift ist. Oder eine abscheuliche Bestie aus mir macht. *Er kehrt zum Radio zurück, drückt das Ohr gegen den Lautsprecher.*

FAWN *streckt sich auf der Liege aus, rafft ein wenig das Nachthemd; für sich* Allen rührt mich nicht mehr an. Er stirbt vor Angst. Bruce ist nur ein bißchen verrückt. Im Grunde ist er der Bessere von beiden. Kräftiger, anständiger, männlicher – bis auf den einen Punkt. Außerdem bin ich mit ihm verheiratet. O Allen, Allen! Ade ihr heimlichen Ekstasen, ade mein wildes Glück! Nur der Schrecken hier im Haus hat diese Gier in uns geweckt. Bruce ist ein bißchen weggetreten. Aus Eifersucht. Davon kann ich ihn heilen. Wenn er jetzt mit mir schläft, wenn ich ihn dazu bringe, haben wir beide eine Weile Ruhe, Allen. Lieber Gott, dann sind wir sicher. Wir werden glücklich sein. Nein, nicht glücklich. Nur besänftigt, ruhig, friedlich. Ich will ja anständig sein. Ich will eine Gute sein. Eine Gute, wirklich.

Das Radio sendet Baseball-Ergebnisse, Bruce stellt es leise.

BRUCE FERGUSON Ein Stern leuchtet. Eine brennende Stadt mit unzähligen Toten leuchtet auch. Warschau leuchtet nicht schwächer als Arcturus. Untreue ist ein Kulturgut wie Treue. Idiotisch, darüber zu lamentieren, wie? Du bist rein wie Kristall. Eine Tibeterin heiratet vier Brüder auf einmal. Einen ganzen Schwarm, und ist doch eine ehrbare Frau. Hochangesehen von vier Männern auf einmal. Hängt alles von der Landessitte ab. Natürlich ist gar nichts.

FAWN Mir ist so kalt, Bruce. Laß uns zu Bett gehen.

BRUCE FERGUSON Ich frage mich, was diese armen betrogenen Polen jetzt noch auf Versprechungen geben. Man hat sie überrumpelt, in den Krieg gezwungen und läßt sie allein krepieren. Niedergang und Verfall zuerst moralisch. Der Rest folgt von selbst. Sittengesetz gründet in Religion. Religion hypnotisiert. Wenn du aufwachst, fällt alles auseinander. Alles, außer den Deutschen. Die halten noch eine Weile zusammen. Die haben nämlich einen, der sie hypnotisiert. Eine Art Religionsersatz.

FAWN *schmiegt sich an ihn* Fühlst du nicht, wie ich zittere? Nimm mich, Bruce. Umarm mich. Mir ist kalt.

BRUCE FERGUSON *streichelt ihr Haar* Kalt? Wieso ist dir kalt? Leg dich zu Bett, mein Kind.

Zieh dir was an.

FAWN *löst sich von ihm* Gute Nacht, Bruce. Gute Nacht. *Sie geht ab.*

BRUCE FERGUSON *legt sich auf die Liege und schließt die Augen* Überall Leichengeruch. Verwesungsgeruch. Man kann nicht mehr atmen unter der Sonne. Am roten Horizont bäumt sich eine gigantische Woge, eine überirdische Woge schlägt auf die Erde nieder und wäscht sie rein. Sie kommt, sie läuft hoch auf, aber es ist kein Wasser, es ist das schiere Blut. Jede Nacht diese Alpträume voll Weltanschauung. Besser nicht schlafen!

Sarah Ferguson öffnet die Tür um einen Spalt.

Bist du's, Mara? Was gibt's?

SARAH FERGUSON *in der Tür* Ich will raus aus dem Leben. Ich hab's satt.

BRUCE FERGUSON Kannst du auch nicht schlafen, Mutter?

SARAH FERGUSON Ich gehöre ertränkt. Ich gehöre aufgehängt. Ihr habt's mir vereitelt.

Geh zu deinem Bruder. Sieh nach, was er treibt.

BRUCE FERGUSON Wenn wir beide schon nicht schlafen können, wozu dann noch einen aufwecken?

Wir müssen uns nicht alle gegenseitig wach machen.

SARAH FERGUSON Noch zwei. Noch zwei aufwecken.

Sie ist bei ihm im Zimmer.

BRUCE FERGUSON Du täuschst dich, Mutter. Jeder von uns hat seine Alpträume. Leg dich wieder zu Bett. Wir träumen eben. Aber man muß Träume von der Wirklichkeit unterscheiden. Wir können es leicht nachprüfen. Ich will dir den Beweis liefern. Vielleicht fühlst du dich dann wohler.

Er führt die Alte am Ellbogen zu Allens Zimmer, reißt die Tür weit auf, bis sie in den Angeln kracht.

SARAH FERGUSON Ich habe sie immer gehaßt. Vom ersten Tag an. Jetzt hat's dich erwischt, du Miststück. Ha ha ha! Teresita Blaine, komm raus, komm raus!

Allen Ferguson richtet sich unter der Lampe, die Bruce über ihn hält, verschlafen in seinem Bett auf.

BRUCE FERGUSON Bruder, du siehst glücklich aus heute nacht.

Er geht zu seiner Mutter und führt sie gewaltsam in Allens

Zimmer. Er zwingt sie, die Hand in ihren Nacken setzend, überall nachzusehen... Sieh nach. Guck dir die haßerfüllten Augen aus. Siehst du jemanden? Niemand im Bett außer Allen. Kriech unters Bett, los, kriech unters Bett, so, und prüfe genau: ist da jemand? Ach? Niemand da? Los, komm her! Guck auch in den Abgußeimer. Vielleicht schwimmt sie im Dreckwasser, deine Teresita Blaine, dein kleines Herzensteufelchen! ... Verdammt noch mal! Wir lieben dich doch, Mutter! Aber ich hasse deine Eifersucht, deine ewigen Verdächtigungen. Das ist der Abtritt, das ist die Jauchegrube, du und ich, wir sind schmutzige Schnüffler. Maulwurf, Ameise und Eidechse stehen weit über uns, wir sind das niedrigste Gewürm, wenn uns nur noch Verdacht beherrscht, immerzu Verdacht ... Sie hat bloß schlecht geträumt, Allen. Kümmere dich um sie. Ich reite in den Berg hinauf.

10

Gasthaus mit Bar wie in 5. Howard, der Wirt, am Ausschank. Vor ihm am Tresen hocken Mary Monahan, Sam Barret, Red O'Neil und Brenna Morgan, dem Raum den Rücken zukehrend. Mara (in der Aufmachung einer Straßendirne) nähert sich Bruce Ferguson, der allein an einem Tisch sitzt. Sonne fällt durch die halbgeöffnete Eingangstür.

MARA *drückt ihre Zigarette aus* Na, Schätzchen, schmeckst du so sauer wie du aussiehst? *Sie setzt sich zu ihm auf die Bank.*
BRUCE FERGUSON Dir muß doch speiübel sein.
MARA Wie bitte?
BRUCE *kneift ihr in die Wange* So aufgedunsen, überall aufgedunsen ...
Schade, sehr schade. Du warst sicher eine schöne Frau, bevor du ertrunken bist. Bevor du als Wasserleiche auf den Meeresboden sankst.
MARA *öffnet den Mund, um einen ordinären Fluch auszustoßen; unterdrückt ihn dann aber* Was ist los mit dir, Schätzchen?

Hat dir jemand ins Hirn gespuckt? Zu lange einsam gewesen, wie?

BRUCE FERGUSON Puh. Ich denke immerzu an Finnland. Tapfere Burschen, diese Finnen. Und haben doch keine Chance. Gibt's kein Radio hier? Ich muß dringend Radio hören! Tapferkeit, Süße, ist das letzte Gute auf dieser Erde. Auch das wird zertrümmert. Wie die Steintafeln vom Sinai. In der Felsmühle zermahlen. Gott, was rede ich da zu einer Wasserleiche! Das könnte man fast schon sich erniedrigen nennen. Aber man kann noch tiefer untergehen.

MARA *schmiegt sich an ihn* Liebling, mir kommt vor, du verbohrst dich in etwas, aus dem du möglicherweise nicht wieder heil herausfindest. Warum trinkst du nichts? Laß uns was trinken zusammen.

BRUCE FERGUSON Ich brauche nichts zu trinken. Ich sehe auch so die Finsternis und den Tumor mitten im Sonnenlicht. Ah, das gemeine, verrottete, krebszerfressene Licht ...!
Er sieht sie an. Fährt ihr mit der Hand übers Haar.
Hübsches braunes Haar. Kommst gerade vom Frisör und hast dir die Mähne aufdonnern lassen?
Ich sehe ein Riesengeweih auftauchen aus dem Meer ... die Hörner eines uralten Ungeheuers pflügen durchs Wasser ... die Boote in der Monterey Bay werden aufgespießt und umgekippt ... Ein Elch, gewaltig wie ein ganzer Berg, taucht aus dem Ozean ... die zersplitterten Boote rutschen von seiner Schulter wie Streichhölzer ... Stell's Radio an, stell's Radio an, ich muß die Lage studieren, ich muß hören, was Welthund Hitler bellt ... *ruhig* Habt ihr kein Radio hier?

MARA Ich habe Durst, mein Schatz.

BRUCE FERGUSON Sicher. Das kommt vom Salzwasser.
Ich habe noch nie mit einer Ertrunkenen geschlafen.
Was kostet das Vergnügen unten auf deinem Algenbett, wenn wir uns zwischen hundert kleinen Fischen lieben?

MARA Ich wünschte, ich könnte es umsonst für dich machen, Schatz. Aber ich muß auch leben.

BRUCE FERGUSON Leben?! Dann tauch auf und leb!
Er steht auf und geht zum Tresen; zum Wirt Pack mir 'ne Flasche Bier ein, Howard. Ich nehme sie mit nach Hause. Für meinen Bruder Allen.

MARY MONAHAN Na, Bruce, lange nichts gehört von dir.
Wo steckst du die ganze Zeit, du Lebemann?

BRUCE FERGUSON *wendet sich an Red O'Neil* Hör mal, Red, ich
habe dir neulich übel mitgespielt. Ich glaube, das war nicht
recht von mir.

RED O'NEIL Halt die Klappe. Hau ab.

SAM BARRET Wir dachten schon, du seist aus der Gegend verschwunden.

MARY MONAHAN Wer ist denn die hübsche Dame an deinem
Tisch?

BRUCE FERGUSON Eine Dame wie du.

RED O'NEIL Verschwinde. Idiot.

*Bruce Ferguson nimmt die in Packpapier eingewickelte Flasche
und geht zurück zu seinem Tisch.*

BRUCE FERGUSON Wie heißt du eigentlich, Süße?

MARA Ich bin Mara.

BRUCE FERGUSON Mara?! Meine Mara?
Ich kann dich nicht erkennen. Mara-die-Weltanschauung? Ich
sehe bloß eine ertrunkene Hure auf ihrem Algenbett. Stell das
Radio an!

Er betrachtet die eingewickelte Flasche Bier.

Was steht denn da auf dem Papier? Mit Lippenstift gemalt. So
große Buchstaben, kann man kaum lesen. »Herzchen«, geschrieben auf Einwickelpapier. »Frag dein liebes Weib/ mit
wem sie's treibt/ unter der Hecke/ bei der alten Zeche. Vielleicht weißt du's schon.« … Vorsichtig, ganz ruhig. Laß dich
nicht gehen. Sortier dein Wissen. Ist der Gang im Leerlauf?
Gut. Dann starte langsam. Sag was. Fahr langsam an. Sprich
vorsichtig. Tu keiner Fliege was zuleide, bevor ihre Schuld
nicht erwiesen ist. Aber was ist: Schuld – Unschuld? Konventionen! Nichts sonst. Stinkende, verfaulte Konventionen.

*Er holt ein Messer hervor, schneidet das Einwickelpapier sorg-
fältig in Stücke, verletzt sich dabei am Handrücken.*

Meine Mutter die Mörderin
Meine Schwester die Hur
Was kochen, was kochen die nur
hinter der Küchentür?

*Allen Ferguson und Fawn treten durch die Eingangstür. Beide
unbeschwert.*

ALLEN FERGUSON He, Bruce! Wir haben den Wagen draußen gesehen! Kerl, wo steckst du die ganze Zeit?

FAWN Bruce? Was machst du hier? Wir haben überall nach dir gesucht.

BRUCE FERGUSON Ich wollte nur eben die Ein-Uhr-Nachrichten hören.

FAWN Wer ist das?

BRUCE FERGUSON Das ist Mara-die-Weltanschauung.

FAWN Wir waren in Monterey und haben für die Kleine ein paar neue Sachen gekauft. Zum ersten Mal sind ein paar Spielsachen dabei. Bauklötze und so. Ich hoffe, du hast nichts dagegen.

Bruce Ferguson wischt mit dem Handrücken über die Stirn, steht auf.

ALLEN FERGUSON Du blutest.

Bist du verletzt?

BRUCE FERGUSON Fawn, bitte, komm mit vor die Tür.

Ich muß mit dir sprechen.

FAWN Alles mit Blut beschmiert. Du bist von oben bis unten mit Blut beschmiert? Bruce, wo kommt das viele Blut her?

BRUCE FERGUSON *betrachtet Hände und Kleidung* Blut ... ja. Überall Blut.

Was habe ich getan? Fawn! Hilf, Gott, hilf! Was habe ich getan?! Fawn! *Er umarmt sie.* Mein Liebstes, verzeih mir, verzeih mir. Hilf, Gott! *Schroff* Macht das Radio an! Warum stellt denn niemand das gottverdammte Radio an?! Das Radio an!

Sonniger freier Platz vor dem Farmhaus. Fawn nimmt Baby-
wäsche von der Leine. Neben ihr Allen Ferguson mit einem frisch
geputzten Sattel. Bruce Ferguson allein auf einem Stuhl. Ein
Mantel über den Schultern, im Arm das Radio, den Kopf schief
geneigt zum Lautsprecher. Zwei Stangen mit kleinen Wind-
rädern. Im Hintergrund kerzengerade in ihrem Lehnsessel Sarah
Ferguson.

FAWN Wir haben uns nichts vorzuwerfen, Liebster. Er merkt
nichts mehr. Er ist jetzt ganz sanft. Meinetwegen kann er hierbleiben. Mich stört er nicht. Er wäre auch verrückt geworden,
wenn es zwischen uns nie etwas gegeben hätte. Wenn ihm nie
ein Verdacht gekommen wäre, daß du mein Liebhaber bist. Er
wäre sowieso verrückt geworden.

ALLEN FERGUSON Ja, Fawn, jetzt sind wir frei. Jetzt müßten wir
eigentlich sehr glücklich sein.

SARAH FERGUSON Mein Sohn!
Nie wieder wirst du nun heulen nach Wahrheit. Wahrheit, die
wie Spinnengift ... deinen Verstand lähmte.
Nichts wirst du mehr spüren, nicht einmal, daß unter deinen
Füßen zweitausend Jahre Gelehrsamkeit wegsacken wie mor-
sche Dielen. Nie wieder wirst du was spüren vom Wind, vom
kostbaren Regen, nie wiedersehen die leuchtende Krone über
der Jahreswende, wenn der Sturm von Südost in die Weihnacht
fegt und zerrt und rüttelt am Dach wie der Brave, der seine untreue Frau an den Haaren schleift vom Bett zur Haustür hinaus ... und draußen brüllt der pantherblaue Himmel; und
über die finstere Flamme des Ozeans jagt weiße Gischt, und
kein Vogel mehr ...
Mein Sohn. Nichts mehr wirst du vernehmen vom Krieg. Vom
sich fortfressenden Feuer. Vom tief und tiefer steigenden Unheil. Vom feierlichen Rückzug der Wahrheit und mächtigen
Fortschritt der Lügen. Von der Auflösung jeder Gewißheit
oder Moral.
Für dich steht alle Zeit nun still.
Doch nur für dich.

Heut abend schmolz die Sonne breit und herrlich in den Ozean, ein mildes Feuer strahlte und ein Rosenlicht. Wein, Amber und Honig flossen vom Herzen des Himmels. Das alte Wasser spiegelte lange die Glut. Drei Reiher flogen vorbei.

Die Ähnlichen

Moral Interludes

Personen

I
Magda hat wieder beiseite gesprochen

AGATHE, 42 ⎫
VILMA, 32 ⎬ *Parapersonen,*
MAGDA, 25 ⎪ *Wechselgestalten*
RÜDIGER ⎭

II
Die Ähnlichen

CHRISTIAN SEEGAST/WEST
CHRISTOPH SEEGAST/OST
ELSE SEEGAST/OST (Vilma)
ELLEN SEEGAST/WEST (Agathe)
ODILE (Magda)
BANKIER HEINZ
BANKIERSGATTIN
STIFTUNGSRATSVORSITZENDER
GATTIN DES STIFTUNGSRATSVORSITZENDEN

III
Inverness. Einzelprobe

ODILE (Magda)
BERG, Regisseur
INA, seine Frau (Agathe)
STUDENT
DER ÜBERBRINGER (Rüdiger)
RANDFIGUREN
AUTOR ASMUSS
KLEINDARSTELLER

IV
Anfang und Ende

Meriggio / Mittags

Sie (Magda)
Er (Christian / West)

Halbentschlossenheit

Sie (Vilma)
Er (Rüdiger)

Ende und Anfang

Die Mutter (Agathe)
Der Gast (Christoph / Ost)
Der Lebensgefährte (Rüdiger)
Björn, ein Fünfzehnjähriger
Frau mit Baby

Epilog

Agathe
Vilma
Magda

I
Magda hat wieder beiseite gesprochen

Hotelzimmer. Auf den drei Kanten des Betts beim Ankleiden Magda Vilma Agathe. Bluse zuknöpfen, Haarspange setzen, Strümpfe an- und wieder ausziehen. Wer an wen das Wort richtet, wer wem antwortet, bleibt meist unscharf und wechselt rasch.

AGATHE Und? Kein Wort?

VILMA Sprichst du nicht mit mir?

MAGDA Als wär's 'ne Kleinigkeit. Nur mal so eben, ein Witz.

AGATHE Sagt ja keiner.

MAGDA So leicht hattest du's nie mit mir.

VILMA Soll ich mich auch noch bedanken?

AGATHE Beklag ich mich?

VILMA Irgendein Wort.

AGATHE Also.

MAGDA Irgend'ne Kleinigkeit.

AGATHE Irgendwas, das mir sagt: es hat mir viel bedeutet.

MAGDA Wenn ich du wäre.

VILMA Na, ich weiß nicht.

AGATHE Bist du unzufrieden mit mir?

MAGDA Und du?

VILMA Bist du's denn?

MAGDA Mach das Fenster auf.

AGATHE Das ist alles? Darauf läuft es am Ende hinaus: »Mach das Fenster auf«?

VILMA Ich hör wohl nicht recht.

MAGDA Von mir aus kannst du jetzt zum Fenster gehen.

AGATHE Ich hab's nicht dir zuliebe getan.
Ich hab's mir zuliebe getan.

MAGDA Ich verstehe nicht, warum du nicht sagen kannst:
Ja, Spitze. Toll. Toll ist es gewesen.

VILMA War ja auch toll.
Das Fenster!

MAGDA Ich hab's nicht vergessen. Ich schieb's vor mir her. Ich komm drauf zurück. Ich werd's noch erledigen.

VILMA Wenn's soweit ist.

AGATHE Was wann?

MAGDA Alles irgendwann ... Meine Ladestation ist fast leer.

VILMA Magda hat wieder beiseite gesprochen.

AGATHE Habe ich dir nicht eben gesagt – was habe ich dir eben gesagt?

VILMA Ja.

Sie erhebt sich von der Bettkante. Bleibt stehen.

MAGDA Bloß nicht rumlaufen. Laß das mal andere machen.

VILMA Kommt vielleicht ein Mann. Schleicht ein Kerl von hinten ran. Möchte drei Damen was fragen.

AGATHE Steh nicht so da.

VILMA Ich steh nicht so da.

MAGDA Nein. Ich weiß.

AGATHE Ist es, weil du –

VILMA Was habe ich falsch gemacht? Wo liegt meine Schuld?

MAGDA Versuch's noch mal. Fenster auf!

AGATHE Ist es wegen Rüdiger?

VILMA Kein Kontakt mehr. Aus den Augen verloren.

MAGDA Nie wieder gesehen.

AGATHE Sie kann eben mit jedem.

VILMA Laß sie doch. Nicht schade drum.

MAGDA Nicht besonders witzig. Nicht sehr amüsant.

AGATHE Ihr müßt es wissen.

VILMA Überall nie dabei.

AGATHE Schöne Kleidung?

VILMA Heute?

MAGDA Interessante Frage.

VILMA Nicht unbedingt.

AGATHE Ton in Ton. Schilfgrün, lindgrün.

MAGDA Steingrau, lichtgrau.

AGATHE Und Vilma?

MAGDA Das ist etwas anderes.

VILMA Bildest du dir ein.

AGATHE Du sagst, daß sie immer noch weint?

MAGDA Aber ja.

VILMA Aber nein.

AGATHE Schöne Kleidung. Soll ich das Fliederblaue?

MAGDA Ja. Schöne Kleidung.

VILMA Fliederblau, totenblau. Ton in Ton, wir zwei.

AGATHE Und? Alles in allem?

VILMA Was willst du wissen?

MAGDA Was ich glaube, daß ich denke?
Was ich meine, daß ich fühle?

VILMA Es läßt sich alles sagen. Umsonst.

MAGDA Wie es war?

AGATHE So in etwa. Oder wie's geht? Oder ob es sich gelohnt hat, alles in allem?

VILMA Ich bin über mich enttäuscht.

MAGDA Kein Grund.

VILMA Ich bin über mich erfreut.

AGATHE Ziemlich impulsiv, wenn's drauf ankommt?

MAGDA Ja. Auch mal impulsiv.

AGATHE Liederlich?

VILMA Warum nicht? Auch mal ein bißchen liederlich. Ja. Doch. Auch.

AGATHE Und dein Sohn?

VILMA Kein Kontakt mehr.
Aus den Augen verloren.

MAGDA Nie wieder gesehen.

VILMA Ich bin über mich erschrocken, erstaunt, erfreut und enttäuscht.

Unterbrechung. Die Drei erneut beim Ankleiden. Vertauschte Plätze auf den Bettkanten. Fußnägel lackieren, Schmuck anlegen.

VILMA Also wenn es darum ginge!

AGATHE Was gefällt dir nicht an dem Hotel?

MAGDA Es ist ein Hotel wie jedes andere.

AGATHE Ich finde es unerträglich, auf einmal so zu tun, als befänden wir uns an einem extrem abscheulichen Ort.

VILMA Es ist ein Ort – es ist überhaupt kein Ort.

MAGDA Wenn ich diese Räume sehe, könnte ich, könnten wir ebensogut in Vancouver im gleichen Hotel wohnen.

AGATHE Wir wohnen ja gar nicht.

VILMA Wir übernachten. Ein, zwei Nächte. Was kann das schon bedeuten?

MAGDA Es könnte bedeuten, daß wir nicht zur Ruhe kommen. Zwei Tage, zwei Nächte immerzu unzufrieden. Das halten Leute wie du, du, ich nicht durch.

AGATHE Du meinst: w i r, wir!

VILMA Nein, ich meine: du, ich, du. Lassen wir das Wir mal beiseite. Du, ich, du.

MAGDA Es ist Messe, Tourismusmesse. Wir finden gar nichts Besseres in der Stadt.

VILMA Wir finden immer was Besseres.

AGATHE Nicht für drei. Je nachdem.

MAGDA Es geht um ein Doppelzimmer, Vilma, nur ein einziges Doppelzimmer. Das finden wir immer. Das gibt's außerhalb überall. Mit Luxus und ohne.

AGATHE Sieh zu, wie du's fertigbringst, drei, in Buchstaben: DREI Leute in ein Doppelzimmer zu verfrachten.

VILMA Hier haben sie's uns erlaubt.

MAGDA Eben. Weil ich mit Vilma hier zu zweit, nie zu dritt, wohlgemerkt, sehr häufig übernachten mußte.

AGATHE Wieso »mußte«?

VILMA Ich mußte ... wir waren allein.

MAGDA Ohne du. Ohne dich.

VILMA Aber worauf willst du hinaus?

AGATHE Das wollte ich dich fragen.

MAGDA Du bist schließlich gekommen.

AGATHE Ich bin gekommen. Ich bin gekommen, natürlich. Daß ich irgendwann kommen würde, kommen, und wieder hier sitzen, damit war schließlich zu rechnen.

VILMA Damals schrieb ich dir unzählige Briefe. Du hast sie mir, wenn ich mich recht entsinne, irgendwann alle zurückgeschickt. In einem Pack. Verschnürt. Ungelesen.

MAGDA Wenn ich mich recht entsinne, sagst du? Mit den Briefen hättest du etwas in der Hand gehabt, auch heute noch, gerade heute, auch gegen mich, zugegeben, sogar gegen mich, worauf du dich hättest berufen können für den Fall, daß ich mich an gewisse Entscheidungen nicht so gern erinnert hätte. Die Briefe haben sicher eine Menge enthalten, eine Menge Versprechen, Schwüre, Zusagen. Zusagen über Zusagen. Wenn du je deinen Sinn wandelst, du sollst wissen, ich bin immer für dich da. So etwas Ähnliches stand bestimmt drin. Mehrmals!

AGATHE Daran habe ich mich gehalten. Du siehst: ich bin zurückgekommen.

VILMA Aber du hast sie ja gar nicht gelesen! Keinen Brief! Kein einziges Wort! Vielleicht hieß es auch, man hatte damals einen anderen Ton, etwas rüder oder zarter, ich weiß nicht mehr genau: waiting for you somewhere on this dirty island. Oder world. Ich war zu der Zeit viel unterwegs. Aber du hast sie ja nicht gelesen. Du hast sie alle ungeöffnet an mich zurückgeschickt. Fest verschnürt. Ein dicker Packen. Eine Zusage, die gar nicht gehört, gar nicht empfangen wird, ist im Prinzip ungültig. Oder sie verfällt. Und meine Schwüre sind längst alle verfallen.

AGATHE Es ist mir im Studium schon so gegangen, daß mir Tabellen und grafische Schaubilder mit Zickzackkurven immer ein Greuel gewesen sind. Scheinprobleme. Genau wie das, was du mir da auflistest.

MAGDA Als ich studierte, habe ich oft gedacht: entweder du studierst hier ewig oder du läßt es an einem bestimmten Punkt einfach sein. Du setzt der Sache ein Ende. Du bestimmst es selbst.

AGATHE Im Traum studiere ich oft, ohne zu wissen was. Ich habe fünfzehn fette Wälzer vor mir, in denen jedesmal ein anderes Fach abgehandelt wird. Forstwirtschaft, Ägyptologie, Informatik, Veterinärmedizin. Pädagogik. Und-und-und. Da sitze ich nun und schlage hier eine Seite um, dort eine und suche verzweifelt nach meinem Thema. Ich suche nach meinem eigentlichen Studienfach und kann es nicht finden. Ich muß also alles studieren. Das ist mein Alptraum.

MAGDA Trotzdem. Als ich noch sagen konnte: ich studiere noch … da hielt ich noch mit. Da hatte ich's noch vor mir. Was studieren Sie denn? Oh, ich studiere evangelische Theologie!

VILMA Ach?

MAGDA Tja, »ach?«, was?

Und zwar gerne, sehr gerne.

Ich studiere für mein Leben gerne.

VILMA Aber Theologie? Muß das sein?

MAGDA Nur und ausschließlich und gerade die Theologie. Ich bin an Fragen der Theologie brennend interessiert.

AGATHE Magda jobbt jetzt, wo sie kann.

Bloß um den Tank vollzukriegen.

MAGDA Weil du, ich, du bis heute bettelarm geblieben sind. Desperately poor.

VILMA Testperson im Pharmalabor.

AGATHE Aber du, du mit deiner Sondermilz

MAGDA Der Urmilz aus dem Neolithikum

AGATHE Hältst deine Stellung bei der Wissenschaft.

VILMA Eine Abnormität macht sich bezahlt.

MAGDA Ich frag mich doch: brauch ich allein so viele innere Organe? Verkaufe ich, was ich nicht nötig hab zum Leben?

AGATHE Einen gesunden Kreislauf können sich drei mittelgroße Frauen teilen. Du, du, ich.

VILMA Verkaufen wir, was wir nicht nötig brauchen!

AGATHE Bis wir zuletzt zu dritt und alle drei auf einem Zahne kauen!

MAGDA Bis uns zuletzt zu dritt und allen dreien das eine trübe Auge trieft!

Unterbrechung. Die Drei angezogen auf den Bettkanten. Vorn Rüdiger, ein junger Mann mit schwarzem Glatthaar, die Stirn auf den angezogenen Knien.

VILMA Wer ist denn das? Was ist denn los? Wer ist denn das? Was ist das für ein Raum? Wann kommst du? Wo bin ich?

AGATHE Dies ist dein lieber Sohn, der alles tut, um dir zu gefallen. Nun einmal von dir geboren.

MAGDA Ich liebe dich nicht und ich will deine Liebe nicht, mein Sohn.

AGATHE Man sieht ihr bleiches Muttergesicht, das aufgerichtet und ohne Regung auf die Befehle des Scheusals lauscht.

VILMA Ich war nur beauftragt. Eine kleine Handlangerin des allmächtigen Scheusals. Ich mußte ganz leise sprechen, damit es aus mir sprach. Und ich mußte schmal und liebreizend erscheinen.

AGATHE Die zierliche Mama, die niedliche Besessene weckte im Sohn die wärmste, die reinste Liebe, die sich nur lieben läßt.

MAGDA Rüdiger, du wirst bitte zu Vilma gehen und sie fragen, was sie sich eigentlich dabei gedacht hat, als sie gestern abend fortging, ohne mich zu küssen.

RÜDIGER Wenn ich gehe, hältst du mich fest.

MAGDA Nein, gehen sollst du nicht. Du könntest mir davonlaufen. Du mußt aber noch bleiben und ein wenig mehr leiden. Schließlich leide ich viel mehr an dir. Ich leide immer an dem Makel deiner Geburt. Vielleicht könntest du so lieb sein, es wiedergutzumachen?

RÜDIGER Worum bittest du mich? Deine Frage gleicht der, die du mir vor Jahren gestellt hast.

AGATHE Es ist immer dieselbe Frage, die ich an dich richte, mein Junge. Warum lebst du? Warum schläfst du nicht mit mir? Warum erlaubst du nicht, daß ich dich verstümmle? Ich will mit dir ins reine kommen. Du hast mich zur Mutter gemacht. Ich habe alles versucht, um es wiedergutzumachen. Mir scheint, es ist an der Zeit, daß du mich erhörst.

VILMA So war es. Ich wollte ihn verderben. Er aber liebte mich abgöttisch. Mit dreizehn habe ich ihm die ersten Drogen verfüttert. Mit einundzwanzig während eines Urlaubs auf den Hebriden forderte ich ihn auf, mit mir zu schlafen. Seitdem ließ ich keine Gelegenheit aus, seine Männlichkeit zu verspotten.

AGATHE Sie verlachte den süßen Fratz, sie höhnte und flehte, daß er sich von ihr verstümmeln ließe.

VILMA Ich weiß, daß es mich nicht gibt. Meine Seele erlosch lange vor dem Ende meiner Tage.

MAGDA Wenn der Engel des Todes naht, ist er schrecklich. Sobald er dich streift, ist es die reine Glückseligkeit.

AGATHE Als sie ihn eines Abends daran hinderte, die gemeinsame Wohnung zu verlassen, tötete er sie mit siebzehn Messerstichen.

MAGDA Der erste Stich traf mich ins Kinn. Ich legte meine Hände auf die Wunde, und er stieß mir ins Herz. Danach habe ich nichts mehr empfunden.

VILMA Gott sagte: Satanas, höre! Ich schuf den Menschen. Vor dem sollst du dich neigen.

RÜDIGER Satanas antwortete: Gottliebster, ich vermag es nicht. Wie sollte ich vor dem Menschen dasselbe tun wie vor Dir? Ich neige mich vor Dir. Niemals werde ich meine Liebe teilen können. Was ich dem Höchsten bezeuge – wär's nicht Schändung Deiner Ehre, wenn ich ein gleiches täte vor dem Menschen?

VILMA Gott sprach: Da du mein Werk nicht erkennst als mir ebenbürtig, so hast du auch mich nie erkannt. Hebe dich hinweg von mir!

RÜDIGER Gottliebster, ich berge mich in der Einheit mit Dir. Wie vermag ich mich von meinem Wesen zu scheiden, um Dein Gebot zu erfüllen? Laß es mein getreues Herz wissen!

VILMA Weiche von mir! Fahr nun zur Hölle.

RÜDIGER Und so war es gerecht von meinem Liebsten.

AGATHE Wie aber konntest du, Satan, in der Hölle trotz der ewigen Feuer und trotz der Fluten erstickenden Schlamms so unversehrt in deiner dunklen Menschenähnlichkeit bestehen?

RÜDIGER Mein Dasein nährte sich vom Echo Seiner Stimme. »Weiche von mir!« Ewig hörte ich den Widerhall Seiner Worte, und Seine Stimme labte mich im tiefsten Höllental. Ich höre ... ich höre ... und darum vergehe ich nicht. Solange Seine Stimme widerhallt und in meinen Grüften nie verklingt.

Unterbrechung. Die Drei ohne Rüdiger. Eine der anderen auf dem Bettkantenplatz nachgerückt. Öffnen von Blusen, Ablegen von Schmuck, Kleidungsstücken, Haarspangen.

VILMA Ich muß sagen, daß ich mich viel zu blöd fühle, um heute einen Vortrag von Friedhelm Schellenbach zu hören. Noch mal Nahost. Das ging schon beim letzten Mal über mich hinweg. Das wird mir heute zuviel, einfach zuviel. Ich bin schweißgebadet.

MAGDA Gib mir den Stadtplan. Wilhelm-Lehmann-Straße. Ich fahre über die Scheunerbrücke ...

AGATHE Vilma, es wird jede Minute noch heißer. Wir müssen jetzt fahren.

VILMA In deinem verdammten Brutkasten? Ich steige bei dieser Höllenhitze nicht in deine dreckige, miese, kleine Karre.

MAGDA Willst du noch eine Dusche nehmen?

AGATHE Nein, es wird zu spät. Wozu auch. Danach läuft der Schweiß noch schneller den Leib runter.

MAGDA Dein Auto steht den ganzen Tag unten vor dem Hotel in der prallen Sonne. Es ist zu heiß, es ist viel zu heiß.

VILMA Hier gibt's kein Schatten für parkende Autos. Es wird noch viel heißer.

AGATHE Ich kann diese schäbige Hitze nicht mehr ertragen. Es reicht einfach. Das ist das Ende von einem irgendwie noch erträglichen Sommer. Das ist kein Sommer mehr, das ist das Ende aller Jahreszeiten. Der Abgrund.

MAGDA Die Qual besteht darin, daß wir uns jetzt in der Affenhöllenhitze auf den Weg machen sollen, in dieser Stinkkiste durch die verstunkene Stadt fahren, um uns in diesen stinkenden Vortragssaal in einem asbestverseuchten Plattenbau zu setzen.

AGATHE Nicht mal auf Fahrtwind dürfen wir hoffen. Wir kommen so oder so in stehenden Verkehr. Wir fahren nur zum Abgasschlucken in die Stadt.

MAGDA Hierbleiben?

VILMA Hier ist es doch nicht besser.

AGATHE Kühl ist es nirgendwo.

VILMA Das ist ein Knie, auf dem eine Wespe schnuppert.

MAGDA Schmeiß sie raus! Schmeiß sie raus!

VILMA Beweg dich nicht.

Sie schlägt mit dem Stadtplan auf Magdas Knie.

AGATHE Da ist irgend etwas klebrig auf deinem Knie. Ein Fleck Limo. Irgendwas Klebriges. Die kommen immer wieder.

VILMA Du bist unzufrieden, abstoßend und lustlos. Das hat weniger mit der Hitze zu tun als mit deiner Unzufriedenheit an sich.

MAGDA Du kannst auch über die Brüggestraße fahren. Brüggestraße, Rodenbacher, Am Löwentor, dann links in die Brabanter-Allee, das geht wahrscheinlich genauso schnell.

VILMA Ich komme von der Brabanter-Allee nicht in diese da – wie heißt sie?

AGATHE Rodenbachstraße.

MAGDA In die Rodenbachstraße. Hier ist alles Einbahn.

AGATHE Von der Rodenbach geht die erste rechts ab, das ist dann gleich die Wilhelm Lehmann.

VILMA Du meinst, du kennst den Stadtplan auswendig, weil du mal Taxi gefahren bist. Aber hier ist kein Durchgang mehr. Fußgängerzone.

MAGDA Du mußt mir doch nicht vorhalten, daß ich unzufrieden bin. Du doch nicht.

Mein Mund ist so trocken, als hätte ich Sand gefressen.

AGATHE Ich hol dir was zu trinken. Kalten Tee?

VILMA Nein, laß nur. Reden wir eben. Reden wir zum tausend-
understenmal darüber.

MAGDA Es ist gut. Ich wollte nicht, daß wir wieder von vorne
anfangen. In der Hitze spürt man es noch deutlicher. Daß man
selbst bloß ein Klumpen verdorrter Erde ist.

AGATHE Aber man schwitzt. Ich möchte wissen, wo diese Eimer
voll Wasser herkommen, die einem am Leib herunterlaufen.
Obwohl man kaum etwas trinkt.

VILMA Das ist der Unterschied, wenn du und ich von der Hitze
sprechen.

MAGDA Du sprichst vom Fließen, ich vom Austrocknen.

AGATHE Ich bin ganz normal unzufrieden. Mir macht die Hitze
genauso zu schaffen.

MAGDA *beiseite* Dich wollte ich aufnehmen. Ich sah dich schon
wohnen bei mir. Ich sah sogar, wie ich die Wohnung betreten
würde, wenn du eines Tages gestorben wärst und ich von der
Beerdigung heimkehrte. Ich sah d e i n Zimmer, es war erfüllt
von d e i n e r Abwesenheit. Als hättest du wirklich eine sehr
lange Zeit darin gelebt.

VILMA Du hast bis heute nicht verstanden, weshalb ich mich nie
gegen dich gewehrt habe. Ich hab's wahrscheinlich selbst nicht
verstanden.

MAGDA Korrekt. Ich hab mir dich nicht ausgesucht. Du hast dir
mich nicht ausgesucht.

VILMA Du hast verdammt auch keinen Grund mit mir unzufrieden zu sein.

AGATHE Ich bin ganz normal unzufrieden. Wie jeder. Der nicht
bloß blind herumwerkelt. Die meisten werkeln blind herum,
es gibt eine Riesenwerkelei, und was dabei herauskommt, das
drückt sie nieder. Das macht sie fertig.

MAGDA Es ist ein schwieriger Weg, den ich mir ausgesucht habe,
um zu dir zurückzufinden. Ein steiniger Weg. Ich weiß nicht,
ob es mir gelingt. Ich kann aber nicht anders. Ich habe mir
Vilma nicht ausgesucht.

VILMA Da unten steht unsere Kiste mit ausgebreiteten Kotflü-
geln, startbereit. Das Blech ist so glühend heiß, daß sich der
Stadtplan wellt, wenn du ihn auf dem Kühler entfaltest. Also
ich setze meinen Hintern lieber auf eine immerhin noch etwas

kühlere Bettkante. Wenn ich daran denke, was für eine Bullen-
hitze sich in deinem Polo staut. Es klebt mir sowieso das Kleid
klatschnaß am Rücken. Die Haare, Mensch, die Haare sind wie
'ne Wollmütze. Aus dem Schwitzen kommst du nicht heraus,
du kommst an keinem Platz dieser Höllenstadt aus dem verdammten Schwitzen raus.

MAGDA Ich habe einen Pilz zwischen den Zehen. Das Gesicht
voll Hitzepusteln. Am Kopf Schorf. Ich habe das Gefühl, ich
wachse zu mit Pilzen und Flechten.

AGATHE Ich kann dir nicht sagen, wie ich das Schwitzen hasse.
Das Schwitzen, gegen das man nichts tun kann. Immerzu
schweißgebadet. Wie dreckig, wie elend, wie abstoßend fühlt
man sich! Ich kann mich nicht erinnern, mich je so – so abstoßend gefühlt zu haben. Erst vertrockne ich, dann verrunzle
ich. Zum Schluß verdampfe ich, verdampfe bis auf den letzten
Blutstropfen.

MAGDA Es ist wirklich ekelhaft. Ich kann deinen Gestank nicht
mehr ertragen. Und du kannst meinen Gestank nicht mehr ertragen.

VILMA Das hat vielleicht noch mit was anderem zu tun.

MAGDA Das hat mit was anderem zu tun? Mit was?

VILMA Das hat damit zu tun, daß du mich abstoßend findest.
Daß du mich und meinen Körper zum Erbrechen findest.

MAGDA Wie?!

VILMA Verzeih mir. Es ist die Hitze. Du weißt schon.

MAGDA *steht auf* Wie?

VILMA *leise* Es stinkt alles. Aus uns heraus und um uns herum.
Die ganze Stadt ist eine immer fetter werdende Gestanks-
wolke.
Und wir stinken mit.

MAGDA Wie?

AGATHE Was hörst du?

VILMA Keiner redet.

MAGDA Wie?

AGATHE Ich weiß nicht, was du hörst?

MAGDA Wie?

Dunkel

II
Die Ähnlichen

In der Rückwand der Bühne ein Fenster, in dem Odile liegt, eine junge Prostituierte, und auf den Schauplatz der Handlung hinunterschaut.
Im Vordergrund ein langgestreckter Treppenabsatz mit zwei niedrigen Postamenten rechts und links. Auf diesen Sockeln stehen die Brüder Christian/West (links) und Christoph/Ost (rechts) einander wie zwei klassische Helden gegenüber und führen ihren Dialog wie einen Zweikampf. Beide in schwarzen Hosen und weißen Hemden, die Ärmel aufgekrempelt.
Ihre Frauen – über Kreuz Ellen/West (rechts) und Else/Ost (links) – lehnen auf der untersten Treppenstufe an kurzen Begrenzungspfosten und halten das Jackett ihres Mannes über dem Arm.

CHRISTIAN/W Du siehst aus wie ich. Du hast mich immer nachgeäfft.

CHRISTOPH/O Ich dich? Wer zog zuerst als Kind die schönsten Kleider an? Und du, der Jüngere, durftest sie später abtragen! Wer konnte sich zuerst Krawatten binden?

CHRISTIAN/W Heute bist du Vegetarier. Nichtraucher. Energiesparer. Wie sich's gehört für einen feinen Pinkel Ost. Der sich im Eilverfahren angepaßt. Noch vor Jahr und Tag standst du in der Schweinemast und hast auf deinen Bauch und deine Lunge nicht geachtet. Healthfood! Perverser Gag des Krisenkapitals!

CHRISTOPH/O Du mit deinen zeitweilig finsteren Geschäften hast dich schon früh bereichert und folglich früher die feineren Moden mitgemacht. Aber dein geistiges Rüstzeug, das hast du doch von uns gestohlen.

CHRISTIAN/W Ich habe dich das letzte Mal gesehen, da grubst du im Drillich Rüben aus der Erde.

CHRISTOPH/O Und wer hat dir das Bücherlesen beigebracht? Den Dickens, Döblin und Mark Twain! Und schöne Bilderbände voller Tintoretto!

CHRISTIAN/W Härter, Bruder, härter! Schneller, spitzer. Setz mir zu!

CHRISTOPH/O Kein menschlicher Ton kam aus deiner vierschrötigen Kehle, bevor ich dir's nicht vorgesungen hatte. Du konntest kein Gespräch führen, du stottertest als junger Mensch, warst linkisch und verschwitzt, du hattest keinen Freund –

CHRISTIAN/W Mir's nachgemacht! Mir alles Dasein nachgemacht! Mir den Spaß an meinem Eigensten verdorben! Der Gleichmächtige, der Gleichstarke bist du durch schamlose Nachäffung geworden.

CHRISTOPH/O Mein Vater, der nicht zögerte, auch mich zu lieben, solange du verschwunden warst und im Westen das Antike aus unserem Erbbesitz verhökertest, obgleich er dich bei deiner Heimkehr vor lauter Rührung mit unverantwortlichen Vorteilen überhäufte, mein Vater, wie er's zuletzt für mich gewesen ist, hat mich denn auch gelehrt, ohne Eifersucht und Neid den Schicksalsweg des Meistbegünstigten in Ruhe abzuwarten.

CHRISTIAN/W Nicht so gewunden, Christoph. Stich zu! Parier! Komm, komm!

CHRISTOPH/O Du bist sein Liebling gewesen, dich mußte er verwöhnen, weil du so auffällige Zeichen von Lebensuntüchtigkeit von dir gabst und ohne seine übertriebene Fürsorge wahrscheinlich früh verkümmert wärst.

Mir genügte, was er in sein Herz verschloß für mich an Neigung.

CHRISTIAN/W Was er dir nicht zeigte, hat er wohl auch nicht besessen.

Mir aber halfen die Beweise seiner starken Liebe, ein Mensch zu werden mit einer großen Freiheit der Gefühle. Und großmütig machte mich seine Großmut, die Fülle seiner Gaben.

CHRISTOPH/O Die du achtlos liegenließest, kaum war der Vater tot, bei deinem zweiten Wechsel in den Westen! Was war's dir wert, dein Erbe?

CHRISTIAN/W Ich bin nun wieder da und trete jetzt mein Erbe an, wo's keinen Streit um Recht und Eigentum mehr geben kann.

CHRISTOPH/O Keinen Streit? Mit deiner großen Freiheit des Gefühls hast du gefaulenzt in Paris. Studiert und Gelder manövriert. In Wien mit Künstler-Architekten Utopien gebastelt. Ich in der Heimat schloß die Lehre ab. Da warst du schon für kurze Zeit ein wohlhabender Mann, ein mächtiger Windhund, ein begehrter Freund. Und ganz aus eignen Stücken hast du's auch geschafft, Christian Seegast, der du bist, binnen Jahresfrist dein teures Bordell der Pläne und Projekte, der Kredite und Beteiligungen zu ruinieren.

Nun stehst du, ein allzu freier Mann, fast mittellos vor mir, ohne Stellung, ohne feste Einkunft –

CHRISTIAN/W Du rote Leseratte! Wieviel Revolutionspapier hast du als junger Mann in dich hineingefressen und bist am Ende doch ein grauer deutscher Gartenzwerg geworden!

CHRISTOPH/O Was wird, die Frage drängt sich auf, im Laufe seiner Jahre aus dem Verlorenen Sohn, den einmal der blinde Vater mit allzu holden Gunstbeweisen ausgestattet hat? Der Psychologe sagt: er bleibt's erst recht, sein Leben lang: ein ganz und gar Verlorener. Aber der brave Zukurzgekommene, das bloß nützliche Kind, zwar erstgeboren, doch nur als Durchschnittsmensch, ich nämlich, der andere, ich sollte dich nun gar an unseres Vaters Stelle mit Freudentränen in die Arme schließen, weil du, mein Bruderherz, ein zweites Mal nach Hause fandst, um ein Erbe anzutreten, das unverhofft zu Wert gelangte? Daß du mir davon nicht träumst, du Schandfleck!

CHRISTIAN/W Lauter! Angriff! Stimme! … Ich werde dich ein zweites Mal um alles bringen, was du dein eigen nennst. Ich schaff's auch ohne das Erbarmen meines Vaters.

CHRISTOPH/O Was willst du mir nehmen? An mir beißt sich deine Habgier die Zähne aus. Dich brüderlichen Blutsauger werde ich mir vom Halse schaffen! … Trotz allem leb ich sehr bescheiden. Mein bescheidenes Soundso mit Frau und Kindern, die längst erwachsen sind …

CHRISTIAN/W Dein Soundso? Kannst du nicht mehr? Dein was?

CHRISTOPH/O Mein bescheidenes … mein bescheidenes …

CHRISTIAN/W Ha! Worte, Worte! Sprache, sprich!

CHRISTOPH/O Mein D a s e i n, du sinnloser Strolch!

CHRISTIAN/W Hört ihr? Sein Dasein!

Weil du mich nachahmst kränklich, bis in die Wortwahl mir verpflichtet!

CHRISTOPH/O Du Künstler-Architekt, bläh dich nur auf, stehst stellungslos vor mir, bedeckt mit Taubenmist!

CHRISTIAN/W Du Kreatur, die niemals werden durfte wie sein Bruder!

CHRISTOPH/O Kein Bedarf! Schon längst nicht mehr!
Bei Vaters Tod befand sich im Besitz der Familie allein der halbverfallene Hof. Dazu gehörte noch das Wohnhaus, in dem wir beide geboren wurden. Dies Erbteil zu erhalten war mir aus manchem Grund nicht möglich.

CHRISTIAN/W Du hast mein Vaterhaus verfallen lassen?
Du wirst es wieder instand setzen.

CHRISTOPH/O Hast du von drüben jemals Unterstützung für das Haus geschickt? Haus und Hof, davon die Hälfte, dein rechtmäßiges Erbe, hast du in den Wind geschlagen. Es war nichts wert, es kostete.

CHRISTIAN/W Zu Haus und Hof gehört nun auch das Land. Viel Land, freigegeben zur Bebauung. Bornim bei Potsdam, nahe der Gewerbezone.

CHRISTOPH/O Das Land gehört nicht zu deinem Erbe. Es war bisher nicht unser Eigentum.

CHRISTIAN/W Doch jetzt.

CHRISTOPH/O Gehört es mir. Seit einem halben Jahr bin ich im Grundbuch eingetragen.

CHRISTIAN/W Du? Du allein? Das ganze Land? Wieviel?

CHRISTOPH/O Zwölf Hektar und ein halber.

CHRISTIAN/W Und wert?

CHRISTOPH/O Die erste Kaufhauskette bot noch unter zwei Millionen.
Ein Netzwerk lag schon etwas drüber.

CHRISTIAN/W Du grauer Gimpel, ein Leben lang ein Schweine-händler, ein Kaufmann ohne eigenen Geschäftsbereich, nicht imstande, etwas zu riskieren noch dabei zu scheitern, nie ge-fordert, nie gestürzt! Ein Funktionär, ein Rädchen in der rosti-gen Maschine, kleiner geht es nicht, du wärst mit einem Schlag zum doppelten Millionär geworden, ohne Rücksicht auf den Bruder?

CHRISTOPH/O Damals warfst du nur ein müdes Auge auf den Letzten Willen unseres Vaters, wo er es wörtlich niederlegte: für den Tag, da unser Staat dem Bauern seinen Boden zurückgibt, den er seit Generationen pflegte und bestellte, etc., vermache ich die Ländereien der Familie meinem Sohn Christoph – nicht Christian! –, der in der Heimat blieb.

CHRISTIAN / W Unverbindliche Visionen! Nichts sonst hat er dir vermacht. Zum Zeitpunkt seines Todes konnte er nicht erbverfügen über Güter, die nach herrschendem Gesetz nicht ihm gehörten.

CHRISTOPH / O Haus und Hof, davon die Hälfte, gehen an dich. Die andere kannst du bei mir kaufen. Ich mache dir ein faires Angebot.

CHRISTIAN / W Ich trete jetzt zwei Schritte zurück, doch nur um mit Macht auszuholen gegen dich.

CHRISTOPH / O Einen Augenblick! Nur eine Atempause … Was denkst du: bei mir hat kürzlich angefragt ein Bankengremium, Forum Erfurt, Eurofreizeit mit Vergnügungsparks –

CHRISTIAN / W *ohne Kampfhaltung, privat* Siehst du. Du bekommst die großen Anfragen. Ich hingegen muß froh sein, wenn mir jemand die Restkrümel eines Auftrags überläßt, den er nicht allein bewältigen kann.

CHRISTOPH / O Warum sagst du das? Ich wollte dich um Rat fragen.

CHRISTIAN / W Was soll ich dir noch raten? Was Besseres kann dir nicht passieren.

CHRISTOPH / O Du könntest deine Phantasie einbringen … Du fragst nicht mal: wobei?

CHRISTIAN / W Mach es, mach es. Was Besseres kann dir nicht passieren.

CHRISTOPH / O Die Idee ist folgende: ein großer Park der deutschen Sagenwelt –

CHRISTIAN / W Mach es. Verbau dein Land mit einem Märchenpark. Mein Gott, begreifst du nicht? Mir steht das Wasser bis zum Hals. Du darfst mich doch nicht ernsthaft fragen, wieviel Millionen du dir auf dein Konto schieben sollst? Das ist doch keine Frage, die du an mich richten darfst … Rhetorischer Mist!

CHRISTOPH / O Was kann ich Gutes für dich tun? Ich überlasse dir die Planung. Entwurf für einen Sagenpark. Von den Asen bis Zwerg Nase. Du kannst die ganze Fläche frei gestalten.

CHRISTIAN / W So ist er nun. Es ist vollkommen vergebens.

Er baut es auf, sein Reich, er gründet, plant und formt m e i n Land, das doch zu meinem Haus gehört, das doch der Vater ihm nicht schenken konnte zu der Zeit. Er baut, ich blinzle. Sitze dicht beim Fenster, dicht umzingelt von Kränen und Gerüsten, und blinzle, was er tut. Was er sich Neues einfallen läßt, um endlich seinen Fuß auf meinen Nacken zu setzen. Erfüllt sich seine Großraumträume. Machtlos steh ich da, machtlos gegen diesen furchtbaren Investor.

CHRISTOPH/O Reiß dich zusammen, Kerl! Ich brauche einen Gegner dieses Plans, sonst setze ich ihn bei mir nicht durch.

CHRISTIAN/W Die Tat – die Tat allein, daß du mich fragst, muß schon beurteilt werden. Nicht mal, was sie erschleicht, die Frage, die Frage selbst, allein die Untat dieses Fragetons! Womit kann ich ihn jetzt treffen? Was würge ich ihm jetzt noch rein?

Ellen geht zum Sockel ihres Mannes, Christian/W, um ihn taktisch zu beraten.

CHRISTIAN/W *richtet sich wieder gegen seinen Bruder auf.*
Du kränkst meine Schwägerin, deine Frau, indem du auf unserem Bummel durch die Stadt zwei Schritte von uns seitwärts gehst und einem leichten Mädchen, das im offenen Fenster liegt, ohne Heimlichkeit zwei Worte zurufst, die den Unterleib betreffen.

CHRISTOPH/O Es gibt Ehen, die belastet man mit träger Treue mehr als mit dem kurzen Auftritt einer Geliebten, der einem laschen Alltag eine vorübergehende Wendung ins Dramatische verschafft.

CHRISTIAN/W Du bringst es fertig, übers Herz, ja du spielst – spielst in vollem Ernst mit dem Gedanken ans Dramatische – Trennung, Scheidung, Aus – bloß weil ich, zugegeben, ich, dich einige Male zu einem Freudenmädchen mitnahm? Nun meinst du zu wissen, was dir an Else, deiner Frau, schon immer fehlte, nie gefiel? Eine Hure, die ich seit Jahr und Tag besuche, ohne daß mich jemals – bei dem Vergnügen, das ich gar nicht leugne – der Gedanke auch nur gestreift hätte, darin, dadurch, deshalb an Ellen, meiner Frau, irgend etwas Ungenügendes zu finden? Das ist das Perverseste, das mir je im Zusammenhang mit einem Freudenmädchen und einem verheirateten Mann zu Ohren kam!

CHRISTOPH/O Du an deiner Ellen? Die meine Frau gewesen wäre! Du an deiner Ellen? Die in der Nacht zum 7. Januar 1981 zu dir überlief und Hals über Kopf mit in den Westen floh? Mir scheint, du besitzt für bestimmte Zusammenhänge nicht das geringste Gespür.

CHRISTIAN/W Einer Hure, meinetwegen, räumst du einen festen Platz in deinem Alltag ein. Aber sie, womöglich mit Gefühlen und Gewissensbiß, in deine Ehe einzumischen – wo gibt's denn das?! Jemand, der Vergleichbares nie im Leben für dich übrig hätte!

Er wendet sich zu Odile in ihrem Fenster.

Odile! Sprich selbst ein Wort. Bedeutet dieser Mann, der dich Geliebte nennt, dir irgendwas? Verlief in irgendeiner Stunde, da er bei dir war, irgend etwas anders als mit mir oder streckenweise einem x-beliebigen?

ODILE Ich möchte dazu sagen: der Mann ist durchgeknallt. Ich hab mir allerdings nichts vorzuwerfen. Er hat ja nichts Besonderes verlangt. Ich denk mal, der weiß noch nicht, was er von mir Besondres kriegen kann.

CHRISTIAN/W Nun mach dich ihm nicht interessanter, als du bist! Versprich ihm nicht noch was dazu!

Zum Bruder

Soweit ist es, unter uns, nicht her mit ihren besonderen Geschicklichkeiten.

CHRISTOPH/O Mag sein. Das übliche hat ausgereicht, um mich in einen ehrlichen Konflikt zu stürzen.

ODILE Hör auf! Ich warne dich! Ich habe dir nichts angehängt! Ein Freier bist du wie jeder andere. Und wenn du glaubst, ich lasse mich auf Spinnereien ein, dann zieh ich dir den Schnuller raus! Das Paar bleibt heil! Sonst bleibst du draußen.

CHRISTIAN/W Ellen! Sagst du jetzt was?

ELLEN Ich sage jetzt, daß ich ihn gut verstehe, meinen Schwager Christoph. Die Kleine da, wie sie im Fenster liegt, ist damals schon sein Typ gewesen. Else paßte ja noch nie zu ihm.

CHRISTIAN/W Das ist mir noch nicht aufgefallen. Von dieser Ansicht, deiner, hat man niemals was geahnt.

CHRISTOPH/O Als wir noch in unserem Vaterland lebten –

CHRISTIAN/W Vaterland? Du sprichst von deinem Vaterland? Du sprichst von dem trostlosen Vorgarten-Idyll, der bekannten Volksrepublik, gottlob so altersschwach, daß schon das erste Volksrumoren sie zum Einsturz brachte?

CHRISTOPH/O Mag sein. Ich habe dort gelernt, geglaubt, gearbeitet. Gewiß blieb manches unerreicht in unserem Vaterland. Das Unerreichte aber, sogar das Unerreichliche erzieht den Mann. Es treibt den Trägen aus den Kissen –

CHRISTIAN/W Dem Schwätzer ölt es den Mund! Heute, wohlgemerkt, wo's sich erledigt hat, schwärmst du von deinem Vaterland. Eine zynische Ehrung. Und warst doch früher mit dem Lästern vorneweg. Du hast dein Vaterland überhaupt nur mit Lästern und verschlagenen Witzen ausgehalten!

CHRISTOPH/O Als wir, um daran anzuknüpfen, Else und ich, noch in unserem Vaterland lebten, waren wir alles in allem ein gutgehendes Paar. Ich gebe zu, ich habe sie nicht ganz so unbesehen geheiratet, wie ich Ellen zweifellos geheiratet hätte. Doch jetzt, nachdem sich meine Lage durch Blitzschlag radikal verändert hat, fällt's mir wie Schuppen von den Augen: ich habe mich als Sinnenmensch mit dieser Frau nie abgefunden.

CHRISTIAN/W Du hättest nach vierzehn Jahren Ehe einen Schlüsselsatz wie diesen niemals offen ausgesprochen, wenn er mich nicht auf eine falsche Fährte locken sollte.

CHRISTOPH/O Vierzehn Jahre in der Schwebe!
Wir, Bruder, gehen beide zu Odile, und die Geliebte –

ODILE Nicht die Geliebte, nie!

CHRISTOPH/O Odile gibt uns beiden eine gute Stunde. Doch gerade da, irgendwo in einer Lücke dieser Doppelstunde, beginnt zwischen uns der Streit, Ursache nicht mehr auszumachen, der Streit erhebt sich über uns, er rüttelt an zwei Männern, die mit ihren Frauen fest auf einer Straße stehen – dabei sollte die gemeinsame Geliebte –

ODILE Die Geliebte nicht!

CHRISTOPH/O Soll die Fünfte dort im Fenster lediglich zur Stärkung wirken von uns vieren, rein technisch-taktisch zur Entlastung dienen.

CHRISTIAN/W Ha! Endlich lügst! Soweit wollte ich dich heute bringen. Das erleichtert mich. Du lügst und weißt es selbst. Siehst auf deine Knie dabei und läufst rot an.

CHRISTOPH/O Du bist immer frei gewesen und hattest früh das

Geld. Du hast dein halbes Leben mit Müßiggang verbracht. Ich mußte schuften unterdessen, ohne es zu was zu bringen.

CHRISTIAN/W Deinen Fehler hat ein ganzer Staat gemacht. Ich hab dir keinen Schaden zugefügt.

CHRISTOPH/O Das Wichtigste, das ich jetzt treffend gegen dich zu Felde führe, das ist mein junges Glück, mein später Reichtum und die Lebensfreude. Denn du bist mit allen deinen Vorteilen, die du zu früh genossen, auch früh eine ziemlich traurige Erscheinung geworden.

CHRISTIAN/W Warum, glaubst du, hat unser Vater nicht auf dich gesetzt, als ich verschwand? Weil du nie das Nichts riskiertest, nie aus tiefster Menschenverlassenheit wieder aufgestanden bist und nie aus null und nichts wie neugeboren wurdest. Warum hat er dich eigentlich sowenig liebgehabt?

CHRISTOPH/O Kommst du so früh zu deinem letzten Stich? Früher hast du mich mit dieser Frage mühelos bezwungen, ich stand dann kummerstarr, der Zweikampf war entschieden. Diesmal ist es dir zu früh, zu müd, zu lässig rausgerutscht. Es trifft nicht mehr. Und deshalb gebe ich unverletzt und geradeaus die Antwort: vielleicht liebte dich der Vater mehr als mich – mir aber wollte er besser. Was siehst du, wenn du dich im Spiegel siehst: das graue Elend eines einmal überreich Beschenkten.

CHRISTIAN/W Du klammerst, blockst, du rennst in mich hinein. Foul und auseinander. Keine Drücker auf das Unbewußte. Den Neider! Den Neider heb ich aus dir hervor und leg ihn bloß. Und dabei endet es: bei deinem schlechten Wesen!

CHRISTOPH/O Ich glaube wohl, ich habe mich als Kind –

CHRISTIAN/W Tiefer, bohr nur tiefer in der Kindheit rum ...

CHRISTOPH/O Die Fühler auszustrecken ist besser, Bruder, als die schweren Waffen führen ...

CHRISTIAN/W Du torkelst, stammelst schon?

CHRISTOPH/O Wenn ich mit meinem Vater, allein, circa drei Wochen ...

CHRISTIAN/W Du bist fertig, längst fix und fertig!

CHRISTOPH/O Nach eingehender Prüfung komme ich zu dem Schluß ... man prüft sich doch, wo lieg ich falsch, was bild ich mir nur ein, wie sieht's der andere, wenn er es sieht ... was geht in einem Menschen vor, der so etwas für ehrlich hält?

CHRISTIAN/W Mir scheint, jetzt dreht er ab ins Bodenlose. Rein sprachlich sieht er Sternchen.

CHRISTOPH/O Ach, du hohler, ausgebrannter Erstgeliebter! Wimpern, Fühler, Epithele, Fingerspitzen, die sind viel klüger, viel sicherer als schwere Waffen … So spät noch soll ich's prüfen, das viele Geld, das diese Frau mich kosten wird?

CHRISTIAN/W Ha! Also doch! Das erste Mal hat er ihr tausend Mark noch heimlich zugesteckt. Inzwischen hat er ein Sonderkonto eingerichtet für die Geliebte.

ODILE Geliebte nicht. Für euch bin ich die Gernbesuchte. Meinethalben auch die häufig Gernbesuchte. Jetzt geht ihr auseinander. Vertreibt mir die Kundschaft vor dem Haus. Geht jetzt zu euren Frauen. Fragt sie, was euch Männer so in Zorn versetzt, ob sie es wissen. Wenn nicht, dann fragt euch selber. Aber still und wie zwei Rätselfreunde.

Christian/W setzt sich zu Ellen, Christoph/O setzt sich zu Else auf einen Treppenabsatz.

ELLEN Den hast du viel zu glimpflich angefaßt. Der gehörte restlos aus dem Hemd gestoßen. Du hast ihn viel zu glimpflich angefaßt. Den eitlen, selbstgerechten, säuerlichen Widerling. Ist das denn solche Kunst, einen Mann von diesem Leichtgewicht das Maul zu stopfen?

CHRISTIAN/W Du verstehst partout nicht, Ellen, wo seine Schwächen sind. Ihm das Maul zu stopfen! Wo ich nichts Besseres hab, nicht mehr an Punkten mache, als wenn er's aufreißt mächtig, sein schiefes Maul. Er schwankte doch am Ende, taumelte, die Stimme sank.

ELLEN Empfand ich anders. Er hatte kurz vorm Ende ein paar hübsche Treffer. »Fühler sind die besseren Waffen«. Nicht schlecht gesetzt.

CHRISTIAN/W Daß du nichts hörst als diesen oberflächlich dummen Sinn von Worten, und seine Stimme, seinen dünnen Ton, den hörst du nicht. Der war, als wenn 'ne Amsel quakt und Frösche zwitschern. Kaum daß er sich dem Artgenossen noch verständlich machen konnte …

CHRISTOPH/O *zu Else* Er hat es wieder mal für sich entscheiden können.

ELSE Nein, Lieber, nein. Du hast ihm hart Bescheid gegeben. Und ihm den Kopf zurechtgerückt. Den Kopf! Den er am allerwenigsten benutzt. Ein Mensch, der nur mit Seelen-schlamm um sich wirft, sobald er in Bedrängnis kommt. Der bös ist, nur böse noch, in seiner Niedrigkeit nach unten keine Grenze kennt. Der nie ein kraftvolles Leben führte, nur ein wabbliges Innenleben, diese Pampe, in die er wie ein Klein-kind schlägt.

CHRISTOPH/O Doch mich hat es getroffen. Er spürte nichts.

ELSE Nur das mit dieser Kleinen da im Fenster, das hättest du viel unverschämter führen können. Da hast du abgegeben. Schwache Verteidigung, hilflose Deckung. Du hättest dich entschließen müssen: jetzt trommle ich Fakt um Fakt in seinen Schädel, die er mangels Schlauheit nie von selbst entdecken würde. Wie macht man das? Zur Abwehr eine Serie schneller Gegenfragen: Du machst die Else, meine Frau, zu deiner Schutzbefohlenen? Wie kommt denn das? Und sorgst dich nicht um Ellen, die du verbraucht, enttäuscht, so oft betrogen hast? Ja, deine liebe Frau, die Ellen, die in letzter Zeit auf Pump zu leben hat, weil du, ein Nichtsnutz, dir eine Hure hältst; für dein Vergnügen leiht sie hinter deinem Rücken Geld – bei uns. Dann er, nach einem schweren Treffer: Ach, das wußte ich nicht. Bei euch stehen wir in der Kreide? Dann du, nachge-setzt: Nichts ahnst du. Und wenn ich die Kleine da im Fenster mal Geliebte nenne, dann gebe ich mit diesem etwas hochge-griffenen Wort deiner Ellen bloß diskret den Wink, daß für sie die Kostenfrage diesmal nicht anfällt.

CHRISTOPH/O Ach? So? Das meinst du wirklich? Tja. Das Be-ste fällt einem immer erst hinterher ein.

ELSE Oder: klare Geraden. Du: Laß Else aus dem Spiel. Er in etwa: Ich werde meine Schwägerin ins Treffen führen, wann ich will. Sie ist's mir wert. Mehr wert, als dir bekannt sein dürfte, höchstwahrscheinlich, du Einfaltskrösus ...! Ha, und was dann du?

CHRISTOPH/O Ich ... also ... versteh nicht ganz.

ELSE Mein Gott! Du konterst, wie du kontern mußt: Du spielst, sagst du, mit »wert« anscheinend darauf an, daß meine Frau, neuerdings mit sehr viel Geld, für dich entschieden interessan-ter werden könnte, als sie es früher war? Rums. Du hättest leicht mit einer Rechts-links-Kombination von deiner eigenen Blöße abgelenkt ...

Szenenwechsel. Im Zimmer der Odile. Sie liegt wie zuvor in ihrem geöffneten Fenster und blickt auf die Straße – nur daß man jetzt ihren Rücken sieht und die übereinandergeschlagenen Beine. Im Vordergrund eine kleine Sitzecke mit Christoph/O und Christian/W.

CHRISTIAN/W Der erste trübe Tag seit Monaten.
   Dort unten, hörst du? Da streiten wir noch immer auf der Straße. Die beiden Kampfgockel hacken unermüdlich aufeinander.

CHRISTOPH/O Wie übel es doch klingt, wenn man sich selber aus einiger Entfernung zuhört. Wie können du und ich so erbarmungslose Gegner sein? Kalt und schonungslos bis in die Eingeweide.

CHRISTIAN/W Und sind trotz allem eine Einheit, Christoph, zwei Brüder unversöhnlich-unzertrennlich. Feuer und Flamme: füreinander oder gegeneinander, das ist dem heißen Herzen einerlei.

CHRISTOPH/O Und schlagen dennoch zu, als wollte einer den anderen ins Jenseits befördern.

CHRISTIAN/W Was man an Bosheit nicht alles auf die Zunge bringt!
   Da! Rums! Ich spreche dir die Ehre ab.

CHRISTOPH/O Es tut sehr weh, mein Lieber.

CHRISTIAN/W Jetzt, paß auf! … Gleich holst du aus mit einer Infamie in Frauen-Sachen …

CHRISTOPH/O Ich hätte sagen sollen an der Stelle: »Du nasser Lumpensack, du Heuchler, du sorg dich erst einmal um deine Ellen, die du verbraucht, enttäuscht, so oft betrogen hast! Ja, deine liebe Frau, die Ellen, die in letzter Zeit auf Pump zu leben hat, weil du, ein häßlicher Verschwender, dir eine Hure hältst; für dein Vergnügen leiht sie hinter deinem Rücken Geld bei uns. Bei uns!«

CHRISTIAN/W Ja, das hätte mich vor Ort wohl ziemlich mitgenommen. Wahrscheinlich aus dem Konzept gebracht.

CHRISTOPH/O Das Beste schießt einem immer erst nachträglich in den Kopf.

CHRISTIAN/W Lieben unsere Frauen uns? Lieben wir sie?

CHRISTOPH/O Unsere Frauen fragen sich, was uns beide so

gegeneinander aufbringen konnte, ob sie nicht selbst dahinterstecken. Sie glauben schon entdeckt zu haben, daß wir im Grunde unserer Seele streiten einer um des anderen Weib. Sie richten sich im stillen darauf ein, ihre Plätze zu tauschen.

CHRISTIAN/W Else, denk ich heute manchmal, wär's vielleicht gewesen. Der Körper einer Magd. Da sind noch Hände, die was packen, greifen, pressen können. Nicht bloß dünne Fingerspitzen, die schwach auf Sensortasten tippen.

CHRISTOPH/O Ich wiederhole dir mein Angebot: du baust für mich den Park der deutschen Sagenwelt. Ein Projekt der Spitzenklasse. Du, Künstler-Architekt, erhältst von mir den Auftrag deines Lebens. Du läßt deiner kindlichen Phantasie freien Lauf. Burgen, Grotten, alte Mühlen, künstliche Gebirge, Christians Wunderland läßt du entstehen.

CHRISTIAN/W Verkauf das Land und gründe nichts. Du wirst dich ruinieren.

CHRISTOPH/O Wir sehen uns zuerst vom Rhein bis an die Weser die Märchenoriginalschauplätze an. Und dann nach Polen. Ich kann dir Plätze zeigen, Orte wie vor hundert Jahren, wo Geisterglaube und Erzählen noch lebendig sind. Wir fahren überhaupt zuerst ins Riesengebirge.

CHRISTIAN/W Zu viert?

CHRISTOPH/O Im engsten Rahmen. Das Chaos wächst, wir setzen unsere kleine Symmetrie entgegen.

Er öffnet einen Briefumschlag.

Odile, diskret, hat uns ihre Vierteljahresabrechnung hinterlegt.

CHRISTIAN/W Laß sehen.

Er sieht sich die Rechnung an, während Christoph/O sein Scheckheft aus dem Jackett zieht. Er setzt an zu unterschreiben, wird aber unter den Worten des Bruders nachdenklich.

CHRISTIAN/W Ist das noch zu bezahlen? Kannst du das bezahlen? Ich kann das nicht bezahlen. Ich weiß gar nicht, wie man so etwas bezahlen soll. Wie machst du das? Du sprichst nicht darüber, du bezahlst einfach. Das möchte ich können: wortlos bezahlen, ohne mit der Wimper zu zucken. Man sieht dir nichts an. Niemand weiß, was du denkst. Gern tust du's nicht, soviel einmal vorausgesetzt. Aber es könnte ja sein, daß es dir nichts ausmacht. Das wäre ... das wäre einfach phantastisch.

Wenn ich so etwas bezahlen soll, ich dagegen, wenn ich eine solche Rechnung erhalte, dann fällt vor mir ein Eisengitter herab, ich sitze innerlich bereits im Gefängnis. Ich stehe vorm Ende der Welt, das mit Brettern vernagelt ist. Ich stehe unter Schock, ich weiß: ich kann das nicht bezahlen. Ich starre wie gelähmt auf diese ungeheure Summe, ich empfinde sie als bodenlose Demütigung, diese Ziffern, diese kaltschnäuzige, gemeine Forderung. Ich habe nichts erhalten, was diesem unmäßigen Preis, dieser absurden Ziffernfolge entspricht. Für nichts, für beinah kaum etwas. Und das noch mittelmäßig ausgeführt.

Aber du, du kannst bezahlen, ohne den Gesichtsausdruck zu verändern. Frißt es stumm in dich hinein. Aber wenn du es tust, wenn du so etwas bezahlst, ist es dann so, daß dich ein Gefühl eiskalter Verachtung emporträgt, eine Verachtung, die du nur für solch dreiste Ziffern, aber niemals für einen Menschen empfinden würdest? Ist es das? Erhebt es dich, so etwas zu bezahlen, zu erledigen, letztlich diesen schuftigen Wisch mit der Fußspitze in den Abfall zu stoßen? ... Nein, wir kommen dem Geheimnis nicht näher, wie du eine solche Rechnung zu begleichen imstande bist. Natürlich, jeder kann das bezahlen. So ist es nicht. Er braucht ja nur Schulden zu machen. Ein Darlehen zu nehmen etc. Aber lebt man für so was auf Pump? Wahrscheinlich hast du eine ganz bestimmte Haltung zum Geld. So geht man nicht mit Erspartem um, das sieht ganz anders aus. Aber damit muß ich zu Rande kommen.

Wenn du das hier bezahlst, bin ich bereit, mir den Kopf darüber zu zerbrechen, wie jemand so etwas überhaupt bezahlen kann. Ich bin sogar bereit, zu keinem Schluß dabei zu kommen. Du bezahlst so was. Der kann das eben. Basta. Ich kann das nicht bezahlen.

CHRISTOPH/O *schließt den Füllfederhalter, steckt das Scheckbuch ein und die Rechnung zurück ins Kuvert* Diese Rechnung werden wir auf eine andere Weise aus der Welt schaffen.

Hotelzimmer. Odile neben Christoph/O, Ellen neben Christian/W verabschieden ihre Gäste: Bankier Heinz und Gattin, Stiftungsratsvorsitzender und Gattin, die sich zu einem Umtrunk versammelt hatten. Alle in Abendkleidung.

STIFTUNGSRATSVORSITZENDER Ein Sachbearbeiter, der mit acht Stunden Recherche nicht hinkommt, an dem ist etwas faul.

GATTIN DES STIFTUNGSRATVORSITZENDEN *immer leise stänkernd* Ach, der Stundenfetischismus!

STIFTUNGSRATSVORSITZENDER Bei unserem Verein, immerhin 'ne Behörde von rund dreihundertfünfzig Sterblichen, ist der Personalchef im Grunde der mächtigste Mann.

GATTIN DES STIFTUNGSRATSVORSITZENDEN Doktor Prinzinger, daß ich nicht lache!

STIFTUNGSRATSVORSITZENDER Doch, so ist es. Sie kommen an einen bestimmten Mann nur auf dem Richtlinienweg heran ... ich brauche da, sagen wir für Ihr Projekt Euromärchen –

GATTIN DES STIFTUNGSRATSVORSITZENDEN Euromärchen! Du hast überhaupt nicht zugehört.

STIFTUNGSRATSVORSITZENDER Ich brauche da diesen Mann aus der Abteilung fünf, man kommt nicht an ihn ran.

GATTIN DES STIFTUNGSRATSVORSITZENDEN D u kommst nicht an ihn ran.

STIFTUNGSRATSVORSITZENDER Da müssen erst neue Richtlinien her, von ganz oben beschlossen, damit man sagen kann: los, Kinder, ich brauche diesen Mann, gebt ihn raus, ohne Pardon, heraus mit ihm.
So. Ab in die Falle. Rosy, du mußt zu Bett.

GATTIN DES STIFTUNGSRATSVORSITZENDEN Wir bedanken uns für die freundliche Bewirtung.

ODILE Wir bedanken uns bei Ihnen, daß Sie sich die Zeit genommen haben, noch auf einen Drink bei uns vorbeizuschauen.

GATTIN DES STIFTUNGSRATSVORSITZENDEN Solche Konferenzen sind für jeden gefühlvollen Menschen eine Marter. Es ist immer dasselbe. Aber Sie haben alles so liebevoll vorbereitet. Und jetzt stehen Sie vollkommen ausgepumpt vor Ihrem Bett.

BANKIER HEINZ *zu Christian/W* Sehr ordentlich. Glänzende

Idee. Deutscher Märchenpark. Bin's zufrieden. Da man das eine oder andere Detail nun besser kennt –

BANKIERSGATTIN Ist man zumindest geneigt, sich seine Gedanken zu machen.

BANKIER HEINZ Sehen Sie, deshalb heißt sie die bessere Hälfte. Ich brauche immer nur die Hälfte eines Satzes auszusprechen. *Gelächter. Die Paare wechseln bei der Verabschiedung das Gegenüber. Bankiersgattin zu Odile, Stiftungsratsvorsitzender zu Ellen etc.*

STIFTUNGSRATSVORSITZENDER Hast du den Zimmerschlüssel, Rosy?

GATTIN DES STIFTUNGSRATSVORSITZENDEN Es gibt in diesen Hotels keine Schlüssel. Du hast deine Codekarte in die Brieftasche gesteckt.

STIFTUNGSRATSVORSITZENDER Ich nehme an, auch morgen erwartet uns ein reichhaltiges Veranstaltungsprogramm?

ELLEN Morgen früh wird Professor Hombach über ein neues Freizeitsupporting in den USA referieren. Anschließend wird mein Mann eine Modellbesichtigung kommentieren.

BANKIERSGATTIN *zu Odile* Hübsch, meine Gute, »von den Asen bis Zwerg Nase«. Nicht ungeschickt.

ODILE Wie meinen, gnädige Frau?

BANKIERSGATTIN Ah, Sie wissen schon: nicht ungeschickt.

ODILE Mein Mann? Ja, Christoph ist leidenschaftlich bei der Sache. Ich bewundere ihn wahnsinnig.

BANKIERSGATTIN *zu Christoph/O* Lieber Professor, nach dem heutigen Tag sehe ich die Welt wieder mit Kinderaugen an. Ihr Märchenpark wird viele Menschen glücklich machen.

CHRISTOPH/O Ich danke Ihnen. Es freut mich ganz besonders, wenn es mir gelungen sein sollte, Sie ein wenig für unser Projekt zu interessieren. Es bedarf der Fürsprache phantasiebegabter und kultivierter Menschen.

BANKIER HEINZ *zu Christoph/O* Herr Seegast! Sie kennen den Wahlspruch Wilhelm von Oraniens? »Nicht nötig zu hoffen, um zu handeln. Nicht nötig, Erfolg zu haben, um durchzuhalten.« In diesem Sinne: lassen Sie sich nicht entmutigen.

GATTIN DES STIFTUNGSRATSVORSITZENDEN *zu Odile* Kennen Sie das Märchen, in dem eine Gänsemagd sich in der Esse erhängt, nachdem ihr König sie mit der Sandale ins Gesicht schlug? Seit Jahren frag ich die Leute danach. Ich weiß gar nicht, ob es deutsch ist.

BANKIER HEINZ *zu* *Christian / W* Herr Seegast! Bedrohung durch Fanatismus. Bedrohung durch Apathie. Scylla und Charybdis, durch die wir ins nächste Jahrtausend segeln. Wir brauchen eine neue Perspektive, wir brauchen frisches Blut, eine Jugend, die wieder jung ist und diesen gesamten sterilen Dreck beiseite fegt … Was wir brauchen, ist eine Revolution an Haupt und Gliedern! Einen katastrophalen Befreiungsschlag! Passen Sie auf, plötzlich geht's los, holterdiepolter – uuwitt!

Die Gastgeber begleiten ihre Gäste zur Tür. Kaum sind sie unter sich, geraten sie außer Form. Ellen schleudert ihre Pumps von den Füßen, Christian / W wirft Krawatte und Jackett ab, Odile löst unter dem Kleid den BH und zieht ihn aus dem Ausschnitt, Christoph / O bohrt nachdenklich in der Nase etc.
Sie verkehren zwischen Badezimmer und Bett, entkleiden sich und machen sich für die Nacht fertig.

ELLEN Ein widerliches Sichanwanzen! Das mache ich nicht ein zweites Mal mit!

CHRISTIAN / W Wirst du aber müssen.

CHRISTOPH / O Die rechnen und rechnen, und dann pusten sie Luft in die Luft.

ELLEN Blasierte Zwerge. Blasierte Zwerge. Und ihre zynischen Witze: Hinter jedem Reichen steht ein Teufel. Aber hinter jedem Armen stehen zwei. Altes Schweizer Sprichwort.

ODILE Du hast das Forum einberufen. Du hältst die Eröffnungsrede mit Pompapa und Türüla. Reg dich jetzt nicht auf über das Geldpack, weil es sich die Scheine lieber in die eigne Windel scheißt.

ELLEN Akquisition! Sponsoren! Risikogeschäfte, Geschäfte überhaupt, damit kommst du nicht zu Rande. Dazu fehlt dir der Hauptschlüssel.

CHRISTOPH / O Viel Skepsis, aber auch eine Woge von Wohlwollen schlugen mir entgegen.

ELLEN Du, lad deinen Schmuck bitte nicht auf meinem ab!

ODILE Was ist denn los? Na, sag schon!

ELLEN Laß uns ein andermal drüber reden.

ODILE *ruft den Zimmerservice an* Hallo? Sekt! Cola! Kiwis! Mandeln! Badekappe!

CHRISTIAN/W Auf der reinen Informationsebene sind wir an einem toten Punkt angelangt. Die Skeptiker argumentieren letzten Endes so: alles Wahre-Schöne-Gute zieh ich mir heute weltweit aus dem Netz. Ich streife virtuell durch eure Sagenwelt, dafür brauch ich nicht zwölf Hektar zu verbauen. Barbarossa, Faustus, Rübezahl, alles ständig da und downloadbar. Und mit viel grelleren Effekten. Einbuße allenfalls: kein Publikum. Wenig Touchy-Feely.

CHRISTOPH/O Davon einmal abgesehen –

CHRISTIAN/W Immer wird von dem, was ich erwähne, einmal abgesehen.

CHRISTOPH/O Nein, es ist im ganzen falsch gesehen von dir. So argumentieren sie schon lange nicht mehr. Der Banker sagt vielmehr: die Zukunft bringt das Gegenteil. Die Leute wollen in Zukunft genau das Gegenteil von dem, was sie jetzt wollen. Eine Welt zum Anfassen. Darauf müssen wir uns einschießen.

CHRISTIAN/W Gleichwohl denkt der Banker nicht daran, sich zu beteiligen. Was ist los, Christoph? Was stell ich dar in deinen Augen? Einen verläßlichen Ratgeber oder einen albernen Schwätzer? Ich muß es von dir hören, bevor ich den nächsten Schritt an deiner Seite gehe. Seit Tagen leide ich unter deiner Mäkelei. Mal dies nicht recht, mal jenes falsch gesehen. Bis jetzt habe ich fast allein das Brainstorming geliefert, du hast dir den mukschen Einwand, die schlechte Laune zum Privileg gemacht. Das ewige grummelnde Verneinen, das so sicher folgt auf einen Vorstoß meinerseits, wie, sagen wir, der Kater auf den Rausch. Das macht mich auf die Dauer dümmer, als ich bin. Du murrst, und ich geb's auf, ich denk nicht weiter, was ich gerade angedacht habe. Wir steigen nie gemeinsam auf.

CHRISTOPH/O So ein Banker ist ein Mann mit ausgeprägtem Schönheitssinn. Die Reichen, das muß ich sagen, sind heute die lebendigen Säulen des Humanismus. Die denken nach, die füllen ihre freien Stunden mit Spinoza aus.

ODILE Meine Mutter hat sich noch aktiv am Kampf gegen diese Mafia beteiligt. Sie gehörte noch zu denen, hat die Zeit noch mitgemacht, wo man glaubte, mit der Knarre in der Hand kannst du den Staat verändern oder den Menschen helfen, ein sinnvolles Leben zu führen. Das war ein Irrtum, denk ich mal, aber sie hat sich nichts vorzuwerfen. Damals waren die meisten, die besseren Köpfe, meine ich, waren genauso wie sie. Allein bist du ja machtlos, im Grunde waren die ganz richtig programmiert, nur die Methoden waren die falschen.

CHRISTIAN/W Odile, wenn du das nächste Mal etwas nicht verstehst, bitte, sag nicht: »Wie meinen, gnädige Frau?« Das hast du aus Hans-Moser-Filmen. Das sagt man nicht in Wirklichkeit.

ELLEN Man sagt auch nicht: »Ich bewundere meinen Mann wahnsinnig.«

ODILE Von dir kommt nur Kritik. Ich setze mich genauso angeschärft für die Sache ein wie ihr anderen. Aber wenn ich dich höre, bin ich eine andauernde Zumutung für euch.

Sie sitzen nebeneinander auf der vorderen Bettkante. Odile nimmt einen Haarreif vom Kopf, überläßt ihn Ellen, während sie sich das Haar mit beiden Händen lockert. Ellen gibt den Reif weiter an Christian/W, der ihn in der Hand dreht und an Christoph/O weitergibt. Nacheinander streichen sich Christian/W und Christoph/O mit beiden Händen das Haar glatt. Ebenso nacheinander und mit ähnlicher Geste lösen sie die Armbanduhren von ihren Handgelenken.

ELLEN Und nächstes Wochenende? Geht's wieder ins verlängerte Wochenende?

CHRISTOPH/O Ab nächsten Freitag Location im Riesengebirge. Schwerpunkt Burg Kynast, Glashüttenlandschaft.

ODILE Irgendwas mit guten Skipisten sollte es sein.

ELLEN Vor allem: irgend etwas mit gesundem Essen sollte es sein. Aber dort erwartet uns die Fettschwarte.

Sie legen sich zu Bett: links Odile, dann Ellen, dann Christian/W, dann Christoph/O.

ODILE Ich ging mit einem Freier in ein Nobelrestaurant. Ein Typ wie ein Schiffskapitän. Ein Klotz. Der Freier fraß. Er hatte die Serviette ins Hemd gesteckt und zerlegte seinen Braten säuberlich in Brocken. Er sprach kein Wort. Ich hätte ihn erwürgen können. Aber da ich das nicht konnte, kletterte ich auf seine Knie. Ich stand also barfuß auf seinen Knien und hielt mich an seinen Haaren fest. Da mußte er vor versammeltem Restaurant mitansehen, wie ich mich langsam auf dem Tisch niederließ und meinen Hintern in seinen Teller drückte …

CHRISTIAN /W Odile, du bist ein lückenlos ordinärer Mensch. Ich dachte, es gäbe irgendeine kleine Stelle –

ODILE Na, weil der nichts redete und bloß fraß. Das hättet ihr sehen sollen, wie der rot und weiß wurde vor Anstand!

ELLEN Ruhe jetzt. Laß uns schlafen.

ODILE Weil's dir nie gefällt, wenn ich was zum Aufwärmen erzähle. Den anderen gefällt's vielleicht. Gefällt's euch?

CHRISTIAN /W Schlafen!

ODILE Schlaf gut, Christoph. Ich bewundere dich.

CHRISTOPH /O Schlaf gut, mein Liebes.

ODILE *seufzt* Gute Nacht.

CHRISTIAN /W Gute Nacht.

ELLEN Liegen wir falsch?

Ihr wolltet doch, daß wir zwischen euch liegen. Anstandshalber.

ODILE Anstand, Anstand ... Eine ziemliche Entartung, auf die ich mich da eingelassen habe.

Sie schlafen ein. Nach einiger Zeit öffnet Else, als Zimmermädchen verkleidet, die Tür und schiebt leise den Servierwagen ans Bett der Schlafenden.

ELSE *beugt sich zu Odile und flüstert* Ich hätte Sie gern allein gesprochen, Odile

ODILE *im Schlaf* Ja, bitte?

ELSE Allein.

ODILE Bin ich doch.

ELSE Sie sind allein?

ODILE Allein. Ja. Wie jeder, der träumt.

ELSE Sie träumen nicht. Ich bin der Zimmerservice.

ODILE Stellen Sie's nur ab. Morgen früh ... bekommen Sie ein Trinkgeld.

ELSE Machen Sie sich nichts vor. Ich bin die karge Wirklichkeit.

ODILE Aber wie soll ich aufwachen, wenn ich so abgrundtief träume?

ELSE Indem Sie sich sagen: Was bin ich doch für eine infame, häßliche Schlampe!

ODILE Ja ... aber erst morgen früh.

Else geht auf die andere Seite des Betts und flüstert dem schlafenden Christoph /O zu.

ELSE Nicht mehr so spät tafeln, mein Lieber. Du fürchtest dich doch, wenn du nachts plötzlich vom polternden, stotternden Herzen erwachst. Wenn dir am Morgen speiübel wird. Du fürchtest dich doch, nicht wahr? Du willst leben. Aber du mißdeutest die Vorzeichen. Wahrscheinlich nicht genug Sauerstoff gehabt dieser Tage. Ach nein, das ist es nicht, mein Lieber. Du bist der Hauptsache ganz nah. Und die Hauptsache ist dein Ende. Du kennst doch die Sage vom Sterben des reichen Mannes. Der Reiche bist du. Jedermann ist nicht der andere. Es gibt keinen anderen Jedermann als dich.

Else verschwindet im Dunkeln.

CHRISTOPH/O *fährt aus dem Schlaf* Else?!

ODILE *erwacht* Was ist?

CHRISTOPH/O Ich glaube, Else stand neben meinem Bett.

ODILE Das Zimmermädchen war's. Ich hatte sie auch in meinem Traum.

CHRISTOPH/O Es muß Else gewesen sein.

ODILE Faß neben das Bett, ob der Servierwagen da steht.

CHRISTOPH/O Ja, er steht hier.

ODILE Also. Das Zimmermädchen. Gute Nacht, mein Herz.

CHRISTOPH/O Aber der Griff ... der Griff. Du hast den Griff nicht gespürt.

Szenische Verwandlung. Winterlandschaft im Gebirge. Ein altes Mütterchen, halb schon erfroren, mit einem rotblau umrandeten Auge, schlurft langsam herbei. Es trägt ein Reisigbündel unter dem Arm. Der Arm hat eine Prothese mit einem Haken an der Stelle der Hand.
Die vier Ähnlichen, das doppelte Paar, sitzen in Skifahrermontur auf Steinen vor einer erlöschenden Feuerstelle.

CHRISTIAN/W Alte! Gib uns dein Reisigbündel. Wir haben uns verirrt. Wir erfrieren.

DIE ALTE Es ist mein Notgehölz. Mehr hab ich nicht.

CHRISTOPH/O Der Notpfennig des einen ist oft der Glückspfennig des anderen. Gib es her.

DIE ALTE Ich kann es euch nicht geben.

CHRISTOPH/O Odile! Nimm ihr das Holz weg.

Odile erhebt sich und tappt zu der Alten. Sie versucht ihr das Reisigbündel zu entreißen. Sie ringt mit ihr und fällt dabei zu Boden. Die Alte umklammert ihr Holz. Odile gibt auf und tappt zu ihrem Platz zurück.

CHRISTOPH/O Bruder! Nimm du ihr das Holz weg.

Christian/W geht ebenfalls schwerfällig zu der Alten und versucht ihr das Holz zu entreißen. Auch ihm gelingt es nicht, und er kehrt an seinen Platz zurück.

Christoph/O legt Ellen die Hand auf die Schulter. Sie geht auf die Alte zu. In diesem Augenblick setzt diese sich in Bewegung und stürzt sich mit vorgestrecktem Holz, es gleichsam im Vorstoß anbietend, auf Ellen. Sie erschrickt und weicht aus. Immer steht die Klaue, die Prothese mit dem Haken, vor dem Reisigbündel ab. So bleibt die Alte in anbietender Haltung vor Ellen stehen.

ELLEN Du hast mich um den Sieg gebracht, du verfluchte Hexe!

Ellen zurück zu ihrem Platz. Christoph/O steht auf.

CHRISTOPH/O Gib mir das Bündel, Alte.

Er geht zu ihr, ringt mit ihr um das Bündel, entwindet es ihr schließlich. Doch in dem Moment, da er es triumphierend über seinen Kopf hält, schlägt sie ihm die Klaue in die Brust und reißt sein Herz heraus. Der Mann verharrt mit ausgestreckten Armen, das Reisigbündel fällt zu Boden. Bevor er vornüberfällt, stützen ihn die drei anderen und halten ihn halb aufrecht. Über seine Schultern sehen sie zu der Alten, deren zerrissene Lumpen einen kräftigen jungen Leib entblößen, und als sie ihre Gesichtsmaske auf den Hinterkopf dreht, erkennen sie Else. Mit dem schlagenden blauen Herzen am Prothesenhaken verschwindet sie im

Dunkel

III
Inverness. Einzelprobe

*Kleine Zuschauertribüne. In der vordersten Reihe Berg, der Re-
gisseur. Schräg hinter ihm in der zweiten Reihe seine Frau Ina,
die mit dem Textbuch souffliert. Sie legt ihm die Jacke über die
Schulter, sie reicht ihm ein Handtuch, mit dem er sich das Gesicht
trocknet.*
*Im Vordergrund ein niedriges Podest, auf dem die Schauspielerin
Odile probiert. Sie trägt in den folgenden Szenen stets kleine
schwarze Handschuhe. Die Arme sind nackt.*

BERG Warum hältst du den Kopf gesenkt?

ODILE Ich halte den Kopf gesenkt?

BERG Richte dich auf. Du sperrst ihm die Schwelle. Du stehst in
der Tür des Hauses, beide Arme ausgebreitet, gegen die Pfosten
gestemmt. Aufwärts die ganze Gestalt! Ich bin die Pforte, heißt
das, nur durch mich gelangst du ins Freie. Heraus aus deiner
elenden Kate. Dir zeig ich den Weg! Dir bring ich's bei! Dich
treffe ich am Ende des Tunnels! So mußt du aussehen. So mußt
du denken. Du mußt dich aufrichten. Text! »Weißt du es nicht?«

ODILE Weißt du es nicht?

BERG *springt auf* Weißt du es nicht?

ODILE *schwach nachahmend* Weißt du es nicht?

BERG Weißt du es nicht?? Was nämlich? Daß dir Gottes Zorn
den Schädel spalten wird, nicht wahr, durch mich den Schädel
spalten. Das sagt sie doch.
Ina reicht ihm etwas zu trinken.
»Weißt du es nicht?« Der Flammenengel spricht. Versuch's
noch mal.

ODILE *kraftlos* Weißt du es nicht?

INA *souffliert* Wenn du vor mir auf den Knien rutschst.
Wenn du meinen Leib erbettelst.

ODILE Wenn du vor mir auf den Knien rutschst.
Wenn du von mir den Leib erbettelst.

BERG Wenn du meinen Leib erbettelst.

ODILE Ja.

BERG »Wenn du vor mir auf den Knien rutschst.
Wenn du meinen Leib erbettelst.
Dann erkenne ich dich in deiner Erbärmlichkeit
und es ergreift mich der kalte Abscheu vor dir.«
Du machst einen Gefühlsfehler an der Stelle.
Inverness! Warum heißt es INVERNESS, unser Stück?

ODILE Inverness heißt es nach dem Schloß, in dem Macbeth
seine Gäste ermordet.

BERG Das Schloß mit den glückbringenden Schwalben, nicht
wahr, das seine Gäste so friedlich empfängt. »This castle hath a
pleasant seat; the air / Nimbly and sweetly recommends itself /
Unto our gentle senses.« Das Haus. Der Friede. Das Unheil.
Was sich hier abspielt, ist die Geschichte einer Einflüsterung.
Deshalb klebst du später am Ohr dieses Mannes. Du bist eine
blutjunge hagere Lady Macbeth mit langen nackten Armen,
und wir lassen dich diese kleinen schwarzen Handschuhe tragen. Du bist jemand, der im Leben nirgendwo Fingerabdrücke
hinterlassen will. Du darfst nie vergessen, daß du immerzu
dicht an seinem Ohr sprichst. Du bist diesem Ohr verfallen, du
küßt es, deine Finger umspielen es, du sprichst zum Ohr, ohne
den Mann anzublicken, du behandelst das Ohr, als wär's für
sich der Mann im ganzen. *Mit plötzlicher Eingebung* Wir befinden uns nicht im Stande der Unschuld. Wir befinden uns nicht
im Stande der Gnade. Wir befinden uns im Stande der menschlichen Passion. Verstehst du mich? Das ist es, in einem Wort,
was uns auf der Bühne von den Menschenähnlichen draußen in
der Mac-Welt trennt: ihr verdammter Mangel an Passion. Ihre
brutale Verdrängung von Existenz! Eines Tages werden sie verrückt darüber, daß sie n i c h t Schauspieler sein können, die
Ähnlichen da draußen, rasend werden sie, weil ihnen dieser einzige Fluchtweg versperrt ist, Schauspieler zu sein, diese letzte
vom Menschen bewohnte Insel, da, wo du stehst, inmitten der
Turbohölle der Scheinbarkeiten … »Weißt du es nicht?«

ODILE Weißt du es nicht?

BERG Weißt du es nicht? Du lispelst, du säuselst, du flötest.
Die Frage ist nicht harmlos. Weißt du es nicht? Was da kommt,
was aus dir hervortritt, was über dich hinauswill … Wo gehen wir hin? Was zieht uns über die Grenze? Sie mahnt, sie
stürmt, sie droht. Warum zögern wir noch? Weißt du es nicht?

Unanswered question. Laß das weg mit den Armen, laß es weg. Mußt nicht alles nachmachen, was ich dir zeige.

ODILE *schwach* Weißt du es nicht?

BERG Paß auf, ich werde dafür bezahlt, daß ich dir deine Unarten austreibe. Ich werde dafür bezahlt, daß ich dich vor deinen banalsten Empfindungen bewahre –

ODILE Dann hilf mir doch. Hilf mir doch endlich!

BERG Warum kippt man mir diese dünne Jauche vor die Füße? Warum muß ich mir das gefallen lassen? Spürst du nicht, daß sie von Zorn erfüllt ist? Von Kopf bis Fuß Zorn, grundloser, unerbittlicher, uralter Zorn. Ihr einziges Gelüst, ihre einzige Leidenschaft ist Zorn, Zorn, Zorn … Spiel es!

ODILE *stärker* Weißt du es nicht?

BERG Härter! Böser! Größer!

ODILE Weißt du es nicht?!

BERG Nicht brüllen! Spielen!

ODILE Weißt du es nicht?

BERG Du sollst es spielen, du elende Pritsche!

ODILE *bricht ab* Du hast von mir noch nicht gehört, daß ich dir den Grips aus dem Hirn trete, wenn du deine Manieren vergißt.

BERG Hündin! Hündin!

ODILE *im Durcheinander mit Berg* Ich will deine Arbeit. Ich mache alles, was du willst, in der Arbeit. Aber riskier keine Schweinerei, ich warne dich. Merkst du dir das, du verschwitzter Affe!?

BERG *im Durcheinander mit Odile* Ich denk nicht an Verständigung. Ich denk nicht mal an Kampf. Sieh's im Vorfeld als erledigt an … Halt den Rand, du Zappe! Ich schmeiß dich raus!

ODILE Was willst du sehen? Was soll ich zeigen? Sag mir klipp und klar, was du mit mir vorhast!

BERG Ja. So in etwa. So muß das klingen. Jetzt bist du nah dran. Hast du's gemerkt? Das ist der Ton. Eben war er da.

Szenenwechsel. Auf der Bettkante Odile und der Jurastudent.

ODILE Was willst du? Willst du irgend etwas Besonderes? Oder was gefällt dir nicht?

STUDENT Ich weiß nicht, was ich will. Zieh dich an. Du kannst nichts dafür. Du bist, wie du bist. Wahrscheinlich brauch ich einfach jemand anderen.

ODILE Aber sag mir doch, was dir nicht gefällt. Vielleicht kann ich's ja abstellen. Ich bin noch nicht so festgefahren, wie du vielleicht glaubst.

STUDENT Du nimmst dein Geld und kommst erst mal nicht wieder.

Wieviel Kundschaft hast du noch?

ODILE Drei feste und ein paar auf Anfrage. Ich mache das nur nebenher. Trotzdem könntest du mir sagen, ob ich was falsch gemacht habe. Ich denk mal, wenn du zum Friseur gehst und irgendwas ist nicht in Ordnung, sagst du doch auch, was dir nicht paßt.

STUDENT Haben die anderen nie etwas gesagt?

ODILE Was?

STUDENT Na, daß etwas nicht so läuft, wie sie's gern hätten.

ODILE Also wenn, dann sagen sie, was sie brauchen. Und ich bin dann auch bereit, es zu tun. Bis auf ein paar Ausnahmen, die du kennst. Nein, die waren eigentlich immer zufrieden. Und du doch auch, oder?

STUDENT Es ist zwecklos, darüber zu reden. Man kann es auch nicht sagen. Es gibt nichts Bestimmtes. Ich habe nichts Bestimmtes auszusetzen.

ODILE Man geht nicht gern als glatter Mißerfolg nach Haus.

STUDENT Vielleicht, weil man doch letztlich immer die Freude sucht, die wirkliche Freude.

ODILE Heißt das, daß ich dir keinen Spaß bringe? Mach ich dir zuwenig? Ich bin doch keine alte Rutsche, die dir ihren Hängearsch verkaufen muß. Ich denk mal, daß du gut bedient bist mit dem Body den du kriegst für dein Geld.

STUDENT Geh jetzt. Es gibt nichts zu verbessern. Du kannst es sowieso nicht ändern. Wenn du ein Zebra wärst, könnte ich auch nicht sagen: lauf wie eine Antilope.

ODILE Es ist nicht gerecht, wenn du glaubst, daß ich langweilig bin. Du hast auch nie gesagt, was du wolltest. Und immer so getan, als sei dir an nichts etwas gelegen. Du weißt nicht, was du suchst. Mich interessiert, wie Menschen, die sich nur flüchtig begegnen, doch immer ihre komplette Geschichte mit ins

Bett bringen. Ich weiß gar nichts von dir. Hast du Geschwister? Lebt deine Mutter noch? Liebst du sie? Hast du schon geerbt? Ich kenne einen, der mit achtundzwanzig drei Miethäuser besitzt in Charlottenburg.

Vor dem Landhaus der Bergs. Drei Stühle. Von der Bühne gesehen: links Odile, rechts Ina. In der Mitte, etwas zurückgesetzt, im Rücken der beiden Frauen, Berg. Er lehnt sich vor, stützt den angewinkelten Arm auf die Lehne von Inas Stuhl, weist mit ausgestrecktem Finger in die Ferne.

BERG Die dunklen Pfeile dort unter den Wolken: die Wildgänse sammeln sich. Aufbruchstimmung. Der Herbst wird kälter. Bald bekommen wir den ersten Frost.
Ina sieht nicht in die gewiesene Richtung, beugt den Kopf ein wenig zur Seite, als höre sie auf den Hintermann, die Arme unter den Brüsten verschränkt.
Berg lehnt sich weiter vor, breitet die Ellbogen auf beide Stuhllehnen aus, setzt das Kinn auf die gefalteten Hände.
Odile weicht der leichten Berührung in ihrem Rücken aus, indem sie sich ein wenig von der Lehne löst, das Gewicht auf die rechte Seite verlagert, die Beine übereinanderschlägt, die rechte Hand zwischen die Oberschenkel schiebt.
BERG Alles still, alles grau. Ob Wind, ob Sonne, ob Mittag oder Abend.
Berg verlagert den abgestützten Oberkörper auf Inas Stuhllehne, so daß er sich unempfindlich für die Berührung mit ihren Schultern geradezu hinfläzt und zu Odile öffnet, die Schläfe an die abgeknickte Hand gelegt, sich am Ohr zupfend beim Sprechen, Odile im verlorenen Profil beobachtend, im Rücken seiner Frau, den Unterleib ein wenig räkelnd.
Ina beugt sich weiter vor, setzt die durchgedrückten Arme auf die Knie, streckt den Rücken, wendet den Kopf und mustert aus größtmöglicher Distanz den hinter ihr ausgestreckten Berg.
ODILE Was ist?
INA Nichts weiter. Sie sehen doch, wie früh es schon dunkel

wird. Bald kann man nicht mehr draußen sitzen. Dabei ist es ein schrecklicher Sommer gewesen. Es hat ja nur gegossen. Zweimal schwerer Hagelschlag. Wir sind hier draußen fast im Schlamm ersoffen.

ODILE Ihr Haus hat einen Fehler. Sie hätten die alten Fenster herausreißen müssen. Es fällt nicht genug Licht hinein. Oder Sie hätten im Erdgeschoß an zwei Stellen die Mauer öffnen müssen und große Glastüren einsetzen, durch die man in den Garten tritt. Es ist so wenig, so wenig nur, glauben Sie mir.

INA Das haben wir uns auch schon überlegt. Nicht wahr?

BERG Wenn der nächste Sommer heiß wird, dann werdet ihr schon sehen, wie angenehm ihr in einem Haus lebt, das Licht und Hitze abweist.

INA *säuerlich amüsiert über das »ihr« und seine Zukunft, wendet sich mit halber Drehung zu Berg, ohne ihm ins Gesicht zu sehen.* So? Meinst du das?

In der unzureichenden Drehung klemmt Ina den linken Arm um die Lehne, die linke Hand umfaßt das rechte Handgelenk, das rechte Bein ist lang ausgestreckt, der Fuß nach innen verdreht.

Berg weicht zurück, hängt schief in seinem Stuhl, die Hände lose im Schoß gefaltet.

Ina dreht sich weiter rückwärts, legt beide Hände auf die Stuhllehne, setzt das Kinn auf den aufgerichteten Zeigefinger, wobei ihr Blick deutlich unter Bergs Augenhöhe bleibt.

Dieses Sich-Wenden-und-Strecken wird so schwer und gedehnt ausgeführt, daß man meint, die Reibung der Wäsche zu hören.

INA Weißt du, was du vergessen hast? Du hast vergessen, deinen Paß zu verlängern. Das wolltest du in der Stadt noch erledigen. Das ist dir vorhin nicht eingefallen. Das ist es. Das wirst du morgen tun. Wenn du mich nicht hättest.

Ina dreht sich um, streift mit zehn gespreizten Fingern durch ihr Haar, schüttelt den Kopf frei, richtet sich auf und sackt dann in sich zusammen.

Odile hakt den rechten Arm um die Stuhllehne, legt das angewinkelte rechte Bein mit dem nackten Knöchel auf das linke Knie. Schüttelt mit der linken Hand kurz ihre Haare durch.

ODILE Ich weiß nicht, ob ich für immer hier leben möchte.

INA Als mein Mann das Haus kaufte, als ich zum ersten Mal
hierher kam, als er mich feierlich in sein Haus führte, habe ich
mich noch am selben Abend ins Auto gesetzt und bin in die
Stadt zurückgefahren. Es war unerträglich. Ich konnte es nicht
aushalten in der eisernen Stille. Und jetzt? Jetzt bringt mich
niemand mehr von hier fort.

*Berg beugt sich vor, stützt die Ellbogen auf die Knie, die
Hände tippen mit den Fingerspitzen gegeneinander. Kopf
hoch, Kopf zur Erde, spricht er, als ginge es darum, eine ernste
Absprache mit Ina zu treffen.*

BERG Wenn du alle Flüche zusammenzählst, die du im Laufe der
Jahre auf dieses Haus geschleudert hast, so sind es bei weitem
mehr gewesen, als es Mauersteine hat. Erinnere dich.

ODILE *etwas zu laut, als wollte s i e sich zur Wehr setzen …*
Ich finde es nicht richtig – *sie hält ein, fährt ruhiger fort …* Ich
finde es vielsagend, daß Sie offenbar alle Schwalbennester von
der Mauer entfernt haben. Die schmutzigen Lehmränder da
unter dem Dachvorsprung, oder?

*Berg antwortet sehr kurz, nervös und so nebenbei, wie er die
junge Schauspielerin noch nie angeredet hat, so daß sie sich unwillkürlich seitlich ihm zuwendet und, ohne ihn anzublicken,
ihm wie angezogen »ihr Ohr leiht«.*

BERG Es waren zu viele … *etwas zu laut* Ina!

INA *aus den Gedanken gerissen* Ja. Es waren zu viele. Die
Wände und Fenster waren ständig mit Kot bedeckt. Jeden
Morgen lagen tote Embryonen auf der Terrasse.

BERG *wieder als Verhandelnder* Ich verstehe nicht recht, weshalb du auf einmal so tust …
Du leugnest heute, daß du hier die meiste Zeit unglücklich
warst?

*Ina bewegt sich kaum, der linke Arm hängt über der Stuhl-
lehne, die rechte Hand faßt ein paarmal vergebens nach der
linken, herabhängenden Hand, bis sich schließlich die Finger-
kuppen lose ineinander verschränken. Sie spricht beschwert,
im Ton das Gegenteil von dem, was sie mitteilt.*

INA Unglücklich? Ich? Hier? Mein Lieber …!
Wo ich täglich diesen Ausblick vor mir habe. Vor mir der Garten, die Obstbäume, die Stauden, die Hecken!

ODILE Ihr Ausblick? Es gibt keinen freien Ausblick. Sie blicken ja unmittelbar auf die Scheune des Nachbarn. Warum bauen Sie nicht eine kleine Hauskapelle vor den ekelhaften Bretterschuppen? Sie legen einen weißen Kiesweg an, er führt durch die Wiese zu der kleinen Kapelle.

INA Das setzt voraus –

ODILE Ich meine, das ist nur eine Idee. Nur eine Idee.

Das setzt voraus, daß Sie die Hände falten können und aufhören zu fluchen.

Schweigen. Berg richtet sich auf, schlägt die Beine übereinander, faltet die Hände über dem Knie. Er atmet tief und hörbar durch die Nase ein, hebt den Kopf in den Nacken und bläst die Luft laut durch den Mund. Er klopft mit der Fußspitze gegen die Sitzfläche von Inas Stuhl. Offenbar erwartet er, daß der weitere Dialog den beiden Frauen gehört.

Ina antwortet indessen so, als hätte es keine Peinlichkeit gegeben. Weil Berg nicht auf »Kapelle« eingegangen ist, spricht sie nun munter und entspannt.

INA Wenn Sie so wollen, ist das nicht unbedingt eine Scheune. Sie gehört noch zum Grundstück. Wir haben eine Tennishalle hineingebaut. Beheizbar. Es ist hier nicht alles so armselig, wie es vielleicht auf den ersten Blick scheinen mag. Manches ist doch sehr, sehr schön hier draußen.

ODILE Es war nur eine Idee. Vergessen Sie's.

Es ist eine fixe Idee von mir –

Sie wendet sich, vorgebeugt, zu Berg um, sieht ihm direkt ins Gesicht, so daß er die über der Brust gekreuzten Arme löst.

Ich habe mir immer gewünscht, ein Gehöft zu besitzen mit einer kleinen Privatkapelle. Wo gehen Sie denn hier zur Kirche?

INA Wir gehören hier zu einer ehemaligen Vorwerksiedlung.

Ein Vorwerk hatte in der Regel keine eigene Kirche.

Sie haben recht, zu einem Gutshof gehörte wohl eine.

Aber hier stand nur der Pächterhof, der nach der Wende abgerissen wurde. Die Landarbeiter wohnten in den Vorwerkhäusern, in die jetzt die Städter einziehen. Früher ging das Gesinde sonntags über den Hügel ins nächste Dorf. Dort steht eine alte Feldsteinkirche. Mit hölzernem Glockenturm.

ODILE Weit und breit keine Kirche hier.

Wo gehen Sie denn zur Kirche?

INA Doch, ich sage ja –

ODILE Aber Sie gehen ja nicht hin!

BERG Ich habe Sie heute morgen auf der Probe auf einen falschen Weg geführt.

ODILE Ich war gehemmt. Ich war wie blockiert. Ich wußte, worum es ging. Irgend etwas kam nicht so, wie ich wollte.

INA Sie hören, was er sagt. Aber Sie beherzigen es nicht.

ODILE Was soll ich zeigen? Was glauben Sie? Was will er von mir sehen?

INA Mein Mann sagt: das Theater soll nichts zeigen. Es soll zum Verschwinden bringen. Er sagt: meine Menschen streben alle dem Hintergrund zu. Ich treibe sie in den Hintergrund. Das ist alles, was ich tue. Ich mache aus jedem Helden eine Randfigur.

ODILE Ich bin ein Nichts. Es lohnt sich nicht.

BERG Sie kommen hierher mit Ihrem kindischen Wissen um Gut und Böse. Und ich antworte Ihnen: ich glaube an das, was ich auf der Bühne sehe. Was rechts und links, was über oder unter ihr geschieht, daran glaube ich nicht. Ich kann es kaum wahrnehmen. Es gehen nur schwache Reize davon aus, sie werfen kein klares Bild auf meine Netzhaut.

INA Erst wenn ich sie vor mir im nackten Kasten sehe, sagt er, entwickeln die Menschen für mich ihre Kontur. Ihre Trauer, ihre Schönheit, ihre Verlorenheit, ihre Gewalt. Und in jedem Menschen erkenne ich sein Menschenmögliches, seine äußerste Grenze, seine größte Ausdehnung.

ODILE Ich bewundere Sie. Die Demütigungen, die Sie meinetwegen ertragen, scheinen Ihnen eine große Kraft zu verleihen, fast ein Leuchten.

INA Lassen Sie es gut sein, bitte.

BERG Wie willst du eines Tages Shakespeare spielen, begreifen, erleben, Gewalten zwischen Mensch und Ungeheuer, Passionen, mit deiner spindeldürren Seele?

INA Willst du ihr mehr Seele hineinprügeln in ihren Leib?

BERG *nimmt eine Tablette aus einer Dose* Ja.

INA Ich liebe dich. Doch ich teile deine Ansichten nicht. *Zu Odile.* Sie kennen das.

BERG Nicht wir sind es, die einen Shakespeare inszenieren, liebes Kind, Shakespeare inszeniert uns! Er macht uns größer, als wir leben können … Jedenfalls wenn wir bereit sind, über unsere kleinen inneren Verhältnisse zu leben. Verstehst du mich?

ODILE O ja. Ich hab's eben schon im Autoradio gehört auf der Fahrt hierher … oder so was Ähnliches.

BERG Wie geduldig ich bin! Das ist neu. Als wär Erdulden wie 'ne Sonde, mit der ich tiefer in die Leere dieses Menschen lausche.

ODILE Ich kenne einen kultivierten Herrn, der keinen Sinn für Kunst besitzt. Einen Historiker. Geht nie ins Kino, kennt kein modernes Bild. Für den gibt's nur das Drachenfliegen Samstag-Sonntag und dabei ein äußerst verschärftes Glücksempfinden.

Was machen Sie Abend für Abend hier draußen allein, in der endlosen Finsternis, in der Einsamkeit ihres Landhauses, INVERNESS!? Träumen Sie nicht vom Galopp schwitzender Pferde, die mitten in der Nacht in den Hof sprengen, und Rufe, und Rufe der Begrüßung zwischen Schloß und Stall, INVERNESS!

BERG *steht auf* Du mußt aufpassen, daß du nicht immer dieselbe Handbewegung machst. Du schiebst ständig das Haar hinters Ohr. Das machst du auf der Probe auch.

Zu Ina

Frag sie, ob sie noch ein Stündchen länger bleibt.

Er geht ab in den Hintergrund.

INA Er muß seine Furcht besiegen.

Er muß seine Krankheit annehmen.

Er muß aufhören, sich etwas vorzumachen.

ODILE Er ist auch nicht mehr der, für den er sich hält.

INA Nein? Wer ist er denn?

ODILE Weiß ich nicht. Weißt du es nicht? Nein: Weißt d u es nicht?

INA Haben Sie es mitbekommen? Oder nicht? Daß er verliebt ist in Sie?

ODILE Ach?

INA Geben Sie ihm nach?

ODILE Sie wissen doch, er kann mich auch so besuchen.

INA Ich sagte, er hat sich in Sie verliebt.

Er weiß übrigens nicht, daß Sie jedermann besuchen kann.

ODILE Jeder nicht.

INA Oder daß Sie ihn jederzeit besuchen würden, wenn er dafür bezahlt.

ODILE Er weiß es nicht? Er hat mich aber eine elende Pritsche genannt.

INA Das war nicht wörtlich gemeint. Mein Mann weiß nichts von Ihrer Nebentätigkeit.

ODILE Ich bin Schauspielerin geworden, weil ich innerlich etwas ausprobieren wollte. Nicht um Geld zu verdienen.

INA Nun verdienen Sie genug?

ODILE *beugt sich vor, kratzt mit der Hand das rechte Schienenbein* Es reicht. Ich habe, was ich brauche.

INA Mit wieviel kommen Sie aus?

ODILE Geld?

INA Männern. Kunden.

ODILE Fünf feste. Ein paar auf Anfrage.

INA Sie müssen sich doch bei jedem etwas einfallen lassen.

ODILE Etwas einfallen lassen? Was denn?

INA Sie müssen so tun als ob. Sie müssen den Männern das Gefühl geben, daß sie sehr persönlich behandelt werden.

ODILE Das mache ich gern.

INA Warum tun Sie nicht so, als seien Sie in Berg verliebt?

ODILE Ich denk mal, das wird mir zu kompliziert.

INA Sie müssen es nicht umsonst tun. Ich werde Sie bezahlen. Nur er darf es nicht wissen.

ODILE Alles dreht sich im Theater um seinen Tod. Jeder sagt, es ist das letzte Mal, daß wir mit ihm arbeiten. Das letzte Mal. In ein paar Wochen wird er an seinem kaputten Blut ersticken. Alle wirken irgendwie depressiv. Es gibt aber auch Menschen, die ein zentrales Interesse daran haben, einmal loszukommen von der dauernden Todesproblematik.

INA Waren Sie schon einmal verliebt?

ODILE Was wollen Sie wissen? Ich war mit achtzehn verheiratet. Genügt das? Wahrscheinlich heirate ich bald ein zweites Mal. Und dann mache ich Schluß mit der Kundschaft und dem Theater.

INA Mit diesem Theater? Mit unserem Theater? Sie haben sich doch gerade erst entschieden, eine Künstlerin zu sein?

ODILE O Gott. Sicher nicht.

INA Mein Mann hält Sie für seine Entdeckung. Glauben Sie, er würde so viel mit Ihnen arbeiten, wenn er nicht fest von Ihrer Begabung überzeugt wäre?

ODILE Er verkennt mich. Ich sehe ja, wie er mich verkennt. Ich frage mich, woher das kommt. Er muß doch sehen, daß ich höchstens die Hälfte von dem bringe, was er sich von mir erhofft. Ihnen kann ich es ja sagen. Ich wollte es nur einmal ausprobieren, Schauspielerin zu werden. Die ganze Zeit, jahrelang war ich von irgend etwas besessen und wußte nicht genau, was es war. Jetzt bin ich zum ersten Mal in meinem Leben aufgeregt. Das erste Mal, daß ich wirklich etwas investiere. Das erste Mal, daß ich nicht genau weiß, wohin läuft das Ganze. Ich weiß, was auf dem Spiel steht. Aber ich kenne die Regeln des Spiels nicht. Ich bin glücklich, wenn er mir hilft. Ich verstehe aber genausogut, wenn er mir sagt: Bis hierher und nicht weiter. Lassen wir's lieber, Odile ... Und Sie? Sie bedeuten ihm nichts mehr?

INA Sehen Sie, wie die Halme drüben am Hang in langen Wellen wehen? Als flösse das Gras den Hügel hinauf ... Er sagt, ich sei sein künstlerisches Gewissen. Ich habe als Schauspielerin bei ihm begonnen. Aber er glaubte nicht an mich. Lange Zeit war ich es, ich fast allein, die ihm den Glauben an sich selbst erhielt und stärkte. Unterdessen hatte er die Schauspielerin in mir getötet. Denn alles machte ich ihm zu falsch und zu schlecht, und das Falsche und Schlechte in der ganzen Kunst wollte er zuerst in mir ausmerzen. Immerhin, zehn Jahre habe ich mit ihm die Fackel getragen, zehn Jahre vollkommen eins mit ihm und seinem furchtbaren Eifer. Jetzt ist in mir kein Funke Mission mehr. Nur noch die Liebe, die etwas stiller gewordene Liebe zu einem Menschen, der mir sehr viel gegeben und gleichzeitig fast alles genommen hat.

ODILE Und jetzt verrätst du ihn? Verrätst ihn an mich?
Ich hätte ihn niemals aufgegeben. Ich wäre bestimmt noch einen Schritt weitergegangen mit ihm.

INA Dich hätte er gar nicht wahrgenommen zu der Zeit. Du bist keine Schauspielerin.
Ja. Ich bin die Verräterin. Ich möchte ihn noch einmal glücklich sehen. Das ist alles.

Probebühne. Kleine Zuschauertribüne. Odile steigt nach der Probe die Stufen hinauf, geht durch die hintere Tür ab. Vorn in der ersten bzw. zweiten Reihe Berg und Ina.

BERG Wie war's, Ina?
Wie war die Probe?
INA Gut. Ihr seid ein ganzes Stück vorangekommen.
BERG Ja. Ich glaube, sie hat Fortschritte gemacht. Hast du die Maske bestellt für morgen früh? Ich will die drei Hexen nicht als alte Vetteln. Die sollen wie Burne-Jones-Frauen aussehen. Es gibt eine Gemälde von ihm, »Perseus und die Graien«. Besorgst du uns Abbildungen? … Vielleicht habe ich mich doch nicht getäuscht in ihr. Hast du in der Klinik angerufen?
INA Du hattest dich doch entschlossen, nicht mehr auf die Ärzte zu hören?
BERG Ich hätte trotzdem gern gewußt, wieviel Zeit mir noch bleibt.
INA Niemand weiß es.
BERG Du weißt es.
Oder täusche ich mich? Sie ist schlecht, und ich merke nicht mehr, wie schlecht sie wirklich ist. Was soll ich mit ihr machen, Ina?
INA Sieh, wie schön sie ist.
Wieviel Kraft willst du noch vergeuden, um dein Verlangen zu unterdrücken? Sie bietet dir an: das Glück, die Freude, die Wiedergeburt. Und die schlägst du aus?
BERG Ich weiß nicht, wovon du redest.
Was sind das für seltsame Menschen, die mich alle überleben wollen …?

Lichtwechsel. Berg geht hin und her auf dem Probenpodest. Vor ihm auf einem Hocker ein aufgeschlagenes Buch. In der ersten Reihe der Tribüne Odile nackt auf einem Stuhl, die Kleider an den Körper pressend.

BERG Paolo und Francesca saßen unter einem Baum im Garten. Sie lasen die Geschichte von Lancelot und Ginevra … »Und als wir von ihrem ersten Kuß lasen, schauten wir uns an und lasen an dem Tag nicht weiter.«

ODILE *lächelt* Wie?

BERG So beginnt die große Kette des Ersten Kusses, die sich durch die Weltgeschichte zieht. Eine Serie von ansteckenden Vorbildern.

ODILE Wie?

BERG Das nächste große Liebespaar erinnerte sich an die Erzählung bei Dante, als Paolo und Francesca aufhörten zu lesen, betört vom Vorbild des Kusses, den Lancelot und Ginevra getauscht hatten. Irgendwann, irgendwo, wahrscheinlich in der Literatur, ist dieser erste Kuß entstanden, den Adam und Eva sich nie gaben.

ODILE Wie?

BERG Besäße die Menschheit nur den Trieb zur natürlichen Vereinigung, so wäre sie vermutlich aus Mangel an Lust ausgestorben. Sie benötigt das ansteckende Vorbild, um sich zu vermehren.

ODILE Wie?

BERG Hör zu. Ich sage die Dinge so, als spräche eine gütige Schlange zu dir.

ODILE *geht zu ihm* Noch genauer, sag es mir noch genauer.
Ich habe seit langem keinem Menschen mehr gerne zugehört. Ich ginge gern mit dir. Es ist beinahe alles so, wie du sagst. Ich finde keine Einwände. Ich finde einfach keinen.
Sie küßt ihn auf den Mund.
Es ist schön. Unfaßbar.

BERG Es ist nichts. Es vergeht schon wieder.
Zieh dich an.

ODILE Wo?

BERG Überleg dir, was du tust.
Ich erwarte von dir, daß du dich anziehst.
Nicht: daß du dich w i e d e r anziehst.
Ich erwarte von dir zu sehen, daß du deine Nacktheit zum ersten Mal kleidest.

Lichtwechsel. Hotelzimmer. Odile auf der Bettkante. Durch die Tür tritt Der Überbringer.

DER ÜBERBRINGER Du bist Odile. Du wartest hier auf deinen Geliebten. Endlich ist es euch gelungen, eine Verabredung zu treffen. Du erwartest ihn im Hotel, um deine erste Nacht mit ihm zu verbringen. Doch er scheint nicht zu kommen.

ODILE Woher weißt du?

DER ÜBERBRINGER Es sieht ganz so aus. Wie lange wartest du schon, und wann wollte er hier sein?

ODILE Es sind erst zwei Stunden über die Zeit.
Vielleicht ist er aufgehalten worden.

DER ÜBERBRINGER Es ist jetzt so, daß ich dir etwas übergeben muß. Jetzt, an dieser Stelle, bekommst du einen Brief mit seiner Locke. Dazu teile ich dir mit: er wird nicht zu dir kommen. Er hat den Tod dir vorgezogen.

ODILE Den Tod – mir?

DER ÜBERBRINGER Zuerst wirst du es nicht verstehen. Er saß wie du auf der Bettkante in seinem Hotelzimmer. Er wartete. Zur gleichen Zeit. Doch anderswo. Er wartete. Doch er wartete nicht auf dich.
Ihr habt euch nicht verfehlt. Noch im Namen des Hotels geirrt. Er wich nur wenige Schritte von dem verabredeten Weg, bevor er diese andere Hotelhalle betrat und ein Zimmer mietete im elften Stock. Er wartete. Obgleich sein Entschluß feststand, sich in die Tiefe zu stürzen, wartete er auf den Augenblick von letzter Klarheit, um aufzustehen, das Fenster zu öffnen – um tatsächlich den F r e i t o d zu wählen.

ODILE Er hat den Tod gewählt? Das seine Locke? Ich hatte alles vorbereitet. W i r wären frei gewesen füreinander. Er wollte sich m i t m i r von dieser Welt entfernen! Mit mir war er schon fast nicht mehr empfindlich für ihr Grauen … Welch ein Betrug an einer Liebe, wie sie Gott nur einmal schenkt in einem Menschenleben! Er hat den Tod gewählt? Das seine Locke? Ich werde sie verbrennen.
Ungepflegt, wie er war. Wechselte zehn Tage seine Wäsche nicht. Aber dieses Forschen, dieses Leuchten in seinen Augen …

DER ÜBERBRINGER Ist das alles, was dir bleibt von einem sehr geliebten Mann?
Welche Leidenschaft hat er bewegt, um aus einem rohen Holz dich feine Gliederpuppe zu schälen! Hat es dich nicht berührt, wenn er auf einer Probe alles gab, um dir ein bißchen Leben einzuhauchen?

ODILE Er wollte mir sein Tempo aufzwingen. Den ruhigen Schritten meines Herzens seine dunkle Hast.

Sein Tempo, seine Ideale – alles gegen mich, die langsam lebt und langsam heiter wird ...

Nun kann ich meine Sachen packen. Er kommt nicht mehr. Dich hat die Allgewalt gewählt, dich, den unscheinbarsten Mann, zu ihrem Handlanger.

Ich hatte fest damit gerechnet: d e r Auftrag wär an mich gegangen. Ich war mir ziemlich sicher, daß ich die Schwärze bin, die unseren Freund am Ende reinwaschen sollte. Wie schnell er sich angeschmiegte der, die ihm den sicheren Untergang bereiten würde! In meinen Armen wäre er ein herzensguter Mann geworden, einfältig glücklich wie jeder andere. Und dann als kleiner Mensch gestorben.

Der Überbringer zieht den Fenstervorhang beiseite: auf der Tribüne sitzen, vereinzelt und über die Stuhlreihen verteilt, einige Randfiguren. Links oben der offene Durchgang, durch den Der Überbringer verschwindet.

Nun sag ich euch Lebwohl, ihr da auf der Probe, Kollegen, Randfiguren. Enttäuschung hat mir eure Kunst gebracht. Das war's nicht, was ich suchte. Es hat mir sehr mißfallen, das Schauspielerische -ische -ische -ische an euch. Eure Unglaubwürdigkeit und daß ihr kein leises Wort aussprechen könnt, ohne es überauszusprechen. Und wenn ihr schreit, dann geht es mir durch Mark und Bein, und zwar nur, weil der Schrei so falsch geschrien wird. Nur nicht schreien! Fangt bloß nicht wieder an, einer von euch, den nackten Schrei auszustoßen ... Er ist noch niemals nackt herausgekommen. Den Seufzer eines Mannes solltet ihr üben, den ein kleiner Bote der Allgewalt in den Freitod schickte statt zu mir, und laßt den kleinen Seufzer wandern durch euer Spiel. Und wenn euch vor lauter falscher Ergriffenheit die Unterlippe anfängt zu zittern, so beißt euch mit den Vorderzähnen drauf. Haltet es aus, daß ihr nichts Erschütterndes von euch geben könnt. Macht zum Schluß lieber einen dummen Witz. Der gelingt euch einigermaßen. Seid streng mit euch im Banalen. Verlaßt die Grenzen des Banalen nicht!

Zum Schluß noch eine Bitte an diesen oder jenen unter euch, der mich gern besuchte. Löscht meine Nummer, löscht Namen, Kürzel und Adresse aus dem Notebook-Speicher. Von nun an möchte ich für euch nicht mehr erreichbar sein. Vergeßt mich freundlich!

Sie geht ab.

Drei Randfiguren / männlich Eine leichtlebige Person ist sie gewesen, mit vierzehn verführt, mit achtzehn verheiratet, begann ganz klein im Rundfunkchor. Johann war mit ihr und nach ihm ein alter Säufer namens Riemerschmied

du solltest leben wie Imperia, sagte ihr einer, wie die großen Kurtisanen früher, die bekanntlich den Petrarca und den Boccaccio auswendig kannten. Schaff dir deinen Kulturarbeitsplatz und verkauf dich an gebildete junge Misanthropen. Gefällige Wechselreden beherrscht die Frau von heute nicht. Sie sind ein seltener Genuß, für den man gar nicht hoch genug bezahlen kann

so ist es eben. Die Barke der Frauen, die uns Glück bringen sollten, zieht aufs offene Meer hinaus, die Kurtisanen winken zum Ufer zurück

Aus der Schar der Randfiguren erheben sich zwei Männer: Kleindarsteller und Autor Asmuß.

Kleindarsteller *leise* Protest! Da stehen Sie in Ihrem Hochwassermäntelchen, Autor Asmuß, am Ärmel lösen sich die Manschetten auf, vom Kopf steht eine wippende Haarsträhne wie ein Gockelschweif – so einer sind Sie und verkürzen ein ganzes Menschenleben auf eine Stichwortgabe.

Autor Asmuss Da stehe ich und stehe deutlich da im Gegensatz zum Sachbuchschreiber, dem noch das teure Badeöl von der Manschette duftet.

Kleindarsteller Warum lassen Sie einen Menschen auf die Bühne treten, dem Sie keine Geschichte gewähren? Dem Sie keinen Charakter verleihen. Ja, nicht einmal die kleinste Eigenart.

Autor Asmuss Ich verfolge einen Menschen um zwei, drei Ecken, dann verliert sich seine Spur in der Menge. So wie das Leben meist nur zwei, drei Sprünge macht, und dann verläuft es irgendwo im Sande. Zawlazaw, hier ein wenig, dort ein wenig, Sie wissen schon.

Kleindarsteller »Burghardt« heißt der unmenschlich abgekürzte Mann in Ihrem INVERNESS. Der einmal kurz den

Saal betritt, den Freitod seines besten Freundes meldet und darauf nie mehr gesehen ward.

Burghardt. Warum mit »gh«, warum mit »dt«? Nun, man darf vermuten, der hat's von Jugend auf nicht leicht gehabt mit seinem Namen. Denken Sie, schon in der Schule, immer buchstabieren, immer auf der korrekten Schreibung des Namens bestehen! Und wie oft, dennoch, liest er den eigenen Namen falsch geschrieben! Und niemand spricht ihn mit all seinen Lettern aus. Wie Horst oder Klaus. Wie läßt man ein gh, ein dt klingen? Der Name ist kein oberflächlicher Zierat am Menschen, das wissen Sie so gut wie ich. Man lebt seinen Namen. Und man lebt auch seinen ständig falsch geschriebenen Namen. So etwas treibt mit der Zeit den Eisenstaub der Verunsicherung in die Lunge der Identität. Ich dachte, ich gebe Burghardt eine reelle Chance. Mit seinem Erscheinen auf der Bühne – eine Episode, ein Meldeauftritt, ein Szenentupfer, nicht mehr – nimmt Ihr Drama keine neue Wendung. Warum überhaupt ein Name für ein so kurzes Bühnenleben? Also werde ich versuchen, um der Menschenwürde willen, in seinen kurzen Auftritt ebensoviel an Lebensmaterie hineinzuverdichten wie, sagen wir, ein Anton Webern in eine Sekunde seiner Musik. Gerafft, geballt, gestaut auf engste Frist. Ich werde versuchen, diesen Mann, Burghardt, der von Kindesbeinen an gezwungen ist, vor jedermann, jedem Lehrer, jeder Behörde, jeder Geliebten, jedem Sportverein, seinen Namen zu buchstabieren, mit einem Schlag unverwechselbar, wenn nicht unvergeßlich zu machen. Ich sprenge zunächst das Klischee, das Sie von diesem allzu alltäglichen Menschen geben. Ich zeige auf seiner Oberfläche ein Craquelé, ungeahnte Risse, Spalten, Brüche. Sie werden einwenden: dazu bleibt Ihnen auf der Bühne kaum die Zeit. Irrtum! Ich brauche überhaupt keine Zeit. Ich brauche für meinen Burghardt, wie ich ihn sehe, weder Text noch Raum, noch Zeit. Er ist da, tritt auf, vielleicht hier, vielleicht tiefer im Hintergrund, verdeckter Auftritt oder offen, spielt alles keine Rolle. Er steht jedenfalls noch nicht ganz auf der Bühne, und jeden Zuschauer durchzuckt es schon, es durchrieselt ihn der uralte Schauer: das bist du! ... Ich bringe ihn so, dafür stehe ich ein mit meinem Handwerk, spiele ihn im Endeffekt so daseinstypisch, daß kein einziger

Zuschauer sich des Eindrucks erwehren kann, dieser armselige Burghardt selbst zu sein. Ja, ich traue mir zu, ich strebe es an, daß jedermann im Publikum mit mir und vor sich hin leise diesen Namen buchstabiert. Schreiben Sie mir nur dieses eine Wörtchen in die Rolle: Burghardt. Es steht nicht im Text. Ich brauche den übrigen Text gar nicht. Ich brauche nur den Namen. Niemand spricht ihn aus im Stück. Nur wer den Programmzettel genau studiert, erfährt, wie ich heiße in Ihrem INVERNESS. Geben Sie den Namen frei, Asmuß! Und lassen Sie mich meinen Auftritt damit beginnen, daß ich mich vorstelle. Ich stelle mich wem vor? Dem Publikum? Natürlich nicht. Den Umstehenden? Wozu? Die wissen, wer ich bin. Ich stelle mich – ich versuche es! –, ich stelle mich mir selber vor. Ich, fassungslos, von einem erschütternden Erlebnis halb benommen, habe jede Beziehung zu meinem Namen verloren. Lassen Sie mich das machen. Ich bitte Sie inständig. Von mir aus verlegen Sie die folgende Mitteilung in den Mund einer anderen Person. Soll doch die Xenia den ganzen Riemen noch dazubekommen. Sie ist textversessen aus Prinzip. Ich brauche nur ein Wort. Mit diesem Namen kämpfe ich wie Hamlet mit Laertes im selben Atemzug wie Buster Keaton mit dem Gartenschlauch. Und ich schwöre Ihnen: in d i e s e m Augenblick werden Sie nicht mehr unterscheiden können zwischen Schwert und Schlauch. Schreiben Sie hinein in Ihren Text: den kleinen unglückseligen Namen, damit ich, Rolf Bach, leben kann in Ihrem Stück!

IV
Anfang und Ende

I

Meriggio

*Der ANFANG im Gebirge. Felsvorsprung über einer Steilwand.
Eine einzige verkrüppelte Fichte. Sie (Magda) sitzt in einem durch-
sichtigen Unterkleid auf dem Steinplateau. Er (Christian / W),
der mit dem Rücken zum Betrachter in demselben Augenblick
vor ihr anhält, da das Licht auf die Szene fällt – ist nackt bis auf
ein Hemd, das er um seine Hüfte geschlungen hat. Runder Schädel, in der rechten Hand ein knotiger Wanderstecken (vgl. Mario
Sironis Bild »Meriggio«).
Die Frau hat die ausgestreckten Beine übereinandergeschlagen,
das rechte Knie ein wenig angezogen, darüber hängt die große
linke Hand.*

Sie Ich sage du, weil nichts mehr abzuwenden ist.

Ich sah in die Schlucht hinab, ich träumte meinen Sturz mit
dem silbernen Wasserfall.

Ich bemerkte nicht, daß sich jemand näherte. Ich sah d i c h
nicht kommen. Ich hatte nur diesen einzigen Aufblick, und d u
warst da. Angekommen. Standst. Ich fürchtete mich nicht vor
d i r. Im ersten Anfang – und er liegt, so scheint es mir, schon
lang zurück, obgleich es doch die vorige Sekunde war –, im ersten Anfang erschrak ich nicht, ich war nicht einmal überrascht. Ich sah, daß du mich nicht beobachtet hattest. Du warst
nicht herbeigeeilt, weil du mich von fern erblickt oder erspäht
hattest. Du kamst d e i n e r Wege, wie du sie, dem Anschein
nach, immer gehst, wenn du im Gebirge die Einsamkeit suchst.
Du gingst nackt und dein Mund stand offen voll Atem. Du
kamst d e i n e s Wegs, und ich saß dir im Weg. Du hobst deinen
Blick vom Weg, und ich hob meinen Kopf zu dir, gleichzeitig
taten wir es, und jeder trat in des anderen Erstaunen ein.

Er Was soll i c h sagen?

SIE So ist es gewesen. Anders könntest auch du es nicht sagen. Hätte es nicht im ersten Anfang ein gemeinsames Erwachen gegeben, wären wir vielleicht rechtzeitig voreinander geflohen.

ER Ich bin nackt. Ich renne über die Felsen, um mir Bosheit und Roheit aus dem Leib zu jagen.

SIE Ich sitze hier, weil du, weil Bosheit ... und das andere, mir zustoßen sollen. Du wirst mir der verhaßteste Mensch werden, dem ich je begegnete. Wenn ich es überstehe ... wenn ich dann noch etwas empfinden kann. Es ist nicht abzuwenden, daß du mir Gewalt antust.

ER Warum nennst du es Gewalt?

SIE Weil ich dich nicht ertrage. Und dich auch niemals ertragen werde.

ER Wie kannst du das wissen?

SIE Weil ich hierher aufstieg, um mich in das Grab meines Glücks zu stürzen. All meine Wünsche sind erfüllt. Ich habe vergangene Nacht den Mann umarmt, den ich mein Lebtag einer anderen mißgönnte. Nur das noch, so hatte ich geschworen, danach Stürzen, Vergessen, Verlieren. Nie wieder berührt werden. Nur das noch.

ER Gib mir eine Chance.

SIE Welche?

ER Es zu vermeiden.

SIE Wie?

ER Tu, was du tun wolltest, ehe ich vor dir stand.

SIE Mit dem silbernen Wasser fallen? Mich in die Tiefe stürzen? Du würdest es mitansehen, ohne mich daran zu hindern? Du würdest auf den Genuß verzichten vorher?

ER Fragen, Fragen. Du handelst nicht.

SIE Ich, die –

ER Ich, der –

SIE Ich, die ich nur da bin, mein einziges Laster, leibhaftig dazusein, statt dir ein Traum, eine Heimsuchung, ein Nebel. Eine weibliche Figur auf entlegenem Fels. Jemand, den du nicht verschonen k a n n s t, denn er, ein anderer, hat mich heute nacht schön gemacht, schön für jedermann.

ER Ich, der keine Phantasie besitzt, ein armes Geschöpf, das keine Phantasie besitzt, nur Wachsamkeit wie ein Tier, und Roheit.

SIE Ich, die dem Glück, daß mich eben noch ein anderer liebte, zum Opfer fällt. Mein Glück hast du gewittert wie ein Tier von weitem.

ER Willst du dein Kleid ausziehen?

SIE Nein. Ich werde mich nicht ausziehen.

ER Es soll nicht nach Verständigung zwischen uns aussehen?

SIE Ich werde mich nicht wehren. Du brauchst mich nicht zu schlagen.

ER Bis jetzt reden wir friedlich über den Unfrieden, der vielleicht über uns hereinbricht. Vielleicht auch nicht.

SIE Glauben Sie wirklich, es genügten Worte, um das Vergehen von uns abzuwenden? Hier in der Höhe, ohne Augenzeugen, ohne Fluchtmöglichkeit, in den Fängen der Lage, die ausweglos ist?

ER Du sprichst die Lage. Sie ergibt sich Zug um Zug aus deinen Worten. Es wäre möglich, sich nicht anzuschauen und schweigend Seite an Seite ein wenig auszuruhen.

SIE Ein neben mir Sitzender – du? Mir nicht mehr gegenüber, so daß ich immerhin deine kleinste Regung bemerke, die geringste Änderung an dir feststellen kann? Ein neben mir Sitzender kannst du nicht sein.
Ich freue mich, daß ich das alles noch sagen kann.

ER Es gibt Gefahren, aus denen nicht das Reden, sondern nur das Laufen hinausführt. Komm mit mir! Lauf so schnell du kannst hinter mir her!

SIE Ich kann nicht. Meine Seele rennt nicht. Ich habe nichts, was ich mir aus dem Leib rennen müßte. Keine Begierde mehr, keine Bosheit, keine Illusion. Nur das Glück der vergangenen Nacht, für das ich jetzt büßen muß. Indem ich hierbleibe. Daß du mein Glück schändest, ist schlimmer als alle Gewalt, die du mir antust. Wie du mußt.

ER Vielleicht wirst du dir später vorwerfen, daß du nicht weggelaufen bist. Oder mit mir mittags über die Felsen gerannt.

SIE Dazu wird es nicht mehr kommen.

ER Indem du dich nicht von der Stelle rührst, wird deine Schönheit immer grausamer. Bis zuletzt willst du nicht darauf verzichten, mir deine schöne Figur zu zeigen?

SIE Meine Furcht ist ohne Kauern oder Zittern.
Ich sitze, wie ein Mensch für Menschen eben sitzt, egal, ob das

Auge eines Kinds auf mir ruht oder das meines Schänders. Meines Würgers. Solange ich nicht verrenkt im Schlucht- grund liege, verführt mein Körper, lockt er Augen an, wie eine Blume leuchtet ohne die Absicht, einem einzigen Falter zu gefallen.

Mittags

Am ENDE der Besuch bei seiner geschiedenen Frau (Sie), wo (Er) auf seinen Jungen wartet, um ihn mitzunehmen auf eine Ferienreise.

ER Du bist der einzige Mensch, von dem ich sicher weiß, daß er mich über den Tod hinaus hassen wird.

SIE Ja. Wie könnte es anders sein?

ER Du milderst nicht einmal das Wort »Haß«? Du bestreitest es nicht?

SIE Nein. Wodurch sollte ich es ersetzen?

ER Ich habe dich gezwungen, nach Deutschland zurückzukeh- ren. Ich habe dich bestrafen lassen, als du versuchtest, den Jun- gen zu entführen. Du wirst mir bei Gott nicht einen Schritt von den getroffenen Vereinbarungen abweichen.

SIE Und du sollst wissen, daß ich nichts unversucht lasse, um mein Kind deinem schmutzigen Einfluß zu entziehen.

ER So fanatisch, wie du mich einst mit deiner Eifersucht ver- folgtest – kannst du dir das noch vorstellen? Ich bin immer noch derselbe Mann, den du damals aus Eifersucht zu töten bereit warst.

SIE Dich zu töten?

ER Ja. Aus gekränkter Begierde? Aus Liebe? Ich weiß es nicht.

SIE Ich rede nicht mit dir über vergangene Zeiten. Du bist hier, um den Jungen abzuholen. Den Jungen abzuho- len bedeutet nichts weiter als den Jungen abholen. Eine Regel einhalten, nichts weiter. Hast du daran gedacht, daß er sich ein Paar Satteltaschen wünscht? Es würde ihn freuen.

ER Freut er sich?

SIE Auf dich? Auf die Reise freut er sich.

Er Warum sagst du nicht: er spricht schon seit Tagen von nichts anderem? Obwohl es sicher die Wahrheit ist. Warum gönnst du mir nicht, daß er sich wie ein Schneekönig freut auf die Reise mit mir?

Sie Er mußte sich bis gestern auf eine Klassenarbeit vorbereiten.

Er Ja. So ist es nun. So ist es eben. Da ist gar nichts zu machen. Ich will dir sagen: ich finde es immerhin beruhigend, daß ich eine Antwort bekomme, wenn ich dich etwas frage. Zäh, leise, unbarmherzig. Es herrscht gottlob ein erträglicher Ton zwischen dir und mir. Endlich. Du klagst mich nicht mehr an. Du beschimpfst mich nicht mehr?

Sie Mußt du mich fragen?

Er Du siehst mich an. Erstaunlicherweise siehst du mich an. Und dann frage ich dich. Ganz unwillkürlich.

Sie Es gibt keinen Grund mehr, aufeinander loszugehen. Ich gebe nur soviel nach, wie es die Regeln von mir verlangen.

Er Aber daß du mich anschaust, daß du mir hinter die Stirn zu blicken suchst, ist schon seit langem nicht mehr vorgekommen. Es schien mir eben, als hättest du dich gefragt: Was empfinde ich eigentlich noch für diesen Menschen?

Sie Für dich? Ha! Du täuschst dich. Beim Gedankenlesen noch öfter als bei deinen übrigen Lektüren. Ich habe mich gefragt: Wie lange muß ich noch mit diesem Menschen reden?

Er Es wäre nicht nötig zu reden, wenn wir einander nicht gegenübersäßen.

Sie Es wäre dringend nötig. Ich habe dir etwas zu sagen. Sebastian wird dich nicht begleiten.

Er Warum?

Sie Er kann nicht mitfahren. Meine Schwester nimmt ihn mit nach Amrum. Es wird ihm guttun.

Er Wir fahren auch ans Meer …!

Sie Nach Griechenland soll er jetzt nicht fahren. Dort ist es zu heiß.

Er D a s hast du dir eben überlegt, ausgedacht …?!

Sie Ich rede mit dir, damit du nicht gleich wieder mit deinem Anwalt drohst. Sebastian ist nicht ganz gesund.

Er Nicht ganz gesund? Der Junge? Was fehlt ihm denn? Das habe ich doch schon einmal gehört! Es ist abscheulich, mit der Gesundheit des Jungen herumzufeilschen, um einen kleinen niedrigen Gewinn zu erzielen: daß er nicht mit seinem Vater auf die Reise kann! Du – du würdest sogar in Kauf nehmen, daß er – dir wär's lieber, er läge krank auf den Tod, als daß er einen einzigen Tag mit mir verbringt.

Sie Dich hat er jedes zweite Wochenende. Es scheint ihm zu genügen.

Er Liebst du dein Kind? Frag dich das mitten ins Herz hinein. Dann wirst du wissen: du liebst es keineswegs. Es ist für dich nur noch ein Beutestück. Oder eine Waffe, mit der du Rache übst. An mir. An mir. Du kannst ihn gar nicht lieben, weil du besessen bist von mir – von mir bist du besessen und leidest an dem Kind, das sich so klar zu mir bekennt, das mir so ähnlich ist in vielen Zügen! Du bist die Teufelskälte in Person.

Sie Du machst mir nicht so einen Lump aus ihm, wie du es bist. Du wirst mir diesen Menschen nicht verderben.

Er Warum hast du nach den Satteltaschen gefragt? Beruhige dich.
Warum hast du nach den Satteltaschen gefragt? Es ist gut. Laß es gut sein.

Sie So ist es eben. Es ist ein Fehler, so lange miteinander zu reden.

Er Es ist ein Fehler, daß du mich immerzu anschaust. Ich sagte es schon. Aber du suchst ja nach Gewalt, du starrst sie herbei!

Sie Du und Gewalt? Welche Gewalt? Du bist verrückt. Du sollst mich in Ruhe lassen. Ich starre dich an, weil ich mein halbes Leben, das du bist, nicht verstehe, einfach nicht verstehe … Du wirst ihm Satteltaschen kaufen! Du schenkst ihm Satteltaschen, du gehst und kaufst jetzt Satteltaschen, auch wenn diese Satteltaschen nichts, aber auch gar nichts mit eurer Reise zu tun haben, weil es nämlich eine Reise von euch beiden nicht geben wird und weil du nicht ein zweites Mal –

Er Es darf doch nicht sein, daß du wieder zu delirieren beginnst. Zwei Jahre bin ich davon verschont geblieben. Mein Gott! Warum haben wir miteinander gesprochen? Warum hast du mich angeschaut? Du hast es dir ausgedacht. Es war kein Plan. Es ist einfach über dich gekommen. Deine Schwester weiß noch nichts von ihrem Glück.

2

Halbentschlossenheit

Sie (Vilma) und Er (Rüdiger) auf zwei Stühlen im Halbdunkel. Licht fällt durch die halbgeöffnete Tür. Geräusche von anderen Menschen im Nebenraum.
Nachdem Er beide Hände unter ihren Rock geschoben hat, dann aber zögert und anhält, erhebt Sie sich vom Stuhl und drängt ihn sanft ab, streift den Rock glatt. Er gibt auf und sie setzen sich wieder, wenden sich seitlich einander zu, stützen die angewinkelten Arme auf die Stuhllehne und lehnen den Kopf an die Hand. Sie fahren einer dem anderen mit dem Zeigefinger über die Lippen. Nun löst sich das gescheiterte Verlangen in ein freundliches Lächeln. Neue Position zueinander: Sie, indem sie die Arme hebt, eine Nadel aus ihrem Haar hebt, sie in den Mund steckt, die Haare neu ordnet, die Nadel wieder zurücksteckt und zum Schluß die beiden Hände flach auf die Knie legt. Er, indem er die Manschettenknöpfe seines Hemds öffnet, die beiden Manschetten über die Jackettärmel schlägt ...

Er Irgendeine Winzigkeit stört, und man läßt es. Man läßt es dann doch.

Sie Ja. Ich wüßte nicht einmal zu sagen, was.

Er Bei mir ist es die Vorstellung, alles noch einmal erzählen, einem neuen Menschen, einer Unbekannten, von sich alles noch einmal erzählen zu müssen, die ganze Lebensgeschichte, das schreckt mich ab, das kühlt mich aus.

Sie Ich glaube, bei mir ist es der neue Mensch an sich. Ich mag letztlich keinen neuen Menschen mehr in meiner Nähe. Das Kennenlernen bereitet mir ungeheure Anstrengungen, es ermüdet mich. Früher war das anders. Da dachte ich: Du bist für den Fremden geboren. Du hast die Figur dafür, dein Körper ist das Trojanische Pferd, mit dem du in seine Burg eindringst und seine Fremdheit besiegst. Das ist mit den Jahren natürlich nicht mehr aktuell. Mein Körper ist als List nicht mehr zu gebrauchen. Er ist kein Mittel zu einem höheren Zweck mehr. Er ist durchaus nur noch sein eigener bescheidener Zweck. Aber das bringen Sie einem anderen Menschen erst einmal bei, daß Sie einerseits nichts Näheres von ihm wissen wollen, andererseits aber auch keinen Fremden mit befremdlichen Gewohnheiten neben sich ertragen können.

Er Das würde mich nicht einmal besonders stören. Im Gegenteil. Es entspräche durchaus meiner Eigenart. Was mich befremdet, langweilt mich nicht. Es ist ungewöhnlich. Es kann sehr anziehend, aber auch sehr abstoßend auf mich wirken. Was ich hingegen fürchte, und es läuft ja todsicher darauf hinaus, daß wir das Ganze, das Ereignis, hinterher unendlich klug, unendlich ausführlich besprechen werden, wie man ja jetzt schon sieht, bevor es stattgefunden hat, das stößt mich ab, das kühlt mich aus.

Sie Ich glaube nicht einmal, daß es so gekommen wäre. Ich bin an sich geneigt, in dem Ereignis selbst – wenn's je eines würde, Ihr Wort in Gottes Ohr! – restlos aufzugehen. Das ist an sich ganz schön, wie ich den letzten Vorbehalt verlier, wenn's soweit ist, und mich wirklich riesig freuen kann. Ich bin – vorausgesetzt, Ihr Wort, Ereignis, träfe zu, das einmal vorausgesetzt – im Grunde dann ein völlig anderer Mensch. Der dann natürlich auch nicht mehr denselben Text redet wie ich jetzt oder eben noch zu Ihnen.

Er Welchen denn?

Sie Weiß ich nicht. Was Neues. Oder gar nichts. Hängt vom Ereignis ab.

Er Wenn ich ehrlich bin, so ist es Ihre knifflige Gescheitheit, die mich in meiner Halbentschlossenheit eher noch bestärkt.

Sie Wie dumm von mir. Die paar Redewendungen, die ich von mir gebe, machen auf Sie den Eindruck von gescheit? Wie hab ich mich getäuscht in Ihnen. Ich rede ziemlich plump drauflos, um nur ja nicht gescheit zu wirken.

Er Da Sie in Wirklichkeit noch viel gescheiter sind.

Sie Das hoffe ich doch. Aber davon werden Sie nie etwas zu spüren bekommen.

Er Mit irgend etwas habe ich Sie aufgebracht. Etwas, das nichts mit gescheit oder nicht gescheit zu tun hat. Was war es bloß?

Sie Nein, nein. Es war gescheit und nicht gescheit. In diesem Punkt bin ich empfindlich. Da reagiere ich ungehalten, drastisch.

Er Ich glaube, Sie schützen die Gescheitheit vor. Erregt hat Sie und unbesonnen machte Sie –

Sie Gescheit und nicht gescheit, das reicht mir wohl!

Er Halbentschlossenheit! Das war's. Ich sagte: Halbentschlossenheit. Das hat Sie zweifellos verstimmt.

Sie Halbentschlossenheit? Das ist kein Wort. Ich habe es überhört.

Er Das können Sie gar nicht überhört haben. Ich habe es extra für Sie gesagt mit angehobener Stimme. Denn es stimmte nicht.

Sie Ach? Wenn Sie auch noch lügen, dann findet sich keiner mehr zurecht.

Er Ich war nie halbentschlossen. Halbentschlossen nicht. Zuerst so wild entschlossen, ganz, Sie hier und auf der Stelle, gleich auf dem Stuhl sofort zu besitzen. Und im nächsten Augenblick ganz entschlossen, es nicht zu tun. Nein, nicht nur nicht: Sie nie zu lieben, nicht jetzt, nicht je. An beiden Entschlüssen, besser noch: Entschlossenheiten, gleich stark jede zu ihrer Sekunde, mir gleich lieb jede eine, hat sich bis jetzt auch nichts geändert.

Sie An beiden nicht? Auch der Entschluß mit »jetzt und auf der Stelle, hier auf dem Stuhl sofort« existierte noch? Das wäre unverschämt und zwänge mich, auf Ihr doppeltes Empfinden mit einer albernen Eindeutigkeit zu antworten.

Er Und sie hieße?

Sie Entscheiden Sie sich endlich. Oder etwas ähnlich Blödes.

Er Sie würden nicht mal sagen, lieber Herr, zu spät, es tut mir leid …

Sie Das wäre noch dümmer. Und auch nicht wahrgesprochen. Und nur was wahrgesprochen wird, zwischen uns jetzt, unbedingt, führt aus der Unentschiedenheit heraus.

Er Da muß ich gleich verbessern: unentschieden war ich zu keinem Zeitpunkt. Nur zweimal nebeneinander fest entschlossen, und bin, wie gesagt, es noch.

Sie Wie soll das gehen? Was geht denn nun und was geht nicht? Ich kann das nicht verstehen.

So eng allein mit Worten verschlingen Mann und Frau sich selten.

Er Ich würde sagen: enger verschlingen sich zwei Menschen, die sich gar nicht lieben, auch mit Arm und Beinen nicht.

SIE Glauben Sie? Ich glaube nicht.

ER Lassen Sie jetzt durchblicken, das Handwerk des Liebens, selbst grobsinnlich ausgeführt, stellt früher oder später auch die Liebe her?

SIE So denke ich nie. Ich denke niemals früher oder später, nie. Ich denke immer jetzt.

ER Wirklich?

SIE Nicht, Lieber, nicht so. So fragt man nicht.

ER Sie sagten: wahrgesprochen …

SIE Alles wahrgesprochen. Kleine Schnörkel zählen nicht. Machen Sie so weiter, und Sie beleidigen mich. Nur daß wir uns hier und jetzt nicht mißverstehen: es gibt ihn, den gewissen, ungewissen Zeitpunkt, an dem ich aufsteh und mit Leichtigkeit von hier verschwinde.

ER Sie haben mir nie erklärt, weshalb, als meine Hände auf Ihren Knien nur um einen Hauch nicht weiterstiegen, Sie aufgestanden sind bei diesem Hauch und mich von Ihren Beinen streiften anstelle Ihres Rocks?

SIE Ich sagte doch: zu neu, zu fremd, zu unbekannt. Man läßt es lieber.

ER Sie dachten nicht: er ist mir letztlich doch zu häßlich?

SIE Zu häßlich? Sie gehen zu weit. Ich möchte nicht als nächstes hören, ich sei leider auch nicht mehr die Jüngste. Hören Sie: wir säßen hier nicht unentschieden, ernsthaft unentschieden fest, wenn es bloß darum ginge, sich gegenseitig mit trüben Anspielungen zuzusetzen.

ER Es ist schön von Ihnen, daß Sie unser aufrichtiges Für und Wider vor Trübsinn und vor Eitelkeit bewahren möchten und davor, daß wir einer in des anderen offenes Messer rennen. Jetzt kann ich kaum mehr nachvollziehen, was mich zuletzt doch nicht so hinriß, was mich letzten Endes davon abhielt, ohne Rücksicht auf Ihr mögliches Zurückweichen, die Hände höher unter Ihren Rock zu bringen.

SIE Ich habe mich wirklich nicht gesträubt.

ER Ich hatte auch nicht ungeschickt begonnen. Sie erinnern sich?
Er legt die Hände erneut auf ihre Knie.

SIE Nicht ungeschickt. Doch im selben, u n s e r e m selben Augenblick gleichsam ein jahrhunderttiefes Nachlassen gespürt – und auch gezeigt.

ER Sie auch.

SIE Ich? Nein.

Mein Lieber, was läßt uns jetzt noch weitersprechen?

ER Du.

SIE *erhebt sich* Du. Du: ja!

ER *nimmt die Hände zurück, blickt unter sich* Du ... nein.

SIE Wie? Was hast du gesagt? Du nein? Furchtbar. Du nein?
Wahrgesprochen?

ER Sprachgeborenes Nein. Ich selber nicht –

SIE Hast nein gesagt zu mir, und diesmal ganzentschlossen?

ER Die Sprache sprach's. Ich selber nicht.

SIE Und ich? Ich liebe dich.

Sie sinkt auf den Stuhl zurück.

Das ist das Ende.

3

Ende und Anfang

*Im Ferienhaus. Ein Zimmer mit Durchgang zur Terrasse. Rechts
in die Wand eingelassen die Computernische mit Björn vor dem
Bildschirm. Vor der diagonal in die Bühne gezogenen Rückwand
einige Stühle. An ihrer linken Begrenzung ein einzelner Stuhl,
auf dem später Der Lebensgefährte (Rüdiger) Platz nimmt mit
dem Rücken zur Szene.*
Die Mutter (Agathe) kommt von der Terrasse.

DIE MUTTER Wir haben Besuch, Björn. An diesen Mann könnte
ich unser Ferienhaus vermieten. Er ist bereit, einen guten Preis
zu zahlen. Die Lage gefällt, die Wohnung gefällt. Er ist ein
ernsthafter Interessent, er ist ein ordentlicher Mann. Mehr als
das. Er ist ein interessanter Mann. Man kann sich gut mit ihm
unterhalten. Ich finde ihn ziemlich nett. Ich könnte mich sehr
gut mit ihm unterhalten. Aber ich komme nicht dazu. Ich muß
mich ärgern. Ich möchte ihm meinen Sohn vorstellen. Aber
mein Sohn bewegt seinen faulen Arsch nicht weg vom Netz.

Ich laufe zurück zum Besuch. Beim Besuch fällt mir ein: So geht es nicht. Das läßt du dem Sohn nicht durchgehen. Der Sohn hat sich zu benehmen. Zurück zum Sohn. Ihn gebeten. Nichts. Ihn bedrängt. Nichts. Ihn beschimpft. Nichts. Rührt sich nicht. Zurück auf die Terrasse. Zum Gast. Der Mann ist hinreißend. Er sagt, gern hätte ich Ihren Sohn kennengelernt. Ich habe aus erster Ehe eine Tochter. Mein Sohn! Denke ich. Warum bekomme ich meinen Sohn nicht dazu, d i e s e m Mann einen guten Tag zu wünschen? Diesem Mann, um den sich möglicherweise in Zukunft mehr dreht, als mir momentan bewußt ist. Dieser Sohn, dem ich meinen Beruf, mein bißchen Selbstbewußtsein, mein halbes Leben geopfert habe, dem ich sogar, genaugenommen, meinen Lebensgefährten und meine Hobbys geopfert habe. Was ist los mit mir? Warum schaffe ich es nicht? Was habe ich falsch gemacht? So stehe ich da zwischen Gast und Sohn und lasse die Arme hängen.

Björn, du Klump. Fünfzehn Jahre und so ein fetter Junge.

Sie geht mit ihrem Whiskyglas in Richtung Terrasse, wendet sich um.

Du grüßt nicht? Du blickst uns nicht an? Du gottverdammter Batzen!

Du Klump, du Trumm, du Klops!

Ich habe nicht mehr den richtigen Ton. Leicht abgerutscht auf der Skala der Mutterlaute.

DER GAST (CHRISTOPH/O) *erscheint in der Terrassentür mit Whiskyglas* Herrliches Haus. Herrlicher Ausblick. Und dann das.

DIE MUTTER Sag du's ihm. Gib's ihm. Los! Bring's ihm bei.

DER GAST Überall braucht man geschickte Hände, Björn. Menschen mit geschickten Händen, die im Haus was reparieren können. Du kannst mit deinen Händen so viel mehr tun, als bloß die Maus zu klicken. Sieh mal: das ist ein menschliches Greiforgan. Greifen gleich begreifen. *plötzlich düster predigend* Totengruft und Grab ist dein Herz. Durch dich hindurch fließt der Höllenstrom, du ersäufst in seinen Fluten. Doch Jesus Christus ist der Taucher, der dich aus dem Schlammgrund emporheben wird.

DIE MUTTER Es hat keinen Zweck. Gehen wir. Kinder gehören nicht in die Sonne.

Nach kurzem Abgang kommt sie zurück.
Es sieht ja so aus, als hättest du eine Pause eingelegt?
Es sieht ja so aus, als könnten wir zwei Lieben ein bißchen frische Luft schnappen … draußen auf der Terrasse?
Sag mir doch, ob ich dich quäle. Sag mir doch, mein Herz, wenn's dir zuviel wird. Meine einzige Sorge ist, daß ich dich nicht mehr bemuttern kann. Nicht mehr behudern, beglucken beschnäbeln – damit du noch weiter aufgehst wie 'ne Dampfnudel. Meine einzige Sorge bist du, das Björn.

Der Gast *tritt aus dem Durchgang neben sie* Sie sind ein anderes System. Sie verstehen uns nicht. Wir wissen nicht, wofür es gut ist. Wir wissen nicht, für welche Zukunft sie trainieren. Sieht aus wie Schwachsinn, ist vielleicht aber eine Fingerübung für die Existenz von übermorgen. Wenn das Leben endet und das Überleben beginnt.

Die Mutter Laß deine Finger von Malchus. Sieh es ein. Du bringst es nicht zuwege, mit ihm in Kontakt zu treten.

Der Gast *zu Björn* Sie versteht nicht, wie ich es meine. Weißt du? Sie versteht meine einfachen zukunftsweisenden Worte nicht.

Die Mutter Du haßt ihn. Geh weg. Du haßt ihn.

Der Gast So doch nicht. So doch nicht. So erreichst du gar nichts.

Die Mutter Wie lange soll ich noch warten, Herr Arthur Metz, wie lange noch?

Der Gast Warum hast du ihn Malchus genannt?

Die Mutter Sein Taufname. Der Vater war für Malchus.

Der Gast Malchus hieß der Knecht, dem Petrus ein Ohr abschlug in Gethsemane!

Die Mutter Ach. Wußte ich nicht. Scheußlich.

Der Gast Gethsemane!

Die Mutter Ich kenne nicht die ganze Geschichte.

Der Gast Jesus?

Die Mutter Ja.

Der Gast Gründonnerstag?

Die Mutter Ja.

Der Gast Im Garten Gethsemane?

Die Mutter Ich wollte Björn. Ich sage auch meistens Björn. Ich wollte Malchus nicht. Das war seine Rache. Oder er dachte an das Ohr. Das abgeschlagene Ohr. Die letzte Grausamkeit von diesem Menschen. Hätte man mir das früher gesagt!

DER GAST Malchus klingt für sich nicht schlecht.

DIE MUTTER Klingt wie Markus, kaum ein Unterschied. Fürs Ohr.

Sie gehen auf die Terrasse ab.

DER LEBENSGEFÄHRTE *auf dem Stuhl am Ende der diagonalen Rückwand* In Wirklichkeit war deine Mutter damals zu m i r gekommen. Sie stand einfach vor der Wohnungstür. Sie fragte mich, ob ich bereit sei, drei verschiedene Sorten Schokolade zu essen und darüber einen Fragebogen auszufüllen. Sie machte Interviews für eine Süßwarenfabrik und verdiente damit ihr Geld in den Semesterferien. Ich kostete von einer Kastaniencremeschokolade, von einer Wacholdercremeschokolade und von einer neuen Schokolade mit dem Decknamen Malchus Pendrar, deren Füllung nicht bekanntgegeben wurde und deren Geschmack ich besonders genau beschreiben sollte. Ich wußte, daß diese Sorte mein Leben verändern würde.

DIE MUTTER *kommt eilig von der Terrasse* Verzeih. Verzeih mir, Björn. Ich ahnte nicht, daß er ein Schwein ist. Ein Sektenprediger oder etwas Ähnliches. Jemand, der einen überreden will, es für Gott zu tun. Sex. Genauso wie das Wort schon sagt: ohne Herz und Verstand. Du hast richtig gehört: Sex! Hast du gehört? Das sind die übelsten Halunken, die dir das Anlitz des Herrn auf den Bauch pinseln wollen.

Du wirst verstehen, daß ich dir und mir das nicht zumuten kann. In meinem Alter schleppst du deinen Leib mit dir herum, aufgeschwemmt, am Tropf müder Hormone, du setzt dich draußen in die Sonne vor die Mauer. Du spürst schon das Gewürm, das in den Zellen wühlt unter der Hitze. Lange bevor es Nacht wird, lange bevor es unter der Erde endgültig die Herrschaft übernimmt. Um Leber, Herz und Milz: ein Fäulnisleuchten. Auflösung der Organe, Tümpel, schwammige Gewächse. Brackblut. Du bist noch jung, du kannst dich aus dem Staub machen. Was willst du hier noch? Älter werden? Vor dem Bildschirm hocken und langsam in die Breite gehen?... Liebe. Das ist etwas anderes. Die Liebe Gottes. Du bist es ... Vielleicht. Vielleicht bist du es wirklich? Ein Erwählter. Ein Vorreiter der Erlösung. Kein Weg führt an dir vorbei. Ich nehme an, du wirst Visionen haben? Aber du wirst dich noch umgucken. Es kommt die elende Zeit, da sollst du kriechen und krabbeln wie die niedrigste Kreatur. Du wirst deine Mutter verraten, du wirst deine Frau bestehlen, und ihr werdet Abtreibungen haben. Du wirst dich selber hassen und nicht die Kraft aufbringen, um deinem Leben in Schuld und Verwüstung ein Ende zu setzen.

DER GAST *kommt eilig von der Terrasse; zu Björn* Was hat sie dir erzählt?

DIE MUTTER Nichts. Gar nichts.

DER GAST Ich will's von dir hören, du Fettkloß!
Gib es von dir! Mach's Maul auf, du impotente Krabbe!

DIE MUTTER Rühr ihn nicht an!

DER GAST Du siehst, daß sie verwirrt ist. Du darfst ihren Worten keinen Glauben schenken. Noch nicht. Ungeheure Kräfte wirken jetzt auf ihr Gewissen und bereiten sie vor auf ihre neue Aufgabe.

DIE MUTTER Ein Ultra! Hörst du? Ein Ultra, ein Ultraapostel spricht!
Wie leicht er lachte! Wie heiter er war. Wie lustig. Und wie intelligent. Als er kam, war er hinreißend, und er lachte so nett. Mein Gast, mein Mieter. Was brachte bloß den raschen Einsturz der Fassade?

DER LEBENSGEFÄHRTE *auf seinem Stuhl vorgebeugt, die Hände zwischen den offenen Knien langsam gegeneinanderreibend* Von wem redest du, Mama?

DIE MUTTER Von einem Menschen, in den ich mich um ein Haar verliebt hätte. Und dem ich nun ein für allemal die Tür weisen werde. Aber ich habe ihm noch das Haus zu zeigen, der Vertrag ist unterschrieben. Dein Liebling da verschwindet, Björn. Die Nische räumst du morgen frei.

DER GAST Sie haben zweifellos bemerkt, daß im Verlauf unserer Begegnung der Mietvertrag zwischen uns an Bedeutung verlor. Was Sie und ich besiegelt haben, ist der Vertrag mit Unserem Herrn.

DIE MUTTER Mit welchem Herrn?

DER GAST Der Vertrag mit dem Ewigen Herrn der Welt.
Es ist ein Vertrag, der unseren – unser beider gemeinsamen Gottesdienst in allen Einzelheiten verbindlich festlegt.

Die Mutter Ich habe nur den Mietvertrag unterschrieben!

Der Gast Wir beide haben dem Wohnen Gottes auf Erden eine neue Heimstatt gegeben.

Die Mutter Mein Kind!... Es weiß 'ne Menge, wenn es spricht. Es weiß genug. Der Junge hat am Schirm diverse Weltuntergänge durchgespielt. Was ihm fehlt, sind bloß die Tränen, die dazugehören. Was immer auch geschehen mag, er darf sich ehrlich sagen: ich sehe nichts, das ich nicht haargenau vorausgesehen hätte. Nur mein Kind durchdringt die Glocke des gefrorenen Staubs, unter der ich lebe. Nur Björn weiß, nur Björn versteht, und deshalb, deshalb hat er sich abgewandt von mir.

Der Gast *tippt in ein elektronisches Notizbuch* You got a message under your number 55710.

Die Mutter Was willst du noch?

Der Gast New e-mail under your five five seven one zero ... Abschwöre ich den Geistern meiner Insel, ich schließe meine Fenster, zerbreche Mouse und Joystick und lösche die Programme. Von heute an entsag ich meinen Games, ich löse mich vom Netz der Netze!

Die Mutter Laß ihn! Tu ihm nicht weh!

Der Gast Der Gedanke, den ich am meisten hasse: daß die Ähnlichen es am Ende schaffen werden. Daß diese Menschenähnlichen –

Die Mutter Machen wir uns nichts vor. Die Unglücklichen sind umsonst unglücklich gewesen. Sie und ich, wir halten's auch nicht länger aus als eine Minute am Tisch, von Angesicht zu Angesicht, nur eine Minute, dann springen wir auf und rennen zu einem Drittmenschen. Keiner hält es mehr aus im Vis-à-vis. Alles hat seine Zeit. Der Björn hat das längst kapiert. Insofern liegt er gar nicht so daneben.

Der Gast Das habe ich nicht gesagt.

Die Mutter *schlägt mit der flachen Hand auf die Sitzfläche des leeren Stuhls neben ihr* Doch! Haben Sie!
Sie steht auf, das Schultertuch bleibt an der Lehne hängen, und für einen Augenblick nimmt sie wohl an, Der Gast hielte sie zurück.
Schönheit, Herr Arthur Metz, die Schönheit ... Nie wird mein Kind sich freuen, wie die Rose riecht und wie die Berberitze

scharlachrot im Herbstwind brennt. Nie wird es tief im Nebel stehen, wo die Angst noch Angst ist ...

DER GAST Wir stimmen überein im feinsten wie im gröbsten ... Es gibt für uns nur einen Kampf: den Schein der ganzen Welt zerschlagen, zum Einsturz bringen des Teufels übermächtiges Spiegelkabinett.

Wir, unsere Leute, das System, wir alle tun viel, sehr viel in dieser Richtung.

DIE MUTTER Ach, mit den Menschen kann man über die Hölle nicht reden. Ich sah mein Kind vergehen. Die meisten starren rückwärts auf das echte Blut, sie hören nur die lauten Morde der Geschichte und merken nichts vom gegenwärtig stillen Schlachten. Ich sah das Gesicht von meinem Kind vergehen.

Venus! war das erste Wort, das er sicher sprach. Ich zeigte ihm den Abendstern. Ich seh ihn noch: zwei Jahre alt, das schöne, helle Kind, und seh es jetzt, ein Sterben liegt dazwischen.

Sie nimmt einen Schuh, einen Armreif, einen Gürtel und wirft die Dinge gegen die Plastikscheibe, hinter der Björn an seinem PC sitzt.

Du warst mein schönes Kind. Du warst mein frohes Bürschlein. Ich sagte mir, es ist nicht dein, von deinem Fleisch und Blut allein kann so ein Leuchten ja nicht kommen, das ist dir nur vom Himmel anvertraut, das mußt du wachsam hüten.

Wo bist du, mein kleiner Gott? Versteckst dich nur im trägen Fleischsack? Komm raus, ich will dich küssen!

DER GAST Hat das Verbrechen erst den Segen des Gesetzes erlangt, so erstreckt sich die Verheerung grenzenlos. Die Erde wird unfruchtbar, ein Ort, an dem nur Verwachsenes wächst. Und Kinder kommen zur Welt, die ihre Eltern verklagen auf Unsummen von Dollars, dafür daß sie geboren wurden und nicht im Keim erstickt.

DIE MUTTER Er kam nicht mißgebildet an! Er ist es jetzt, wie du ihn siehst, ein Machwerk dieser Welt, und die Welt ist eine Kindsmörderin, die die Gesichter löscht und Seelen ausräumt.

DER GAST Sie schreiten schon in unseren Reihen kraftvoll mit!

Die Mutter geht erschöpft zu einem Stuhl am Rand der hinteren Wand, sitzt dort fast Rücken an Rücken mit dem Lebensgefährten

Laß uns nach einem Ausweg suchen, hörst du?

Ich bin zweiundvierzig Jahre alt, ich will geliebt werden.

Ich ertrage deine Gleichgültigkeit nicht mehr. Es gibt nichts in deinem Verhalten, das nicht fühllos und abgestorben wäre. Aber du bist da, du bleibst da, du bleibst: mein M A N N. Du enttäuschst mich zwanzigmal am Tag. Doch jede Nacht vergesse ich es wieder, dein scheußliches Dasein.

Der Lebensgefährte Vielleicht wegen der Dunkelheit, Mama. Vielleicht wegen der Süße der Nacht?

Die Mutter Nein. Deine Schönheit ist es. Sie blendet mich immer noch. Ich weiß jetzt genau, daß deine Erscheinung zu einem anderen Menschen gehört, der nicht so ein Unheilsbringer ist wie du.

Der Gast Du ahnst nicht, wie viele Menschen jetzt von selbst zu uns finden. Wie viele bereit sind, mit unserem System zu leben. Sich selbst und alles, was zu ihnen gehört, aufzugeben und zu vergessen, für null und nichtig zu erklären, woran ihr Herz so lange hing.

Die Mutter Ich wehre mich nicht mehr.

Der Gast Wir sind die Armee des Lichts, der Demut und der Zuversicht.

Der Lebensgefährte In dieser Armee wirst du bestimmt zum Korporal aufsteigen. Bekenne nur! Zuerst deinen Frevel. Zuerst deine eigenen Teufeleien.

Die Mutter Ich wehre mich nicht mehr.

Der Gast Das ist zuwenig. Du wirst uns nicht die Hülle deines Geistes überlassen, leer wie ein Hemd, das auf dem Bettrand liegenblieb. Unsere Reihen schließen fest mit glühend überzeugten Kriegern.

Die Mutter Du besitzt kein Geheimnis. Das sag ich dir noch, bevor du die Macht ergreifst über mich: dir fehlt die tiefere Farbe, der dunkle Grund, die Schön-heit … Erst hat e r *mit einer Geste zum Lebensgefährten* meine Kraft gebrochen, dann entwich mir mein Kind und zum Schluß kamst du: ein System. Drei Tode fast, gleich drei. Aber du bist der schlimmste. Deine Verheißung löscht alles aus, wofür ich gelebt habe, und selbst meine guten Jahre wischt sie zum Kehricht. Doch ich hoffe, ja ich weiß es: du herrschst jetzt deine Zeit und zeugst in mir den blinden Eifer, der eines Tages dann auch dir den Kopf abreißt.

DER GAST War das dein letztes Wort? Bist du nun bereit?

DIE MUTTER Ja.

DER GAST Dann komm. Geh aufrecht voran und wende den Blick nicht zurück.

DIE MUTTER *mit dem Gesicht an der Wand zum Lebensgefährten* Bring mir den Sohn heil durch die Zeit. Achte auf ihn. Sei nicht nachlässig. Greif nicht nach jedem Flittchen, das dir begegnet. Laß nicht überall etwas liegen. Achte auf deine Sachen. Verlier mein Kind nicht aus den Augen.

Lichtwechsel. Mutter, Gast und Lebensgefährte ab. Aus seiner Nische tritt Björn und geht zum Mittelgrund der Bühne. Er ist ein wenig korpulent, doch nicht fettleibig. Er trägt auch keine Hauskleidung, sondern einen weißen Pulli und lange Hosen mit Bügelfalte. Von links kommt eine junge Frau auf ihn zu mit einem Baby im Arm. Sobald sie einander gegenüberstehen, fällt auf sie ein kaltes Deckenlicht.

DIE FRAU Aber so schön ist es dann doch nicht gewesen, wenn du sagst, du hast es seither nicht wieder getan?

BJÖRN Doch, es war schön.

DIE FRAU Aber?

Du hast dich nicht wieder getraut?

BJÖRN Ich hatte das Gefühl, ich warte lieber –

DIE FRAU Worauf?

BJÖRN Bist du wiederkommst.

DIE FRAU Ich?

Wo hast du mich aufbewahrt? In deinem Gedächtnis? Oder in einer der vielen Dateien? In deinem Herzen oder wo? ... Worüber hast du dich am meisten gefreut damals? Die Stille, das Licht, das Streicheln, die Küsse? Hast du dich nicht gewundert?

BJÖRN Ich wunderte mich, ja. Ich wundere mich seitdem, ich wundere mich noch immer.

DIE FRAU Was hast du gesehen?

BJÖRN Das da.

DIE FRAU Das Kind?

BJÖRN Ja, ich habe immer das Kind vor mir gesehen.

DIE FRAU Und mich? Hast du mich gesehen?

BJÖRN Ich glaube, ich habe nicht viel von dir gesehen.

DIE FRAU Hast du mich gesehen, als du dich erinnertest?

BJÖRN Ich glaube nicht. Ich weiß es nicht.
Das Kind war mir immer vor Augen.

DIE FRAU Das Kind ist von einem reichen Mann.
Er hat mich im Auftrag besucht, im Auftrag,
verstehst du?

BJÖRN Ja, ich verstehe. Ich verstehe. Ich glaube nicht, daß es
stimmt, was du sagst. Sicher bin ich mir nicht.

DIE FRAU Ich habe nicht das Gefühl, daß es dich beunruhigt?

BJÖRN Sondern?

DIE FRAU Vielleicht möchtest du nicht davon reden? Weil du
keine Lust mehr hast. Mit mir zu reden?

BJÖRN Ich verstehe deine Frage nicht.

DIE FRAU Ich glaube nicht, daß ich noch einmal an dich gedacht
habe seitdem.

BJÖRN Warum bist du dann wiedergekommen?

DIE FRAU Ich komme jedes Jahr in den Ferien hierher. Meine
Schwester fährt in die Schweiz und ich hüte ihr Haus. Das ist
doch keine vernünftige Frage. Was willst du wissen?

BJÖRN Du kommst jetzt jedes Jahr?
Bis das Kind groß ist?

DIE FRAU Und du auch.

BJÖRN Dieses trostlose Nest. Nach der Schule sieht mich hier
keiner mehr.

DIE FRAU Ich auch nicht?

BJÖRN Ich weiß nicht. Ich weiß nicht, weshalb du mich fragst?
Was sollen wir tun?

DIE FRAU *lächelt* Wir? Hast du »wir« gesagt? Wie kannst du
»wir« sagen?!

Vilma Agathe Magda vor der Rückwand. Eine Farbborte, die auf der Wand verläuft, überquert ihre Stirn.

VILMA Ich war hingerissen oder entsetzt, eins von beiden, jedenfalls aufgesprungen, vor Jahren einmal urplötzlich aufgesprungen, seitdem das lange Zurückgleiten auf den Sitz, einmal wild entschlossen irgend etwas anzupacken, doch im Aufsprung schon vergessen, was.

MAGDA Vor Jahren einmal aufgesprungen, vor Urzeiten, seitdem dies unendlich langsame Zurücksinken auf den Stuhl. Einmal wild entschlossen, irgend etwas anzupacken. Doch im Aufsprung schon vergessen, was.

AGATHE Ich war hingerissen oder entsetzt, eins von beiden, jedenfalls völlig außer Fassung. Etwas war mir in den Sinn geschossen, völlig ohne Grund, völlig ohne äußeren Anlaß. Vielleicht daß ich plötzlich dachte: Hausschlüssel! Scheckkarte! Aspirin! Wo?

MAGDA Es war ein völlig leeres, völlig überflüssiges, völlig grundloses Entsetzen. Einfach nur: den Boden unter den Füßen verloren. Ein völlig überflüssiges »Etwas ist nicht mehr da, wo's sein sollte«-Gefühl. Verloren, vergessen, verlegt.

VILMA Ich hatte aber gar nichts verschusselt. Ein leerer Schreck. Ein Schreck ohne Sinn oder Ziel. Reine Nervensache. Etwas, das die Nerven ganz allein ausgeheckt hatten und komplett unter sich durchspielten, ohne Rücksicht auf die Tatsachen. *Die Tür öffnet sich. Ein Mann brüllt in den Raum: »Hure!« und schlägt die Tür wieder zu.*

VILMA Wer war das?

AGATHE Ich dachte, Rüdiger, der verrückte Hund.

MAGDA Und ich dachte: mein Vater.

VILMA Könnt ihr euren Liebeskrach vielleicht außerhalb meiner Reichweite abhandeln, bitte sehr?!

MAGDA Ich weiß nicht: mich kann er nicht gemeint haben. Ich kenne ihn weiter gar nicht.

AGATHE Ruhe! Ich will verdammt noch mal in Ruhe gelassen werden. Ich laß mich nicht verrückt machen von euch.

MAGDA Ich bin gar nicht schuld, Vilma. Es war nicht mein Vater.

VILMA Dann war's irgendein anderer von deiner Sippe. Sorg endlich dafür, daß ich in Ruhe gelassen werde.

MAGDA Ich sage nur, ich dachte, es wär mein Vater. War's aber nicht. Ich habe nichts mit dem Brüllaffen zu tun. Ich kann nichts dafür. Nicht daß ich wüßte. Ich denke immer, die meiste Zeit über denke ich: wie es ist, plötzlich, aus heiterem Himmel, mitten auf der Straße geohrfeigt zu werden. Sei es, indem mich jemand verwechselt. Sei es, indem mich jemand erkennt. Dieser kurze heftige Blick. Dieser kurze heftige Schlag. Dieser aus dem Blick gehauene Kopf. Diese Sekunde voller Ohnmacht.

Merkt sie denn nicht, daß der Faden immer wieder abreißt? Die Antwort, die ich gebe, paßt nur ungefähr zur Frage, die sie stellt. So etwa im Raster geblieben. Bei aller Unschärfe in etwa geantwortet. Vor jeder Antwort tauch ich aus der Ohnmacht auf. Dröhnende Stille. Bevor ich etwas von mir gebe. Bevor's mich wieder gibt. Bemerkt nicht meine Untergänge. Schnelles Schwarz. Noch mal.

Dunkel

Der Kuß des Vergessens

Vivarium rot

Personen

RICARDA (1)
HERR JELKE (A)
ANNKATTRIN JELKE (2)
LUKAS ROSTLOB (B)

Sieben Randfiguren

MÄNNLICH: C D E
WEIBLICH: 3 4 5
WECHSLER: FM6

Ein Lichtspiel

Begegnen sich im Ozean zwei einsame Wellen, so durchdringen sie einander, ohne sich gegenseitig zu stören. Nur im Augenblick ihres Zusammenstoßes verformen sie sich und finden danach wieder zu ihrer ursprünglichen Form, als hätten sie sich nie gesehen und die Begegnung vollkommen vergessen. Solche Wellen heißen Solitonen; es sind Wellen »ohne Gedächtnis.«

Es mögen alle elf sein, Männer und Frauen, die sich nach dem Kino in einem Mansardenzimmer versammelt haben und, überwältigt von einem neuen Film, auf und ab gehen, jeder für sich in bestimmten Feldlinien, aneinander vorbeistreben, in sprunghaftem Wechsel aufeinander einreden, Meinungen und Eindrücke in die Luft rufen, die sich oft nur einer inneren Bewegung, einem zufälligen Sichlösen der Zunge verdanken.
Man sieht eine Frau, die in ein Kissen immer wieder die gleiche Kerbe schlägt. Man sieht einen Mann, der einen leer gegessenen Teller immer wieder abkratzt. Einen anderen, der ein Buch, in dem sein Zeigefinger steckt, immer wieder mit dem Rücken in die linke Handfläche stößt. Einen nächsten, der immer wieder den Kühlschrank aufreißt, obgleich er beim ersten Mal schon sehen konnte, daß er leer ist ... etc. Und alle suchen nach dem einen treffenden Wort, um ihrer hohen Meinung über den Film Ausdruck zu verleihen.
Das Ganze in Farbe, in dunstigem Rotblau. Menschen, Raum und Dinge Ton in Ton.

– Es ist so: man darf sagen ... hier und heute ... beginnt ein neues Kapitel, für u n s ein neues Kapitel der Filmgeschichte.

– Dieser Film ist unser Film. Segatti ist einer von uns. Diesen Film hätten wir machen müssen! Hätten wir nur die Idee, hätten wir nur Kraft genug gehabt, diesen Film zu machen ...

– Die Melancholie und die Ausdauer, die Rücksichtslosigkeit und die Einsamkeit.

– Diesen S i n n für das Neue, der wie ein Blitzschlag, wie ein Wunder auf uns niederging!

– Man kann sagen: ein Ort – ein O r t ! – erhebt sich aus dem Spülicht der Ortlosigkeit ...

– Noch nie fühlte ich mich durch ein Kunstwerk in eine solche Aufbruchstimmung versetzt!

– Auf einmal hörst du sie wieder, die Sirenen der Moderne, die Chöre der Schönheit ...

– Ja – ja – ja. Es muß doch, Ricarda, das siehst du ein, es muß doch auch dieser elenden Epoche der Herzverfettung irgend-wann ein Ende gesetzt werden – und zwar ein gewaltsames! Die Menschen schnappen immer nervöser nach Luft, sie rennen immer zielloser durcheinander: weil nichts Neues kommt!

– Am Himmel ist der Komet zersprungen, Gasfeuerwolken so groß wie die Erde stieben aus dem Gürtel des Jupiter. Die Astro-nomen erbleichen vor Ehrfurcht: »Dafür ist man Wissenschaftler geworden«, sagen sie, »um dies einmal erleben zu dürfen!« Und ich sage: dafür hat man bis zum Jahrtausende ausgehalten, darum bin ich Zeitgenosse geworden, um diesen Film noch erle-ben zu dürfen!
– Hunderte! Hunderte! Unzählige Filme haben wir gesehen seit damals – seit dem »Schweigen«, seit unserer Kindheit ... und jetzt noch einmal dieser Film, der alles sagt, alles enthält, wovon wir auf der Grundlage der tausend Filme, die wir in unserem Leben sahen, immer geträumt, immer geredet haben, alles, was wir zu sehen uns innigst gewünscht haben, in diesem einen Film, Bilder wie ein Metopenband, ein Fries, Träume ...

– Gesichter!

– Zu denen wir ein Leben lang hin gelebt haben ...

– Seit »Barry Lyndon«.

– Seit »Letztes Jahr in Marienbad«.

– Seit »La Notte«.

– Seit »Rashomon«.
  etc. ad libitum

Über ein wahres Kunstwerk zu sprechen fällt niemandem leicht. Wenn aber seine Wirkung derart besitzergreifend ausfällt, daß elf Menschen sich gezwungen sehen, ein schäbiges Zimmer nicht zu verlassen, bevor sie mit Worten, mit kostbaren Definitionen ihm wenigstens annähernd ent s p r e c h e n, dann ist bald die Stufe einer erbitterten Begeisterung erreicht, die kein Geplauder, kein Genießen und Schwärmen mehr gestattet. Ein Teil der Schar ging auf dem zerschlissenen Chinateppich hin und her, manchmal warf sich einer auf seinen Sessel oder Stuhl zurück, als habe er endgültig verstanden und zu verstehen aufgegeben in ein und demselben Augenblick. Oder es stemmte sich jemand mit ausgestreckten Armen gegen die alte Kommode, als müsse er einen Felsbrocken von seinem Verstand schieben. Wieder andere standen, die Hände tief in den Hosentaschen, an beiden Fenstern der Mansarde, die auf die Straße gingen. Sie bedurften des Anblicks von Fahrzeugen und Passanten, von Beweglichem, um ihre Gedanken anzuspornen. Am auffälligsten benahm sich eine junge Frau mit Stöckelschuhen (4) und langem Bein. Um irgend etwas vorbringen zu können, eine Meinung oder einen Einspruch, schritt sie, immer im Banne des Gesprächs, quer durch das enge Zimmer und ergriff den Hörer eines Telefons, als müsse sie einen dringenden Anruf tätigen. Augenblicklich gerieten die übrigen in erhöhte Erregung, und die dabei erreichten Definitionen wurden lauter und verfolgten die Langbeinige mit anschwellendem Protest. Eine Art »Wehe!« mahnte sie aus aller Mund. Jedesmal ließ sie dann von ihrem Streben und legte den Hörer wieder auf, ohne gewählt zu haben. Sie kehrte zu ihrem Sitz zurück und sagte dann in der Regel etwas sehr Vernünftiges, auf eine entspannte Weise, so daß auch alle anderen für eine kurze Weile gelöst durcheinanderredeten.

– Es gibt den Moment, da ich sage: es genügt. Es ist genug.

– Von nun an wird die Filmgeschichte wieder einen neuen Glauben an die Macht des Films besitzen.

– Ein Italiener, ein Italiener! Ausgerechnet ein italienischer Regisseur – ein gelassener, ein katholischer, ein sinnlicher Mensch.

– Ich bedaure, daß ich nun, gleichsam abrupt, in die Lage versetzt wurde, die Grundstimmung meines Wesens aufzugeben. Ich bedaure es, es wäre mir sehr viel leichter gefallen, die Erbschaft des Nihilismus durch eigene Lebenserfahrung zu kräftigen und fortzuführen!

– Nur der große Künstler, nur ein Segatti, konnte uns aus dieser stickigen Enge herausführen, den neuen Weg weisen – ohne der Gefahr zu erliegen, eine kitschige Zukunftsmusik zu spielen …

– Es ist etwas vorbei. Das sehe, höre, rieche ich jeden Tag. Beinahe jede Stunde. Irgendein Argument ist verbraucht. Der Blick ist von gestern. So spricht man nicht mehr. So spricht niemand mehr, der etwas zu sagen hat.

– Und dann, wie der Blitz, auf einmal schlägt dieser neue Ton ein.

– Diese Kraft!

– Alles wieder offen. Groß. Weit. Herrlich. Ich habe das Gefühl, jahrelang in einer Besenkammer gelebt zu haben. Und jetzt kann ich mich wieder bewegen, tanzen und Helligkeit trinken …

– Dieser Film ist ein aufgerissenes Fenster.
Endlich können wir wieder frei atmen.

– Denkt an den kleinen Jungen, der friedlich spielt mitten auf der Fahrbahn, mitten im Feierabendverkehr, stop and go …

– Den Straßenkehrer, dem die Spatzen aus den Hosenbeinen fliegen!

– Eine alte Frau in weißer Kutte und mit schwarzem Kopftuch, das im Rücken bis auf die Erde reicht, geht langsam, schlurfend auf der Straße. Hinter ihr staut sich der Durchgangsverkehr. Doch niemand wagt zu hupen, ganz still und gehorsam schleicht die Autoschlange hinter dieser Letzten und wenn sie sich umdreht, sehen wir ihr Gesicht aus Tuch und Tuchfalten.

– Denkt an das streitende Liebespaar, das sich zwischen den Autos, stop and go, ohrfeigt!

– Solange ich den Film sah, dachte ich: Ich lebe. Ich lebe ja. Himmel, ich lebe! Jetzt, wo ich ihn nicht mehr sehe, bin ich in diesen trüben roten Behälter zurückgekehrt. Als wär's nicht mein Leben, als wär's bloß ein Vivarium.

HERR JELKE Es ist – es ist –
RICARDA Wie würdest du es nennen? Was ist es genau?
HERR JELKE Es ist noch einmal die Sprache Dostojewskis.
  Es ist noch einmal das Licht Rembrandts.
RICARDA Noch genauer! Sag es mir noch ein wenig genauer!
HERR JELKE Es ist die Gewißheit, daß es Gut und Böse gibt –
  die jedoch wie Tag und Nacht in manchen Stunden unmerklich
  ineinander fließen! … Überhaupt das Licht. Die Menschen im
  Film erscheinen alle Ton in Ton, kaum unterscheidbar.
RICARDA Wie schön. Wie schön du es aussprichst. Sieh mich an.
(FM6) – Und ich dachte … ich dachte: Der Boden tut sich unter
  mir auf!
HERR JELKE Ich ringe um Bewußtsein, und du verlangst, daß ich
  dir tief in die Augen sehe?
(5) zu D Sie, fremder Mann, und ich, man hat uns beide in dies
  enge Leben eingepfercht, ins Vivarium gesperrt, um gewisse
  Studien mit uns zu treiben unter der Sonne.
RICARDA Du sollst mich nur einmal ansehen.
(5) Kein Schritt, keine Lüge, keine Träne, kein Trost, keine Ek-
  stase, kein Atemzug, die nicht von fern und anderswo ausge-
  wertet würden unter der Sonne. Die nicht irgendeinem ferneren Ziel der Erkenntnis dienten.
(2) Wie sagt Nina im Film: Soll ich nach meinem unbekannten
  Vater suchen, soll ich nicht nach ihm suchen?

(5) Wir haben den Status von Versuchskaninchen unter der Sonne, das merken auch Sie, mein Unbekannter.

(2) Das Leben geht rum, sagt Nina, und ich habe die wichtigste Frage meines Lebens immer noch nicht beantwortet.

Aber mein leiblicher Vater, wer wird das schon sein? Ein glatzköpfiger Geschäftsmann in São Paulo. Bestenfalls.

(3) Weißt du, alles beginnt mit dem kläglichen Satz, der sonst am Ende einer traurigen Liebesgeschichte steht: »Gib mir noch eine Chance.« Damit beginnt die unbegreiflichste Liebesgeschichte der Welt. Daß nämlich Antonio der armen Nina tatsächlich diese Chance gibt.

(C) Er sieht bisweilen aus wie ein Reicher, der sich tatsächlich durch ein Nadelöhr zwängt.

(E) Tatsächlich noch einmal –

(D) Was wir sehen, ist: die Liebes g e s c h i c h t e beginnt nach der Liebe.

(5) Aber was für eine!

Plötzliches Dunkel

Der Kuß

*Rückwand mit Tür und Stuhlreihe. Warteraum wie im Einwoh-
nermeldeamt. Streifenrolle und Nummeranzeige. Ein, zwei Per-
sonen gehen oder kommen. Etwa fünf Männer und Frauen sitzen
auf den Stühlen.*
*Ricarda im Jogginganzug betritt den Warteraum und setzt sich
neben den ersten Mann der Reihe, Herrn Jelke.*

RICARDA Kann ich hier singen? Ich muß vor Fremden singen.
  Ich habe eine Wette verloren.
HERR JELKE Ja. Singen Sie. Ich singe nicht.
RICARDA Es wird ziemlich scheußlich. Ich mache ein paar Ver-
  renkungen dazu. Ich muß mich erst ein bißchen bewegen hier.
  Stört Sie das?
HERR JELKE Ich weiß nicht, was Sie vorhaben?
RICARDA Ich stelle mich zum Beispiel auf den Stuhl und tanze,
  barfuß. Vielleicht laß ich das Sweatshirt fallen. Sie dürfen nicht
  glauben, es macht mir nichts aus. Ich geniere mich erbärmlich.
  Ich würde vor Verlegenheit lieber unter den Sitz kriechen. Nur
  damit Sie nicht denken, ich mache das aus purem Vergnügen.
  Ich sei eine, die keine Hemmungen kennt, ganz im Gegenteil,
  es ist mir furchtbar peinlich, und ich mache mir bestimmt noch
  in die Hose vor Angst. Aber ich hab eine Wette verloren, ich
  muß.

*Rufe hinter der Bühne. »Ricarda – topp! Ricarda- topp! Huij!
Wir wollen unsere Ricke hören, huij!... Ricke, Ricke, Ricke,
huij.« Sie singt eine Popversion von »Ave Maria« ...*

RICARDA Und jetzt muß ich Ihnen noch einen Kuß geben ...
  Sie küßt Herrn Jelke. Lichtwechsel.
ANNKATTRIN Dieser Mann, von nahem, von weitem, blieb fürs
  ganze Leben ihr Herr Jelke. Ob sie ihn küßte oder be-
  schimpfte, betrog oder umsorgte, immer Herr Jelke, eine Zu-
  fallsbekanntschaft.
RICARDA Da haben bloß die Kulissen gewechselt in unserem

Rücken: Brände und kalte Mauern, Abfallberge, Huren und Rebellen, neue Geschwindigkeiten, neue Krankheiten, zerfallende Reiche, Gärten und Nächte und eine wahre Sintflut von Bildern ... und wir beide gehen immer noch miteinander und fragen uns, was vorgefallen ist, wir nämlich, das Paar, ein Vierfüßer. Der menschliche Vierfuß ist auf Erden das höchstentwickelte Lebewesen.

HERR JELKE Irgend etwas war an dieser Person, irgend etwas an ihrer Gestalt vermochte, daß ich von Zeit zu Zeit das Gedächtnis für sie verlor. Während ich neben ihr schritt, während sie mich umgab und wir zusammenwaren, erkannte ich sie plötzlich nicht mehr. Mit einem einzigen Kuß war sie wieder die Unbekannte.

RICARDA Wo warst du, als meine Mutter starb? Wo bist du gewesen, als ich mein Kind nicht zur Welt brachte? Ich hatte nichts zu sagen, als nach dir zu rufen.

ANNKATTRIN Du hast keine Geschichte. Du hast einen Leib, du bist da. Such deinen Weg. Steh auf. Zwei Schritte vor. Handrücken auf die Stirn.

RICARDA Ich könnte nicht sagen, was war. Vielleicht könnte er sagen, daß ich b i n, was war.

HERR JELKE Mal sind die Jahre vergangen, mal sind sie wieder da. Keine Geschichte, nur Elemente vom Ganzen, die hin- und herspringen.

ANNKATTRIN Sein Sternforschen ist ihr noch lebhaft in Erinnerung, und eigentlich bis heute, bis zum Anblick seiner letzten Fotos will es ihr nicht in den Kopf, weshalb ein solches Entdecker-Talent die Welt der Astronomie am Ende doch nicht erobern konnte. Seinen Platz unter den Besten auf Dauer doch nicht behaupten konnte. Genauso unvorstellbar aber, daß sie diesen ausgemergelten Schädel, dieses gebrechliche Wesen aus Haut und Knochen umarmt und geküßt hatte ... daß sie den Namen dieses Schwundgreises geflüstert und gejubelt, ausgestoßen und ausgespien, gelallt und geflucht, abgekürzt und verdreht, schließlich fassungslos gefragt und geschluchzt und dann für immer verschwiegen hatte.

HERR JELKE Würde es Ihnen etwas ausmachen, die Illustrierte weniger hastig, weniger blätterknallend, weniger verächtlich umzuschlagen? Fünfzehn Illustrierte tragen Sie bei sich. Sie

schlagen um, als könnten Sie nicht lesen. Reklameseiten reißen
Sie ratschend heraus!

RICARDA Mit Mode, sagte ich, mit Mode hätte ich etwas zu tun.
Mit Mode! Keramikplatten suchte ich aus damals!

ANNKATTRIN Sag doch mal wieder: »Mein Mann hat soviel um
die Ohren jetzt.«

RICARDA Mein Mann hat soviel um die Ohren jetzt.

*Lichtwechsel. Alle Randfiguren ab. Ricarda vorgerückt allein
auf einem Stuhl. Annkattrin im Hintergrund. Herr Jelke steht
mit der Videokamera in einiger Entfernung und filmt Ricarda
auf ihrem Stuhl.*

RICARDA Also wir befinden uns hier vor der Terrasse unseres
Ferienbungalows. Es ist der Bungalow Nr. 15.

ANNKATTRIN Nummer 21.

RICARDA Nummer 21, sagt Annkattrin. Und Herr Jelke filmt
mich, jetzt um 15.25 Ortszeit. Réunion. Es ist sehr schwül.
Feuchtwarm. Ich glaube, ich mach mich ein bißchen frei. Ich
schwöre, es wird trotzdem kein Porno, der Film. Annkattrin
stöhnt über den Quatsch, den ich erzähle. Sie ist ein alter
Miesnickel. Wir sind im Urlaub. Endlich! Zu Weihnachten
frisch verliebt auf Réunion! Um 11 Uhr Ortszeit sind wir auf
der Insel gelandet. Wir haben eine Menge Probleme zu Hause
gelassen. Was meinst du, Herr Jelke? Im Grunde genommen
sind wir sehr müde. Die Luft ist sehr feucht. Die Menschen
sind hier sehr häßlich. Annkattrin sagt, es liefen viel zu viele
Prolos herum. Sie meint: brutale Gesichter. Vor allem von
Polizisten.

ANNKATTRIN Sag mal: »Mein Mann hat soviel um die Ohren
jetzt.«

RICARDA Er hatte immer gut zu tun.

ANNKATTRIN »Er hat soviel um die Ohren jetzt!«

RICARDA Er hat soviel um die Ohren jetzt.

HERR JELKE Steh auf. Stell dich vor den Stuhl. Andersrum. Die
Arme auf die Lehne. Ja. Beine auseinander. Gut. Annkattrin,
geh zu ihr. Untersuch sie. Tu, als würdest du sie nach einer ver-
steckten Waffe abtasten.

ANNKATTRIN Es stört dich nicht, wenn ich dich berühre? Hast du Angst, ich könnte zudringlich werden? Oder würdest du es zulassen?

HERR JELKE Warum hältst du den Kopf gesenkt?

RICARDA Ich habe den Kopf gesenkt? Weißt du eigentlich, was du mich fragst?

Sie bricht die Situation ab, und alle drei begeben sich zu ihren Stühlen.

ANNKATTRIN Sie wippte nervös mit der Fußspitze gegen mein Hosenbein, ohne es zu bemerken, im Eifer des Gefechts. Sie konzentrierte sich ganz auf mich und bedachte meinen Mann mit kurzen Seitenhieben. Sie bemängelte sein geringes Durchsetzungsvermögen. Sie griff ihm kurz an den Bizeps und sagte ...

RICARDA Dieser Mann ist wie Trockenmilch –

ANNKATTRIN Sie ließ den bleichen Blick nicht von mir und würgte meinem Mann eins rein, und der ertrug's mit verkniffenem Grinsen, weil's ihn amüsierte, daß ich prompt zusammenzuckte, als sie sagte ...

RICARDA Dieser Mann ist wie Trockenmilch. Man muß erst kräftig was draufschütten, damit er genießbar wird.

ANNKATTRIN Ich dachte, du dürres Gespenst. Warum antworte ich nicht für ihn, meinen Mann, auch wenn ich mir dann seiner Freundschaft nicht mehr sicher wäre. Warum sage ich nicht: »Und du bist viel zu klein, viel zu blaßhäutig für ihn! In deinen billigen buntgestreiften Röhrenhosen!«

HERR JELKE Das haben wir gottlob alles hinter uns.

RICARDA Ich habe dich hinter mir. Gott sei Dank.

ANNKATTRIN Sie liebten sich und sie liebten sich nicht. Sie wollten sich und wollten sich nicht. Sie waren wie Berg und Tal, Frau und Mann, und blieben zusammen, unzertrennlich und unvereinbar.

RICARDA Zu Weihnachten frisch verliebt auf Réunion ...
Als er mich ansah, mir schien, ich war noch ein Kind, und seitdem ist mir, als müßte ich langsam, ganz langsam verbluten ... Mein ganzes Leben war wie ein abrupter Zwischenfall. Fast wie eine Vergewaltigung, dieses ganze abrupt erlebte Leben ... Wenn ich sein Auge, sein kaltes liebendes Auge einmal nicht mehr fühle, wenn ich das verliere: daß er mich sieht und sieht, wer ich bin ...

Große Fluchende

Ricarda, wild vor Enttäuschung, will sich auf Herrn Jelke stürzen, wird aber von einem Zweiten Mann (D) hinter ihr gewaltsam festgehalten, der ihre Arme auf dem Rücken umklammert.

RICARDA Du dreckiger kleiner Mensch! Dir trete ich das Hirn aus dem Schädel! Was hast du getan, du elender Schleicher! Du Miststück, was hast du getan?

HERR JELKE Ich habe dir bewiesen, daß du dich täuschen läßt. Jenen Mann in deinem Rücken hast du drei Nächte lang umarmt, ihn –

RICARDA Schwein!

HERR JELKE Ihn, den ich an meine Stelle ließ, um –

RICARDA Unters Bett gesteckt, das Vieh, im Schlaf mir untergeschoben!

HERR JELKE Deine Leidenschaft, mein Kind, ist blind. Sie empfängt jeden, der an meiner Statt neben dir atmet. Ich habe recht behalten.

RICARDA Du gottverdammtes Aas! Du Sabberlippe. Du Nichts. Ein solches Schwein wie du hat niemals recht. Auch wenn du mir erklärst, daß sich die Erde um die Sonne dreht, hast du unrecht ... Nur deinetwegen blind. Dir blind gefolgt. Dir blind vertraut. Blind treu blind treu. Du ich du ich. Du schiebst mir den Kanister mit Gedärm da unter *stößt mit dem Kopf nach hinten* diesen schwitzenden Eitersack, und behauptest, ich könnte euch nicht unterscheiden, du Wanze! Verräter! Jetzt seh ich dich nun wirklich nicht, du Schleimpopel ... Laß mich los! Hör auf, mir weh zu tun! Laß mich los! Laß mich endlich ran, ran an dieses Insekt, laß mich spucken, laß mich, bitte, zwei Schritte näher an ihn ran. Ich bitte ... *Sie senkt einen Augenblick erschöpft den Kopf, entspannt die Glieder, um kurz darauf wieder aufzufahren, mit den Füßen auf den Boden zu trampeln.* Ich muß ihm einmal wenigstens in die Visage spucken! Laß mich vor, laß mich spucken, du Bastard, du untergeschobener Kotzkübel. Laß mich ihn bespucken, nur einmal, ich bitte dich, spucken, spucken ...

Herr Jelke Es war nur ein Experiment. Man muß hin und wieder etwas herausfinden.

Ricarda Bin ich ein Labor? Ist mein Körper dein Versuchskaninchen?

Was für ein kranker Hund hat mich besprungen?! Du, der nicht mal weiß, wer diese Dogge ist in meinem Rücken? *Sie schmiegt rückwärts ihren Kopf an die Brust des Mannes, der sie umklammert hält.* Diese Kreatur da, dieser Gnom da vor uns, das war einmal mein Herr. Mein Stern. Er konnte mich mit dem Finger in die Hölle locken. Mit der Stimme in den Himmel schicken. Er konnte alles von mir bekommen. *Sie tritt plötzlich dem Hintermann heftig auf den Fuß und will sich vorwärts stürzen; zu Herrn Jelke* Du Arsch du! Ich hasse dich!

Herr Jelke Halt's Maul! Es reicht. Dich hat wohl die Drude gedrückt?

Weißt du überhaupt, was hier mit uns geschieht? Du spielst dich auf, du geiferst Gift und Galle und ahnst nicht mal, worum es geht, du dämliche Brüllziege. Alles in Ordnung, verstehst du!? Es ist alles in seiner verdammt besten Ordnung. Vollkommen erstklassig, was passiert ist. Und wenn du das online nicht in dein Spatzenhirn bringst, dann erklär ich's dir auf der Schultafel: du tust mir leid. Ja. Dreimal läßt du den Mann über dich und merkst nicht, daß es ein anderer ist als ich. Das spricht doch Bände. Unfaßbar ist es. Für mich das Höchste überhaupt. Und du stellst dich hin und fluchst es nieder. Das Wunder. Mit deiner jämmerlichen Dummheit. Was wir herausgefunden haben, das heißt doch klipp und klar: es gibt nur mich. Für dich gibt's mich und keinen anderen. Jeder andere bin ich. Für dich. Das muß man erst mal an sich ranlassen. Das ist doch kein alltäglicher Befund. Ein Wahnsinn. Ein ungeheurer Liebesbeweis ... für mich. Und das Widerwärtigste an dir: ich bin gerade erst dabei, es langsam zu buchstabieren, was das für mich bedeutet, und du kapierst nichts, du keifst. Du brüllst und spuckst und machst es nieder. Dabei müßtest du dir sagen: unfaßlich. Pfingsten. Einfach wunderbar. Laß uns bloß nicht weiter drüber sprechen: es ist zu groß, es ist unfaßlich.

Sie lösen sich aus ihren Stellungen, gehen zurück zu den Stühlen im Hintergrund.

Der Zweite Mann (D) ab.

RICARDA Ich denke, sie ist eine junge Frau, die von einem unbezähmbaren Groll gepackt wird. Sie kann sich nicht beruhigen, sie ist vollkommen außer sich. Sie kocht vor Scham und Wut. Es gibt das Verderben, es hat ein Gesicht, es ist erkennbar für jedermann, sagt sie. Es gibt das Böse: du bist es, Herr Jelke.

HERR JELKE Es ist noch nicht ausgestanden, Ricarda.

Es war nur die Nagelprobe. Eine Nagelprobe.

Wir müssen irgendwie miteinander auskommen.

RICARDA Weshalb?

HERR JELKE Die Frage kommt zu spät.

Sie setzen sich. Herr Jelke nimmt eine zusammengerollte Zeitung und tippt damit auf sein Knie. Sie nimmt ihre Milchtüte mit Strohhalm, trinkt sie aus und steckt sie in einen Abfallkorb, der überfüllt ist mit leeren Milchtüten.

RICARDA Es kann sein, ich höre nicht richtig.

Wahrscheinlich habe ich etwas anderes im Ohr.

Mir scheint, alles klingt nicht so, wie es klingen sollte.

Sie spielen nicht die Noten falsch, Herr Jelke. Sie spielen, als hätten Sie die Musik an sich vergessen. Als verstünden Sie nichts mehr von dem, was Sie da spielen. Kann es sein, daß Sie, ohne auch nur zu ahnen, was Sie sagen, einfach drauflos sprechen?

Ist Ihnen etwas geraubt worden?

HERR JELKE Ist das ein Verhör?

RICARDA Nein. Ist kein Verhör. Ich stelle Ihnen Fragen.

Hatten Sie jemals in Ihrem Leben das Gefühl, daß sich jemand ernsthafter mit Ihnen beschäftigt, als ich das tue? Es ist im Grunde ein unwürdiges Erlebnis für mich, Ihnen Fragen zu stellen. Ich tue mein Bestes. Ich bemühe mich, so gut es geht. Ich frage Sie. Was tun Sie?

HERR JELKE Sie sind sehr herablassend. Sie sind schnöde und eingebildet. Sie wollen gar keine Antwort von mir.

RICARDA Ich versuche Sie dazu zu bringen, m i r nicht dasselbe zu sagen, was Sie Dutzend anderen auch schon gesagt haben.

HERR JELKE Meine Philosophie –

RICARDA Philosophie? Welche? Welche Schule, welche Lehrer?

HERR JELKE Sie unterbrechen mich. Das ist kein vernünftiges Gespräch.

RICARDA Es wird nie ein vernünftiges Gespräch zwischen Ihnen und mir geben. Ich stöbere in Ihnen herum wie in der Illustrierten beim Friseur. Mein Gott, wie wenig Eindruck haben Sie auf mich gemacht! Und wie groß war Ihr Irrtum, Sie hätten es gleichwohl getan! Und wie lange haben Sie ihn durchgehalten! Wie macht man das: sich so standhaft zu irren? Sie müssen doch irgendwann bemerkt haben: das bin nicht ich, der da spricht ... da läuft mir was aus dem Ruder, da läuft jetzt was schief ... Das merkt man doch bei der Arbeit. So ein hilfloses Herumstehen mit dem ganzen Leib ist mir wahrhaftig seit langem nicht begegnet. Vor allem: was machen Sie immerzu mit Ihrer rechten Hand? *Sie macht es nach: er klappt sie im Gelenk hin und her, als kehre er etwas aus der Luft.*

HERR JELKE Die Hand gibt der Welt die Zeichen. Damit habe ich mich lange beschäftigt. Die Hand formt, die Hand begreift, sie gibt den Wink. Die Zeichen sind schwächer geworden, seitdem die Hand bei der Arbeit nichts mehr begreift.

RICARDA Die Hand selbst begreift gar nichts.

HERR JELKE Sie wollen nicht begreifen, worauf es ankommt. Dies ist eine Hand –

RICARDA Wenn Sie Musiker wären, Pianist, das ist Handarbeit. Daran hat sich seit einem Jahrhundert nichts geändert.

HERR JELKE Dazu später.

RICARDA Ich meine nur.

HERR JELKE Dies ist eine Hand –

RICARDA Das ist mir vollkommen Wurscht! Sie haben mit der Hand herumgefuchtelt, das stört mich.

HERR JELKE Ich habe keineswegs –

RICARDA Doch. Haben Sie.

HERR JELKE Sie lassen mich nicht ausreden.

RICARDA Das hör ich jetzt zum hundertsten Mal. Ich rede nur so lange dazwischen, bis Sie mich trotzdem überzeugt haben. Sie müssen Ihre Gedanken so fassen, daß sie auch dann noch Hand und Fuß haben, wenn jemand dazwischenredet. Das ist die Nagelprobe auf Ihre Gedanken. Eine Nagelprobe. Wenn Sie in dem Augenblick, in dem Sie sich verliebt haben, noch dasselbe denken wie vorher, wenn Sie d a s tun und vielleicht drunterweg noch denken: ach, das läßt sich ja hübsch an, wie angenehm, ich bin verliebt und halte trotzdem an meinen guten alten Gedanken fest, komme, was da wolle, dann ist das schäbig, dann ist das Schlamm, dann ist das ist abscheulich.

HERR JELKE Es wundert mich überhaupt nicht, daß Sie mit solch verengten Empfindungen nichts Wichtiges an mir bemerken. Ich sage Ihnen: die Hand – was ich da mit der Hand mache, ist bis jetzt das Beste, was Sie an mir bemerken können.

RICARDA Nur daß ich nicht ganz allein dastehe mit meinem Abscheu.

HERR JELKE Sie sind nie und nirgends auf der Welt je allein dagestanden. Sie sind immer die Idealverkörperung der Durchschnittsmeinung gewesen. Sie sind die Mehrzahl in einer Person!

RICARDA Ach, wo sind Ihre leisen Töne geblieben, Meister?

HERR JELKE Ich weiß nicht mehr, was ich mit Ihnen anfangen soll. Ich hatte mir, offen gestanden, mehr erwartet.

RICARDA Was soll das heißen? Was ist das für ein Satz? Was denn? Mein Gott: was denn noch?

Sie nimmt seine Hand, steht auf.

Da haben bloß die Kulissen gewechselt in unserem Rücken: Brände und kalte Mauern, Abfallberge, Huren und Rebellen, neue Geschwindigkeiten, neue Krankheiten, zerfallende Reiche, Gärten und Nächte und eine wahre Sintflut von Bildern ... und wir beide gehen immer noch miteinander und fragen uns, was vorgefallen ist, wir nämlich, das Paar, ein Vierfüßer. Der menschliche Vierfuß ist auf Erden das höchstentwickelte Lebewesen.

Schwarzes Geld

Ricarda und Herr Jelke stehen einander gegenüber.

HERR JELKE Zürich Ankunft 11.03. 11.27 Einstieg Straßenbahn am Limmatquai.
Du trugst das Geld bei dir, und wo genau?

RICARDA Im Brustbeutel.

HERR JELKE Um 11.27?

RICARDA Ging ich noch bei einem Juwelier vorbei. Ich dachte um 11.27 in der Sekunde: Warum tauscht Herr Jelke nicht sein Geld in teuren Schmuck? Der Mensch, ein Mann von circa vierzig Jahren, gutaussehend, dunkler Typ, ein Mann aus Südamerika –

HERR JELKE Ihr habt miteinander gesprochen. Was im einzelnen?

RICARDA Ich sagte: Wo geht's zum Kino Capitol?

HERR JELKE Kino Capitol? Du solltest geradewegs zur Merritbank.

RICARDA Ich hatte nach der Bank noch Zeit für eine Kinostunde. Ich wollte vorher sehen, was es gibt.

HERR JELKE Wo war das Geld zum Zeitpunkt, als du den Gedanken an das Kino faßtest?

RICARDA Das Geld, es ging mit mir und lag an meinen Brüsten. Es hing – etwa da. Der fremde Mann: Kino Capitoll. Isch kennen nicht. Akzent.

HERR JELKE Du?

RICARDA Nichts. »Danke«, vielleicht. Vielleicht auch nicht.

HERR JELKE Ihr steigt gemeinsam aus der Straßenbahn?

RICARDA Aus der Straßenbahn? Steigen w i r nicht aus ... ich steige, vielleicht er, ich seh ihn nicht, steigt auch.

HERR JELKE 12.08. Du bist noch immer nicht auf der Bank. Ich rufe Riebensichler an.

RICARDA 12.08 und eine halbe Minute. Ich sehe den Revolutionär nicht mehr.

HERR JELKE Den Revolutionär, wer das?

RICARDA Er. Chilene. Lange im Gefängnis unter Diktatur.

HERR JELKE Viel Gespräch. Der Dieb sank dem Brustbeutel entgegen.

RICARDA Er stahl nicht. Vermutlich war's ein zweiter Chilene hinter mir.

HERR JELKE Kein Revolutionär?

RICARDA Ich sah ihn nicht.

HERR JELKE Zu tief der Blick des vorderen Chilenen?

RICARDA Nicht unbedingt. Ich sah betont beiseite.
Ich halt mein Auge nicht gern hin.

HERR JELKE Du bist bekannt dafür, daß jeder Mensch, der dir begegnet, glauben muß, du seist gedanklich abgelenkt durch einen anderen.

RICARDA War ich auch.

HERR JELKE Durch wen?

RICARDA Dich. Dein schwarzes Geld, das ich nach Zürich bringe.

HERR JELKE Du hast in Basel einen Freund, der drogensüchtig ist. Du trafst ihn gegen 12.34 vor dem Kino Capitol. Die Bank, Herr Riebensichler, ging jetzt in die Mittagspause.

RICARDA Der hintere Chilene, ich bin diskret … ob es nun wirklich einer war? … bedrängt mich handgreiflich, ich bin diskret, er kam mir rückwärts ziemlich nah. Der vordere Chilene griff darauf ganz unvermittelt an mir vorbei und drängte ihn zurück. Ich, du weißt, perplex zwar, jedoch gewöhnt an Männerübergriffe, befinde mich nun plötzlich eingeklemmt zwischen zwei ringenden Chilenen. Von denen ich übrigens in diesem Augenblick vermute, daß ihnen selber Chile kein Begriff, da sie in Wirklichkeit Philippinen-Slums entstammen, ich täuschte mich! Die Griffe überhäufen sich! Um meinen Leib herum entsteht Gerangel, ich rieche Achselschweiß aus den erhobenen Armen, sie kämpfen nur zum Schein, ich weiß – der hintere trennt mit einer ruhigen Linken den Lederriemen über meinem zweiten Wirbelknoten auf, die Rechte ringt und stößt, zum Schein, ich weiß, das ist doch alles, sobald man die Details benennt, sehr indiskret. Das Nähere, das Weitere und Allerletzte übergehe ich und sage nur: am Ende war das Geld geraubt. Chilenen, Filipinos, wer auch immer, zwei Männer abgesprochen, du kennst das ja. Nehmen mich in die Zwinge.

HERR JELKE 25 000 Mark auf offener Straße fortgerissen ...

RICARDA 24 738 und 22 Pfennig. Die Notiz von dem Betrag bring ich zurück, sie interessiert nicht mehr.

HERR JELKE 25 000 Mark. Mein erstes schwarzes Geld. An dem ich hing, es rührte mich. Es war seit langem das mir liebst verdiente Geld. Du hattest einen Freund in Basel, der drogensüchtig war. Bist du überhaupt bis Zürich durchgefahren, Ankunft 11.03?

RICARDA In Basel vor achteinviertel Jahren gab es den Renzo. Wenn der noch lebt, erkundige dich, dann wär's ein größeres Wunder als der Zufall war, daß mir, einer Frau mit starkem Genick, der Brustbeutel abgeschnitten wurde.

HERR JELKE Es kann nicht sein, daß du im Zuge männlicher Bedrängung dir den Raub am ganzen Leib gefallen ließest, Zürich 12.08?

RICARDA Natürlich dachte ich, es geht ja zu wie bei speziellen Liebesdiensten. Nur andersrum, daß ich die beiden nicht geschickt bediene, wie ich früher konnte, sondern sie bedienen sich brutal bei mir. Ich verdiene dir das Geld zurück, und wenn ich scheuern geh in Lkw-Kabinen.

HERR JELKE So sprichst du nicht mit mir! Du vergißt wohl, wer du mittlerweile bist?!

RICARDA Dann verdiene ich es mit dir. Es häuft sich dann nur langsamer.

HERR JELKE Du hast auch nach dem Vollverlust durch Überfall dir nicht geschworen, mich endlich so zu lieben, daß ich nicht jedesmal dafür bezahlen muß?

RICARDA Nach allem was passierte, quäl nicht du mich noch. Es ist unmöglich. Im Märchen darf man auch nicht fragen, woher die Melusine kommt. Und mich nicht mehr zu bezahlen, das hieße mir vom Nabel abwärts einen kalten, schuppigen Fischschwanz anzuhexen. Grausam wär's für dich und mich.

HERR JELKE Ricarda: wo sind die 25 000 Mark geblieben?

RICARDA Ich habe alles versucht, um dir die Augen zu öffnen.

Die Namen

Die Elfer-Schar in einem offenen Raum, teils unruhig, teils saumselig. Es geht um nichts, als daß jeder auf den geeigneten Moment wartet, irgend jemand irgendeinem anderen vorzustellen.

HERR JELKE Annkattrin! Darf ich dir j e t z t - e n d l i c h Lukas Rostlob vorstellen, meinen liebsten Schulkameraden? –

ANNKATTRIN (2) Ah, Sie sind das ...

LUKAS ROSTLOB (B) Sibylle? Wo steckst du? Sibylle! Frau Jelke ist hier, Frau Jelke!

SIBYLLE ROSTLOB (3) Ich wollte dir gerade Dr. Mauthner vorstellen, bei dem ich seit zwei Jahren in Behandlung bin. *Zu Annkattrin* Angenehm. Ich freue mich.

LUKAS ROSTLOB (B) Herr Dr. Mauthner, es freut mich, es ist mir wichtig!

DR. MAUTHNER (C) Ja? Na, meinetwegen.

ANNKATTRIN (2) Rolf, das hier ist Michael, du weißt –

ROLF (D) Michael?! Nein, wie schön! Es ist ein großes Vergnügen für mich!

MICHAEL (FM6) Ich denke, wir kennen uns.

ROLF (D) Ja, richtig. Jetzt, wo Sie es sagen –
Nathalie Mauthner (4) nimmt den jungen Mann (E), mit dem sie spricht, beim Arm und führt ihn zu Dr. Mauthner (C).
Gut. Dann komm. Komm! Tu l'as voulu, George Dandin ...
Dietmar – mein Mann, Dr. Mauthner.

DR. MAUTHNER (C) Ach? Sie sind das? Ich hatte jemand anderen im Visier.

ROLF (D) Frau Morgenbrot! Frau Morgenbrot, bitte sehr! ... Ich wollte Sie doch bekannt gemacht haben mit unserer Neuerwerbung, Frau Morgenbrot – Annakatharina Jelke.

RICARDA Dietmar, kannst du mich bitte Herrn Jelke vorstellen?

DIETMAR (E) Wie sollte ich? Ich kenne ihn nicht.

FRAU MORGENBROT (5) Dietmar – Entschuldigung, der Nachname ist mir entfallen –

DIETMAR (E) Gotthard-Reck.

Frau Morgenbrot (5) Dietmar Gotthard-Reck, und das ist
Michael Störcker.
Ricarda Wer bitte kann mich Herrn Jelke vorstellen?
Schweigen.
Wer bitte kann mich Herrn Jelke vorstellen?
Schweigen.
Verdammt noch mal! Kann denn niemand diesem Menschen
da sagen: wer ich bin …?!

Die Worte

Bett. Herr Jelke und Ricarda beim Auskleiden.

HERR JELKE Denk nach: Atlantis, die Insel?
   Warum weißt du nichts davon?
RICARDA Ich weiß nichts davon?
   Da muß ich erst mal nachdenken.
HERR JELKE Das schöne weltberühmte Atlantis.
   Du weißt nichts davon.
RICARDA Ich lag schon mal im Quiz weit vorn.
   Ich kam sogar in die engere Auswahl.
HERR JELKE Ach? In die engere sogar?
RICARDA Ziemlich eng. Weit vorn. Nah dran.
HERR JELKE Weshalb kriegt man das Schönste von seiner Schö-
   nen nie zu sehen?
   Daß sie den Fuß auf die Bettkante setzt. Daß sie einen durch-
   sichtigen Strumpf über Knie und Wade abwärts streift.
RICARDA Für immer vorbei. Atlantis.
HERR JELKE Natürlich. Tja. Wie es geschrieben steht. Ihr aber in
   euren Strumpfhosen eritis sicut deus. *Äfft sie nach* »Was heißt
   denn das?«
RICARDA Wär's nicht besser, ich schnitte dir heut nacht die
   Kehle durch?
HERR JELKE Ich dachte, du hättest verstanden, was ich dir sagen
   wollte. *Er berührt sie.* Plantaverat autem Dominus Deus para-
   disum voluptatis a principio ... Denn Gott der Herr pflanzte
   im Anbeginn den Lustgarten.
RICARDA Was willst du? Hast du nicht eben gesagt, daß ich
   nichts lerne? Spiel nicht an mir herum.
HERR JELKE Du bist verwöhnt, faul, oberflächlich, geistlos und
   kaltherzig.
   Ein Mensch, der nicht lachen kann. Ein Mensch, der keine
   Doppeldeutigkeit versteht. Ich verbringe meine besten Jahre
   ohne Gelächter. Das schmerzt.
RICARDA Geh doch, Herr Jelke. Geh, such dir eine, mit der du
   heiter sein kannst. Mit der du das Lachen nicht verlernst.

HERR JELKE Es ist beinahe ein Fluch, daß ich deiner nicht über-
drüssig werde.

RICARDA Du bist klein und du bist häßlich. Du bist ein verdammt kleiner Mensch, Herr Jelke.

HERR JELKE Du hörst mir nicht zu. Ich habe dir eine Liebeserklärung gemacht.

RICARDA Eine Liebeserklärung? Du sagst, es sei ein Fluch, daß
du immer noch an mir herumspielen willst. Und immer noch
Lust hast, je tiefer du mich beleidigen kannst.

HERR JELKE Nein, das ist es nicht. Ich brauche keine bösen
Worte vorher. Ich benutze böse Worte, um dagegen anzukämpfen, daß ich dich immerzu brauche. Obwohl wir nicht
zusammengehören, sondern einfach zusammensein müssen.

RICARDA Das stimmt nicht. Ich muß nicht mit dir sein.

HERR JELKE Widerspruch! Einwand! Immer dasselbe. Nie
nimmst du ein Wort von mir und spielst damit.

RICARDA Wie Annkattrin das tut.

HERR JELKE Annkattrin kann das auch nicht. Diese kleine Sehnsucht nach ein bißchen Heiterkeit ... nach ein bißchen mühe-
losem Verstehen, ohne zu wissen, was ... Einmal leichte
Worte!

RICARDA Laß uns nach einem Ausweg suchen.

HERR JELKE Es gibt nichts in deinem Verhalten, das nicht
dumm, falsch und unwürdig wäre. Und doch stell ich dir nach
wie einer Frau, die man nie erobert, nie bekommen hat.

RICARDA Was gibt's noch?
Warum zwingst du mich?
Was habe ich dir getan?
Wie halt ich das aus?
Was kommt da auf mich zu?
Wann gibst du auf?
Wie krank bist du?
Wann gehst du fort von hier?
Wie soll ich dich anreden?
Was kann ich dafür?
Was wird aus mir, was wirst du tun?
Warum so spät und war das alles?
Warum fragst du? Wie war das?!
Hast du den Verstand verloren?

Was meinst, was willst du?
Warum? Wer? Wann?
Wieso ich? Ich?
Ich? … Ich?

Warum weinst du?
Weinst du?
Warum weinst du nicht?

Die Motte

Offene Bühne wie in »Die Namen«. Zwei Männer auf zwei Stühlen: Dr. Mauthner (C) fühlt Herrn Jelke den Puls.

HERR JELKE Sie sind maulfaul, immer noch so maulfaul. Sie arbeiten nicht an Ihrem Verhalten, Dr. Mauthner. Sie geben immer die gleiche Antwort: »Nehmen Sie ein gefäßerweiterndes Mittel.« Sie tragen eine dunkel getönte Brille. Ein Arzt, der sich nicht ausdrücken mag oder kann, der seinen Patienten nicht in die Augen blicken mag oder kann, ist doch kein Medizinmann, keine Autorität. Und trotzdem küssen Ihnen alte Leute, vor allem Rußlanddeutsche, manchmal die Hände, wenn Sie Ihren unvergleichlichen Rat erteilen: »Nehmen Sie ein gefäßerweiterndes Mittel.«

DR. MAUTHNER (C) Seit wann haben Sie die Schmerzen?

HERR JELKE Seit etwa zwei Jahren.

DR. MAUTHNER (C) Sind sie nachts stärker als am Tag?

HERR JELKE Ja, nachts, vor allem nachts. Ich finde keinen Schlaf.

DR. MAUTHNER (C) Haben Sie Schmerzen beim Wasserlassen?

HERR JELKE Nein. Ich habe Angst vor einer Operation.

DR. MAUTHNER (C) Ich kann Sie nicht untersuchen. Sie sehen nicht krank aus. Was soll ich sagen? Sie verstehen, es ist sehr schwierig, etwas Abschließendes zu sagen, ohne Praxis, ohne Labor. Nehmen Sie ein Schmerzmittel. Ein leichtes. Dolorsit. Es ist frei verkäuflich.

HERR JELKE Ich weiß, daß etwas da ist. Es ist in mir. Es hat Besitz ergriffen von mir.

DR. MAUTHNER (C) Wann hatten Sie Ihre letzte Untersuchung?

HERR JELKE Vor einem halben Jahr. Aber mein Arzt findet nie etwas.

DR. MAUTHNER (C) Ich würde gerne, wissen Sie, ich würde Ihnen gerne sagen, gehen Sie nach Hause, machen Sie sich keine Sorgen. Aber ich müßte vorher alles ausgeschlossen haben, was möglicherweise auf einen Befund, auf einen Krankheitsbefund, Sie wissen schon. Ich kann Ihnen hier nicht helfen.

HERR JELKE Um die Wahrheit zu sagen: es ist mir nicht gelungen, eine Woche ohne Untersuchung auszuhalten.

DR. MAUTHNER (C) Ah, das ist also die Wahrheit … Dann gestehe ich Ihnen jetzt, was mir fehlt. Die Liebe zum Leben, die große Passion, wie Sauerbruch oder Albert Schweitzer sie besaßen … die Kraft, die zur einzigen Kraft des Lebens werden will, die Kraft der Barmherzigkeit. Sie fehlt mir als Arzt.

HERR JELKE Nun hören Sie mich! …

DR. MAUTHNER (C) Nehmen Sie es mir nicht übel, aber ich muß noch etwas sagen … Sehen Sie, es kommt an mir überall der T y p u s zum Vorschein! Der Typus quillt hervor an den Wangenknochen, an den Ellbogen, den Knien, sogar am Geschlecht … I c h – man sagt doch: i c h bin ein betrogener Ehemann. Aber was bildet sich in mir, was wuchert und drückt sich hervor? Der T y p u s, der uralte, nicht zu bändigende, überall durchdringende, alle Zeiten, geschichtliche Räume, Völker und Rassen durchdringende T y p u s des betrogenen, gehörnten, des einsamen Mannes. Ich bewege mich nicht mehr, wie i c h mich bewegen möchte. Die Knie, so sehen Sie doch: typisch! … Ich spreche nicht mehr, wie ich sprechen möchte. Sie haben zweifellos jedes Wort schon gehört, jede Silbe kommt Ihnen bekannt vor, denn es ist ja: der Typus, der spricht … Ich denke noch, mit dem kleinen Rest, der mir als Individuum zum persönlichen Nachdenken verblieben ist, denke ich nach über den T y p o c i d. Mord und Sturz dem Typ. Ich muß den Typus, der mich prägt und prägt und bald nichts mehr von mir übrigläßt, wenn ich nicht schnell laufe, renne, denn das ist dem Typus fremd: Rennen, Eilen etc. … ich muß ihn zur Strecke bringen, um als Betrogener ich selbst zu sein, um wirklich leben, persönlich überleben zu können, und zwar so, wie i c h es will und nicht mein Typus es mir auferlegt!

HERR JELKE Bleiben Sie! Jetzt ich. Einen Augenblick noch … Es ist alles dabei zu verkommen. Vielleicht verkomme ich selbst zuerst und am raschesten. Die Briefe werden nicht mehr beantwortet, es fehlt mir die Energie. Einen Brief zu beantworten heißt einen Felsbrocken von der Tür schieben. Unter Kontakt stelle ich mir etwas abgründig Zweideutiges vor. Irgend etwas zwischen Gleitflüssigkeit und Seelenschmiere. Die

Platte, Schubert, Trio op. 100, die ich vor einem halben Jahr hörte, liegt noch immer auf dem Plattenteller. Ja, Plattenteller. Ich habe noch einen alten Zehnplattenwechsler. Ich besitze keinen CD-Player. Ich kann mich nicht entschließen, einen CD-Player zu kaufen. Ich kann mich überhaupt nicht mehr zum Kaufen entschließen. Gegen das Kaufen von allem und jedem gibt es eine innere Sperre. Und die wird immer stärker, die Verriegelung. Was soll man machen: ich kann schließlich nicht zum Psychologen gehen, damit er mir das Kaufen wieder beibringt. Abgesehen davon, müßte ich auch den erst wieder kaufen, und das bringe ich eben nicht über mich. Den schon gar nicht. Dann schon eher ein halbes Pfund Butter. Aber ich esse meinen trockenen Zwieback. Ich habe seit eh und je große Mengen trockenen Zwieback im Haus gehabt. Die Getreide-motten, wie ich sie nenne, haben meine Bestände heimgesucht. Sie fliegen ein und aus in meinem Zwieback, und manchmal entwischen sie im letzten Moment aus meinem Mund. Ihre Eier esse ich gerne mit, sie lagern in den Poren des Zwiebacks. Ich verstehe, daß man lebt. Ich verstehe das Leben in gewissem Umfang. Es umgibt mich auch jetzt noch mehr Lebendiges als Totes, die Motten, die Würmer, die Bakterien, die ganze wun-derbare Fauna der Zersetzung. Nur eines verstehe ich nicht: die Lebenszeit. Die Frist. Ich verstehe das nicht, aber ich hab's im Blut. Die Motte, der Wurm, die Schabe: keine Ahnung ha-ben die von ihrer Frist. Ich habe das Gefühl, ich bin hier das einzige Lebewesen, das sich sagen muß: das war's nicht. Das war's nicht, was du dir unter dem Leben vorgestellt hast. Da-mals, als es recht vielversprechend begann. Mit acht, mit drei-zehn und auch noch mit einundzwanzig. Jetzt siehst du, ohne daß es dich direkt angreift, jetzt spürst du: es nimmt ab, das gute Leben. Es hat nichts gebracht. Und das verstehe ich eben nicht, daß ein lebendiges Wesen eine solch unaussprechliche Lebensverminderung empfinden kann, daß es davon sogar eine zutreffende Empfindung, nicht eine, der es bloß aufsitzt, sondern eine rundum unbestreitbar richtige Empfindung be-sitzt. Die sind eben miteinander im Bunde: der Tod und das Todesgefühl und die Liebe zum Leben. Das bringen Sie mal einer Motte bei! Die würde Sie auslachen. Die hätte nicht das geringste Gespür für Ihre Nöte. Es ist Schluß, vorbei, aus ist's ... Ich habe damit nichts zu tun, das ist typischer Menschenschwachsinn: das Ende noch nicht einmal zu spüren, letztlich nicht einmal daran zu glauben, und es dennoch zu fürchten, das Ende. Das ist euer Ende, und davon kommt alles, was euch das Leben sauer macht. Das macht alles in eurem Leben so tödlich vorläufig. Warum sollen wir die Motte nicht einmal ganz nach ihrer Überzeugung sprechen lassen? So eine Motte stirbt, aber das kümmert sie nicht bis zu dem Augenblick, da sie in den Todeskampf eintritt. Dann allerdings – wir werden uns ewig fragen: ob es nicht ein Endentsetzen gibt, selbst bei der primitivsten Kreatur, ein Entsetzen im Augenblick des Endes, an das sie nicht dachte, eben nie denken k o n n t e, und gerade deswegen kommt es, ein Entsetzen im allerletzten Augenblick, so unvergleichlich gewaltiger über das Tier als je über einen Menschen, der schon mal daran denken konnte, es wenigstens k o n n t e ...

Die Hände

Stuhlreihe mit Ricarda im ärmellosen Kleid. Arme über den Kopf gehoben, Hände auf dem Scheitel verschränkt. Aus der Rückwand umfassen sie Hände. Die Hände eines jungen Mädchens halten ihr die Augen zu. Die Hände eines Mannes umfassen ihre Brüste. Die Hände einer Greisin liegen lose gefaltet in ihrem Schoß.

RICARDA Herr Jelke, Pförtner und Hobbyastronom, war der Glückliche, der zufällig vom Dach des Bankhauses, dessen Tür er bewachte und wo er mit Einverständnis der Geschäftsleitung ein extrem tüchtiges Teleskop hatte aufbauen dürfen, als e r s t e r einen unbekannten Pulsar, im Sternbild des Herkules entdeckte! Und danach nichts mehr. Er wurde auf die Dauer von Monaten in Monatszeitschriften berühmt. Aber er blieb der Entdecker des Pulsars, und der blieb oben am Himmel und hieß wie er. Ein Mann, der in den Himmel eingegangen ist, zieht die Frauen an, mag er auf Erden auch noch so wenig von sich hermachen. So kam ich als blutjunges Mädchen zu dem Pförtner. Ich wollte den Mann, der ein Stern ist (wenn es auch nur ein Pulsar war ...). Und der Stern hat uns beide verrückt nacheinander gemacht. Heute habe ich ihn gänzlich übernommen. Ich habe ihn ... ausgeschlürft ... Einmal, in der Nacht, hat er sich umgedreht und »Dasein ...« gemurmelt, andere Seite. Schon hatte ich ihn.
Sie spricht mit der Stimme des Mädchens.
Er sagte, er wolle nur das Abrutschen eines Trägers von meiner braunen Schulter sehen. Diese alte Sehnsucht nach der helleren, der weißen Haut der Brüste. Aber ich kam vom Meer, ein Mädchen mit Hund, und ich hatte nackt in der Sonne gelegen. Wie alle anderen.
Sie spricht mit der Stimme der Greisin.
Ist es schon zu spät für einen Tee? Ist es Tag, ist es Nacht? Ist es vorbei? Und wenn es ihn gibt? Luzifer? Der ewig murmelt, weil er Unendliches zählen muß. Die Tränen, die Seelen, die Sandkörner, die Keimzellen, die Lettern ...

Mit der Stimme des Mannes.
Samstagnacht. Die Milchstraße rast mit einer Geschwindigkeit von 600 Kilometern pro Sekunde relativ zum kosmischen Hintergrund auf einen 150 Millionen Lichtjahre entfernten Superhaufen von Galaxien, den Hydracentaurus zu ... Ich lüge, ich merke, wie's mich zur Lüge treibt ... Die Dinge, die Dingworte ... unaufhaltsam entziehn sie sich ... Wenn i c h ein Ding nenne, so wird es zum Unding. Die Welt kreist aus mir heraus in immer engeren Drehungen ... wie der Fluß schneller strömt vor dem Katarakt, wie die Tage kürzer werden vor dem Jahresende, wie das spätere Leben zum Tode hin zu fliehen scheint, wie die Mücke wirbelt im abfließenden Spülwasser, so drehen sich die Wörter immer schneller im Sog des Jahrtausend- Ausgusses.

Mit ihrer natürlichen Stimme.
Ich sah es kommen, sah wie an seinem Leib das Beinerne und Steißige hervortrat, der Steiß ... die Spuren der Dürre, der Zug des Sickerns, die eingefallenen Muskeln. Auskolkung. Und Eintrübung, wie wenn der Schlamm vom Grab, wenn Erde einspült langsam in das helle Auge.

Mit der Stimme des Mädchens.
Ich zog mich immer schön an, wenn ich zu ihm ging. Manchmal rollte ich mich in einen Teppich ein, damit er mich nicht schlagen und verletzen konnte ...
Einmal sprach er davon, daß ihn sein Stern zerfleische. Nacht für Nacht ruhte ich neben diesem Mann, der von unaussprechlichem Grauen ergriffen war. Er, dem die Haare zu Berge standen, und ich, die das gekräuselte Lockenhaar löste und auf das Kissen breitete, träg und geduldig. Mit weißen Brüsten lag ich da, gestrandet am Ufer eines Entsetzten, der von meinem jungen Leib nur die Hand, nur die ihn haltende Hand gebrauchte.

Mit der Stimme der Greisin.
Ich barg sein verstummtes Gesicht in meinen Händen, ein beinah kieferloses Gesicht, Nas auf Oberlippe, kurzes burschenhaftes Haar, ein zusammengestürztes Gesicht, Zwetschge der Untröstlichkeit. Diese Schrumpelköpfe mit den faustgroßen Visagen gehören Greiskindmenschen. Das war mein Herr Jelke ... Es gibt etwas, das mir sehr mißfallen hat an ihm. Aber darüber weiter kein Wort.

Der Pulsar

Im Jahr 1967 entdeckte Jocelyn Bell ein kurzperiodisches und extrem gleichförmiges Radiosignal, das man zuerst für ein Lebenszeichen von Außerirdischen hielt. Bald aber stellte sich diese Hypothese als irrtümlich heraus, und man nannte diese Quelle »Pulsar« für Pulsating Stars, pulsierende Sterne. So ein Pulsar sendet zwei Lichtbündel aus, eines am magnetischen Nord- und eines am Südpol. Diese Lichtbündel drehen sich mit dem Stern. Liegt die Erde in einem dieser Lichtkegel, können wir den Lichtblitz empfangen. So gesehen, ähnelt der Pulsar einem Leuchtturm.

Herrn Jelkes Bett unter einem kleinen geöffneten Fenster in der halben Höhe der Rückwand, wehender Vorhang.

RICARDA *erscheint im kleinen Fenster* Guten Tag, Herr Jelke. Ich bin Ricarda, dein Geschöpf.
Hörst du mich? Wie geht es dir?
Was machst du? Versunken sitzt du auf deinem Bett.
Sag mir, ob meine Stimme noch so tief hinabreicht?
HERR JELKE Ich höre dich, Ricarda. Ich erinnere mich. Wann mag es gewesen sein, als du zu mir kamst und sagtest »Guten Tag, Herr Jelke«? Damals, in den kalten Morgenstunden.
RICARDA *betritt den Raum* Gerade eben habe ich es gesagt. Und vor vielen Jahren bin ich zum ersten Mal durch diese Tür hereingekommen. Hier fing alles an.
HERR JELKE Es wird alles noch einmal wunderbar. Kurz vor dem Abschied. Kurz vor dem Ende. Die Menschen sehen einander so ähnlich. Ich weiß, daß du es bist, daß es keine andere ist. Aber die unendliche Mühe, die es mich kostet, die Herde der Merkmale abzuzählen, daß du es seist, daß du dich unterscheidest von der großen Einöde, die ich bin ... Meine Schülerin! Meine Ausgeburt. Wir wollen uns lieben, Ricarda. Draußen geht ein starker Wind.

Ricarda Als ich dich zum ersten Mal besuchte, dachte ich: Dieser Mann wird dein Freund sein. Ein Alter, der nicht alt ist, auf dessen Gesicht immer ein Schimmer von Kindheit liegt, einer Kindheit, die nie ruhte, die er besessen wieder und wieder erlebt. Ich bin gekommen, um dir zu sagen –

Herr Jelke Ricarda! Ich habe einen großen Augenblick in meinem Leben erreicht: ich habe aufgehört zu denken. Ich habe alle Gedanken nach Hause geschickt. Zurück zu ihrer Quelle. Zu Buddha, zu Platon, zu Kopernikus, Kepler und Leibniz. Das Problem ist gelöst? O ja, es schwimmt, es zerfällt in einer grauen Kochsalzlösung ... Erhebliches Kopfzerbrechen bereitet mir ... ha! Erhebliches Kopfzerbrechen! Vorbei das! Welch ein Glück! Keine Details mehr, keine Beweise, keine Hypothesen! ... Ich war schon so zerstreut, daß ich neben der Toilette in die Garderobe trat und in meine Schuhe pinkelte.

Ricarda Und jetzt? Was machst du?

Herr Jelke Kleine Besorgungen. Welche Freude, einen Kamm zu reinigen, eine Blume zu gießen, sich zehnmal am Tag die Hände zu waschen, einen Türklinkenstift zu erneuern. Ah, die kleinen Besorgungen! Wie freut man sich, lauter kleine Defekte beheben zu können! Morgens aufzustehen, nur um eine Batterie im Wecker zu wechseln, welche Erlösung!

Ricarda Du hast mitsamt den Büchern wochenlang deine schmutzige Wäsche unters Bett geschoben ...

Sie zieht unter dem Bett den nackten Arm, dann die ganze Person eines jungen Straßenmädchens hervor.

Herr Jelke Die Ordnung, die Unordnung ... was sind sie? Niemand, der sich der einen, aber nicht der anderen zuwendet, wird eine von beiden verstehen ...

Ricarda Zieht euch an. Das sind gleich zwei. Zwei von der Straße. Ist dir jetzt alles egal?

Herr Jelke Diese Träumerinnen unter dem Bett! Auch sie gilt es um Auskunft zu fragen, um Auskunft.

Ricarda Verschwindet, ihr Schicksen! Vorwärts! Raus! Na, wird's bald?! Haut ab!

Herr Jelke Das Glied spüren. Die Rute. Geht nicht mehr von selbst. Man muß drum kämpfen. Es zeigt starke Tendenz zu verschwinden. Atrophisches Anhängsel zu werden. Warum? Es darf mich doch nicht verlassen! Ich habe mich i h m immer unterworfen – mein Lebtag bin ich seinen Befehlen gefolgt. Warum gehorcht es jetzt nicht m i r ? Es war meine Antenne für Mensch und Gott. Wenn es ausfällt, wenn es reglos bleibt, was werde ich dann noch vernehmen? ... Wer die Strafe kennt, den »Atropheus«, Satan dritten Grades, der weiß, wovon ich spreche.

RICARDA Ich bin gekommen, um dir zu sagen: Ich werde dich nicht mehr besuchen, Herr Jelke. Ich fange beruflich noch einmal von vorne an. Du mußt meine Nummer aus deinem Notizbuch streichen. Ich höre ganz auf mit den Besuchen. Herr Jelke.

HERR JELKE So ist es nun. Zwei Mädchen wie alle anderen. Nur das Abrutschen eines Trägers von einer braunen Schulter wollte ich sehen. Und dann diese alte Sehnsucht nach der helleren, der weißen Haut der Brüste. Aber sie kamen vom Meer, zwei Mädchen mit Hund, und sie hatten nackt in der Sonne gelegen. Wie alle anderen.

RICARDA Leb wohl, Herr Jelke. Dies ist ein trauriger Abschied.

HERR JELKE Vergiß nicht, meine kleine Ricarda: der ganze Kosmos, die Schöpfung selbst, wir alle stecken in der Haut einer einzigen Träne Gottes.

Ist es schon zu spät für einen Tee? Ist es Tag, ist es Nacht? Ist es vorbei? Und wenn es ihn gibt? Ewig murmelt, Unendliches zählend, Luzifer. Die Tränen, die Seele, die Sandkörner, die Spermien, die Lettern.

Trauergemeinde

Kreuzgang in einem Konvent. Leise Orgelmusik. Im Durchgang zur Kapelle ein kleiner Pulk Trauergäste, die der überfüllte Andachtsraum nicht faßt.

Ricarda, schwarzes Kostüm, kleine Toque mit halbem Schleier auf dem Kopf, dreht sich in diesem Pulk auf dem Absatz herum und blickt dem hinter ihr stehenden Mann (C) ins Gesicht. Er wendet sich zur Seite. Sie geht an ihm vorbei, stellt sich außerhalb des Pulks an die Klostermauer. Sie kramt in ihrer kleinen Handtasche, ohne ihr etwas zu entnehmen. Der Mann (E), der ihr zunächst steht, löst die vorm Geschlecht gefalteten Hände, die Rechte greift Ricarda um den Hals, er versucht sie an sich bzw. in den Pulk zurückzuziehen, ohne dabei seine Haltung zu ändern, so wie man einen störrisch-gekränkten Menschen zur Versöhnung an sich zieht. Sie aber versteift ihren Nacken, sie widersteht, ohne ihre Haltung zu ändern, und läßt sich nicht von der Stelle bewegen. Er macht einen Schritt auf sie zu, löst den Griff und flüstert ...

(E) Komm zurück. Ich werde es dir noch einmal erklären.

RICARDA Du willst dich wiederholen?

(E) Was sonst? Wir fangen nach der Beerdigung wieder dort an, wo wir vor der Beerdigung aufgehört haben. Komm zurück.

Sie lehnt ab mit einem unwilligen, schnellen Kopfschütteln und geht ein paar Schritte an der Klostermauer entlang.

Ein Mann verläßt die Kapelle und zwängt sich durch den Pulk vor dem Eingang. Endlich draußen und frei stehend, glättet er mit flachen Händen das Gesicht, streift sich mit zehn gespreizten Fingern durch die Haare, löst seinen Gürtel unter dem Jackett ein wenig, er glaubt sich unbeobachtet. Dann erst bemerkt er die etwas abseits stehende Ricarda, die wieder in ihrer Handtasche kramt, ohne etwas zu finden, vielleicht ohne zu suchen. Er geht zu ihr und lehnt sich neben ihr an die Mauer.

LUKAS Ich bin nur gekommen, um ein wenig Luft zu schnappen. Es ist nicht auszuhalten da drin, so viele Menschen in dem engen Raum. Ich bin ein Schulfreund des Verstorbenen. Ich bin noch einer von der ersten Runde. Lukas, das Brezelchen. So genannt, weil mir die Pickel im Gesicht standen wie Salzkörner auf einer Brezel. Gott, so alt sind wir ja alle noch nicht. Das hat mich ziemlich mitgenommen, da drin. Man wirft doch einen Blick ins Unabänderliche an einem solchen Morgen. Standen Sie in engerer Beziehung zu dem Verstorbenen?

RICARDA Ja.

LUKAS Entschuldigen Sie. Ich wollte Ihre Gefühle nicht verletzen.

Er steckt sich eine Zigarette in den Mund.

RICARDA Rauchen Sie hier nicht.

LUKAS Ich bin extra zum Rauchen herausgekommen. Ich muß jetzt rauchen.

RICARDA Sie sagten, Sie seien zum Luftschnappen herausgekommen.
Wenn Sie jetzt rauchen, schreie ich Sie an. Ich brülle ohne Rücksicht auf die Trauerfeier.

LUKAS Kommen Sie. Gehen wir zwei Schritte weiter.

RICARDA Hier wird nicht geraucht. Im ganzen Klostergebäude wird nicht geraucht. Schon gar nicht in meiner Gegenwart.

LUKAS Ich will versuchen, um Verständnis für mich zu werben. Ich sagte Ihnen, es hat mich ziemlich mitgenommen, der Tod meines Schulfreunds läßt mich nervlich angegriffen zurück. Ich selber habe Frau und Kinder, der Junge zwölf, das Mädchen sieben. Ich bin im Handel tätig und reise viel nach Übersee.
Ich hätte heute ebensogut Gegenstand einer Bestattung sein können. Warum nicht? Ich bin sein bester Kamerad gewesen, ich sagte es Ihnen, es kommt auch gar nicht darauf an, Herr Jelke und ich haben zusammen die Schulbank gedrückt, das genügt wohl. Ich denke doch, Sie sehen es mir an, daß ich Ihnen nichts vormache. Dies zum einen. Zum anderen bin ich Raucher. Ich rauche übrigens, seitdem ich mit dem Verstorbenen heimlich Zigaretten tauschte auf dem Schülerklo.

RICARDA Ich darf daran erinnern, daß der Verstorbene, solange ich ihn kannte, kein Raucher war.

LUKAS Das ist seine Sache, wenn er's aufgibt, das war seine Sache. So wie es meine Sache ist, zu rauchen –

RICARDA Ihre Sache ist es, hier nicht zu rauchen.

LUKAS Sehen Sie, ich befinde mich in einer seelisch beschwerten
Lage. Ich bin bedrückt, traurig, belastet. Gleichzeitig bin ich
Gewohnheitsraucher. Ich greife in solchen Fällen zur Zigarette. Wollen Sie es einem aufrichtig trauernden Menschen ver-
argen, sich diese kleine Erleichterung zu verschaffen? Wollen
Sie meiner Trauer, nur weil ich rauche, und ich werde rauchen,
daran führt nichts vorbei, mit Ihrer selbstgerechten Empfind-
lichkeit einen unnötigen Ärger beimischen? Ja, wollen Sie
wirklich mit lauten Worten protestieren und seine Angehöri-
gen aus der Andacht reißen und in ihrer Pietät stören: wollen
Sie am Ende einen Kubikmillimeter Zigarettenqualm in der
Luft für wichtiger nehmen als den Respekt vor dem Toten, vor
der Stunde des Gedenkens, der stillen Erinnerung?

RICARDA Sie hätten die Predigt halten sollen. Sie haben den richtigen Bibber in der Stimme.

LUKAS Ich bin nichts als ein Mann in mittleren Jahren, ein Mann,
der traurig ist und der auch in der allertraurigsten Stunde seines Lebens ganz zweifellos zu einer Zigarette greifen wird.

*Sie stellt sich, den Ellbogen an die Mauer gestützt, so vor ihn,
daß sie die Gruppe der Männer in ihrem Rücken abdeckt. Mit
der einen Hand faßt sie ihr Hütchen, drückt es auf den Kopf,
einzig um der hübschen Haltung willen, denn es weht kein
Wind, die andere legt sie an ihre Taille.*

RICARDA Betrachten Sie hinter mir die Männer. Fällt Ihnen etwas auf? Das sind meine Leute. Das ist mein Zuhause, mein
Staat, mein Leben. Ich nehme an, Sie kennen den Aufbau der
glücklichen Beziehungen, die schon im alten Rom der Frau
von Stand ein erfülltes Liebesleben garantierten. Da gab es,
versteht sich, den Ehemann, einen angesehenen Juristen,
Staatsdiener, Verwaltungsbeamten, damals wie heute. Des weiteren gab es einen Mann, der den festen Posten des Liebhabers
A versah. Dann der dritte, etwas jünger, doch kein Jüngling
mehr, der als erster Anwärter auf den festen Posten des Liebhabers galt. Der vierte ein Eunuch, ein Homosexueller, Bera-
ter in allen heiklen Fragen, ein guter Freund für den Ausgang,
ein schöngeistiges Hündchen. Der fünfte schließlich war das

Spielpferd, wie man sagt. Ein einfacher Bursche für leere Abende, für akute Schwächeanfälle.

Jetzt mustern Sie die Männer in meinem Rücken unauffällig und bestimmen ihre Rolle. Der mit dem Schnauzbart –

Lukas Ihr Mann.

Ricarda Der mit dem mit gelichteten Stirnhaar –

Lukas Der Anwärter.

Ricarda Unverkennbar. Der mit dem Goldkettchen –

Lukas Klar.

Ricarda Und der Jüngste, wie man sieht, das Spielpferd.

Lukas Einer fehlt.

Ricarda Einer fehlt. Wir tragen ihn zu Grabe.

Lukas Der Liebhaber? Die Stelle A? Unser Herr Jelke? Der feste Posten?

Ricarda Ja, mein Herr. Acht Jahre lang. Acht glückliche, ausgelassene Jahre. Was, glauben Sie, läßt einen angegriffener zurück, acht Jahre gemeinsame Schulbank oder acht Jahre gemeinsames Bett? Nun also. Jetzt wissen Sie, daß die wahre Leidtragende dem Sarg nicht unbedingt am nächsten steht. Was wird aus mir und meinen Leuten? Alle waren, wie sie sind, erträglich nur durch den einen Mann an fester Stelle. Sein plötzliches Hinscheiden bringt alle Ordnung, alle Kunst in meinem Liebesleben in Gefahr.

Lukas Offen gestanden, ich hätte nie geglaubt, daß unser Jelke … Als junger Mensch ging er nur gerade Wege. Er führte selber eine gute Ehe, wie mir schien. Annkattrin, die Frau an seiner Seite … Ich kannte ihn natürlich nicht mehr so gut wie früher. Als Schüler hatten wir eine Zeitlang dieselbe Freundin. Aber das? Das nein. Nicht mal das Spielpferd, wie Sie es nennen, wäre für uns damals, uns junge Kerle, in Frage gekommen, auch nicht für ein Bündel blauer Scheine.

Ricarda Möchten Sie mich beleidigen? Ihr Staunen und Ihr Stirngerunzel werden merklich gröber … Die Liebe beginnt mit einer stummen Frage: Sagst du ja oder nein zu mir? Ein Augenaufschlag macht den Anfang. Die Freiheit des anderen beschränkt sich darauf, daß er die Wahl hat, entweder einzuwilligen oder abzulehnen. Ja oder nein? Überlegen Sie einmal, wann Sie in Ihrem Leben einwilligten und wann Sie ablehnten?

LUKAS Ich willigte öfter ein, als daß ich ablehnte.

RICARDA Als nächstes überlegen Sie gewissenhaft, Lukas, ob die vakante Stelle in meinem Aufbau für Sie in Frage käme, ob so etwas Sie interessieren könnte? Und geben Sie mir am Ende der Trauerfeier Bescheid.

Sie geht zu ihren Leuten zurück. Lukas blickt ihr nach. Nach kurzem Bedenken steckt er die Zigarette zurück in die Schachtel.

Der Fernruf

Offene Bühne. Tisch mit Telefon. Ricarda und Lukas.
Im Hintergrund drei männliche Randfiguren auf Stühlen.

LUKAS Du mußt nicht so tun, als könnten wir es uns nicht lei-
sten, in der ersten Klasse zu fliegen.
Du mußt etwas in dir lockern. Du mußt Vertrauen zum Geld-
ausgeben gewinnen.
Du mußt mehr Geld ausgeben, Ricke.
Du wechselst deine Wäsche nicht häufig genug.

RICARDA Ich bin von Natur aus sparsam, Lukas.

LUKAS Das stimmt nicht. Als wir uns kennenlernten, konntest
du nicht genug Geld ausgeben. Du hast dir mehr geleistet, als
wir uns damals leisten konnten. Heute, wo genug Geld vorhanden ist, hältst du es krampfhaft zurück.

RICARDA Ich habe keine Lust, Geld auszugeben. Es ekelt mich.

LUKAS Siehst du. Es ekelt dich.

RICARDA Ja. Es macht mich klein. Es macht mich unbedeutend.
Es läßt mich schrumpfen. Es macht mich alt.

LUKAS Das Geldausgeben? Eine gewisse Großzügigkeit, übrigens auch dem Personal gegenüber, macht den Menschen ge-
schmeidiger, macht ihn menschlicher. Man kann dabei Gelassenheit gewinnen. Gleichmut, Offenheit.

RICARDA Du hast zum Beispiel eine schöne große Handschrift,
Lukas, und ich habe eine knausrig klitzekleine. Ich kann dir
nicht sagen, wie wir uns in fast allem unterscheiden. Ich kann
dir nicht sagen, wie tief mir diese Zufriedenheit, dieses Es-
sich-leisten-Können zuwider ist. Es ist mir von Grund auf zuwider: dieses Tauschen und Wechseln, dieses Vonsichgeben
und Abfließenlassen. Dieses Verschütten letztlich.

LUKAS Die Milch in einer schöngeformten Kanne auf den
Tisch stellen, sicherlich, die Milch vorsichtig ausgießen, damit nichts verschüttet wird, aber doch: ausgießen, Ricke,
ausgießen!

RICARDA Die Vergleiche, die Vergleiche mit Geld hinken alle.

Man kann es aufheben bis später, wenn es einen nicht mehr so ekelt, es auszugeben.

LUKAS Sollen wir solange leben wie die Bedürftigen?

RICARDA Die Bedürftigen sind ein falsches Beispiel.

Sie geben alles restlos aus, was sie bekommen.

Um schnell wieder Bedürftige zu sein.

Das ist eben im Himmel alles ganz anders, Lukas.

LUKAS Willst du bis dahin in Lumpen gehen?!

RICARDA Lumpen trage ich nicht.

Ich trage meine Kleider auf. Ich kaufe nichts Neues mehr.

LUKAS Es ist manchmal, entschuldige, es ist manchmal auch eine Geruchsfrage.

RICARDA Ach? Ich rieche? Na dann. Dann rieche ich eben.

LUKAS Du meinst, du kannst es dir leisten …

RICARDA Gott, hilf meinem störrischen Mann, daß er mich sieht, wie ich bin! Daß er mir ins Gesicht blickt und mir nicht am Nacken schnüffelt. Und hilf ihm, sein Geld nicht abfließen zu lassen, als könnten wir jemals inmitten der Dinge, für die man bezahlen muß, jemals glücklich werden.

Das Telefon läutet. Lukas nimmt den Hörer ab.

LUKAS Für dich.

Sie wendet sich ab.

Du willst nicht?

Sie schüttelt den Kopf.

Du telefonierst nicht mehr?

Sie schüttelt den Kopf

Du telefonierst jetzt! Verstehst du mich?!

Ricarda! Wenn das der Weg ist, den du gehen willst, dann wirst du ihn alleine gehen.

(FM6) Und als sie sich sträubte, steif und wild sich sträubte zum Telefon zu gehen, wurde sie von zwei Männern gepackt, geschoben, gezerrt, geschleppt hin zum Telefon, und die Männer drückten ihr den Hörer ins Gesicht, als sie den Kopf verdrehte, wie man es tut, wenn man einem unerzogenen Kind den Löffel in den Mund zwingt. Sie zogen ihr den Kiefer auseinander, sie würgten den Hals, sie rissen den Kopf an den Haaren, bis sie endlich einen Schmerzlaut ausstieß.

TELEFON *Jenseitsstimme von Herrn Jelke* Du hebst nicht mehr ab, Ricarda?

RICARDA Herr Jelke …!

TELEFON Leg nicht auf, Ricarda.

RICARDA Wo … wo bist du?

TELEFON Ich spreche zu dir, Ricarda. Hörst du, was ich dir sage? Hörst du mir zu? Ich … ich schlafe nicht mehr. Ich sage dir die Wahrheit. Verstehst du mich? …Wann sehen wir uns?

Auf der Bettkante

Beim Auskleiden. Ricarda vor dem Toilettenspiegel. Lukas hinter ihr schlingt die Arme um ihren Körper. Sie küssen sich. Lukas löst sich und geht nebenan ins Badezimmer.

LUKAS Bis gleich.
RICARDA Ich warte.

Lichtwechsel. Ricarda erblickt im Toilettenspiegel neun Randfiguren auf den vier Kanten ihres Betts. Sie sprechen alle ein wenig monoton, und die meisten lassen den Kopf hängen.

– seltsam, wie wir weiterreden, als wäre nichts geschehen, halb im Dämmer, halb in Furcht, von Zeit zu Zeit die gleichen Sätze wiederholen, wie Gefangene in einem kindlichen Schloß, wo man die Tropfen fallen hört in der Zisterne

– wo man die Blutflecke, die ein erlegter Hirsch auf den Fliesen verlor, lange ahnungsvoll beschaut

– wo man die Stunden dumpf verbringt und Ausschau hält aus engen Türmen und mit Unbehagen vom Flug der Sperber spricht ...

– Wer?

(CHOR) Alle, die wir hier im Dunkeln sitzen.

– wer hätte gedacht, daß wir eines Tages wieder, wir wenige, zusammen in einem Haus sitzen würden

– wo nur noch wenige Regungen über Wohl und Wehe der Schar entscheiden und wo, nach dem Zusammenrücken, nur noch wenig Spielraum, wenig Bewegungsfreiheit für den einzelnen übrigbleibt

– wenn erst die Toten dazukommen, sich zwischen uns drängen

– schon mit schweren Morsezeichen unterbrechen sie uns, fallen uns ständig ins Wort

– consensus atque communio viventium ac defunctorum

– jeder Lebende amüsiert einen Haufen Toter. Er hat ihr Gelächter zu ertragen

– so geht es mir oft, daß ich in Gedanken an Jesus Christus versinke, sobald irgendwo durcheinandergeredet wird, und dann plötzlich auffahre, verwirrt, unbeteiligt bis ins Mark, antworte ich irgend etwas, das wahrhaftig nicht zur Sache gehört

– sie allein im neuen Stadthaus, bis unter den Giebel angefüllt mit Kunstschätzen, wenn er von unterwegs anruft, mehrmals am Tag, um sich nach ihrer Sicherheit zu erkundigen ... ihre Sicherheit! ... Die Alarmanlage wurde kürzlich auf den neuesten Stand gebracht. Dreimal die Nacht fährt ein Wachdienst vorbei, sie allein, nackt im Sommer, allein mit der Kunst, während ihr Mann sie in Belgien betrügt und fürchtet, daß sie eines Tages Feuer legt, sie selbst, ganz allein, nackt im Haus mit der vielen Kunst

– im Rohbau hat sie's schon versucht. Feuer zu legen. Das erste Mal im Rohbau. Dabei fürchtete sie als junges Mädchen immerzu, mit ihren Kleidern irgendwo Feuer zu fangen ...

– aber was, um Himmels willen, was bedeutet es, wenn Jesus Christus sagt: das Reich Gottes sei so winzig wie ein Senfkorn?!

Die Badezimmertür öffnet sich.
RICARDA Einen Augenblick noch, Liebling!
LUKAS Ricarda!
RICARDA Ich bin nicht ganz allein. Gedulde dich noch einen Augenblick
LUKAS Ricarda ...? Woher kommen diese vielen Leute!?
RICARDA Kein Licht, bitte! Gedulde dich ...
      Er tritt etwas später ein im Pyjama und setzt sich auf den letzten freien Platz auf der Bettkante

– auf wie viele einer verteilt und verstreut ist, wer weiß? Das geliebte Merkmal eines Freunds taucht plötzlich im Gesicht eines vorübergehenden Unbekannten auf

– du wirst es mir nicht übelnehmen, aber ich kann mich beim besten Willen nicht entsinnen, wer du in der Liebe warst. Ob da etwas unverwechselbar an dir war, etwas, das mir besonders gefiel … nur daß wir manchmal kaum hörbar geflüstert haben, zwischen den lauten mißverständlichen Worten immer wieder ein tonlose Flackern der Lippen, als säßen wir seit Jahrtausenden nebeneinander

– warum übernimmst du mich nicht? Lös mich auf und mische mich unter dein Blut. Es fällt mir schwer, von dir gesondert ich zu sagen. Das Sondern aller Blicke, Schritte, Adern fällt mir schwer …

– nach allem, was so gewesen ist … andere Epoche damals, mein Liebchen, morgens nackt im rosa Frotteemantel am Frühstückstisch, wir waren eigentlich schon immer ein wenig wohlhabend, trotzdem haben wir damals eine Menge Dreck zu uns genommen, Leberpaste aus Dosen und bulgarischen Rotwein, das schlimmste war der Reichtum, der ganze große Volksreichtum. Man kam dagegen nicht an, er kam einfach über uns. Er war allesfressend, wirklich und wahrhaftig: Mammon!
– es ist merkwürdig, Bambusstraße vier, was für eine Adresse, für uns alle! Da hockt sie immer noch, allein, vollkommen vereinsamt, die kleine Bekassine, die mit ihrem meckernden Gerede ganze Freundesketten sprengte, von allen verlassen, und wird nur noch, weil sie reich ist, von Therapeuten und Gymnasten besucht. Und trainiert ihre Durchtriebenheit … für niemanden mehr …

– früher hatten wir alle dieselbe Putzfrau. Heute hat jeder seine eigene. Kein Stäubchen, kein Gerüchtlein wird mehr von Haus zu Haus getragen

– Wer?

(Chor) Alle, die wir hier im Dunkeln sitzen.

– Wer?

– Töchter von kleinen Fabrikanten, die mit den Geschäftsfreunden des Herrn Papa ausgehen mußten, so war das doch, und sich den Arm bis zum Ellbogen mit übelriechenden Küssen bedecken ließen ...

Ricarda Aber Lukas, heute noch, alle drei Jahre ruft er mich an und will mich unbedingt wiedersehen, immer kurz vor einer Abreise, einem Urlaub, danach aber ganz bestimmt und unbedingt! Fest versprochen. Und dann hör ich nichts mehr von ihm die nächsten drei Jahre. Ist die Zeit gekommen, dann versucht er's wieder. Vielleicht tut er's nur, um sich zu vergewissern, daß wir alle noch da sind und daß er mit seiner Stimme immer noch bei mir landen kann. Da ich sicherlich nicht die einzige bin, bei der er sich, kurz vorm Vergessenwerden, in Erinnerung ruft.

Herr Jelke Lukas ... wer war das noch gleich?

Ricarda Lukas, das war bestenfalls ein Seufzer, der aus dem Dunkeln einer Nische kam, hinter geschlossenen Vorhängen ein hohes Ach! aus dem Bett. Kein Drama, kleine Flecke, Wische Licht, Zebralicht, das durch die Jalousien fiel ...

(3) Der Mann im Haus war bestenfalls eine Randfigur aus einem alten Stück von Ibsen ... eine Maske aus der Menge auf einem Gemälde von Ensor, die manchmal schlaflos durch die Zimmer irrte, ins Büro ging und Dutzende von Kuverts frankierte und Dutzende Bewerbungen verschickte.

Lukas Sie hat uns schon vor Jahren alle miteinander zur Hölle gewünscht. Ich kann mich erinnern, daß ich sie häufig stockbetrunken nach Hause fuhr. Ich höre sie noch im Vereinssaal toben und zetern.

Ricarda Man spricht über einen Dritten, und schon fällt einem der Dritte ins Wort.

Lukas Ich will wissen, was da drin steht, sagte sie und zerbrach eine Straßenvitrine, in der ein aufgeschlagenes Buch lag. Ich will wissen, was da drin geschieht, sagte sie und brach eine verriegelte Tür ein, hinter der gesungen wurde. Ich will wissen, was dahintersteckt, sagte sie und fragte einen harmlosen Satz, den jemand fallen ließ, zugrunde. Das war nicht Wißbegier, das war Schub, Trieb, Monstrosität. Diese Frau war eine Ramme. Sie riß die Schleier, brach die Siegel, stürzte die Wände, lüftete die Gräber.

HERR JELKE Irgend etwas war an dieser Person, irgend etwas an ihrer Gestalt vermochte, daß ich von Zeit zu Zeit das Gedächtnis für sie verlor. Während ich neben ihr schritt, während sie mich umgab und wir zusammenwaren, erkannte ich sie plötzlich nicht mehr. Mit einem einzigen Kuß war sie wieder die Unbekannte.

– Wer?

(CHOR) Alle, die wir hier im Dunkeln sitzen

– so daß sie am Ende mutterwindallein auf die Schwelle ihres finsteren Hauses trat, in die offene Tür, und ihr knöchellanges schwarzes Kleid raffte, es anhob an den Schenkeln, es rauschen ließ mit seinen Säumen, es hin und her wedelte wie eine Revuetänzerin, um den Staub von der Schwelle zu wehen, sie, bloß noch ein Schatten in der Tür

– eingepfercht im Haus allein, bis unter die Decke gefüllt mit stinkenden Abfällen, Stapeln toter Zeitungen, Verpackungen, Hülsen, Dosen, gesammelt, gepreßt, getürmt, mit schmalen eckigen Pfaden durchzogen, um ans Fenster zu gelangen, das zerschlagene, von Sperrmüll durchstoßen und mit einer trüben Folie abgedeckt, Draußenwelt nur ungefähr und wie durch grauen Star gesehen, wenngleich sie nach dem Lichtstand stündlich noch die Ecke wechselte, bis die Nacht zwischen die Berge des Unrats sank ... Wälle von Verwendetem – gegen wen? Ja, gegen den Kreislauf selbst, gegen den Stoff-Wechsel an sich. Fäulnisgestank gegen die unriechbaren Gifte der Luft, die Ausdünstungen der Menschen

Räumchens Stuhl

Geschlossener Raum mit einem großen Lehnstuhl, über dem eine altmodische Handtasche aus Krokodilleder hängt. Offener schmaler Durchgang zu einem Nebenraum.

RICARDA *im Nebenraum* Warten Sie! … Ich hole einen Stuhl … Sie sollen sich setzen. Sie sollen es bequem haben bei mir.
Sie betritt die Bühne und versucht den Lehnstuhl durch den offenen Durchgang zu schieben.
Nun zurück! Zurück durch die enge Pforte. Machen Sie sich's bequem – noch nicht bequem. Ich komme gleich, ich schaffe es. Laufen Sie mir ja nicht weg! Der Stuhl ist unterwegs. Ein alter Stuhl, ein Prachtstück aus der Belle Époque. Man kann ihn nur nicht falten. Hochkant! Los! Bin noch nicht e n d - g ü l t i g eingerichtet … Wie kommt der Stuhl, der durch diese Tür nicht paßt, in diesen Raum? Es sei denn, er stand schon vor den Mauern hier. Sie könnten sich bereits setzen, wenn Sie bereit wären, sich ein wenig auf der Schwelle, ein wenig hälftig, schräg, wie angedeutet, niederzulassen … Den Stuhl heben, kippen, wenden, neigen, ecken, winkeln, abwinkeln! Nichts. Nicht von oben, nicht von unten, nicht quer, nicht längs, nicht mittig, nicht seitlich, nicht füßig, nicht köpfig, nicht – der Raum gibt seinen Stuhl nicht frei. Ja, s e i n Stuhl, Räumchens Stuhl ist das. Er ist anscheinend hier zum Stuhl geworden, ge- zimmert, gepolstert und verschraubt, im ganzen hergestellt. Geboren in diesen Mauern. Stühlchens Raum. Ich versuche nichts weiter, als diesen klobigen Drecksstuhl mit Hilfe einer albernen Verniedlichungsfloskel durch diese verdammt enge Tür zu schieben. Zu drängeln, zwängen, bugsieren, listen und schlemihlisieren!

Im Nebenraum tritt Herr Jelke in einen Lichtkegel.

Ein Lichtspiel

Fortsetzung der Eingangsszene des Stücks.

(FM6) Wir fangen an, so über diesen Film zu sprechen, wie wir auch über jeden anderen der Filme sprechen, die wir gemeinsam Woche für Woche sehen. Ich dachte, daß sei nach diesem Film nicht mehr möglich. Es ist unerträglich, nach diesem Film so über ihn zu sprechen wie über jeden anderen.

(3) Das ist keine Position.

(FM6) Nein. Das ist keine Position, du hast recht.
Er tritt an die Rampe, spricht zerstreut mehr für sich als für das Publikum.
Ich weiß, daß es mich nicht gibt.

(3) *nimmt ihn bei den Schultern und dreht ihn zur Szene zurück*
Sie brauchen nicht gleich davonzulaufen, wenn ich Sie gedemütigt habe. Wir haben das Glück, es aushalten zu können.

(E) Was hat er denn gesagt? Er sagt doch: Jeder Mensch –

(4) Das sagt Buddi. Im Film. Oder Bolly.

(C) Borrill heißt er, der alte Schneider, der Antonios Hemden näht. Und er sagt nicht »jeder Mensch«, sondern er sagt: »Das Leben ist nur ein kurzer Regenschauer, man sollte in Ruhe abwarten, bis er vorbeigezogen ist.«

(FM6) Wohin führen Sie mich? Führen Sie mich aus meiner Verwirrung heraus!
Sie bleiben stehen; alle bleiben in sich versunken stehen.

(3) Ich soll Sie aus einer Verwirrung herausführen?
Ich soll Sie aus einer Verwirrung herausführen?
Selten etwas Unerfreulicheres, Achtloseres, Niedertrampelnderes gehört. Sind Sie dazu ein Mann geworden, um schließlich zu vergessen, was eine Frau für Sie bedeuten sollte? Nämlich Verwirrung, Verwirrung und nochmals Verwirrung. Verwirrung bis auf den Grund Ihrer krummen Füße.

RICARDA Herr Jelke, wir gehen einander verloren, wir lösen uns auf unter elf ähnlichen Menschen.

HERR JELKE Alles bleibt, wie es war.

RICARDA Nein –

(4) *setzt fort* Es bleibt m i r, was war. Ich gehöre dir nicht mehr.

Herr Jelke *korrigierend* »Ich gehöre nicht mehr zu dir.«

Annkattrin (2) Ich dachte noch, soll ich's ihm sagen, schön, daß es uns gegeben hat, aber dann, ich weiß nicht, war mir nicht danach. Ich fand auch, es fehlte zum Schluß etwas zwischen ihm und mir. Es fehlte ein Hauch von Spontaneität. Er hätte zum Schluß noch einen Schritt auf mich zu machen müssen. Dann ja, dann sicherlich.

(D) Steh nicht so da.

Ricarda Ich steh nicht da.

Herr Jelke Ich weiß.

(E) So wie sie dasteht, will ich sie nicht mehr.

(5) Aus dir spricht das einfache Böse: die Unlust.

Herr Jelke Ich wollte noch zu Segatti sagen –

(4) Ich find's wahnsinnig eng hier drin … ich find's wahnsinnig stickig.

(C) Nathalie stieg herab, überblendet mit dem Bild der kinderfressenden, heftig abbeißenden Zeit. Aufrecht und grausam stand sie am Kopf der Treppe, die große, die maßlose Frau. Ein Turm von Irrtümern. Von Hingabe und Unerfülltheit. Sie geriet außer sich. Ein Fluchen und Verrücktes geiferte aus ihrem Mund.

(4) Die Zeit frißt. Ich fresse nicht mehr. Ich habe alles verschlungen, was früher war … Beiläufig erwähne ich … beiläufig weise ich daraufhin … Lerna war ein Ort der sexuellen Zügellosigkeit. Theben war der Ort des Auges, der Sehtäuschung, der Voyeure.

(E) Ich dachte an die Nächte mit der großen Kollegin, die ich verehrte, lange Zeit, bevor ich sie eroberte, Nathalie, und es war mir zumute wie dem siegreichen Feldherrn, der die Herrin des geschlagenen Gegners in Besitz nimmt … Als es aber im Institut zur Abstimmung kam, ob man mir einen unbefristeten Lehrauftrag erteilen solle oder nicht, stimmte sie mit der Mehrheit gegen mich. Nur daß sie nicht als erste ihren Arm erhob. Das wäre immerhin ein Penthesileen-Gruß gewesen, eine Geste der Anführerschaft, der unbeugsamen, durch keinen Kuß geschwächten Vernichtungsfreude – doch sie hob ihn nur halb und nicht bevor sich eine deutliche Mehrheit für meine Niederlage abzeichnete …

(D) War sie noch immer die große Herabsteigende? Ich fand kaum mehr als ein kaltes Gefallen an ihr. Sie war sehr schön – mit dem einzigen Makel, daß sie sich selbst für sehr schön hielt. Sie pflegte sich nach einem wächsernen Bild, das sie von sich selber hatte, und es zeigte sich, daß sie überhaupt einen etwas sterilen Begriff von Schönheit besaß.

(FM6) Sieh da! Auch du liest die Zeitung, vertraust darauf, daß die Klospülung funktioniert und wechselst die staubigen Strümpfe …

(D) Wer hätte geglaubt, daß diese wunderbare Erscheinung, am Fuße der Treppe angelangt, sich bald als eine Besessene des Kreuzworträtsels und der Gesundheitswäsche entpuppte?

ANNKATTRIN (2) Erinnere dich, wie sie dahinschmilzt, Nina im Film, bei den Worten, mit denen er sie beschreibt, »dein Haar schwarz wie Rebenholz« …

(3) Darüber läßt sich weiter nichts sagen.

RICARDA Wie schön! Sag es noch genauer! Sag es mir noch viel, viel genauer!

(D) Du kannst mehr sehen. Du siehst nicht genug.
Ein Leben lang läßt sich das Sehen steigern. Wenn auch sonst alle Kräfte abnehmen.

RICARDA Auch wenn alle sagen, es ist nicht so schlimm, es gibt Schlimmeres, zum Beispiel weggehen, so sag ich, es ist ein Alptraum, wenn zwei Menschen untergehen in elfen. Verschwinden. Sich auflösen.

(3) Und wenn einmal sein Auge, sein kaltes liebendes Auge nicht mehr auf mir ruht, wenn ich auch das noch verliere, daß er mich sieht und sieht, wer ich bin …

(5) Es ist ja gerade die junge Geliebte, es ist Giorgina, die kleine Nutte mit dem Flammenschwert, die die beiden wieder zusammentreibt. Ihr werdet euch fügen, ruft sie, die Zarte, die Strenge. Ihr bleibt das Paar und das Paar bleibt heil! Und ihre Stimme erhebt sich von Befehl zu Befehl, bis die beiden wie Adam und Eva, geduckt, schamgebeugt, Hand in Hand wieder zurückkehren in ihre Stille.

(3) Da haben bloß die Kulissen gewechselt in unserem Rücken: Brände und kalte Mauern, Abfallberge, Huren und Rebellen, neue Geschwindigkeiten, neue Krankheiten, zerfallende

Reiche, Gärten und Nächte und eine wahre Sintflut von Bildern, von schönen, allzu schönen Bildern, und daraus entsteigt in aller Stille, in aller Strenge, in aller Liebe: dieser Film ...

(E) Was den Film von allen anderen heutigen Filmen unterscheidet, ist die ... die ...

ANNKATTRIN (2) Worauf alles am Ende hinausläuft, eine Art ... eine Art –

(5) Ich dachte immer, Sie wüßten es. Aber Sie wissen es auch nicht.

(FM6) Vielleicht ist es nicht viel mehr, als bloß die –

LUKAS *verwandelt; kahlköpfig; erhebt sich ein wenig von seinem Sofasitz*

Un-durch-sich-tig-keit!

... formulierte der gedrungene glatzköpfige Mann, hob fünf funkelnde Silben mit seiner rechten, kelchförmig geöffneten Hand in die Höhe und drehte die Hand, wie man eine Glühbirne ins Gewinde schraubt. Er hockte auf einem durchgesessenen Sofa und beugte sich zu seinen Knien so weit vor, wie es sein fülliger Leib erlaubte. Er hatte die ganze Zeit geschwiegen. Doch plötzlich war er vom Definitionsdrang ergriffen worden, erfüllt von einem Wort, das ihm das treffendste zu sein schien und nach dem, wie er glaubte, bisher alle anderen vergeblich suchten. Er hatte zuvor, um die Drehungen des Handgelenks rein und plastisch auszuführen, seine Zigarette auf den flachen Aschenbecher gelegt, den seine linke Hand auf der Sofalehne festhielt, denn er hatte viel und bedeutungsvoll geraucht während seines langen Schweigens. Es hatte ihn einigen Mut gekostet, das Wort hervorzubringen inmitten einer Gesellschaft von Kennern und Enthusiasten. Und nur, weil diese Pause entstanden war, dieses seltsame, durch alle Anwesenden strömende, zehnköpfige Innehalten, etwas wie das Spitzengekräusel auf dem Kamm der Welle, bevor sie überrollt und sich in einem donnernden Definieren entladen hätte ... Genau in diesem Augenblick hatte er es gewagt, mit dem Dreizack seines Begriffs aus den Wassern zu steigen und, so sein Eindruck, den Überschlag der Woge anzuhalten. Jetzt hörten alle, so sein Eindruck, gesammelt auf ihn, lauschten in die Tiefe des Wortes »Undurchsichtigkeit«. Er hätte unter der Stille fortfahren können, doch war er selbst wie betäubt von der Macht

des einen isolierten Wortes, das er herausgebracht hatte, so sein Eindruck: eine Darbringung, tönendes Bruchstück einer verhüllten Sprache, dem fast Unsäglichen entrissen. Er hätte notfalls noch hinzugefügt: »Undurchsichtigkeit in allem«. Aber das nur, wenn man ihn unterbrochen oder übertönt hätte. Doch alles schwieg.

Nachdem nun der rundliche schüchterne Glatzkopf sein einziges und vereinzeltes Wort hervor- oder dargebracht hat, dauerte es eine unbestimmbare Zeit, und die Langbeinige (4) erhob sich, schritt zum Telefon – doch niemand sagte etwas, niemand wehrte es ihr. Sie wählte also tatsächlich ihre Nummer und sprach zu Hause mit ihrer Schwester.

(4) Hast du die beiden Nachthemden zu reduziertem Preis gekauft, wie verabredet? Gut. Sehr gut. Irene, hör zu … Ja. Es ist vorbei. Erledigt. In einer knappen halben Stunde bin ich zum Abendessen zu Hause.

Ihren Rückweg vom Telefon begleiteten die interesselosen Blicke der stummen Männer und Frauen. Müde und lasch begannen sie sich zu regen, erhoben sich, suchten nach ihren Handtaschen, Feuerzeugen und anderen Utensilien, die sie in ihrer angespannten Zerstreutheit irgendwo abgelegt hatten. Sie begannen sich voneinander zu verabschieden, gaben sich Schulterklaps und Wangenkuß und bewegten sich im ganzen so lustlos, als verließen sie ein ödes Fest.

(3) Gehen wir noch wohin?
(2) Ich muß nach Hause.
(E) Sind Sie mit dem Wagen?
(4) Regnet es?
(E) Ja, es gießt.
(5) Soll ich Sie mitnehmen?
(2) Danke. Wir gehen zu Fuß.
(5) Und Sie?
(FM6) Ich muß meinen Neffen vom Squash abholen.
(C) Leben Sie wohl …
(5) *zu E* Dann eben Sie.

RICARDA Gute Nacht, Herr Jelke.
HERR JELKE Gute Nacht.

In seiner Sofaecke saß weiterhin der Kahlköpfige und umklammerte den Aschenbecher. Äußerlich hielt er an der Miene eines Menschen fest, der eine unlösbar erscheinende Aufgabe beiläufig erledigt hat. Gleichwohl verstand er nicht recht, wie beides sich zueinander verhielt, sein Wort und die Auflösung der Versammlung. Es ließ sich nicht leugnen, daß sein Wort einen für alle empfänglichen Signalwert hatte, jedoch ...
Als die meisten schon den Raum verlassen hatten, löschte er seine Zigarette, erhob sich mühsam vom durchgesessenen Sofa und trat, sein Jackett schließend, vor den Gastgeber D, der sich an der Tür aufgestellt hatte, um seine Gäste zu verabschieden.

LUKAS Was ist los? *flüsterte er mit einem Anflug von ängstlicher Selbstironie* Habe ich etwas falsch gemacht?

Der Gastgeber D, ein junger, völlig mittelloser Filmhistoriker, blickte ihn nicht an, sondern richtete die Augen traurig zu Boden. Im Grunde wollte er nicht glauben, daß dieser Mann, der kreidebleich und halb amüsiert vor ihm stand, soviel Naivität besitzen oder so dickfellig sein konnte, daß er es selbst nicht gemerkt hatte ...

(D) *führt den Gast zum Ausgang*
Sie haben nicht zugehört, mein Guter ... Sie haben den ganzen Abend den Menschen, die sie umgaben, nicht eine Minute lang zugehört. Ihr ängstlicher Drang, im rechten Moment zu Wort zu kommen, hatte Ihnen von Anfang an die Ohren verstopft. Ihre »Undurchsichtigkeit« haben Sie im Augenblick der höchsten Anspannung, ja auf dem Überrollpunkt des Abends von sich gegeben, in die Stille hineingebohrt, in die Stille v o r dem endgültig befreiten, endgültig vereinten und gemeinsamen Sprechen und Sagen, das dann verständlicherweise in sich zurückfiel, verebbte, als Sie Ihr unglückliches Wort ... herausbrachten. So wie beim Liebesspiel ein Hustenanfall oder ein Telefonläuten genügen, um die natürliche Enthemmung zu beeinträchtigen oder ganz zu unterbinden.

Lukas Aber war es denn ... falsch gewählt?

(D) Über den ganzen Abend hin wurde kein Wort sorgfältiger vermieden, ausschweifender umgangen, ungesagter gelassen, unterdrückter gehalten – und zwar vermieden, um immer feinere, immer genauere Definitionen überhaupt zu ermöglichen –, und über den ganzen Abend trat kein Wort in seiner U n a u s g e s p r o c h e n h e i t so plastisch hervor, ja, wurde für den aufmerksamen Zuhörer so vernehmlich verschwiegen wie ebenjenes, das Sie wie ein kostbares Kristallglas in die Stille hoben, um es gleichsam im selben Augenblick auf den Boden zu schmettern ... Aber gut, es ist nun einmal geschehen. Das Werk, um das es ging, ist noch viel zu neu, unbewältigbar erscheint es. Wir kommen schon in Kürze wieder zusammen. Wir kommen in Kürze auf den Film zurück.

Lukas Ich nicht! Ich kann Ihnen, wenn ich auch nichts anderes kann, doch in die Hand versprechen, daß ich mich nie wieder bei Ihnen einfinden werde. Ich war mir heute abend zu sicher, ich war mir auf den Tod sicher, daß ich mich nicht nur auf der Höhe, nein, daß ich mich auf dem Gipfel der verhandelten Angelegenheit befand, daß ich mich aus der geheimsten Mitte jener Gemeinschaft, die das Werk verherrlichte, mitteilte, als ich es aussprach ... als ich a l l e s in e i n Wort legte ... Ärgern Sie sich meinethalben über das Scheitern dieses Abends. Doch versuchen Sie nicht, auch nur annähernd die Last der Enttäuschung nachzuempfinden, die ein Mann davonträgt, der in den nächsten Minuten für immer Ihre Mansarde verlassen wird, in der er für einige Stunden der stillste, dankbarste, empfindsamste, jedoch im entscheidenden Augenblick der gröblichst irrende Gast war ... Verzeihen Sie mir.

Und so redete er dahin und machte viele Worte, denn ihm, der in der Gemeinschaft nur ein einziges, in heiliger Verkennung: das treffende Wort hervorgebracht hatte, löste erst die Selbstanklage die Zunge ...
Beide ab.

Kurz darauf kommt Ricarda zurück und sucht nach einem Schirm. Sie findet einen Knirps in der alten Kommode. Auf einem Sessel entdeckt sie ein liegengelassenes Notizbuch, blättert darin.

RICARDA Dr. Mauthner! ... Sie haben Ihr Notizbuch liegenge-
lassen ... *läuft zum Ausgang* Dr. Mauthner!
Herr Jelke tritt ihr entgegen
HERR JELKE Es gießt. Gibt es hier irgendwo einen Schirm ...?
RICARDA Einen Schirm? Ich fürchte, ich habe den letzten gefun-
den.
HERR JELKE Hm ... Ich weiß nicht, was Sie vorhaben ...?
RICARDA Ich? Oh, nichts Besonderes.
HERR JELKE Vielleicht passen wir beide drunter.
RICARDA Er ist sehr klein, sehr klein.
Es ist im Grunde nur ein Knirps.
HERR JELKE Öffnen Sie ihn.
RICARDA *versucht es; schlägt den Knirpskopf gegen die Hand,
gegen ihr Knie, auf den Boden* Das Scheißding geht nicht auf!
HERR JELKE Geben Sie her. Sie sind zu nervös.
Er öffnet ihn behutsam.
Also. Versuchen wir's.
*Er reicht ihr den Arm. Sie gehen in den Bühnenhintergrund.
Die Kulisse öffnet sich.*

Dunkel

Lot*phantasie*

Einer der gerechten Männer kam nach Sodom, entschlossen, seine Einwohner vor Sünde und Strafe zu retten. Tag und Nacht wanderte er durch die Straßen und Märkte und protestierte gegen Habgier und Diebstahl, Falschheit und Indifferenz. Zu Beginn hörten ihm die Leute zu und lachten ironisch. Dann ließen sie es sein, und er amüsierte sie nicht einmal mehr. Die Mörder mordeten weiter, die Weisen schwiegen, als wenn kein gerechter Mann in ihrer Mitte weilte.

Eines Tages trat ein Kind an ihn heran, gerührt von Mitleid mit diesem erfolglosen Lehrer, und sagte: »Armer, fremder Mann, du schreist dich heiser. Siehst du denn nicht, daß es hoffnungslos ist?« »Freilich sehe ich es«, antwortete der Gerechte. »Weshalb machst du da weiter?« »Ich will es dir sagen. Zu Beginn dachte ich mir, ich würde die Menschen ändern können. Heute weiß ich, daß ich es nicht vermag. Wenn ich heute immer noch schreie, so geschieht es, weil ich verhindern will, daß s i e mich zuletzt ändern.«

Elie Wiesel

I

Ich sah ein ortloses Kabuff, eine Kabine, eine Wartebox, ein Streckenhäuschen. Verschmutzte Scheiben rechts und links. Eine Neonröhre an der Decke. Die Rückwand aus rohen frischen Brettern, unbehandelt, mit Zoten bemalt. Auf der Bank Abbia, eine junge Frau, rotblondes Haar mit gebundenem Schwänzchen am Hinterkopf, einen Nylonrucksack geschultert. Sie blickte hoch, blickte an die Decke, ins kalte Licht, als käme etwas, wenn überhaupt noch etwas käme, von dort, von oben, nicht von geradeaus, nicht ebenen Wegs, von rechts oder links. Kleine Stupsnase im nomadischen Gesicht. Kaltlichtkammer. Irgendwann blitzte es in ihr Gesicht, als sie wieder aufwärtssah, und die Lampe erlosch. Fahler Schein von der Seite. Der Dreck vom Boden, Bierdosen, Papiertücher, hing an Fäden in der Luft und senkte sich wieder. Das Gehänge eines Mikrofons, schmale Metallröhre, bohrte sich durch die Decke ...

DIE RÖHRE Sind Sie nicht – ?

ABBIA Ja. Bin ich.

Ich bin das Sorgenkind.

DIE RÖHRE Ein Kind, das Sorgen hat?

ABBIA Ja.

DIE RÖHRE Das ist kein Sorgenkind.

ABBIA Doch. Ich bin's ja.

DIE RÖHRE Ein Sorgenkind macht anderen Sorgen.

ABBIA Ich nicht. Ich behalte meine Sorgen für mich.

DIE RÖHRE Ein Sorgenkind bist du vielleicht deshalb, weil ein Kind keine Sorgen haben sollte.

ABBIA Eben. Ich habe Sorgen und bin deshalb ein Sorgenkind.

Pause

ABBIA Träumte eben vom toten Vater auf seinem Lager.
Bleiweiß und kalt ... seine steife Röhre.
Nie träum ich was von mir allein.
Immer sind fremde Leute um mich herum.
Mein linker Schuh lag verlassen unterm
Autobus, als ich ausstieg.
Ich wagte nicht wegen des kurzen Aufenthalts unter den Bus
zu kriechen und ihn zu holen. Ich hatte Angst, mich am Aus-
puff zu verbrennen.
Auch sehr bezeichnend.
Ich mußte weiter und humpelte in einem Schuh davon.
Die Stadt war wüst. Worauf eine andere, die nach mir ausstieg,
mir in die Waden trat, so daß ich die Verarschte war und vorn-
über kippte, auf alle Viere fiel. Danke. Dazu krieg ich noch
einen Tritt von ihr in die Hüfte, so daß ich seitwärts abrolle.
Dann krieg ich, danke, einfach weil ich so hinfällig bin, noch
einen Tritt in den Bauch.
DIE RÖHRE Du mit deinem prallen Rucksack. Jemand wie du,
die verdient doch den Hauptpreis. Denk mal nach.
ABBIA *nimmt ihren Nylonrucksack vom Rücken*
Das ist es im großen und ganzen.
Darüber denke ich nicht weiter nach.
Territories. Jeder sein eigner Ortebeprunzer.
Ich bin süchtig nach Sufimusik. *Setzt den walkman auf*
»Jemand wie du«, sagte das Glück, der weiß doch, daß das hier
nicht die richtige D o m ä n e ist, um mir zu begegnen, mir, dem
Glück.
Es sei hier nicht die richtige D o m ä n e, um ihm zu begegnen.
Ich hätte die falsche D o m ä n e gewählt. Ach? Und weiter
sagte das Glück: ich soll doch bloß nicht so tun, als wüßte ich
nicht genau Bescheid, wo ich, so jemand wie ich, ihm, dem
Glück, begegnen könne. Schon zigmale hätte begegnen können! Ach?
»Jemand wie du«, sagte das Glück, und das war doch das beste,
was ich je von mir sagen hörte. Jemand wie ich: das bin ich,
Tatsache. Scheißdrauf. Mit Abstand, das beste, was ich von mir
sagen hörte. Nur nicht soviel verraten von dem, was man vorhat und dann doch nicht schafft. Nur nie das eigne Niveau verlassen, das Solala, für das man von Natur aus gemacht ist und

das man ständig um sich verbreitet, ohne dabei jemandem in die Quere zu kommen. Ich spreche von meiner unglücklichen Liebe zum Sitzenbleiben und alles sein zu lassen, wie es ist. Darin unterscheidet mich nichts von meinem Liebsten, dem Pförtner, der seinerseits irgendwo sitzenblieb und alles sein ließ, wie es ist. Dabei aber kerngesund und große Dinge in petto.

Bei mir ist das Stadium erreicht, wo ich mit jeder Türklinke anbändle. Nur um mir am späten Nachmittag von irgendeiner Türklinke den Rücken kratzen zu lassen.

Sie stößt rhythmisch ihren Rucksack auf den Boden

Matrimonium ... Matrimonium ... Matrimonium ...!

Nut! Nut, die Himmlin auf ägyptisch, nackt mit nacktem Bauch, ein weibliches Gewölbe oben über Geb, dem Erderich, der Erde, und streckt sich zu ihm runter, bis sie mit Fingerspitzen und mit Zehenspitzen den Boden fast berührt,

wie eine hohe Brücke liegt der Himmel rund über Geb,

dem Erderich, mit seiner immer steifen Röhre,

weil sie nie den Schoß auf seine Röhre setzt, es geht ja nicht, die kommen nie zusammen ... So seh ich das. So sieht es der Ägypter.

Es passiert, daß sie mit der flachen Hand über ihren Scheitel fährt, um sich eine Haarsträhne aus der Stirn zu heben, und dabei gegen das Mikrofon stößt, so daß ein lautes Klopf- und Störgeräusch entsteht.

So wie einer, der nachts plötzlich in deine Pförtnerloge tritt, plötzlich in die Tür tritt, überraschend und unangemeldet, mit Kamera und Mikrofon und einem Gesicht voller Schmeißfliegen, und du plötzlich im gleißenden Scheinwerferlicht, Pförtner, vor dir einer, der dich ausfragt über dein elendes verhocktes Dasein, ausfragt über deine Laster, Lügen und ekligen Anwandlungen und der dich ausfragt über dein Leben, wie nur Bruder Tod es kann, denn der dich ausfragt, Pförtner, ist furchtbar, und im gleißenden Licht blitzt seine Hippe. Wozu Sprache? Nur um sich ein bißchen zu erfrischen. Um sich ein bißchen frisch zu machen. Nur um diese oder jene überraschende Feststellung zu treffen. Diese oder jene überraschende Wendung zu nehmen im Geist. Nur um vom Geist überrascht zu werden. Sich überrascht zu zeigen, sich überraschen zu lassen ... um letztlich irgendwelche unvereinbaren spiriti heimlich beim Kopulieren zu überraschen.

Ich hätte meine Sternstunde nicht überleben sollen.

Seitdem ich die Stadt durchkämme, nach meinem Liebsten zu suchen, und immer weiter hinter dem Pförtner herrenne, verfolgt mich die Röhre, das Ding. Der Fremdkörper. Ich schlag ihn, verjag ihn wie eine lästige Fliege. Die Stadt ist wüst und der Pförtner findet sich nicht. Leer steht seine Loge bei den Wasserwerken. So daß ich weitab hinaus in die Vorstadt renne ... Das Wartehäuschen bei der Busstation! ... »hier findest du deine Ruh« ... Hier in meinem Kabuff. Die Stadt ist wüst.

Pause

ABBIA Bei Aufblick Blitz.

Der Frager, der Totfrager bohrt sich durch die Decke.

Er nähert sich. Will mir die Schläfe küssen. Ich laß ihn gewähren.

Er nähert sich. Will meine Lippen berühren. Ich laß ihn gewähren.

Das Ding tastet sich vorwärts, das Ding küßt mich.

Aber dann auch im Nacken, bitte schön!

Und einmal den ganzen Rücken runter. Und dann, bitte, den Rücken rauf und runter. So daß es rauscht und knistert unter dem Hemd!

DIE RÖHRE Und das Schönste von meiner Schönen? Krieg ich nicht zu sehen?

ABBIA Das Schönste – wäre?

Die Röhre flüstert ihr ins Ohr.

Glaubst du?

Sie kichert gekitzelt.

Vielleicht gäb's erst ein paar piercings zu entdecken ...

Dann plötzlich ernst, rückt sich auf der Bank zurecht

Nein. Ist von mir nicht zu erwarten.

Scheißdrauf. Eine Frau im leichten Fummel, eine Frau mit praktisch nichts darunter und lediglich allein mit einem

Fremdkörper in der Luft ... Es gibt unzählige Mücken, die als Mücken nicht zählen, und dann fliegt diese eine vorbei ... Paß auf, du Komödie, ich pack dich in die Hand und steck dich unter mein Herz.

Hörst du was?

DIE RÖHRE Wenn das alles ist.

ABBIA Wie? Wenn das alles wär?

Pause

ABBIA Du! Fragefritze! Frag mich was.

DIE RÖHRE Du sitzt in einer funkelnagelneuen Wartebox, an der der Bus noch lang nicht hält.

Hier hält der Bus vom Januar an im nächsten Jahr.

Heute kommt kein Bus.

ABBIA So? Kommt nicht? Wird schon kommen.

DIE RÖHRE Die Strecke ist noch nicht eingerichtet.

Der Bus kommt erst noch.

Das Wartehäuschen wurde gerade erst aufgebaut.

ABBIA Und schon besudelt. Schon bekackt.

DIE RÖHRE Wer, glaubst du, hat es getan?

ABBIA Die Arbeiter haben es getan. Sie haben vierzig Tage in der Wüste ausgehalten. Streckenarbeiter. In der Vorstadtwüste. Hitze und Durst. Keine Frauen. Immer in den engen Waggons. Bauwagen. Da schlichen sie her, hier in mein Kabuff, um sich zu amüsieren. Sie schmierten's an die Wände, was ihnen einfiel, was sie sich gerade wünschten ... Immer in den engen Waggons. Und wie sie's am liebsten hätten. Wie die Kerle das damals schon taten, die erste Sorte Streckenarbeiter, in den Höhlen, wo sie Bisons malten, die sie gerne auf den Rücken gelegt hätten.

DIE RÖHRE Das glaubst auch nur du.

ABBIA Kannst du dir vorstellen, daß man einmal nach vierzig Tagen in der Wüste hier bloß ausruhen möchte?

DIE RÖHRE Also du sitzt gar nicht zum Abfahren auf der Bank?

ABBIA Ich hatte vor, mich hier nach vierzig Tagen harter Streckenarbeit die sie hinter sich haben, mit den Arbeitern in der

Wüste zu amüsieren. Wenn du nicht dazwischengefunkt hättest, hätte das auch stattgefunden.

DIE RÖHRE Arbeiter? Niemand zu sehen.

ABBIA Blick hinter dich auf die Wünsch-dir-was-Bretter. Da steht's. Kraftwörter.

DIE RÖHRE Ich kann sie nicht lesen.

ABBIA Ich kann sie auch nicht lesen. Polnisch türkisch portugiesisch. Aber ich seh doch, worum es geht. Die Löcher sind eigentlich keine Frauenlöcher. Weiß auch nicht, was die eigentlich sind.

Die Geschlechtsteile, die sie so pingelig gemalt haben, werden immer kleiner, immer zierlicher, immer winziger je dichter die Schrift ringsum, je länger die Wünsche drumherum. Schön war's, als die Kerle noch richtig malen mußten, weil sie kein Wort schreiben konnten. Damals hätten sie eine ganze Frau gemalt, groß und fett, wenn sie nicht genug davon gehabt hätten, nur Bisons hatten sie nicht genug.

Ein zweiter Kasten im Hintergrund wird hell. Dort reicht Zibbia, die Schwester der Abbia, ihrem Vater Lot eine Schale mit Wein.

ABBIA Hast du gesehen?!

DIE RÖHRE Das bist nicht du!

ABBIA Bei Aufblick Blitz! …

LOT Ich weiß gar nicht, ob es sich wirklich so verhält.
Vielleicht hab ich's mir nur so zurechtgelegt? Ichweißgarnicht.

ZIBBIA Der alte Mann ist sich seiner Sache so unsicher.
Erwägt sie immer aufs neue.
Morgens steht er auf von seinem Lager, ist Lot, ist stolz und stark wie Abram.
Abends weicht ihn der Wein auf und er fühlt nur, wie Abram alles besser gemacht hätte

als er, sein ganzes Tagwerk besser als er, der Neffe des Abram.

Sie wendet sich Lot zu
Wenn ich einmal verheiratet sein werde, dann darf ich dir nicht mehr zuhören, Vater. Du zögerst zuviel. Das zerstört mein Gefühl.

ABBIA Sieh, wie er ihrer Hand, die seinen Unterarm berühren will, ausweicht ...
wie alles geschieht mit der Angst in der Haut, es könnte etwas zwischen ihnen geschehen.
Sie legt eine Binde vor ihre Augen, um die Blöße des Vaters nicht zu sehen, wenn sie ihn wäscht. Sie tastet seinen Leib ab nach neuen Schwären. Sie legt ihm Tücher und Salben auf.

DIE RÖHRE Heimlich beginnt sie mit der Zeugungslitanei.

LOT Der Wein schmeckt taub. Der Wein schmeckt staubig und salzig ... Ihr wißt nicht, was es bedeutet, leblosen Wein zu trinken.

ABBIA Und sie? Was tut sie? Sie zieht sich eine Strumpfhose nach der anderen über.

ZIBBIA Zuletzt in Sodom schämten sich die Menschen so, daß sie die Nacktheit ihrer Stirn nicht mehr ertrugen. Man sah lauter Männer und Frauen, die sich immerzu anzogen

und nicht aufhören konnten,
sich anzuziehen, bis sie sich in
unförmige Kleiderballen verwandelt hatten.

LOT Höre, draußen sind Schritte! Abram kommt. Es ist Abram. Er kommt, um mich ein
zweites Mal zu retten aus der
Not. Gesegnet seist du! Herr!
Errettest und führst uns fort
über das Salzmeer!

ZIBBIA Es ist nicht dein Abram,
Vater. Es ist nur die Salzkruste, die in der Sonne ächzt.

ABBIA *stampft wieder den Rucksack auf den Boden*
Matrimonium ... Matrimonium ... Matrimonium ...

DIE RÖHRE Deine Schwester Zibbia hielt den großen Krug im
Arm, als er den Wein eingoß. Vorm großen Krug hat sie ge-
kniet und die Arme um den Bauch des Krugs geschlungen. Sie
glaubte, der Vater hätte dich heimgesucht, sie aber ver-
schmäht ... Hatte er nicht.

ABBIA Manchmal nicht ganz leicht zu verstehen für eine
schlichte Rothaarige wie mich. Woran mag es liegen? Solltest
du nicht versuchen, es noch einmal mit ganz anderen Worten
zu sagen? Frag dich zuerst: welchen Ton schlag ich an? Wie bau
ich meine Sätze auf? Auf die Stellung jedes Worts kommt es an.
Geh mit dir zurate. Sag dir selbst: ich will mein Bestes tun, ich
sprech sie überzeugend an.

DIR RÖHRE Ich weiß nicht, wer von euch kam denn als erste auf
die Idee? Hatte Zibbia nicht versucht, zuerst versucht, ihren
Vater in sich verliebt zu machen? ...

ABBIA Sie sitzt an seinem Lager. Sie trinken und plaudern. Sie
scherzen. Sie sehen verlegen umher.

ZIBBIA Nimm   neuen   Wein.
Wieder erschien mir der Engel heut nacht. Er weissagt so
gern und nennt die Geschlechter, die von Abbia und
mir ausgehen werden über

den Erdkreis. Seine Weissagungen betören mich so ...

ABBIA Küß ihn doch! Küß ihn! Versuche ihn. Spring ihn an, spreiz dich, menschlich oder wie ein Tier.

ZIBBIA Und es gingen hervor aus dem Schoß der einen das Volk der Moabiter, aus dem Schoß der anderen aber kam das Volk der Ammoniter ... Und er sagte: Du, Vater, wirst an Abrams Stelle treten ... Gott wird dich zum Stammvater erwählen.

ABBIA Nichts?

ZIBBIA Nichts.

ABBIA Nichts und abernichts.

ZIBBIA Wir sind nur Püppchen in seinen Augen. Hilflose Mündel unter seinem Blick.

ABBIA *schnappt das Mikrofon aus der Luft*
Was jetzt, Fragefritze? Du kalte Röhre. Du elendes Stück Metall. Meine Nacht mit einem Fremdkörper. Ich lief durch die Straßen. Meinen Verlobten zu suchen. Die Stadt war wüst. Was tue ich? Hier in meinem Kabuff.
Weit draußen in der Vorstadt. Im Wartehäuschen: was tue ich?

DIE RÖHRE Du stehst auf. Dein Herz klopft.

ABBIA Und werden auch die beiden aufstehen im selben Augenblick?

DIE RÖHRE Du bist vorbereitet.

ABBIA Nicht auf das Unvorhersehbare!

Lots Höhle. Der zweite Kasten mit freiem Austritt in die Salzwü-
ste. Im Hintergrund die Salzsäule von Lots Weib Idit. Im Vor-
dergrund auf der Bühnenschräge das Lager: die Töchter Abbia
und Zibbia gegeneinander ausgestreckt Kopf bei Fuß, in ihrer
Mitte Lot, ein kleiner halbnackter knöcherner Greis. Haar und
Gesicht der Töchter sind mit Teilen durchsichtiger Salzkruste be-
deckt.

ABBIA Witwer Lot. Gesicht eines Mannes, der zu lange an die
    Decke starrte. Gesicht eines Mannes, der es immer noch nicht
    fassen kann.
    Witwer Lot, Städter ohne Stadt, Richter aus Sodom,
    Lot, der Gerechte, Lot, der Erwählte.
    Lot: du bist ein schöner Mann. Und ist kein Leben mehr auf
    Erden außer uns.
ZIBBIA Witwer Lot. Warum wir? Warum du? Warum ich?
    Warum meine Schwester Abbia? Sodom war nicht schlimmer
    als Gomorra, Gomorra war nicht schlimmer als Adama,
    Adama war nicht schlimmer als Zeboim, und Zeboim nicht
    schlimmer als Zoar und Zoar wurde verschont. Da nun aber
    alles Leben unter Schwefel und Salz erstickte, da es nicht mehr
    besät werden kann noch etwas wächst, kein Kraut darin auf-
    geht und da alles Leben erstickte und kein Leben auf Erden
    mehr ist außer uns – du aber, Vater, bist ein schöner Mann.
LOT Von Bäumen träufelt das Blut.
    Es schreien die Steine.
    In Aufruhr kommen die Völker
    und die Sterne in Verwirrung.
    Zur Herrschaft gelangt, auf den die Erdbewohner nimmer
    hoffen!
    Die Vögel wandern aus.
    Und Fische wirft das giftige Meer aus
    und brüllt des Nachts mit einer Stimme,
    die viele nicht verstehen,
    doch alle hören.

ABBIA Das alles, Vater, ist längst geschehen.
Gott hat die Städte der Ebene umgekehrt.
Sodom, Gomorra, Adama und Zeboim, blühende Städte.
LOT Und wird ausbreiten die Salzöde über die ganze Erde
und alles Leben wird Er ersticken.
ZIBBIA Was prophezeist du noch?
Wir haben es hinter uns.
Wir, Städter ohne Stadt, Höhlenmenschen.
Alles Unheil ist schon geschehen, und wir allein sind noch da.
LOT Was ich sage, das sagte man früher.
Wie ich spreche, so sprach man in meiner Jugend.
Wie Abram wohl damit fertig geworden wäre?
Denn Gott war immer mit Abram.
Und Abram hat mich befreit vom Zwang des Königs Kedor-
Laomor.
So ist Abram. Für sich selbst nichts. Für andere alles. Und war
immer ein Vorbild seinem Neffen Lot.
Was Abram jetzt wohl täte an meiner Statt?
Ihr wißt ja, daß ihn beim Kampf ein herrliches Licht umgab,
so daß er trotz Nacht und Finsternis seine Feinde hell erleuch-
tet sah. Auch zerfielen ihre Pfeile und Schwerter daran zu
Staub. Und Abram selbst mußte nur eine Handvoll Stroh ge-
gen sie werfen, und die Halme verwandelten sich in hundert
Speere. Denn Gott war immer mit Abram.
ZIBBIA Ich erwache in der Freude meines Leibs.
Die Tücher fallen von meinen nackten Schultern.
Auf dem Lager liegt der Schurz eines Fremden …
Irgendein Flüchtling der Nacht, dem meine Liebe zu dunkel,
zu traurig war, verließ mich vor dem Morgengrauen.
Ich will aufstehen und mir die Knie waschen.
ABBIA Dein Fleisch verschießt wie ein Kleid.
Deine Pracht ist herunter samt dem Klang deiner Stimme.
ZIBBIA *lehnt im Ausgang, über die Salzwüste zurückblickend*
Die hochgebaute Stadt liegt wüst und dampfend
wie ein halb leer gegessener Hirsenapf.
So verlassen liegt sie und schmutzig.
Dreht sich zu Abbia um.
Aus deinem Mund kommt noch immer Schwefelqualm.
Unser Haus stand in der Straße des Wohlgeruchs. Nebenan

der nackte Töpfer formte seine Vase wie ein Liebender den Körper seiner Geliebten. Und der Glasbläser blies sein Verlangen in die Glaskugel.

ABBIA Und der Gestank des Gerbers stieg auf von seinen blutigen Fellen im Faß. Und der Korbflechter streute seinen Schmutz vor unsere Schwelle. Und der Bettler erbrach sein Blut vor unsere Füße. Und die Hundepriester in ihren Frauenkitteln liefen zum Tempel. Die Kaufleute schrien, die Fahrleute spuckten.

ZIBBIA *wäscht sich*

Nicht alles war schlecht in Sodom. Der schmierigste Jüngling lebte neben dem keuschen Asketen. Der übelste Betrüger neben dem vornehmen Geist. Der Künstler neben dem Dummkopf. Der herrlichste neben dem kümmerlichsten Mann. Und alle vertrugen sich miteinander. Es gab Errungenschaften, die das Leben sehr erleichterten. Die Waren konnte man kaufen zu niedrigem Preis. Der Bau der Häuser wurde von geschickten Handwerkern ausgeführt. Und es gab, für jeden erschwinglich, eine Fülle von Heilmitteln, denn auf die Sauberkeit und die Gesundheit der Bewohner wurde viel gehalten, die besten Abflußkanäle gab es in Zeboim. Es gab ein blühendes Gemeinwesen, vernünftige Räte, Männer von großem Sachverstand standen der Verwaltung vor. Da man aber in allem geschickter wurde, wurde man es auch in den Genüssen, und die einfachen Sitten genügten nicht mehr. Das Leben in Sodom verfeinerte sich, und ein immer vernünftigeres, immer sachkundigeres Leben blendete uns und hinderte uns daran, es für schlecht und verfehlt zu halten.

Sie geht zurück zum Lager

ABBIA Und jeder, der einen Fremden beherbergte, war des Todes in Sodom! Wie oft sahen wir zu bei dem grausigen Schauspiel, wenn ein Fremder, der sich in die Stadt verirrte und vielleicht größer war als ein Sodomiter, ergriffen wurde und an den Füßen gewaltsam verkürzt. Oder einer, der kleiner war, gewaltsam in die Länge gezogen auf der Folterbank. Denn die Leute von Sodom waren sehr knausrig, und sie sagten: Da wir ein Land besitzen, in dem es Brot und Goldstaub in reichlicher Menge gibt, wozu da diese vielen Fremden und Durchreisenden? Die kommen ja nur, um uns den Besitz zu schmälern! So

war es. Und schlecht waren auch wir. Aber unsere Schwester
Plotit hielt sich nicht daran und gab Fremden eine Herberge
und wurde dennoch mit allen anderen verdorben in Sodom.
Warum nicht wir?

LOT Ich habe geglaubt. Auf meiner Seite die Wahrheit.
Da kamen die beiden Gesandten, die Fremden standen vor
meiner Tür.
Sie sagten: wir kommen im Auftrag, und unser Auftrag ist es,
die Stadt zu zerstören.
Und sie sagten: Auf, auf und davon! Macht, daß ihr raus-
kommt aus Sodom!
Aber Idit, mein Weib, glaubte ihnen nicht. Sie sagte: hier ist's
nicht schlechter als anderswo. Und draußen schrien die Männer: Lot, gib sie uns her, die schönen Fremden, her mit ihnen,
wir wollen sie vermessen! Gib uns die Fremden heraus, Lot!
Auf, auf und davon! Sagten die Fremden. Ich habe ihnen geglaubt. Ich hätte die Fremden auch mißverstehen können. Ich
hätte sie auch für: keine Gesandte des Herrn halten können. Ich
hätte, wie ihr und alle anderen, daran zweifeln können. Ich
habe geglaubt. Das war mein Risiko. Sie hielten mich alle für
einen Narren, für einen aufgeregten Schwätzer. Eure Mutter,
eure Verlobten, die Nachbarn, jedermann. Es ist nicht leicht,
als E r s t e r zu glauben. Jetzt würden sie alle glauben, jetzt ja.
Wenn sie nur könnten.

ZIBBIA Stolz wie ein Heimkehrsoldat erzählt er von seiner Hel-
dentat. Wie oft noch wird er uns den Wortwechsel mit den
Engeln wiederholen? Den Wortwechsel mit seiner ungläu-
bigen Frau, den Wortwechsel mit den Hundepriestern auf der
Straße und mit unseren Verlobten?
Unser Vater ist ein trunkener Geschichtenerzähler.

LOT Wo willst du hin? fragte sie. Ich sagte, ich geh raus und such
die Verlobten. Sie dürfen auch mit, die Töchter mit ihren Verlobten, so sagten die Fremden.
Die wollten aber gar nicht. Nein. Sie wollten nicht. Das war ihr
Fehler. Sie sagten, ich sei wohl verrückt geworden. Auf, auf
und davon ... raus aus Sodom?
Nicht mit uns, Alter. Hier haben wir unsere Arbeit, hier vergnügen wir uns. Wie es hart arbeitenden Männern wohl
zusteht. Es ist alles in Ordnung in Sodom. Gut geht es uns

und wir sorgen dafür, daß es so bleibt. Und bisweilen tanzen und singen wir die Straße entlang. Erst als das Erdbeben begann ...

Die Gesandten traten zu mir und flüsterten scharf: Nimm Weib und Töchter und flieh. Beeil dich! Es wird alles vernichtet bis auf den letzten Grashalm. Und ich sagte: Habt ihr gehört! Ich hab's euch gesagt: Auf, auf und davon! Und die Fremden mit ihren heißen Händen und ihren Fixsternaugen sagten: Und blickt nicht zurück! Dreht euch nicht um ... Auf, auf und davon in die Berge! Und ich dachte, wie komm ich da rauf in die steilen Höhen, die schroffen Felsen hinauf, da wohnen doch Schlangen, Skorpione und wilde Tier da oben. Aber unterwegs fragte das Weib: Wo sind unsere älteren Töchter und wo bleiben die Schwiegersöhne? Und ich sagte: Die wollen nicht fliehen. Die glauben mir nicht. Dreh dich nicht um! Doch da war's schon geschehen. Sie sah zurück, sie sah des Herrn Feuer verschlingen ihr Sodom ...

ZIBBIA Nicht aus Neugier sah sie zurück, sondern in Sorge, wo ihre Leute denn blieben.

LOT Ich mache ein großes Volk aus dir, hat der Herr gesagt zu Abram.

Kein Abram mehr, kein Volk, das kommen wird, kein Wort Gottes, das sich an ihm erfülle. Denn Er rettete nur eine Beere aus der ganzen Traube. Und hat erlöst den Gerechten Lot, welchem die Leute alles Leid taten mit ihrem unzüchtigen Wandel. Abram aber hatte Sternkunde in seinem Herzen, so daß alle Könige von Anfang und von Niedergang frühmorgens schon vor seiner Tür waren. Ein edler Stein hing um seinen Hals, so daß alle Kranken, die ihn sahen, geheilt waren.

ZIBBIA Abram, das ist Abram. Ist Lot aber Lot?

ABBIA Du bist der letzte, Witwer Lot, und du bist ein schöner Mann.

LOT Ich bin nicht ungebärdig gegen Gott.
Ich will nichts durchsetzen bei ihm.
Er hat uns gerettet aus den feurigen Städten
und Er wird uns hinausführen aus der Salzwüste.

ZIBBIA Wer hilft denn uns Frauen, die wir immer getanzt haben und uns immer im Tanz bewegten, um unsere Männer zu bekommen?

ABBIA Wann kommt denn mein Verlobter zurück?
Sag mir! Sag mir, Prophet, die Wahrheit!
Damit ich beizeiten anfange, mich schön zu kleiden.
Damit ich anfange mich zu schmücken, zu salben
und mich vorbereite auf meine Brautnacht.

LOT Oh, ihr wißt ja, von allen Jungfrauen und Bräuten unter
dem Himmel kam keine der Sarai gleich, das ist Abrams Weib.
Die schönste Frau unter dem Himmel.
Vollkommen in ihrer Schönheit. Und Abram war so keusch,
daß er die Ehe niemals vollzog mit Sarai und nicht einmal
ihren Schleier gelüftet hatte und nur im Wasser das Spie-
gelbild ihres Gesichts kannte. Ihre leuchtenden Augen, ihr
glänzendes Haar, die Strahlen ihres Antlitzes blendeten
ihn. Und da wir nun Sarai in Ägypten dem Pharao schickten und ihm sagten, es sei Abrams Schwester, da weinte
Abram, und ich, sein Neffe, weinte auch. Eine ganze Nacht
beteten wir beide, daß sie ihre Jungfräulichkeit bewahren
möge.

ZIBBIA Witwer Lot! Abram, das ist Abram!

LOT *steht von seinem Lager auf, nimmt das Gesicht der Zibbia
in die Hand und hebt es an.*
Sieh an! Bist Zibbia, meine liebste Tochter?
Oder bist du es nicht?
Dieselbe Geste bei Abbia
Sieh an! Du bist das, Abbia, mein schönstes Licht! Oder ist es
ein Trug?

ZIBBIA Du bist Lot, der in Sodom für gerecht befunden wurde?

LOT Ja, der bin ich. Ich habe die Engel, als Fremde verkleidet,
aufgenommen in meinem Haus.

ZIBBIA Doch als die Hundepriester in dein Haus eindringen
wollten, um deine Gäste, die schönsten Männer, die sie je sahen, zu vergewaltigen, da hast du die Menge zurückgehalten
und ihnen deine jüngsten Töchter, die noch keinen Mannes-
umgang hatten, vor die Tür geschickt: Gebraucht sie, wie ihr
wollt, hast du gerufen, nur diesen beiden Männern tut nichts
schändlicherweise! …

ABBIA Du hast uns vor die Tür geschickt und sie geheißen, sich
mit uns zu begnügen!

ZIBBIA Deshalb fanden die drei Fremden unter dem Dach deines

Hauses eine Herberge, und deshalb wurdest du – nun auch vor Gott! – Lot der Gerechte genannt.

LOT Nicht sage der Sünder, er habe nicht gesündigt, denn Feuerkohlen brennen auf dem Haupt dessen, der da sagt: Ich habe nicht vor Gott gesündigt.

Der Herr kennt alle Menschenwerke, ihr Sinnen, ihre Pläne und ihr Herz …

Solltet ihr nicht in der Höhle bleiben und still auf dem Lager liegen, bis ihr alles vergessen habt?

ABBIA Du schmücktest deine Töchter für die Buhlerei und ließest sie von der Menge der Lüstlinge schänden. Dir zum Ruhm! Witwer Lot!

Lot tritt hinaus in die Salzwüste und geht zur Statue seines Weibs.

ZIBBIA Was knüpfst du immerzu und knotest Enden von Kornelbast?

ABBIA Ich verschlinge die Enden meiner Hoffnung. Ein unlösbarer Knoten.

ZIBBIA Groß wie ein Kinderkopf.

ABBIA Und bald groß wie ein Jünglingskopf. Dann wie ein Männerschädel. Ein Mann.

ZIBBIA Darf ich es küssen? Noch ist's wirr wie ein Schlangenhaupt.

ABBIA *dem Vater nachgegangen, lehnt im Ausgang*
Jeden Tag geht er hinaus und leckt an den Rändern seiner Frau. Labt sich am schwitzenden Salzstein. Ihre Schultern sind schon eingesunken.

Pause

ZIBBIA Niemand am Leben außer uns dreien.

ABBIA Wir brauchen nur übers Salzmeer salzauswärts zu rennen und in der Ferne zu suchen, ob noch ein Leben ist jenseits der Kruste.

ZIBBIA Rennen, bis die Kräfte versagen, bis uns der Durst erdrosselt.

ABBIA Auch wir waren schlecht und fielen ab von Gott.
Doch er hinderte uns nicht. Wie das Salz keinen Samen hat, so
soll der Verfluchte ohne Nachkommenschaft bleiben.

ZIBBIA Er wird uns nicht verderben. Er hat uns errettet vom
Feuer, vom Bimsstein, vom Schwefel. Warum?
Damit wir die Letzten sind, und die Letzten wird Er zu den
Ersten machen. Er wird uns erretten um der Frucht unseres
Leibes willen.

ABBIA Merk dir, daß wir leiden.
Merk dir die Zeit, die wir gewartet haben auf einen,
der aus der verschwundenen Welt zu uns käme.
Ausgeharrt bis zum letzten Eisprung.

ZIBBIA Wozu hat uns der Herr in den Garten gerettet?
Sieh unsere Höhle voll Nahrung und Vorrat und frischen Gü-
tern! Damit wir auf der Schwelle sitzen und unsere Beine ausstrecken vor der verschwundenen Welt?

ABBIA *wendet sich in den Raum, steht mit dem Rücken zur
Salzwüste*
Wenn nur endlich ein Fremder käme ... wenn nur bald in der
Tiefe der Ebene der vollkommen Fremde erschiene ... einer,
der ankommt, weit entfernt noch von mir, einer, den ich in
meinem Rücken erwarte, dessen Schatten an meinen Nacken
stößt, während ich fieberhaft in die Höhle starre, anstatt mich
dem Eintreffenden zuzuwenden.
»Du sprichst nicht unsere Sprache?«
»Komm! Komm!« rufe ich. Oder flüstere: »Warum bleibst du
so weit? Du kommst und näherst dich nicht. Ich fühle dein
Haar, deine Schultern, deinen Schritt. Komm doch! Was ist so
unüberwindlich an dieser letzten Strecke? Du kannst doch
schreiten, schreite doch! ... Nein, ich darf mich nicht umdrehen (wenn es das ist?). Nicht umdrehen. Warten muß ich, bis
du hinter mir a n g e k o m m e n bist. Ich will dich angekommen sehen oder will dich nie im Leben sehen. Hier stand ich,
ausgesprochen hoffnungslos, schon sehr lange, kaum länger
möglich und stehen bleib ich, selbst wenn Erwartung mich
aufzehrt wie Feuer das trockne Reisig. Komm, hier gibt es
nichts zu tun. Untätig sollst du sein und dich ausruhen.
Komm, und wenn du unsere Sprache nicht sprichst, dann grüß
mich. Grüß mich. Warum tust du's nicht? Warum läßt du mich

endlos rufen und reden? Den Gruß! Damit ich stumm erwidern kann. Den Gruß! Damit ich mein Ja! drauf schweige.

Du bist nie hier in der Gegend gewesen. Du kommst hier an zum ersten Mal. Du weißt nicht, wo du bist. Du kommst nicht näher, obgleich du nicht aufhörst, vorwärts zu gehen. Frag nicht, in welcher Gegend du dich befindest. Frag nicht nach dem O r t, frag nach der atmenden Stelle hier, dem Leib, dem einzigen Wegweiser in der wüsten Ebene, frag: »Wer bist du?« in deiner Sprache, und zur Antwort bekommst du einen Menschen, warm und lebendig, das ist mehr als ein Ort, ein Reich, ein Erdkreis.

ZIBBIA Und wenn einer käme und wär nur ein Schleicher aus Sodom, der auch überlebte? Ein weibischer Lüstling, ein Hundepriester.

Hast du vergessen, welche Männer in Sodom »die Männer« hießen?

ABBIA Sogar unsere Verlobten ...

ZIBBIA Keine Sorge, Schwester. Niemand wird kommen.

Wir sind ganz allein.

ABBIA Außer ihm.

ZIBBIA Unser Vater ist alt.

Und ist kein Mann mehr auf Erden, der zu uns eingehen möge nach aller Welt Weise.

ABBIA Außer ihm.

III

*Abbia und Zibbia umtanzen den trunkenen Lot, der, in eine
Decke gehüllt, auf dem Boden liegt.*

ABBIA *beugt sich vor, ruft leise*
  Bräu-ti-gam! ... Bräu-ti-gam!
  Du hast Myrrhe gemischt in den Wein, Schwester,
  daher liegt er am Mittag noch immer betäubt.
  Du sollst deines Vaters Blöße nicht aufdecken;
  es ist dein Vater, darum sollst du seine Blöße nicht aufdecken.
  Bräu-ti-gam! ... Bräu-ti-gam!
ZIBBIA Wir selber sind zwei.
  Er aber ist die eine Wurzel,
  von der ausgeht der Beginn aller
  Völker, wiedergeboren in der Dunkelheit unseres Leibs.
  Und alle Geschlechter der Erde kommen von uns.
ABBIA Ohne unser Vergehen
  gäbe es für niemanden Gott.
  All seine Worte Gebote Gesetze
  wären einsam – vergeblich gesprochen: für keinen Menschen.
ZIBBIA Vater hieß er nicht in der Nacht,
  solange ihn der Weinrausch umhüllte ...
ABBIA Erst schüchtern nannten wir ihn:
  Bräu-ti-gam! ... Bräu-ti-gam!
  Und wir versuchten ihn. Wir ließen den Mann ein wenig
  erröten. Wir ließen den Mann ein wenig erzittern.
  Sieh zu! Sieh uns nur zu, Lot, du Mann der Ehren aus Sodom,
  zwei Frauen tanzen für dich im roten Abendschein, sie tanzen
  für dich!
  Nichts. Stille. Neuer Versuch.
  Wir ließen den Mann ein wenig auf allen Vieren kriechen.
  Wir ließen ihn seine Hände erheben und um Abbitte flehen
  dafür, daß er uns schänden ließ auf der Straße des Wohlgeruchs. Dafür schlugen wir ihn ein wenig. Dafür traten wir ein
  wenig in seine Weiche.

Oh, was taten wir nicht mit ihm, um diesen Nichtbegehrten
endlich begehren zu können.

ZIBBIA Wir empfingen den Mann im Entsetzen
und nicht in der Lust. Allein der blinde Beginn
war unser Auftrag. Der Beginn! Der Beginn!

ABBIA Bräu-ti-gam!
Hab ich Böses mit dir getan?
Oh, es war schön. Du hast mich glücklich gemacht.
Ich war dein Traum. Wir waren eins. Niemand hat's verboten.
Ich tue es wieder. Es bleibt mir keine Wahl. Was sagt der
Kalender? Der dritte fruchtbare Tag? Ich bin mir nicht sicher.

ZIBBIA Ich bin nicht eifersüchtig.
Ich bin nicht verletzt.
Ich bin nicht traurig.

ABBIA Du bist dir so sicher, daß ich deine Gefühle niemals verletzen könnte.
Warum eigentlich? Du bist so kalt zu mir. Du bist dir so sicher,
daß ich dir nichts antun werde. Du weißt es so felsenfest, daß
dich die eigene Gewißheit verblendet. Sei dir doch jetzt nicht
so sicher!

ZIBBIA Du bist erschüttert, Schwester.
Deine Handlung hat deinen Sinn verstellt und
deine Sprache umgekehrt. Denn du sprichst wider mich
mit rissigen Schwefellippen.

ABBIA Schwester! Ich bin die, die die Tagesstriche an unserer
Höhlenwand täglich nachzieht. Die deine dünnen zittrigen
Striche kräftig nachzieht! Ich bin wie das Schaubrot unter der
Sonne! Von allen Seiten sieht mich mein Schöpfer an und sieht
meinen fröhlichen Leib. Während er dich stumpf und geduckt
im Kreise hetzt!

ZIBBIA Wir stehen aufrecht vor Gott,
zwei Frauen mit ihren gesegneten Leibern,
und sprechen uns an, als ob wir einander ins Gesicht
spuckten. Du hast gesehen die furchtbare Reinigung,
die der Herr über die Ebene der Fünf Städte schickte,
du hast vor Augen die Mutter, das Denkmal einer ungläubigen
Seele, und dennoch führst du denselben Frevel im Mund wie
daheim in Sodom. Es heißt wohl nicht umsonst: die Sau wälzt
sich nach der Schwemme wieder im Kot.

ABBIA Du! Meine Schwester Zibbia! Die das Beilager unter-
brach, ins Grübeln geriet, die grübelte! Die zu mir kam und
fragte, wie sie es anstellen solle, damit es ihr nicht selber ge-
falle, damit die strenge Pflicht ihr nicht fröhlich würde?!

ZIBBIA Schweig! ... Still! ... Ich höre draußen ein Kommen!

ABBIA Ja, es müssen Glückliche kommen, Fröhliche,
von Gott Entzückte! Die die elenden Heuchler verjagen,
die sie zerbrechen wie morsches Geäst!

ZIBBIA Ein Kommen, Abbia! Ein Kommen draußen ... Höre!

ABBIA Ein Riß läuft durch die Kruste. Das Salz stöhnt.

IV

Morgendämmerung. Lot im hochgeschlossenen Richtergewand.
Die beiden Töchter Rücken an Rücken gefesselt.
Am linken Rand des Höhlenausgangs sieht man die übereinan-
dergeschlagenen Beine des Fremden, ein rotes und ein blaues
Strumpfhosenbein.

LOT Wer den Fremden möchte, der da draußen wartet, meine
Töchter, der überlege sich gut, wen er zu empfangen begehrt.
Fremd ist sein Aussehen, fremd seine Art, fremd seine Stimme
und sein Gefühl. Wenn eine mit ihm sprechen will, so wird er
nicht erwidern. Wenn die eine ihn lieben will, so wird er sie
häßlich finden. Wenn die andere sich seiner erbarmen will, so
wird er sie schlagen. Er ist uns ein Fremder in jedem Wesens-
zug. Wir haben nie etwas ärger von uns Unterschiedenes erblickt als diesen Fremden. Und wenn wir ihn auch an all dem
Unseren teilnehmen lassen, so wird er doch nie auch nur um
Haaresbreite von seiner Fremdheit abweichen. Dann aber,
wenn ihr ihn vollkommen angewöhnt findet und kaum noch
von anderer Wesensart und schon alles vergessen wollt, was ich
euch eben erzähle, dann achtet genau darauf, was euer Vater
tut, um jenem Ähnlichen in seiner letzten Versuchung zu wi-
derstehen. Ich werde diese Hand erheben und ihn von der gemeinsamen Tafel fortschicken, damit er sein Mahl draußen vor
dem Haus beende. Darüber wird unter euch Weibern ein
Streit entstehen, und ihr werdet euch bitter bei mir beklagen.
Ihr werdet hinaus vor das Haus laufen, aber dort werdet ihr
niemanden finden, der noch wie ein Fremder ist, sondern
einen, der euer Bruder sein könnte, und einen, der euch mit
gleichen Worten tadelt wie ich und mir Recht gibt. Dies müßt
ihr genau bemerken und müßt zurück ins Haus kommen und
die Tür vor ihm verschließen, denn sonst wird er wie ich, und
euch lieben wie ich und ihr werdet ihn lieben, wie ihr mich
liebt. Dies aber wird noch nicht das ganze Unheil seiner Wirkung sein, denn er wird darauf eine von euch mehr als die andere lieben, wie ich es niemals tat, und er wird euch mit erlern-

ten Gefühlen täuschen und gegeneinander aufbringen, während ich wie erloschen dasitze, als sähe ich einem zweiten Vater zu. Wer also den Fremden begehrt, der sät Zwietracht zwischen uns. Wer ihn nur für sich gewähren läßt, beschwört sein Unglück herauf. Wie also glaubt ihr, müssen wir uns richtig zu ihm verhalten, daß am Ende er ein Fremder bleibt und wir – ja, meine Töchter, wer dann wir? Sollen wir dieselben bleiben, die wir sind? So wird er uns durch Nachäffung bald unseres Wesens berauben. Sollen wir uns nicht vielmehr durch ihn, der uns in allem fremd ist, erst allmählich selbst erkennen und werden, was wir allein im Unterschied zu ihm sein können?

Ich meine, daß wir den Fremden weder begehren noch gar gewähren lassen dürfen, sondern alles zu seiner Fremdheit Schutz tun müssen, was uns die Erfindungskraft und der eigene Überlebenswille eingeben.

Das wollte ich euch, meine Töchter, vorgetragen haben, bevor ich nun den Fremden, der sich vor der Höhle ausruht, zu uns herein bitte und euch vorstelle, auf die Gefahr hin, daß sein lebendiger Anblick, gleich ob er euer Entzücken oder euer Entsetzen erregt, jeden unserer guten Vorsätze umstößt und wir uns in einer völlig unvorhersehbaren Lage wiederfinden.

ZIBBIA Wir Frauen ließen uns fesseln von unserem Vater, bevor nun die Höhle betritt der Fremde.

ABBIA Damit nicht eine über die andere herfällt und ihr die hübschen Brüste zerreißt.

ZIBBIA Damit nicht eine der anderen hübsche Wange zerbeißt.

ABBIA Damit dir nicht eine besser als die andere gefällt.

Sie stampft mit dem Fuß auf den Boden

Matrimonium … Matrimonium … Matrimonium …

V

In der rechten Bühnenhälfte eine üppige Frühstückstafel, an der Abbia sitzt und nascht. Ein wenig entfernt von ihr sitzt Der Fremde an einem kleinen Tisch. Er trägt über den bunten Beinen einen schwarzen kurzen Rock und auf dem Kopf eine Hirtenkappe. Er trinkt Ziegenmilch aus einer Schale. Links an den großen Krug gefesselt Zibbia.

ABBIA Da sähe man also die zierliche Abbia vor der großen Frühstückstafel mit ihrer heutzutage unübersehbaren Vielfalt an Köstlichkeiten. Alle Sorten von Brot, jede bessere Milchspeise, Beeren, Nüsse, Getreidemus mit den verschiedenen Fetten und Cremes, Konfitüren und Marmeladen, Aufschnittplatten. Heißen Bohnenbrei und honigverkrusteten Schweinebraten, gerührte Eier, Körner in jeder nur denkbaren Mischung. Ein armer Mensch, so scheint sie euch, vor einem unermeßlichen Frühstücksreichtum und weiß nicht, womit beginnen ...

DER FREMDE Es ist aus jeder Entfernung, zwischen jeglichen Fremden ein Gespräch möglich – so sollte man meinen. Doch ist es n i c h t möglich, soviel zu essen.

ABBIA Es ist nicht möglich, soviel zu essen. Doch man kann u n e n d l i c h kosten.

Und dann: Es werden die Marmeladentöpfchen zu Salbennäpfen, die Körner verwandeln sich in kleine farbige Pastillen, die Cremes in sanfte Latwerge. All das köstlich Eßbare wird zu kostbarer Medizin. Und wenn ich zuviel genossen habe, genieß ich obendrein die Heilung der Beschwerden.

ZIBBIA Höre, du Fremder, es gibt kein Verstehen zwischen dir und mir. Es gibt nur ein wildes Sichmischen am Ende, ein Aneignen des einen vom anderen. Es gibt meinen hungrigen Blick, der unstillbar fragt: Was könnte der Fremde mir mehr noch und tiefer Fremdes geben, wenn ich ihn küsse?

ABBIA *zum Fremden*

Ist sie nicht schön? Schön wie die Hinde, die spendet dem Einsamen süße Milch?

ZIBBIA Ich bin die, die freisteht gefesselt.

Ich bin die, die weit hinausblickt, und die, die sich bespeien läßt.

Doch ich spende dir nicht die Milch der Demut und nicht den Wein des Gesetzes.

Es ist mir entfallen, was war, was ist, was sein soll.

Ich bin die Maßlose der Wörter, wie ich war zuvor die Maßlose des Tanzes und die Maßlose der Eitelkeit.

ABBIA Manchmal wird sie von großem Entzücken ergriffen, manchmal von frommer Freßgier ... wie Belifar, die »Gattin« *sie setzt Gänsefüße mit den Fingern in die Luft* eines Hundepriesters bei uns, der einem jungen Korbmacher ein Stück aus der Schulter herausbiß, einfach aus tierischem Verlangen nach freßbarem Gott.

ZIBBA Der Sturm schafft an mir. Er formt meine Hände, er formt meine Hüfte. Er jagt, er dröhnt, er flammt aus allen Ecken. Vielleicht im Spiel der wilden Böen kam mir der Rabe näher ... Vielleicht aus dem Sturm stieß plötzlich der Rabe hervor. Er schoß auf mich herab.

Er wollte seinen Dolchmund in meine Augen jagen.

Doch mitten im Sturz auf mich zu, als prallte er gegen Glas, stand er, von Entsetzen geplustert, starr in der Luft, und seine Haare wurden alle weiß, und das Tier wurde rund wie ein Huhn.

ABBIA Sieh! Obgleich Stille herrscht in der Höhle, umgibt sie ein lodernder Sturm. Es ist, als ob in den Lüften ein Kampf tobte um ihre Schönheit und kalte und warme Mächte sich stritten um ihre Seele.

Sie ist doch wirklich sehr schön und hat eine große Seele.

ZIBBIA Da sprach Erzengel Michael über mich her:

Ich habe begonnen und werde beenden mit neuem Beginn.

Ich werde das letzte Paar, das letzte Du und das letzte Ich (wir beide, du Rabe!) aus der Ödnis herausführen und zurücktreiben in den Garten ...

DER FREMDE Es war übrigens ein einfacher Cherubsoldat, der die Vertreibung mit dem Schwert durchführte. Erst später sagte man: Erzengel Michael sei es gewesen. Der ja nach alter Meinung den Schlüssel zum Himmel bewahrt.

ZIBBIA Ach? Sieh an! Was du nicht sagst? So so.

ABBIA Von reifen dunklen Himbeeren plagt mich ein Vorge-
schmack, wenn ich vom Garten sprechen höre.

ZIBBIA Ich sehe, er will sich nicht an mir erfreuen.

Denn ich biete ihm nur denselben Leib, in den vor ihm ein anderer einging, dessen Namen ich nicht auszusprechen wage.

ABBIA Laß es gut sein, Schwester.

ZIBBIA Ich hasse den Gedanken, daß er dasselbe liebt, mit dem
ich die Sünde beging.

Er sieht den Schatten hinter mir, der mich besaß.

Ihm, dem Einzigen, dem endlich Ersten soll ich dasselbe
geben, was jener bekam?

ABBIA Hingabe gibt nie dasselbe.

ZIBBIA Dasselbe! Womit ich ihn erfreuen will, ist dasselbe, genau dasselbe. Kein Wort wider mich, wenn ich mich quäle!
Keine Beschwichtigung, kein Einwand!

DER FREMDE *plötzlich auffahrend*

Aber er müßte m i r unerträglich sein, der Gedanke, nicht dir!

ZIBBIA Du sprichst vielleicht von Eifersucht. Ich spreche von
Scham. Du Rabe, rede mir nicht dazwischen. Von meiner verfluchten Berührtheit spreche ich.

ABBIA Du Weiße mit den rotglühenden Adern,

dein Hals und die Brüste, vom Atem bewegt,

deine Haut wird durchsichtig wie eine dünne Gaze vor Blut.

ZIBBIA Du bist der unglückselige Rabe, kein Greif und kein
Räuber. Mit beiden Händen nehme ich dich an. Ich setze dich
auf meine Hüfte, und du wirst meine zarte Haut durchstoßen mit deinem Dolchmund und blutige Klumpen aus
meinem Fleisch hacken ... Der Schmerz ist schon nah, ganz
nah ...!

ABBIA Spar dir den Gesang, Zibbia.

DER FREMDE Bei uns sagt man: Was, Kind, du hast geträumt?
Ach, nur den Sinn von Worten hast du vermischt.

Nichts Neues sahst du. Du hast nur etwas durcheinanderge-
bracht.

ABBIA Flach sein Herz. Flach seine Worte. Wie alles andere.
Was suchst du bei uns Frauen?!

ZIBBIA Ich zähle die Salzkörner am Ufer der Dürre.

Ich zähle die Schatten der Wolken und rechne alles um
in Meer und Meereswogen ... *unterbricht sich*

Flach? Was ist flach?

Schwester!

ABBIA Er ist glatt und flach wie eine Schaufensterpuppe ... an
seiner Stelle.

ZIBBIA Glatt und flach?

Wie kannst du das wissen?

ABBIA Ich half ihm beim Ausräumen des Vorratkarrens.

Ich kam ihm bei der Arbeit näher.

ZIBBIA Du hast ihn schon berührt – d u ?!

Du hast ihn vor mir heimlich angefaßt?

ABBIA Ich sage doch: glatt und flach vom Scheitel bis zur Sohle.

Er kann ja nichts.

*Beide pusten gegen den Fremden. Ein Teil von ihm löst sich
und fällt in Federn ab.*

ZIBBIA Und läßt mich umsonst hier brennen?

Und läßt mich unentwegt vergeblich singen?

Du Scheußlichkeit!

O hilf, Gott, und schütze meine Sehnsucht!

Ganz flach?

ABBIA Er hat ein kleines weißes aufgeschlagenes Buch an seiner
Stelle.

ZIBBIA Ein Buch? Was steht darin?

ABBIA Nichts. Ein weiches kleines Buch mit nichts darin.

ZIBBIA Ganz glatt?

ABBIA Die Seiten sind aus weißem Fittich.

Auch von den Schultern stehen ihm zwei kleine weiche aufge-
schlagene Bücher ab.

*Sie pusten mehrere Male gegen den Fremden, und er vergeht
zu losen Federn.*

ZIBBIA Dann klebt ihm auch an seinem Hintern noch ein weiches aufgeschlagenes Buch! Und seine Sphinx zu Haus liegt
mit dem Bauch auf einem weichen aufgeschlagenen Buch!

ABBIA Sogar die Börse ist bei ihm ein Buch, er zupft die Scheine
aus den weichen Seiten!

ZIBBIA Seine Ärmelschoner sind zwei weiche Bücher! Flach
dein Herz. Flach deine Stelle. Dein Hintern flach, die Stirn
ganz flach.

Was suchst du bei uns Frauen?!

DER FREMDE *erscheint wieder vor der Höhle, schlägt die bunten*

Beine übereinander, wippt mit dem Fuß. Er ruft leise in die Höhle zurück

Abram lebt! ... Abram lebt!

Glaubt einem Boten, der weit herumkam.

Abram lebt und wurde nicht vernichtet. Aus Abram wurde Abraham, und hat seine Linie begründet, denn sein Weib Sarai wurde Sara und gebar ihm den Isaac, seinen Sohn, wie Gott es verheißen.

Ihr wart nicht die Letzten auf Erden!

Glaubt einem Boten, der weit herumkam im Land.

Umsonst habt ihr verwahrt den Samen eures Vaters. Abraham lebt!

Ihr Töchter des Lot wart eine falsche Waage in der Hand eures Vaters.

Ihr glaubtet zu sein das Ende und der Anfang aller Menschengeschichte und decktet die Blöße eures Vaters auf und wurdet schwanger von eurem Vater in der Verkennung. Was tatet ihr, das man nicht allezeit schon in Sodom getan?

Konnte das Weib des Kameltreibers die Ankunft ihres Mannes nicht mehr erwarten, schlich sie zu ihrem Vater und hurte mit ihm. Also habt ihr weiterhin getan, was üblich war unter den Sodomitern. Bevor Gott die Stadt umkehrte und unter Feuer und Schwefel begrub.

ABBIA Ich bin satt. Ich bin gesund. Ich bin jung. Ich bin schön.

Ich möchte mich ein wenig ausstrecken. Ich komm aber nicht hoch vom Stuhl.

Ich schaffs nicht mehr. Ich möchte mich bloß ein wenig ausstrecken auf dem Lager.

Ich schaffs nicht von alleine. Ich klebe fest am Stuhl. Laß mich aufstehen, Engel!

Mach, daß ich mich erheben kann. Laß mich nicht ewig sitzen an der Tafel.

VI

Abbia und Zibbia, zwei schwangere Frauen, kehren die leere Höhle aus.

LOT *tritt in die Höhle.*
Ihr Schönen! Meine Töchter, was keucht ihr, was ringt ihr um Atem?
Fiel euch die Arbeit so schwer oder habt ihr gestritten untereinander, bis euch die Stimmen versagten?

ZIBBIA Vater, siehe, der Fremde ist eingegangen in deiner Tochter Abbia Leib. Und sie wurde schwanger von ihm.

ABBIA Vater, siehe, der Fremde ist eingegangen in deiner Tochter Zibbia Leib. Und sie wurde schwanger von ihm.

LOT Gott ist mit allem, was ihr tut, meine Töchter.
Und hat euch gesegnet eure Leiber und ihr seid beide schwanger geworden.
Der Fremde?
Teilte er heimlich das Lager mit einer und dann mit der anderen?
Dieser Fremde? Oder war es ein anderes Wunder?

ZIBBIA Du aber stehst nun an Abrams Stelle. Denn deine Tochter hat erwählt der Herr, daß dein Name nicht ausgerottet werde auf Erden, und deine Nachkommen, unsere Söhne, werden dir einen großen Namen machen.

LOT Wozu habe ich meine Augen, wenn ich immerzu nur weit Zurückliegendes sehe?
Ich sah in der Nacht den nackten Fuß und die blaue Fessel einer Dirne. Und ihr Rock war weit aufgeschlagen bis übers Knie. Und sie war voll Ungeduld. Doch ich sah nur ihren nackten Fuß. Wozu habe ich meine Augen, wenn ich doch nur sehe, was ich träume? Die Fessel dort, die Fessel meiner Tochter Zibbia ist auch blau.

ZIBBIA Sie ist blau ... aus Freude ... in der Nacht, als der Fremde zu mir kam.

Jedes Weib will sich schmücken, wenn sie den Langersehnten erwartet.

Mehr als blaue Farbe vom Trester des Weins hatte ich nicht.

LOT Gebt mir Schreibwerkzeug, ihr Töchter.

Ahle, Keil oder Nagel. Ich will ein Geschichtsbuch beginnen.

Denn unsere Höhle ist rund und fruchtbar geworden.

Nun will ich einen König der Salzwüste erfinden und eine Schöpfungsgeschichte, darin alles Leben entsteht aus einem Salzkorn.

Ich erfinde die Geschichte vom Sündenfall inmitten der unfruchtbaren Ödnis.

Ich füge hinzu die Chroniken, Weisungen und Gesetze.

Und ich schließe mit einer Lehre des Zweifels. Denn wer wird eure Kinder davor warnen, daß ich sie täusche?

Die richtige Vorstellung von der Geschichte erregt der, der laut spricht, und der, der gut spricht!

Seht, all meine Unschlüssigkeit ist von mir gewichen!

Erhaben stehe ich auf dem Wellenkamm des erstarrten Meeres.

Auf der Höhe der Zeit, von wo die Schrift sich erstrecken wird über das endlos glänzende Salz ... Ich sehe: Sodom ist immer.

Nur sehr wenige Augenblicke unter den Menschen sind frei von Sodom. Und was ich sehe, das ritze und schabe ich unaufhörlich in die Kruste.

Er wendet sich um, legt hinter sich beide Hände auf die Leiber seiner Töchter und tritt dann einen Schritt vor

Und nun zu uns beiden: lebendiger Gott!

Ein Blitz, dazu Straßenlärm. Verwandlung.

ABBIA *allein auf der Bank des Wartehäuschens.*

Das Gehänge der Mikrofon-Röhre schwebt durch die Luft. Straßenlärm nimmt ab. Abbia probiert ihren Satz wie eine Schauspielschülerin, bis sie ihn richtig »packt«

Ist ja gerade so eben noch mal gut gegangen.

Ist ja gerade noch so eben mal gut gegangen.

Ist gerade ja noch.

Ist noch mal eben gerade so gut gegangen, ja!

Ist mal gerade so eben ja noch gut gegangen.

Ist ja noch mal gut gegangen. Gerade so eben.

Frohes Lächeln. Man hört den Bus vorfahren. Sie schultert ihren Rucksack und geht zur Haltestelle. Die Röhre läßt sich auf ihrer Schulter nieder. Sie verscheucht sie: »Hau ab!«

Dunkel.